Jörn Rüsen
Zeit und Sinn

Jörn Rüsen
Zeit und Sinn

Strategien historischen Denkens

Mit einer Einleitung zur Neuausgabe 2012

Bibliografische Information der Deutschen Nationalbibliothek
Die Deutsche Nationalbibliothek verzeichnet diese Publikation in der Deutschen Nationalbibliografie; detaillierte bibliografische Daten sind im Internet über http://dnb.ddb.de abrufbar.

Frankfurt am Main, Germany
www.humanities-online.de
info@humanities-online.de

Neuausgabe 2012
ISBN 978-3-941743-21-2

Umschlaggestaltung: Uwe Adam
Printed in Germany

Dieses Buch ist auch als E-Book erhältlich: www.humanities-online.de

Inhalt

Einleitung zur Neuausgabe

Die hier versammelten Aufsätze sind zwischen 1979 und 1988 entstanden und in überarbeiteter Form 1990 erschienen. Eine Neuausgabe mehr als 20 Jahre später stellt den Autor vor einige Probleme. Natürlich stehe ich zu meinen Texten, aber ich würde sie heute anders schreiben. Sollte ich sie bearbeiten und mit Ausführungen versehen, die auf meinen späteren Arbeiten beruhen und sie fortsetzen? Das hätte, wenn ich einen schlechten Kompromiss vermeiden will, nur dazu geführt, sie völlig umzuschreiben. Abgesehen von arbeitsökonomischen Gründen, wäre das dann keine Neuausgabe mehr, sondern ein neues Buch. Das mag in anderen Zusammenhängen durchaus sinnvoll sein, aber ich finde, dass die älteren Texte trotz ihres Zeitkolorits für sich Bestand haben. Ich habe die Texte daher bis auf geringfügige Veränderungen und Ergänzungen so gelassen, wie sie waren (das gilt auch für die damalige Rechtschreibung).

Was heißt ›Bestand haben‹? Damit meine ich nicht nur den historischen Stellenwert der Texte. Sie repräsentieren (natürlich nur in meiner Perspektive) die Theoriedebatte in der deutschen Geschichtswissenschaft und der an der Geschichte interessierten Philosophie, an der ich beteiligt war.[1] Die wichtigsten Themen dieser Debatte werden angesprochen. Ich habe mich darum bemüht, die damals vertretenden kontroversen Standpunkte nicht durch Parteinahme in ihrer Gegensätzlichkeit zu verschärfen, sondern sie zu überbrücken und in (natürlich ergänzungsbedürftigen) Synthesen zu vereinigen. Seit den späten sechziger und frühen siebziger Jahren wurde die Geschichtswissenschaft in Deutschland von Theoriedebatten bewegt, die ihre fachliche Entwicklung im Generationswechsel der maßgeblichen Repräsentanten begleitete und zum Teil auch beeinflusste. Heutzutage sind diese Kontroversen in Inhalt und Form anders geworden. Nach wie vor werden neue Fragestellungen und methodische Ansätze entwickelt, erprobt, kritisiert und modifiziert, aber dies geschieht nicht in der reflektierten Form eines kohärenten und institutionalisierten Theoriediskurses, sondern eher auf der Ebene fachlicher Vielfalt und Dynamik, ohne dass es zu Überlegungen grundsätzlicher Art über Anlage und Richtung des Faches insgesamt gekommen wäre. Natürlich tangieren die aktuellen Debatten auch Probleme, die sich auf der theoretischen und methodologischen Ebene einer Prinzipienreflexion behandeln ließen, aber ›Historik‹ als Klammer und Diskursform ist – im Unterschied zur Situation vor 30 Jahren – nicht besonders gefragt (und erfährt auch in Deutschland fachlich keine besondere Pflege).

1 Besonders verweisen möchte ich auf das Unternehmen »Theorie der Geschichte. Beiträge zur Historik«. Es sind insgesamt 6 Bände zwischen 1977 und 1999 in der gleichnamigen Buchreihe erschienen.

Die Aufsätze dieses Buches können als Indikatoren einer anders gearteten Reflexion auf geschichtliches Denken und seine fachlich-wissenschaftliche Verfassung gelten. Sie stehen mit ihrer Andersartigkeit für den historischen Wandel, der sich in und mit dem historischen Denken in einem neuen Generationswechsel vollzieht.

Das ist aber nicht alles. So reizvoll es sein kann, der Geschichtstheorie ihre eigene Vergänglichkeit zu bescheinigen und sie mit der Patina einer vergangenen oder zumindest vergehenden Epoche der Historik zu versehen – das Buch kann auch in einer anderen – systematischen und nicht historischen – Perspektive gelesen werden. Fast alle angesprochenen Problemstellungen sind nämlich gerade nicht vergangen, sondern haben durch die Veränderungen, die sie historisieren, ihre Bedeutung für das Verständnis dessen, worum es im historischen Denken und in seiner fachlichen Verfassung geht, behalten, in einigen Hinsichten sogar gesteigert. Trotz aller inhaltlichen Akzentverschiebungen und formalen Änderung in Anlage und Durchführung reflexiver Diskurse im Bereich des historischen Denkens halten sich die meisten, wenn nicht gar alle angesprochenen Themen geradezu leitmotivisch durch. Das gilt natürlich für das Leitthema »Zeit und Sinn« und den roten Faden, dass Geschichte aus Zeit Sinn macht, ohne jede Einschränkung. Die mir oft vorgeworfene Abstraktheit meiner Überlegungen hat den Vorteil, Grundlegendes, Wiederkehrendes, sich Durchhaltendes im historischen Denken ansprechen und damit gegenüber dem Tagesgeschehen in der Geschichtskultur Abstand halten zu können, so sehr auch das Tagesgeschehen sich auf die Texte im Kontext ihres Entstehens ausgewirkt hat. Im historischen Denken geht es immer um die Erfahrung und Deutung von Zeit – wer wollte das bestreiten? Bei aller spezifischen Ausrichtung der Texte auf einzelne Aspekte dieses deutenden Umgangs mit der Zeit gibt das übergreifende Thema eine Grundlage dafür ab, dass die angesprochenen Einzelprobleme weder veraltet noch vergangen sind. Natürlich werden sie heute anders angesprochen und diskutiert, aber doch nicht so, dass die älteren Diskurse ihre argumentative Kraft verloren hätten.

Selbstverständlich hat sich die Kräftekonstellation des historischen Denkens verschoben und verändert. Schließlich hat sich die Welt in den letzten 30 Jahren nicht unerheblich verändert, und das historische Denken vollzieht auf seine Weise diese Veränderungen mit. Aber für die Einarbeitung der meisten dieser Veränderungen in das Verständnis von Eigenart und Aufgabe des historischen Denkens sind die Grundzüge des älteren Diskurses durchaus anschlussfähig.

Ich möchte in dieser Einleitung umrissartig diese Anschlussfähigkeit meiner Überlegungen explizieren (und dabei Hinweise darauf nicht auslassen, dass und wie sie weitergeführt werden könnten).

Zeitspezifik und Verallgemeinerungsfähigkeit gehen in den Texten unterschiedliche Symbiosen ein. Letztere beruht darauf, dass ich Gesichtspunkte des historischen Denkens anspreche, die konstitutiv sind, und die ich (implizit und explizit) für anthropologisch universell halte.

So geht es im ersten Text (»Geschichte als Aufklärung?«) um die Orientierungsfunktion des historischen Denkens im Umgang mit Herrschaft. Herrschaft und ihre Legitimitätsbedürftigkeit und -fähigkeit lässt sich (nach Max Weber) als Chance begreifen, auf einen gegebenen Befehl Gehorsam zu finden.[2] Legitimität ist die Gehorsamsbereitschaft der Beherrschten. Dieses universelle Phänomen nahm im Laufe der 68er-Bewegung eine sehr spezifische Gestalt an: Unter dem Gesichtspunkt von Emanzipation als Befreiung von ihr wurde Herrschaft kritisiert und ihre Abschaffung als Leitidee politischen Handelns propagiert. Diese Kritik und diese Zielvorstellung stießen auf eine Antikritik, die die behauptete Befreiung als eine neue Art von Herrschaft zurückwies. Mir ging es darum, die wechselseitige Ausschließung dieser Positionen zu überwinden und die Leitvorstellung von Emanzipation als Legitimitätskriterium zu begründen. Wenn man dieses Kriterium als Begründungsfähigkeit und Einsehbarkeit von Herrschaft versteht, rückt die Aufklärung ins Visier. Sie hatte das Emanzipationskriterium zur Problematisierung von Herrschaft entwickelt und als integralen Bestandteil der politischen Kultur der modernen demokratischen Zivilgesellschaft erwiesen. Im Rahmen dieser Kultur gehört Emanzipation nicht (mehr) zum umstrittenen Schlagwort eines Parteienkampfes, sondern zu den Regeln, nach denen dieser Kampf friedlich ausgetragen werden kann und sollte.

Daran hat sich bis heute grundsätzlich nichts geändert. Nur die Stoßrichtung, mit der das Erbe der Aufklärung verteidigt und zur Geltung gebracht wird (oder werden muss), ist eine andere geworden: Es geht um die Verteidigung, Erweiterung und Vertiefung der Kultur dieser Zivilgesellschaft gegen alle Versuche, Legitimität durch freien Verstandesgebrauch (im Sinne Kants) zu Gunsten höherer (oft religiöser oder religionsähnlicher (ideologischer) Werte zu unterlaufen oder zu schwächen. Unterlaufen wird sie, wenn religiöse Überzeugungen den säkularen Charakter moderner Vernunftkonzepte infrage stellen; geschwächt, wenn diese Vernunftkonzepte einem Pluralismus anheim gegeben werden, der ihre Geltung zur Beliebigkeit relativiert. Geradezu bestürzend dringlich wird eine Re-Formulierung und Applikation des Emanzipationskonzepts, wenn es um politische Herrschaftsformen geht, die sich über die Köpfe der Betroffenen hinweg etabliert haben. Beispielhaft dafür stehen etwa die Institutionen der Europäischen Union und erst recht dort, wo es um indirekte Formen der Herrschaft geht, vor allem in der Ökonomie (etwa im Finanzmarkt), denen die Bürgerinnen und Bürger der Zivil-

2 Weber, Max: *Wirtschaft und Gesellschaft. Grundriss der verstehenden Soziologie*. Studienausgabe ed. Johannes Winkelmann. Köln: Kiepenheuer & Witsch 1956, S. 38 (Kap. 1, § 16).

gesellschaft hilflos ausgeliefert sind. Dem historischen Denken stellt sich mehr denn je die Aufgabe, Eigenart und Bedeutung der modernen Zivilgesellschaft als institutionalisierte Chance einer Humanisierung der Herrschaft in einer historischen Tiefenperspektive als unhintergehbare Errungenschaft der westlichen Kultur zu präsentieren.

Im zweiten Text (»Grundlagenreflexion und Paradigmawechsel«) entwickle ich mein Konzept der disziplinären Matrix der Geschichtswissenschaft und zeige am Falle der jüngeren deutschen Geschichtswissenschaft, dass und wie es zur Rekonstruktion und Analyse historiographiehistorischer Probleme verwendet werden kann. Ich habe inzwischen das Schema der Matrix weiter entwickelt,[3] aber in seinen Grundzügen ist es gleich geblieben. Seine analytische Brauchbarkeit der Interpretation von Historiographie habe ich an anderen Fällen erwiesen.[4] Mit ihm lassen sich vor allem strukturgenetischen Prozesse rekonstruieren. Überschätzt habe ich die Bannkraft einzelner disziplinärer Paradigmen, unterschätzt die Möglichkeit einer Paradigmenvielfalt zur gleichen Zeit. Letzteres scheint mir ein besonderes Kennzeichen der jüngsten Entwicklungen in der Geschichtswissenschaft zu sein. Die Strahlkraft der Sozialgeschichte Bielefelder Provenienz hat diese Vielfalt zu sehr in eine Licht-Schatten-Kontur gebannt und die Einheit einer disziplinären Verfassung der Geschichtswissenschaft stark hervorgehoben. Demgegenüber steht die gegenwärtige Vielfalt und Heterogenität des fachlichen historischen Denkens in der Gefahr einer Konturlosigkeit, ja fast auch der Beliebigkeit. Der Mangel an einer stetigen Reflexion paradigmatisch wirksamer Kriterien wissenschaftsspezifischer Erkenntnisarbeit hat sein Übriges getan, um diese Unübersichtlichkeit zu verstärken. Nur zu leicht kann die Geschichtswissenschaft dabei an Gewicht ihrer Stimme in der Geschichtskultur ihrer Zeit verlieren. Vielstimmigkeit ist nur dann ein Gewinn, wenn sie nicht zur Kakophonie von Heterogenität und Beliebigkeit führt. (Einstimmigkeit ist genauso schlimm, nur langweiliger.)

Ein Indikator der Wirkung meines historiographie-historischen Rekonstruktionsversuches, der die Sozialgeschichte in die Mitte des gewählten Zeitabschnittes gerückt hat, sind die Übersetzungen (ins Portugiesische, Spanische und Englische), die der Text gefunden hat. Hier schlug wohl auch die Strahlkraft des rekonstruierten Konzeptes auf die Rekonstruktion durch.

3 Siehe dazu Rüsen, Jörn: *Kultur macht Sinn. Orientierung zwischen Gestern und Morgen*. Köln: Böhlau 2006, S. 126; ferner die ausführliche Analyse des Matrix-Konzeptes bei Blanke, Horst-Walter: *Historiographiegeschichte als Historik* (Fundamenta Historica, Bd. 3). Stuttgart-Bad Cannstatt 1991, S. 29 ff.

4 Zum Beispiel in: Rüsen, Jörn: *Konfigurationen des Historismus. Studien zur deutschen Wissenschaftskultur*. Frankfurt am Main: Suhrkamp 1993,

»Geschichte und Norm«, der dritte Text, greift ein Fundamentalproblem der Geschichtswissenschaft auf: ihren Anspruch auf eine besondere Geltung ihrer Erkenntnis (damals ›Objektivität‹ genannt) und die Rolle, die Werte und Normen im Erkenntnisprozess spielen. Beides scheint sich zu widersprechen. Mir ging es damals darum, diesen Widerspruch aufzulösen. Dazu war ein genauer Blick auf die Geltungskriterien der historischen Erkenntnis und auf den inneren Zusammenhang von Lebenswelt und Wissenschaft erforderlich. Ich halte die Ergebnisse dieser Analyse nach wie vor für triftig. Sie lassen sich philosophisch erweitern zu einer Theorie, die die Vielfalt von Wahrheitskriterien in den kulturellen Prozessen der Sinnbildung darlegt. Sie weist auf, dass und wie sie unterschieden und aufeinander bezogen werden können.[5] Wahrheit kann als ein komplexes Wechselverhältnis der Gesichtspunkte verstanden werden, die immer dann ins Spiel kommen, wenn man nach der Geltung von Sinngebilden der Kultur fragt, mit denen und in denen sich menschliches Leben vollzieht. Stets geht es um Konflikte und Kämpfe, um Interessen, Machtansprüche und Anerkennung-und Abgrenzungsverlangen im Verhältnis der Menschen zueinander, aber auch um den Umgang mit der Natur. Wahrheit ist ein Lebenselixier; denn ohne begründbare (und damit immer auch verhandelbare) Zustimmung und Abweisung sind diese Konflikte und Kämpfe letztlich nicht lebbar. Das historische Denken ist grundsätzlich in diese Spannungen verstrickt, als Waffe und als Medium von Begründung zugleich.

Heutzutage ist die Objektivitätskategorie in Verruf geraten: Hinter ihr sind Machtansprüche sichtbar geworden, die sich nicht einfach durch den Verweis auf methodische Regeln der historischen Forschung abweisen lassen. Perspektivenvielfalt und Pluralismus feiern fröhliche Urständ, und historische Wahrheit wird als ausgeträumter Traum denunziert.[6] Hinzu kommen die wachsenden großkulturellen Differenzen, die das westliche Geschichtsdenken als Ganzes auf den Prüfstand der interkulturellen Kommunikation stellen.

Die Wahrheitsfrage ist damit aber nicht verstummt, sondern eher lauter, sprich: drängender und komplizierter geworden. Um ihr nicht auszuweichen – in die stumme Routine etablierter Forschungsverfahren

S. 29-94 (»Von der Aufklärung zum Historismus – eine strukturgenetische These«).

5 Dazu habe ich einen Aufriss der Problemstellung entwickelt: »Wissenschaft und Wahrheit – Anmerkungen zum kulturellen Anspruch rationalen Denkens«, in: Rüsen, Jörn: *Kultur macht Sinn. Orientierung zwischen Gestern und Morgen*. Köln: Böhlau 2006, S. 157-167.

6 Novick, Peter: *That Noble Dream. The »Objectivity-Question« and the American Historical Profession*. New York, Cambridge: Cambridge University Press 1988.

der Humanwissenschaften oder in einen schicken relativistischen Kulturalismus und Konstruktivismus –, ist es notwendig, auf dem eingeschlagenen Weg einer Analyse von Geltungsansprüchen und ihnen zu Grunde liegender Wahrheitskriterien fortzufahren. Schließlich beanspruchen die kritischen Stimmen, die die Kontextabhängigkeit von Erkenntnis betonen, für sich selbst eine Geltung, die den eigenen Kontext aus logischen Gründen übergreift und transzendiert.

Die nächsten drei Texte widmen sich einem Schlüsselthema in der Analyse des historischen Denkens, das bis heute an seiner Aktualität nicht nur nichts eingebüßt, sondern im Gegenteil nur zugenommen hat: dem narrativen Charakter der historischen Erkenntnis. Die alte Frage nach der Eigenart des historischen Denkens im Felde der modernen Wissenschaften, die die Geschichtstheorie seit der Entstehung der modernen Geschichtswissenschaft ständig in Atem gehalten hatte, hat mit dem Erzählprinzip eine neue Antwort gefunden, die die Historik auf eine neue Grundlage, die entschlüsselte Logik des historischen Denkens, stellt. Die Überzeugungskraft des sogenannten Narrativismus ist nach recht zögerlichen Anfängen immer stärker geworden, obwohl es immer noch Zweifel daran gibt, ob mit der Erzählstruktur historische Erkenntnis schon hinreichend aufgeschlüsselt werden kann.

Mir ist es von Anfang an darum gegangen, das Erzählprinzip als Grundlage einer (meta-)theoretischen Rekonstruktion der historischen Erkenntnis zu verteidigen, zugleich aber die Konsequenzen, die auf der Theorieebene aus ihm hinsichtlich des Wissenschaftlichkeitsanspruches der Geschichtswissenschaft gezogen wurden, als unsachgemäß zurückzuweisen. Der Aufsatz »Über das Verhältnis von Narrativität und Theoriegebrauch« spitzt diese Problemkonstellationen zu: Ausgerechnet in der Zeit, in der die Geschichtswissenschaft unter dem Vorzeichen der Überwindung des Historismus durch die Sozialgeschichte mit neuen Rationalitätsansprüchen auftrat, die vor allem die Theoriefähigkeit der historischen Erkenntnis betonten, erschütterte die Theorie der narrativen Struktur des historischen Denkens die Grundfesten seiner wissenschaftsspezifischen Rationalität. Das Tun der Historiker, dass sich im Selbstverständnis ihrer intellektuellen Avantgarde mit der Theoriefähigkeit der Forschung schmückte, wurde am literarischen Charakter der Historiographie festgemacht, und der galt – und gilt bis heute – nicht gerade als wissenschaftsnah und schon gar nicht als theoriefähig. Die logische Aufklärung der Eigenart des historischen Denkens stellte dessen methodische Rationalität (als Grundlage der Geschichte als Fachdisziplin Wissenschaftsanspruch) in den Schatten unaufgeklärter Vorgänge in der praktischen Handhabung dieses Denkens durch die Fachleute.

Mir ist es darum gegangen, diesen Rationalitätsverlust und mit ihm auch die Geltungsansprüche des historischen Denkens durch eine Explikation seiner narrativen Struktur zurückzuweisen und die kognitiven Errungenschaften der Geschichtswissenschaft seit ihrer Entstehung um die Wende vom 18. zum 19. Jahrhundert zu verteidigen. Das ging nur durch eine narrativitätstheoretische Neuformulierung der für die Geschichtswissenschaft maßgeblichen theoretischen und methodischen Denkformen und-Verfahren. Ich halte diese Strategie nach wie vor für sachlich erforderlich, wenn es darum geht, den disziplinären Charakter der Geschichtswissenschaft und die für ihn maßgeblichen Theoriekonzepte und methodischen Regeln der historischen Forschung zu verstehen.

»Die vier Typen des historischen Erzählens« stellt eine systematisch entworfene Theorie des historischen Erzählens dar. Sie geht von anthropologischen Grundlagen des historischen Erzählens aus und schlüsselt den umfangreichen empirischen Bereich historischer Denkweisen und Darstellungen typologisch auf. Schließlich skizziert sie abschließend die Art und Weise, wie sich im Lichte dieser Typologie die Geschichtswissenschaft und ihre Historiographie ausnehmen. Der Text lässt sich auch als Beitrag zur Methode der Bildung von Idealtypen und als Pragmatik ihres praktischen Gebrauchs zur Analyse empirischer Befunde lesen. Eine Typologie ist so viel wert, wie sie empirisch applizierbar ist. Ihre Applikationsfähigkeit wird an zahlreichen Beispielen dargelegt. Spätere Untersuchungen haben diesen Anspruch auf empirische Brauchbarkeit bestätigt. Das bezieht sich nicht nur auf die Interpretation des Strukturwandels von der Aufklärung zum Historismus[7] sondern auch auf einen Ansatz zu einer universalhistorischen und kulturübergreifenden Perspektivierung des historischen Denkens.[8] Gerade bei interkulturellen Vergleichen bedarf es eines theorieförmigen Parameters, mit denen sich der Fehler vermeiden lässt, beim Vergleich einen der verglichenen Phänomenbereiche zum Parameter zu machen. Das war zumeist das westliche Geschichtsdenken, aber in jüngeren Arbeiten befördert sich der chinesische Fall zu diesem unzulässigen Standard.[9] Übrigens lassen sich auch Alltagsphänomene wie der Gebrauch der Historie zu Werbungszwecken

7 Rüsen, Jörn: *Konfigurationen des Historismus. Studien zur deutschen Wissenschaftskultur.* Frankfurt am Main: Suhrkamp 1993.

8 Rüsen, Jörn: Some »Theoretical Approaches to Intercultural Comparison of Historiography«, in: *History and Theory,* Theme Issue 35: Chinese Historiography in Comparative Perspective (1996), S. 5-22 [deutsch: »Theoretische Zugänge zum interkulturellen Vergleich historischen Denkens«, in: Rüsen, Jörn; Gottlob, Michael; Mittag, Achim (Eds): *Die Vielfalt der Kulturen.* (Erinnerung, Geschichte, Identität, Bd. 4). Frankfurt am Main (Suhrkamp) 1998, S. 37-73].

9 Zum Beispiel: Huang, Chun-Chieh: »The defining character of Chinese historical thinking«, in: *History and Theory* 46 (May 2007), S. 180-188; Sato, Masayuki: »The archetype of history in the Confucian Ecumene«, in: *History and Theory* 46 (May 2007), S. 218-232.

typologisch charakterisieren und verständlich machen.[10] Die Typologie deckt eben im Grundsatz nicht nur elaborierte Formen der Geschichtsschreibung ab, sondern den Gesamtbereich der Geschichtskultur.

Zur Logik dieser Typenbildung habe ich nichts Wesentliches hinzuzufügen. Wohl aber möchte ich drei weiterführende Bemerkungen machen. Es wäre sicher hilfreich (und ist bislang nicht geschehen), meine Typologie mit zwei anderen systematisch zu vergleichen: mit derjenigen Nietzsches und derjenigen Hayden Whites. Im ersteren Falle ließe sich zeigen, dass die spezifisch moderne Art und Weise, historisch zu denken überhaupt nicht in den Blick gerät. Nietzsche hat keinen Typ der genetischen Sinnbildung entwickelt. (Er mag eben die Moderne nicht.) Im Falle Hayden Whites und seiner sehr differenziert angelegten und außerordentlich wirkungsvollen Poetik der Geschichtsschreibung ließe sich zeigen, dass man mit ihr historiographische Texte als literarische Artefakte aufschlüsseln kann, dass man mit ihr aber nicht die Spezifik eines *historischen* Erzählens im Unterschied zum literarisch-ästhetischen Kunstwerk analytisch trennscharf in den Blick bringen kann.

Eine zweite Bemerkung betrifft die komplexe logische Verschränkung der Typen, auf deren Aufweis ich einige Mühe verwenden musste, da sie ja quer zur klaren logischen Unterschiedlichkeit der Typen liegt. Sie wurde noch wenig empirisch getestet, obwohl sie dazu dienen könnte, spezifische Formen der historischen Bedeutung der Vergangenheit und entsprechender Darstellungen begrifflich trennscharf herauszuarbeiten.

Meine dritte Bemerkung betrifft eine mögliche entwicklungspsychologische Anwendung der Typologie. Traditionales, exemplarisches und genetisches Erzählen lassen sich auch als Niveaus ontogenetischer Entwicklung von Geschichtsbewußtsein interpretieren. Der kritische Typ könnte ein eigenes Stadium ausmachen (vielleicht im Zusammenhang mit der Pubertät) und ist vermutlich im Übergang von einem zum anderen Niveau wirksam.[11]

Der letzte Text ist ausweislich seiner Übersetzungen (ins Englische, Portugiesische, Spanische und Chinesische) besonders wirkungsvoll gewesen. In ihm geht es darum, Errungenschaften der Modernisierung im Bereich der Geschichtskultur und der historischen Erkenntnisarbeit gegen postmoderne Tendenzen im deutenden Umgang mit der menschlichen Vergangenheit zu verteidigen und neu zur Geltung zu bringen. Die Postmoderne hat ein wirkungsvolles Potenzial der Kritik an Einsei-

10 Seidensticker, Mike: *Werbung mit Geschichte. Ästhetik und Rhetorik des Historischen* (Beiträge zur Geschichtskultur, Band 10), Köln: Böhlau 1995.

11 Weiterführende Überlegungen habe ich angestellt in: Rüsen, Jörn: *Historisches Lernen. Grundlagen und Paradigmen.* 2. überarbeitete und erweiterte Auflage Schwalbach/Taunus: Wochenschau 2008, S. 70-114.

tigkeiten und Überheblichkeiten des modernen Geschichtsdenkens entwickelt, – insbesondere im Hinblick auf seine interkulturelle Erstreckung und seinen politischen Gebrauch –, dessen Berechtigung ich nicht bestreite. Insofern stellt sie eine produktive Herausforderung dar, der geschichtstheoretisch und historiographie-historisch[12] begegnet werden muss. Dort aber, wo der kognitive Ertrag theoretisch und methodisch verfasster Erkenntnisarbeit grundsätzlich infrage gestellt wird, droht diese Kritik das Kind mit dem Bade auszuschütten. ›Vernunft‹ ist der Inbegriff der Gesichtspunkte dieses Ertrages, und sie ist es, die im Umgang mit der Postmoderne ins Spiel gebracht werden muss. Es gilt, Vernunft als Errungenschaft im Modernisierungsprozess des historischen Denkens, der die Geschichte als Wissenschaft hervorgebracht hat, neu und zukunftsfähig zur Geltung zu bringen.

Diese Argumentationslinie muss heutzutage weitergezogen werden – in die Debatte um eine postkolonialistische Ausrichtung der Historie. Ein ethnozentrischer Gebrauch des historischen Denkens im Westen zur Unterwerfung und Dehumanisierung nicht-westlicher Völker und Kulturen lässt sich nicht bestreiten, und die daran sich entzündende Kritik muss auch die Grundlagen des historischen Denkens einbeziehen, also zum Beweggrund der Historik werden. Deren Aufweis der destruktiven Folgen ethnozentrischer Deutungsmuster im historischen Denken darf freilich nicht vor der Tatsache Halt machen, dass nur zu oft die Logik des Ethnozentrismus in der Negation einer Erscheinung (der westlichen) in eine neue, eben diejenige ihrer Zurückweisung verfällt. Nach dem abstrakten Täter/Opfer-Schema und der damit verbundenen weltweiten Tendenz der (Selbst-)Viktimisierung wird sie dabei schlicht reproduziert. Ehe sie sich's versieht, wird die Ideologiekritik des Westens selber zur Ideologie. Das kann auch am Mangel einer theoretischen Reflexion liegen, die die eigene Position im systematischen Zusammenhang mit der anderen expliziert.

Durch alle Texte hindurch wird nach dieser Vernunft gefragt, die postmodern (und auch postkolonialistisch[13]) infrage gestellt wird. Sie muss

12 Ansätze dazu finden sich den Versuchen von Wolfgang Küttler, Ernst Schulin und mir, ein neues Konzept von Historiographiegeschichte zu entwickeln: *Geschichtsdiskurs,* 5 Bde. Frankfurt: Fischer Taschenbuch Wissenschaft 1993-1999, insbesondere in Bd. 1: Küttler, Wolfgang; Rüsen, Jörn; Schulin, Ernst (Eds): *Geschichtsdiskurs*, Band 1: *Grundlagen und Methoden der Historiographiegeschichte*. Frankfurt (Fischer Taschenbuch Wissenschaft) 1993. (Als PDF-Ausgaben wieder verfügbar: www.humanities-online.de.)

13 So z.B. bei Seth, Sanjay: »Historiography and Non-Western Pasts«, in: *Postcolonial Studies 11* (2008), S. 139-144; ders.: »Reason or Reasoning? Clio or Siva?«, in: *Social Text 78,* vol. 22, No. 1, Spring 2004, S. 85-101.

auch infrage gestellt werden, aber in doppelter Hinsicht: Negativ, wo sie als Instrument von Herrschaft und als Waffe im Kampf der Kulturen (auch innerhalb der westlichen) auftritt und verwendet wird. Positiv freilich auch, nämlich dort, wo sie dazu dient, begründendes Argumentieren als Element und Lebenselixier der Geschichtskultur zur Geltung zu bringen und zu stärken.

Im Abstand von 30 Jahren treten natürlich die Grenzen all dieser Versuche in den Blick und, wie ich hoffe, auch die Möglichkeit, diese Grenzen aus der schon entwickelten Logik der Argumentation zu überschreiten. Das Vernunftthema wird sinn-theoretisch gefasst. Damit rückt – bei aller verbliebenen Klärungsbedürftigkeit der Sinnkategorie[14] - eine Qualität der historischen Erfahrung und ihrer Bedeutung in den Blick, die sich einem methodischen Rationalismus nicht ohne weiteres erschließt. Geschichte ist ein Sinnkonzept.[15] Als solches kann sie zu einer verstärkten Wahrnehmung von Sinnwidrigkeit und Sinnlosigkeit im zeitlichen Geschehen der menschlichen Vergangenheit sensibilisieren. Diese Möglichkeit wird in den Texten dieses Buches nur angedeutet. In späteren Arbeiten wurde ihr intensiv nachgegangen.[16] Zugleich damit hat die Leidens-Kategorie neben der des Handelns eine wachsende Bedeutung für die begriffliche Organisation des historischen Denkens gewonnen. Beides: Sinnlosigkeit und Leiden bedürfen einer vertieften Reflexion und theoretischen Analyse, um das Verständnis dessen zu vertiefen, was Geschichte als Geschehen und seine Deutung zugleich ist.

Ein dritter Gesichtspunkt zur Erweiterung des Fokus der Geschichtstheorie kommt hinzu. Er ist schon in der anthropologischen Tiefendimension des historischen Denkens angelegt, auf die in diesem Buch immer wieder verwiesen wird: die kulturspezifische Ausprägung des historischen Denkens und die damit verbundene Vielfalt und Differenz in der Geschichtskultur. Meine Überlegungen sind durch und durch von westlichen Denktraditionen geprägt. Ich versuche aber, die Kritik an diesen Traditionen hinsichtlich ihrer Fähigkeit, nicht-westlichem Denken gerecht zu werden, aufzugreifen und grundlagentheoretisch zur Geltung

14 Das geht deutlich aus den kritischen Kommentaren zu meinem Konzept von Historik hervor, die demnächst in der Zeitschrift *Erwägen – Wissen – Ethik* veröffentlicht werden: Heft 4 (2011).

15 Hölkeskamp, Karl-Joachim; Rüsen, Jörn: »Einleitung: Warum es sich lohnt, mit der Sinnfrage die Antike zu interpretieren«, in: Hölkeskamp, Karl-Joachim; Rüsen, Jörn; Stein-Hölkeskamp, Elke; Grütter, Heinrich Theodor (Eds): *Sinn (in) der Antike. Orientierungssysteme, Leitbilder und Wertkonzepte im Altertum*. Mainz: Philipp von Zabern 2003, S. 1-15.

16 Vor allem in: Rüsen, Jörn: *Zerbrechende Zeit. Über den Sinn der Geschichte*. Köln: Böhlau 2001.

zu bringen. Mir geht es darum, die vom westlichen Geschichtsdenken erarbeiteten universalistischen Zugänge zur historischen Erfahrung daraufhin zu überprüfen, ob und (inwiefern) wie sie einen geistigen Raum interkultureller Kommunikation eröffnen und betreten lassen, in dem auf neue Weise und in Augenhöhe unterschiedliche Denkweisen im Umgang mit der menschlichen Vergangenheit produktiv und kritisch (auch selbstkritisch!) miteinander umgehen können. Nur so lässt sich eine gemeinsame Zukunftsperspektive eröffnen. In dieser Perspektive sollen die Differenzen nicht verschwinden, aber ihre eingebauten ethnozentrischen Kräfte gezähmt werden, so dass die Fülle der Differenz als Signatur einer gemeinsamen Menschheit erscheinen und auch gelebt werden kann.

Vorwort

Die in diesem Buch vereinigten Aufsätze sind im Zeitraum zwischen 1979 und 1988 entstanden. Sie decken verschiedene Phasen des Umgangs mit theoretischen Problemen in der Geschichtswissenschaft ab – die Theorieeuphorie der siebziger und die Theorieskepsis und -abstinenz der achtziger Jahre. Sie sind durchgängig von der Absicht getragen, in den sich verändernden Konstellationen des historischen Diskurses ungebrochen eine Grundlagenreflexion als Lebenselixier der Geschichtswissenschaft plausibel zu machen und dadurch die Tradition der »Historik« fortzusetzen und weiterzuentwickeln. Sie haben Vernunftansprüche darzulegen versucht, die der Geschichte als Wissenschaft zugebilligt werden können und abverlangt werden müssen. In diesen Absichten und ihrer Ausfaltung zu einzelnen Problemkomplexen des historischen Denkens liegt ihr innerer Zusammenhang. Bei der Überarbeitung habe ich mich um eine Verbesserung der Form bemüht, ohne freilich die Anstrengung sprachlich verwischen zu können, die die Theorie- und Reflexionsarbeit bedeutet. In die bibliographischen Angaben der Anmerkungen habe ich Hinweise auf neuere Literatur eingearbeitet.

Bei der Fertigstellung der Texte habe ich mannigfache Hilfe erfahren: von Thomas Sandkühler bei der Ausschöpfung technischer Möglichkeiten der Datenverarbeitung und von Manuela Lenzen und Albert Newen bei der Korrektur und Kontrolle der Texte. Ein besonderer Dank gebührt Hans-Ulrich Gumbrecht. Er hat mir mit einer sehr wirkungsvollen Mischung von freundschaftlichem Interesse und beeindruckender Fachkompetenz geholfen, mich in den Fallstricken erzähltypologischer Argumentationen zurechtzufinden. Ich denke mit großem Vergnügen an eine gemeinsame Lehrveranstaltung in der Ruhr-Universität Bochum und an viele Streitgespräche zurück. Schließlich möchte ich mich noch bei Rebekka Habermas für ihre Ratschläge bei der Zusammenstellung der Texte und für die freundliche Ermunterung bedanken, sie druckfertig zu machen.

Einleitung

Historisches Denken macht aus Zeit Sinn. Es macht Kontingenz handlungskonform. Es nimmt sich der Erfahrung an, daß sich die menschlichen Lebensverhältnisse in einer von den Betroffenen nicht beabsichtigten Art und Weise ändern – der Erfahrung also, die Wilhelm Busch in die bekannten Worte gekleidet hat, daß es erstens anders kommt, und zweitens als man denkt. Es verwandelt diese Erfahrung in eine Vorstellung von Zeitverläufen, in der sie dem absichtsvollen menschlichen Handeln wieder zugeordnet, ihm konform wird. So können z. B. im Horizont religiöser Weltdeutung und Selbstverständigung Katastrophenerfahrungen als Aufforderungen zu Buße und Einkehr verstanden und dadurch für die Betroffenen sinnvoll werden. Im Horizont christlicher Heilsgeschichte kann die Erfahrung, daß die gewohnte Welt aus den Fugen gerät, als Anzeichen künftigen Heils, der Wiederkehr Christi und der Einrichtung einer neuen und besseren Welt gedeutet und dadurch die widerfahrenen Schicksalsschläge, die erlittene Zeit, geistig bewältigt, das Leiden ausgehalten und sinnvolles Leben in der aus den Fugen geratenden Welt möglich werden. Auch in rein diesseitigen kulturellen Orientierungen der Lebenspraxis kann in vergleichbarer Weise aus Zeit Sinn, krisenhafte Veränderungsprozesse durch historische Deutungen in ihrer Bedrohlichkeit aufgefangen und deutend in Handlungschancen umgewandelt werden. Das soziale Elend des Proletariats z. B. ließ sich in den Geschichtsvorstellungen der Arbeiterbewegung als ein Durchgangsstadium zur Schöpfung einer humanen Welt ohne menschenverachtende Ausbeutung deuten, und wenn schon die Betroffenen für sich selbst diese Zukunft nicht mehr erwarten konnten, die aus ihrem Elend entsprang, so machte es mindestens den Sinn, daß es ihren Kindern und Kindeskindern anders und besser gehen sollte.

Der historische Blick in die Vergangenheit, der getan werden muß, um gegenwärtige Lebensverhältnisse verständlich zu machen und Zukunftsperspektiven für das eigene Handeln zu entwerfen, geht einher mit einem Überschuß an Erwartungen, mit dem die gegenwärtigen Lebensverhältnisse in übergreifende zeitliche Zusammenhänge eingebettet und Handeln an Vorstellungen darüber ausgerichtet wird, wie es geworden ist, werden kann und werden soll. In jedem Stück Erinnerung steckt ein Element der Erlösung. Erzählen können, wie es war, heißt: von der Übermacht der widerfahrenen Geschehnisse genau so weit befreit zu sein, wie nötig ist, um sie überhaupt als Geschehensablauf vergegenwärtigen und in irgendeinen sinnvollen Zusammenhang mit anderen, früheren und späteren Geschehnissen bringen zu können. Vorkommnisse in der Vergangenheit, von denen sich die Betroffenen nicht erlösen können, treiben daher zu unablässiger, geradezu verzweifelter Erinnerungsarbeit an. Jede ernsthafte Bemühung um eine historische Deutung des Holocaust zeugt davon. Das gleiche gilt übrigens auch für überwältigende Glückserfahrungen: Solange sie nicht mit Früherem und Späterem in einen zeitlichen Zusammenhang gebracht werden können, der die jeweils gegenwärtige Lebenssituation übergreift, ist es so, als sei dieses Glück verloren, und die Erinnerung daran, daß es einmal war, macht unglücklich.

Die historische Erinnerung ist ein Lebenselixier. Nur in Verfallsformen zieht sie vom Hier und Heute, von den aktuellen Lebensaufgaben und ihrer praktischen Bewältigung ab, macht untüchtig zur Praxis und ortlos in der Gegenwart. In ihren elementaren und ursprünglichen und in fast allen alltäglichen Formen ist sie im praktischen Leben lebendig; sie wirkt als zentraler Faktor der für alles Handeln notwendigen Deutung von Erfahrung und der in allem Handeln wirksamen Geltungsansprüche der Subjekte. Sie ist ein unverzichtbares Medium der kulturellen Orientierung von Handeln und der Bildung tragfähiger personaler und sozialer Identität. Und weil das so ist, tragen sich auch im Felde der historischen Erinnerungen die Machtkämpfe aus, in denen sich menschliches Leben sozial vollzieht, wird also in ihnen um Einfluß, Macht, Herrschaft und Anerkennung gekämpft, wird unterdrückt, ausgeschlossen, stumm gemacht, verdrängt; aber natürlich auch anerkannt, zugestanden, sich verständigt; – der ganze Facettenreichtum zwischenmenschlicher Kommunikation findet sich in der Erinnerungsarbeit wieder, mit der das Geschichtsbewußtsein dem Leben dient.

Die Geschichte ist eine wichtige Front im semantisch ausgetragenen Machtkampf. Der bekannte Satz, daß derjenige, der die Geschichte hat, über die Zukunft bestimmt, drückt das unmißverständlich aus. Man könnte hinzufügen, daß die Herrschaft über die Deutung der Vergangenheit, die Hegemonie in der Geschichtskultur, auch Herrschaft über die Gegenwart ist, denn die über die historische Erinnerung entworfenen Zukunftsperspektiven sind wirksame Faktoren gegenwärtiger Praxis, und die historische Erinnerung gestaltet nicht nur die Zukunftsentwürfe mit, die das soziale Leben der Gegenwart prägen, sondern sie ist auch ein Ort zur Interpretation gegenwärtiger Lebensverhältnisse, also ein Stück lebendiger Gegenwart (im Spiegel der Vergangenheit).

Weil die Geschichte eine so wichtige und mächtige Lebensmacht ist, gibt es für sie Spezialisten, die besondere Fähigkeiten der historischen Erinnerung entwickelt haben und deswegen für die öffentliche Erinnerungsarbeit in Anspruch genommen werden und in ihr besonderen Einfluß genießen. In alten Gesellschaften waren es Magier und Zauberer, die den Wissensschatz der Geschichten hüteten, in dem eine Lebensgemeinschaft sich kulturell ausdrückte und über den Wechsel der Generationen als eine und selbe auf Dauer stellte. Es gab eigens bestallte Lobredner der Herrscher, die deren Anspruch auf Gefolgschaft und den Anspruch der

Beherrschten auf gedeihliches Leben dadurch legitimierten, daß sie die für diese Ansprüche jeweils maßgeblichen Traditionen durch wirksam artikulierte historische Erinnerung lebendig hielten. Welche Form das Expertentum für historische Erinnerung und die von ihm erbrachten Leistungen der Geschichtskultur annahmen, hing letztlich davon ab, welche Sinninstanzen und Kommunikationsformen für die jeweilige Lebenspraxis kulturell maßgebend waren. Sie entscheiden darüber, ob und inwieweit Geschichten so erzählt und wahrgenommen werden können, daß sie als Faktor der kulturellen Orientierung im Leben einer Gesellschaft praktisch wirken können.

Niemand wird bestreiten, daß in modernen Gesellschaften die Wissenschaft ein wesentlicher Faktor für diese kulturelle Geltung der historischen Erinnerung darstellt. Es ist allerdings unklar und umstritten, ob die Wissenschaft selber, also die fachlich institutionalisierte historische Forschung und die forschungsorientierte Geschichtsschreibung, als Sinninstanz und Kommunikationsform ausreicht, um die Orientierungsleistungen zu vollbringen, die der historischen Erinnerung im Leben einer Gesellschaft abverlangt werden (müssen). Geschichten können aus Zeit nur soviel Sinn machen, sie können die historische Erinnerung nur insoweit zur Deutung gegenwärtiger Lebensverhältnisse und zur Perspektivierung von Zukunft als Handlungskategorie mobilisieren, als sie mit Wahrheitsansprüchen auftreten und diese Wahrheitsansprüche auch von denen, an die sie sich wenden, akzeptiert werden. Die Kultur moderner Gesellschaften bindet Wahrheitsansprüche an Wissenschaftlichkeit, und diese Bindung gilt spätestens seit dem 18. Jahrhundert auch für die historische Deutungskultur. Alles Erzählen von Geschichten geschieht mit Wahrheitsbeteuerungen, und es ist die Geschichtswissenschaft, die für diese Beteuerungen einsteht. Steht sie aber damit für den Sinn ein, der der historischen Erinnerung dort abverlangt wird, wo sie lebenspraktisch wirken muß?

Es ist ein Kennzeichen der gegenwärtigen Geschichtskultur, daß diese Frage gestellt wird und deutlich beantwortet werden muß. In der Blütezeit des Historismus war es anders. Die Wissenschaft galt unangefochten als Sinninstanz. Die Frage nach der Reichweite ihrer Wahrheitsgarantie war ein akademisches Problem (im Konkurrenzkampf unterschiedlicher Wissenschaftskonzeptionen). Wie sehr wissenschaftliche Wahrheit und welterschließender und handlungsleitender Sinn koinzidierten, belegt die Formulierung Johann Gustav Droysens, eines der führenden Vertreter des deutschen Historismus und sicher sein klügster und nachdenklichster theoretischer Kopf: »Unser Glaube gibt uns den Trost, daß eine Gotteshand uns trägt, daß sie die Geschicke leitet, große wie kleine. Und die Wissenschaft der Geschichte hat keine höhere Aufgabe, als diesen Glauben zu rechtfertigen; darum ist sie Wissenschaft. Sie sieht und findet in jenem wüsten Wellengang eine Richtung, ein Ziel, einen Plan; sie lehrt uns in deren Verständnis erlauschen, was uns des weiteren zu erhoffen und zu erstreben obliebt.«[1]

Diese innere religiöse Sinnqualität dürfte heutzutage niemand mehr der Geschichtswissenschaft zubilligen. Die Debatten über die Wertfreiheit und Wertgebundenheit der historischen Erkenntnis haben zwar nicht zu dem Resultat geführt, daß man den Erkenntnisleistungen der Geschichtswissenschaft in jeder Hinsicht Wertfreiheit zubilligen muß, aber sie haben deutlich gemacht, daß religiöse Sinngebung und wissenschaftliche Erkenntnis weder deckungsgleich noch umstandslos kompatibel sind.

Die Wahrheits- und die Sinnfrage sind in der Geschichtskultur wieder offen. Die Geschichtswissenschaft kann sich diesen Fragen nicht entziehen, wenn sie sich als Teil der Geschichtskultur ihrer Gegenwart begreifen will, aber ebensowenig kann über Wahrheit und Sinn in allen Gefilden der Geschichtskultur plausibel nachgedacht und debattiert werden, ohne Leistung und Grenzen der wissenschaftlichen historischen Erkenntnis zu erörtern.

Die Kapitel dieses Buches sind zwar ursprünglich als selbständige Abhandlungen erschienen, sie fügen sich aber umstandslos zur Einheit eines Argumentationsgeflechtes zusammen, in dem nach dieser Leistung und nach den Grenzen der Geschichtswissenschaft in der Geschichtskultur, im Gesamtbereich der im Leben einer Gesellschaft wirksamen historischen Erinnerungen, gefragt wird. Dabei spannt sich der Bogen der Überlegungen zwischen mehreren Gegensätzen in der Einschätzung wissenschaftlicher Erkenntnischancen und damit verknüpfter Vernunftpotentiale der Geschichtskultur. Ein Gegensatz betrifft die historische Selbstdeutung der Gegenwart, ihre epochale Selbstbestimmung. Er artikuliert sich mit den Begriffen ›modern‹ und ›post-modern‹. Je nachdem, ob die gegenwärtigen Lebensverhältnisse als modern oder post-modern qualifiziert werden, organisiert sich die für sie als adäquat angesehene historische Erinnerung ganz verschieden. Für die Modernität historischer Orientierung stand einmal die Emanzipationskategorie. Sie gab eine Sinnbestimmung der historischen Erkenntnis ab, die in der Genese moderner Gesellschaften unausgeschöpfte Potentiale menschlicher Weltgestaltung und Selbstfindung sah, die es zukünftig zu realisieren gelte. Im Lichte einer historischen Selbsteinschätzung der Gegenwart als postmodern erscheint demgegenüber die gleiche Genese als fortsetzungsunfähig, ja als ein Weg in die-Katastrophe, so daß Zukunft nur alternativ zu derjenigen Richtungsbestimmung der zeitlichen Veränderungen entworfen werden kann, die in die gegenwärtigen Lebensverhältnisse geführt haben. Da Wissenschaft eine der Triebkräfte dieses Modernisierungsprozesses darstellt, wird sie im Gegensatz zwischen Modernität und Post-Modernität der Gegenwart entweder als unverzichtbare Instanz historischer Orientierung oder als abgewirtschaftete kulturelle Institution charakterisiert. Es ist zu prüfen, inwieweit die Wissenschaftskritik der Post-Moderne reale Phänomene der Entwicklung und gegenwärtigen Ausprägung von Geschichtswissenschaft trifft und wie plausibel die alternativen Strategien historischen Denkens sind, die gegen die Wissenschaft als Mittel zu ihrer Überwindung oder zumindest als Mittel zu ihrer qualitativen Veränderung empfohlen werden.

Der Gegensatz von Modernität und Post-Modernität des historischen Denkens läßt sich auf die Medien historischer Sinnbildung hin präzisieren. Dann stellt er sich als Gegensatz zwischen methodischer Rationalität der Geschichtsforschung und ästhetischer oder rhetorischer Narrativität der Geschichtsschreibung dar. Dieser Gegensatz wird in der aktuellen geschichtstheoretischen Debatte in aller Schärfe ausgetragen. Es sieht so aus, als gäbe es hier nur ein Entweder-Oder. Doch seitdem es Geschichte als Wissenschaft gibt, durchziehen die Zeugnisse ihres Selbstverständnisses immer wieder Hinweise darauf, daß sie beides zugleich ist. So hat z. B. Leopold von Ranke unmißverständlich betont: »Die Historie unterscheidet sich dadurch von anderen Wissenschaften, daß sie zugleich Kunst ist. Wissenschaft ist sie: indem sie sammelt, findet, durchdringt; Kunst, indem sie das Gefundene, Erkannte wiedergestaltet, darstellt. Andere Wissenschaften begnügen sich, das Gefundene schlechthin als solches aufzuzeichnen: bei der Historie gehört das Vermögen der Wiederhervorbringung dazu.«[2] Es ist zu prüfen, ob es nicht Prinzipien der historischen Sinnbildung gibt, die den Gegensatz zwischen methodischer Rationalität und ästhetischer und rhetorischer Gestaltung der historischen Erkenntnis vermitteln oder gar in eine ursprüngliche Einheit hinein aufheben. Ein anderer Gegensatz, der in den Überlegungen dieses Buches behandelt und überwunden werden soll, betrifft den Objektivitätsanspruch und die Standpunktbezogenheit der historischen Erkenntnis. Daß Wissenschaftlichkeit Objektivität verbürgt, Objektivität also die Form ist, in der wissenschaftsspezifische Wahrheitsansprüche eingelöst und präsentiert werden, versteht sich von selbst. Dieser für die Wissenschaftlichkeit der menschlichen Erkenntnis wesentliche Objektivitätsanspruch muß auch für das historische Denken gelten, wenn es wissenschaftlich sein will.

Was aber heißt historische Objektivität? Woran wird sie deutlich? Angesichts der unbestreitbaren Verstricktheit der historischen Erinnerung in den Machtkampf gesellschaftlichen Lebens, der sich auf der Ebene seiner kulturellen Formationen ausprägt, scheint es für die Rechtfertigung und Begründung eines wissenschaftsspezifischen Objektivitätsanspruchs der historischen Erkenntnis fast unvermeidlich zu sein, ihre Neutralität in diesem Machtkampf, ihre Erhebung über ihn, ihren Standpunkt außerhalb seiner zu betonen. Was aber ist an historischer Erkenntnis neutral? Geht man dieser Frage genauer nach, dann kommt man zu einem ambivalenten Ergebnis: Gerade diejenigen Elemente der historischen Erinnerung, die ›Sinn‹ in der Lebenspraxis machen, sperren sich dagegen, als objektiv im Sinne von neutral gegenüber praktischen Orientierungsfunktionen des historischen Wissens zu erscheinen. Es läßt sich nicht leugnen, daß die Tatbestände, die durch die historische Forschung aus den Quellen überprüfbar erhoben werden, schon im Forschungsprozeß selber durch die historische Interpretation in Zusammenhänge eingefügt werden, die einen perspektivischen Charakter haben. Sie verraten durch ihren perspektivischen Charakter, daß sie bedingt sind durch Standpunkte, die die Interpreten im gesellschaftlichen Leben ihrer Gegenwart haben. Ist damit der wissenschaftliche Objektivitätsanspruch hinfällig? Oder beschränkt er sich auf methodische Mechanismen der Überprüfung des Tatsachengehaltes historischer Aussagen, die gerade den umgreifenden Zusammenhang nicht betreffen, in den die historische Interpretation die historischen Tatsachen bringt, um aus und mit ihnen das Erkenntnisgebilde einer Geschichte zu formen? Entspringt nicht gerade die prägende Kraft der historischen Deutung, die die Forscher den Tatsachen der Vergangenheit angedeihen lassen, ihrer Subjektivität, ihrer Betroffenheit durch gegenwärtige Zeiterfahrungen, durch Herausforderungen neuer Orientierungsbedürfnisse ihres gesellschaftlichen Kontextes? Es liegt nahe, Objektivität und Subjektivität des historischen Denkens einander so entgegenzusetzen, daß das eine immer nur auf Kosten des anderen zu haben ist; Wissenschaftlichkeit Subjektivitätsverlust bedeutet und Objektivität Neutralität, die dann sehr leicht als Irrelevanz kritisiert und als akademische Langeweile verachtet wird. Es müßte geprüft werden, ob dieser Gegensatz stichhaltig ist, ob sich nicht die wissenschaftsspezifische Objektivität als Ausprägung einer Subjektivität bestimmen läßt, die so beschaffen ist, daß das Verstricktsein der Forscher und Geschichtsschreiber im kulturellen Machtkampf ihrer Gegenwart stimulierend auf die Erkenntnisprozesse wirkt.

Der Gegensatz von Theorie und Erzählen berührt denjenigen zwischen objektivierenden methodischen Verfahren und subjektivem Engagement in der historischen Erkenntnis, weil Theorieentwicklung und Theoriegebrauch in der Geschichtswissenschaft als Steigerung ihrer wissenschaftlichen Rationalität angesehen und Erzählen als subjektnahe Darstellungsform verstanden und gepriesen oder kritisiert wird. Es handelt sich aber um mehr als nur um eine Spielart des Objektivitätsproblems. Es geht vielmehr um die Logik der historischen Erkenntnis überhaupt, also um etwas sehr Prinzipielles. Ist die Geschichtswissenschaft theoriefähig oder nicht? Diese alte Frage nach dem theoretischen Status historischen Wissens und nach dem damit zusammenhängenden Verhältnis von der Geschichtswissenschaft zu anderen Wissenschaften (denen es um theorieförmiges Wissen, um Gesetzeserkenntnisse geht) hat seit geraumer Zeit eine ganz neue Ausprägung erfahren. Sie zielt auf die Eigenart historischen Denkens, dem die Geschichtswissenschaft methodisch Rechnung tragen muß. Die älteren Versuche, diese Eigenart als individualisierendes Verfahren im Unterschied zu generalisierendem, oder als ideographisches im Unterschied zu nomothetischem zu bestimmen, oder die entgegengesetzten Versuche, diese Eigenart zu leugnen und die prinzipielle logisch-methodische Gleichheit historischen Erkennens mit dem Erkennen anderer Wissenschaften zu betonen, hat sich mit dem Thema ›Erzählen‹ und ›Erzählstruktur‹ grundlegend geändert. Es gibt starke Argumente dafür, die in Frage stehende Eigenart des historischen Denkens mit der narrativen Struktur historischer Aussagen zu identifizieren und dieser Struktur eine grundsätzliche Bedeutung zuzusprechen. Historische Erkenntnis unterscheidet sich nach dieser Auffassung von aller nicht-historischen Erkenntnis durch ihre narrative Struktur. Die Geschichtswissenschaft gewinnt in dieser Argumentation die spezifisch historische Logik des Narrativen. Sie droht damit aber zugleich die für den wissenschaftlichen Status einer Erkenntnis nicht unwichtige Theoriefähigkeit zu verlieren. Narrativität und Theoriefähigkeit bilden Gegensätze, die es nur noch zuzulassen scheinen, daß die Eigenart der Geschichtswissenschaft auf Kosten jener Erkenntnispotentiale zur Geltung gebracht werden kann, die Theoretisierungen eröffnen. Ist aber dieser Gegensatz plausibel? Muß eine über die narrative Struktur des historischen Wissens aufgeklärte Geschichtswissenschaft auf Generalisierungen und damit verbundene Erkenntnischancen verzichten und diese den Sozialwissenschaften überlassen? Es müßte geprüft werden, ob es nicht spezifisch narrative Theoretisierungsmöglichkeiten gibt. Es ist nicht ausgemacht, ob sich nicht so etwas wie spezifisch historische Theorien gerade mit Hilfe der Einsichten in die narrative Struktur historischen Wissens besser beschreiben lassen, als das bisher möglich war.

Erzählen ist eine elementare und allgemeine kulturelle Lebensform des Erfahrens, Deutens, der Verständigung und der Identitätsbildung. Mit dem Erzählprinzip rückt die Geschichtswissenschaft, ihrer Eigentümlichkeit im Unterschied und im Zusammenhang mit anderen Wissenschaften versichert, in den praktischen Lebenszusammenhang ein, in den verwurzelt zu sein ihre Wissenschaftlichkeit so prekär macht. Was Wissenschaft im Bereich der historischen Erinnerungsarbeit leistet oder nicht, das ist eine Frage, die sich nur beantworten läßt, wenn das historische Denken im Schnittpunkt zwischen Erkenntnis und Handeln ausgemacht wird. Auch hier scheint es einen unüberbrückbaren Gegensatz zu geben: In die Pflicht der Praxisorientierung genommen, könnte das historische Denken Erkenntnischancen verlieren, und umgekehrt: aus praktischen Orientierungszwecken entbunden, könnte es solche Chancen gewinnen und überhaupt erst den ganzen Reichtum historischen Wissens entfalten, zu dem die Geschichtswissenschaft fähig ist. Ist dieser Gegensatz plausibel? Entstehen nicht die historischen Fragen, die Erkenntnisse stimulieren und den Erkenntnisfortschritt der Geschichtswissenschaft in Gang halten, in letzter Instanz aus Orientierungsproblemen der Lebenspraxis? Es müßte geprüft werden, ob sich die Verwurzelung des historischen Denkens in lebensweltlichen Praxiszusammenhängen und damit auch das Eingebundensein der Geschichtswissenschaft in die Geschichtskultur ihrer Gesellschaft weniger als eine Grenze oder Einengung von Erkenntnismöglichkeiten darstellt, denn als Herausforderung an Erkenntnisleistungen entsprechend wissenschaftspraktisch realisiert werden muß. Eine historische Erkenntnis verdient ja nicht nur dann den Ehrentitel ›akademisch‹, wenn sie bedeutungslos und langweilig ist und niemanden als nur die wenigen Spezialisten interessiert, die zu ihrer Produktion in der Lage sind, sondern die ›Akademie‹ könnte ja auch ein Ort sein, wo wichtige Probleme so behandelt werden, daß ihre Lösungen optimal gelingen.

Die Dichotomie zwischen Erkenntnis und Handeln führt zu der Frage, nach welchen Gesichtspunkten die praktische Erkenntnisarbeit der Geschichtswissenschaft organisiert werden soll. Auch hier kreuzen sich auf klärungsbedürftige Weise zwei Strategien. Ich möchte sie als diejenige des Fachmenschentums und als diejenige der Zeitgenossenschaft bezeichnen. In der Strategie des Fachmenschentums dominieren die Prinzipien fachspezifischer Differenzierung und arbeitsteiliger Spezialisierung der historischen Erinnerung, die zur Produktion umfangreicher und vielfältiger historischer Wissensbestände unerläßlich sind. Bekanntlich lassen diese Strategien das historische Denken den Weg gehen, an dessen Beginn es wenig über vieles und am Ende alles über nichts weiß, sich also unterwegs irgendwie verloren hat. Zeitgenossenschaft ist demgegenüber ein Gesichtspunkt der Erkenntnispraxis, der die spezialisierte Wissensproduktion rück- und einbindet in ein historisches Problembewußtsein, das die Herausforderungen der Gegenwartserfahrung an die kulturellen Orientierungen der Lebenspraxis in bohrende historische Fragen übersetzt. Diese Fragen können die Historiker dazu befähigen, das von ihnen spezialistisch produzierte Wissen historiographisch so zu präsentieren, daß es als Faktor der kulturellen Orientierung der Lebenspraxis erscheint.

Damit werden freilich sowohl die Wissenschaftler wie auch das Publikum der historisch Interessierten Zumutungen ausgesetzt. Reflexionsleistungen von der Art, wie sie in diesem Buch entwickelt werden, sind unbeliebt. Sie stören die Fachleute, weil sie Abstand zur eigenen Erkenntnispraxis und ein Denken verlangen, das anderen Gesichtspunkten folgt als diese Praxis selber. Der damit erzeugte Unwille potenziert sich dort, wo historisches Wissen als konsumierbares Kulturgut in Anspruch genommen wird, auch dann, wenn diese Inanspruchnahme mehr als nur der Unterhaltung (also der Kompensation von Orientierungsmängeln) dient. Aber sowohl das Fachmenschentum der Experten wie auch die

Bildungsansprüche der Laien entlasten nur dann von der Zumutung einer Liebe zur Weisheit, die die Wahrheitsansprüche und die Sinnkriterien der historischen Erinnerung betreffen, wenn die Produktion und Rezeption historischen Wissens in der Geschichtskultur nicht mit den Vernunftansprüchen verbunden werden, die die historische Erinnerungsarbeit an Gesichtspunkte ungezwungener Zustimmung bindet.[3] Daß die Geschichtswissenschaft selber ein Schauplatz sein kann, auf dem politische Machtkämpfe ausgetragen werden, hat jüngst der Historikerstreit bewiesen. Daß sie aber zugleich auch ein Ort ist, an dem solche Machtkämpfe mit den friedlichen Mitteln vernünftigen Argumentierens geführt werden können, das mag vielleicht der Historikerstreit nicht überzeugend erwiesen haben. Aber was ist eine Geschichtswissenschaft wert, die nicht die Hoffnung auf diesen Frieden wach hielte, und was ist eine Geschichtskultur wert, die sich nicht eine solche Form von Wissenschaftlichkeit zu eigen machte?

I. Geschichte als Aufklärung? oder: Das Dilemma des historischen Denkens zwischen Herrschaft und Emanzipation

Wer den bitteren Christus nicht haben will, wird sich am Honig totfressen.

Thomas Müntzer[4]

1. Aufklärung im Meinungsstreit

Die Aufklärung hat in der Tradition der deutschen Kultur ein merkwürdiges Schicksal gehabt. Als sie sich im 18. Jahrhundert als dominierende geistige Bewegung der europäischen Intelligenz ausbildete, fand sie auch im deutschen Sprachraum ihre Anhänger und Vertreter, aber die deutschen Aufklärer haben eine weit weniger tiefgreifende und weitreichende geistesgeschichtliche Wirkung gehabt als ihre englisch-schottischen und französischen Kollegen. Dies ist für den Bereich der Historiographie evident: Nach maßgebenden Historikern der Aufklärung gefragt, würden wir nicht zögern, Voltaire, Gibbon und Hume zu nennen, und es bedarf schon einiger wissenschaftsgeschichtlicher Bildung, um ihnen deutsche Vertreter (wie etwa Schlözer[5]) beizugesellen. Zwar gehört die Philosophie Kants noch zur Aufklärung, und niemand würde bestreiten, daß sie eine epochale Bedeutung nicht nur für die deutsche Kultur gehabt hat, aber in der Geschichtsschreibung ist sie (langfristig gesehen) doch nur gebrochen rezipiert worden – gebrochen durch eine idealistische Geschichtsphilosophie, die sich selbst als Überwindung der Aufklärung verstand.

Bis in die Mitte unseres Jahrhunderts dürfte unter deutschen Historikern die Auffassung vorgeherrscht haben, daß die für sie maßgeblichen Formen des historischen Denkens erst durch eine Überwindung der Aufklärung geschaffen worden seien. Friedrich Meinecke hat diese Überwindung durch den deutschen Historismus als »einer der größten geistigen Revolutionen, die das abendländische Denken erlebt hat«,[6] gefeiert, und er hat in dieser Kulturrevolution den spezifisch deutschen Beitrag zur geistigen Bewältigung des geschichtlichen Umbruchs gesehen, in dem die Lebensformen einer modernen Gesellschaft entstanden sind. »Wir sehen in ihm die höchste bisher erreichte Stufe in dem Verständnis menschlicher Dinge und trauen ihm eine echte Entwicklungsfähigkeit auch für die um uns und vor uns liegenden Probleme der Menschheitsgeschichte zu.«[7]

Es gehörte lange Zeit zum festen Traditionsbestand der Bildung in Deutschland, die Aufklärung als eine in modernen Gesellschaften unzeitgemäße Denkform anzusehen, die überwunden werden müsse, damit eine zeitgemäße Interpretation der geschichtlichen Erfahrung möglich sei. Erst in den sechziger Jahren unseres Jahrhunderts ist dieses Klischee, in dem Aufklärung gleichbedeutend war mit der Unfähigkeit zur historischen Bildung, einer tiefgreifenden Kritik unterzogen und der Versuch gemacht worden, der Aufklärung eine völlig neue und diesmal positive Rolle in der historischen Bildung zuzusprechen. Diese Umwertung in den Grundlagen des historischen Denkens geschah unter dem Leitwort ›Emanzipation‹.[8] Mit diesem sehr schnell zum Schlagwort griffig gemünzten Schlüsselbegriff sollten die ursprünglichen Bestrebungen der Aufklärung – Kritik an feudalen und absolutistischen Formen politischer Herrschaft und Ausrichtung des menschlichen Handelns an allgemeinen moralischen Normen –, erneuert und kritisch gegen die bis dahin dominierenden historischen Deutungsmuster der gegenwärtigen gesellschaftlichen Verhältnisse und gegen die ihnen entsprechenden Formen und Inhalte des Bildungswesens zur Geltung gebracht werden.

Bekanntlich hat dieser Versuch zu einem heftigen Streit über Eigenart und Rolle des historischen Denkens im geistigen Haushalt unserer Gesellschaft geführt. Geschichtswissenschaft und Geschichtsunterricht gerieten in eine tiefe Legitimationskrise: Neue Inhalte und auch Formen des historischen Lehrens und Lernens in Schule und Universität bedrohten bislang für unverzichtbar gehaltene Traditionsbestände des historischen Denkens. Die Eigenart des Schulfaches Geschichte wurde mit der Forderung einer curricularen Revision des Bildungswesens ernsthaft in Frage gestellt. In der Geschichtswissenschaft wurden bis dahin weitgehend unangefochten geltende und in einer langen Tradition bewährte geisteswissenschaftliche Forschungsstrategien durch neue sozialwissenschaftliche an den Rand gedrängt. Geschichte wurde im schrillen Pro und Kontra der Leitidee der Aufklärung zur Angelegenheit einer öffentlichen Diskussion, nachdem sie zuvor eher das geruhsame Dasein eines Bildungsgutes geführt hatte, über das gelegentlich von interessierten Historikern geklagt wurde, es finde zu wenig öffentliche Resonanz.

Auf den ersten Blick könnte es so scheinen, als sei dieser Streit vorbei.

Eilfertige Kulturpolitiker überbieten sich gegenseitig in der Versicherung, sich für die Belange des Geschichtsunterrichts einzusetzen; er ist kulturpolitisch nicht nur nicht mehr gefährdet, sondern beginnt sich gelegentlich schon auf Kosten anderer Unterrichtsfächer im sozialwissenschaftlichen Lernbereich auszudehnen. In der Geschichtswissenschaft sind die großen Grundsatzdebatten und theoretisch-methodologischen Erörterungen darüber, was Geschichte als Wissenschaft ist oder sein solle, vorbei. Überdies wirken die hohen Besucherzahlen in historischen Museen und Ausstellungen und die Absatzchancen populärer Geschichtsschreibung beruhigend auf alle diejenigen, die die kulturelle Bedeutung der Geschichte durch die Propagierung des Aufklärungsideals der Emanzipation bedroht sahen. Man spricht allenthalben von einer Tendenzwende zugunsten der angefochtenen Traditionen der historischen Bildung: Konnte es eine Zeitlang scheinen, als siedle sich die Geschichtswissenschaft »jenseits des Historismus« an,[9] so hat der Historismus inzwischen entschiedene Rehabilitationsversuche erfahren.[10]

Dieser erste Eindruck täuscht. Die Auseinandersetzungen darüber, ob und wie das historische Denken in seinen Grundlagen verändert werden müßte, um zeitgemäß zu sein, dauern an.[11] Und es ist auch nicht so, daß die Probleme der historischen Bildung nur noch in Kreisen der Fachleute erörtert würden, während die Öffentlichkeit sich längst über sie beruhigt hätte. Nach wie vor spielt Geschichte als Bildungsproblem eine nicht unwichtige Rolle in der Öffentlichkeit: Immer noch wird gelegentlich in den Parlamenten über Formen und Inhalte des Geschichtsunterrichts gestritten. Die deutsch-polnischen Schulbuchempfehlungen haben hohe Wellen in der politischen Kultur der Bundesrepublik geschlagen, und nach wie vor verschmähen es Wahlkämpfer nicht, für ihre Zwecke die deutsche Geschichte (allerdings immer nur in Auswahl und leider auch in zum Teil grotesker Verzerrung) zu bemühen.[12]

Eines aber hat sich ganz entschieden geändert: Die Berufung auf die Aufklärung als eine Tradition, die neu zur Geltung gebracht werden müsse, um die historische Bildung in Wissenschaft, Unterricht und interessierter Öffentlichkeit zeitgemäß zu machen. In den siebziger Jahren gab es eine merkwürdige Situation: Nicht mehr nur die Kritiker des traditionellen Konzepts der historischen Bildung und die Verfechter einer Neuorientierung der Geschichtswissenschaft und des Geschichtsunterrichts am obersten Erkenntnis- und Lernziel ›Emanzipation‹ beriefen sich auf die Aufklärung, sondern – und das war angesichts der bisherigen Wissenschaftstradition erstaunlich – auch ihre entschiedenen Gegner appellierten an die gleiche Berufungsinstanz, um die Unhaltbarkeit dieser Umorientierung des historischen Denkens zu erweisen.[13] Wie ist diese Konstellation zu verstehen? Offensichtlich hatte die Aufklärung als Prinzip der Interpretation geschichtlicher Erfahrungen und als zeitliche Orientierung des gegenwärtigen Handelns durch diese Interpretation an Ansehen gewonnen. Das traditionelle Verdikt über die Aufklärung indes war zurückgenommen worden, sie verstelle den Blick auf die Geschichte und könne daher auch keine an der historischen Erfahrung geschärfte Zukunftsperspektive des gegenwärtigen Handelns eröffnen. Die lange Zeit in der deutschen Wissenschafts- und politischen Kultur vorherrschende Auffassung vom unhistorischen Charakter der Aufklärung ist obsolet geworden. Die Aufklärung wurde als Triebkraft einer Modernisierung wiederentdeckt und ernstgenommen, die in die Kernbestände unseres gegenwärtigen Selbstverständnisses hineinreicht und von der her wir die Zukunftsperspektive unserer eigenen Lebenspraxis entwerfen müssen. Freilich ist die Aufklärung damit nicht zu einem gesicherten, also Zukunft verbürgenden Traditionsbestand geworden. Im Gegenteil: Unter der Bezeichnung ›Post-Moderne‹ gewinnen Denkströmungen zunehmend an öffentlicher Resonanz und intellektuellem Einfluß, die dieser Tradition höchst verhängnisvolle Konsequenzen anlasten.[14] Aufklärung steht für eine Selbstüberschätzung und einen Herrschaftswillen des Menschen, der im Umgang mit der Natur und mit seinesgleichen in eine geradezu katastrophale Situation geführt habe, aus der es nur einen Ausweg gebe: die radikale Negation des mit der Aufklärung verbundenen Prinzips der Emanzipation. Die mit dem Begriff der Post-Moderne verbundene neue Orientierungskrise rückt die Aufklärung erneut ins Zentrum einer historischen Selbstverständigung der Gegenwart. Sie verschärft den Blick auf das Prinzip Emanzipation; denn je nachdem, was es bedeutet, steht die Aufklärung für eine unabgegoltene Zukunft aus den Sinnpotentialen der Vergangenheit oder für eine drohende Katastrophe menschlicher Selbstzerstörung im Wahn, die Welt und sich selbst nach selbstgesetzten Prinzipien von Vernunft und Freiheit einrichten zu können. Was hat es mit ›Emanzipation‹ als oberstem Gesichtspunkt eines historischen Denkens auf sich? Vermag dieser Gesichtspunkt die menschliche Vergangenheit noch oder wieder so zu erschließen, daß der gegenwärtigen gesellschaftlichen Praxis eine tragfähige Zukunftsperspektive eröffnet werden kann?

Ich möchte zunächst (2.) die grundsätzliche Frontstellung im Streit um die Orientierung des historischen Denkens entlang der Idee der Emanzipation skizzieren. Dann (3.) möchte ich zurückfragen, was die Aufklärung ursprünglich unter Emanzipation verstand und welche Bedeutung sie ihr für die historische Erkenntnis beimaß. Schließlich (4.) möchte ich die Einwände zusammenfassen, die gegen dieses ursprüngliche Konzept erhoben worden sind und die (vor allem in der deutschen kulturellen Entwicklung) zu der schon genannten Auffassung geführt haben, historisches Denken sei nur als Überwindung der Aufklärung sinnvoll möglich. Abschließend (5.) möchte ich prüfen, ob und wie im Lichte dieser Kritik an der Aufklärung heute noch sinnvoll von Emanzipation als Prinzip des historischen Denkens gesprochen werden kann.

2. Emanzipation – Idee der Freiheit oder Herrschaftsideologie?

Es ist gar nicht so einfach, die Leitidee ›Emanzipation‹ so zu bestimmen, daß deutlich wird, warum sie eigentlich so umstritten ist.[15] Mit ihr wird doch ein Freiheitsstreben artikuliert, das niemand ohne Not sich nicht zusprechen würde, und mit ihr wird den Geistes- und Sozialwissenschaften und dem Erziehungswesen eine praktische Funktion zugeschrieben, die jeder Wissenschaftler und Erzieher eigentlich als selbstverständlich ansehen müßte: nämlich die Befähigung des Menschen zum freien Gebrauch seiner Erkenntniskräfte im Umgang mit seiner Welt und sich selbst, so daß er oder sie einsichtsvoll handeln kann. Daß Menschen an ihrer Mündigkeit interessiert sind und dieses ihr Interesse vor allem dadurch zum Ausdruck bringen, daß sie die ihnen als Gattungswesen eigene Fähigkeit des begrifflichen Denkens optimal (in den Wissenschaften) realisieren und mit diesen Fähigkeiten auch ihr Handeln in gesellschaftlichen Kontexten organisieren, – was ist an dieser Vorstellung eigentlich so konfliktträchtig? Solange Emanzipation so allgemein (und zugegebenermaßen auch so vage) formuliert wird, scheint sie höchstens den Widerspruch herauszufordern, daß mit ihr als *terminus technicus* zur Bestimmung fundamentaler Erkenntnisinteressen, des Zusammenhangs von Erkenntnis und Praxis und einer obersten Norm des menschlichen Handelns lediglich Trivialitäten zum Ausdruck gebracht werden, die eigentlich zu wenig besagen, als daß man auf sie die Mühen eines Grundlagenstreites verwenden müßte. Nun ist aber das Gegenteil der Fall. Warum?

Der Streit um die Emanzipation als Leitidee des historischen Denkens gehört in eine übergreifende Auseinandersetzung darüber, an welchen obersten Gesichtspunkten die Erkenntnis des Menschen und seiner Welt und eine erkenntnisgeleitete Gesellschaftspraxis orientiert werden sollen. Um die Grundsätzlichkeit der unterschiedlichen Positionen überhaupt in den Blick zu bekommen, empfiehlt es sich nicht, an ausdifferenzierte Emanzipationstheorien anzuknüpfen (etwa an die Wissenschafts- und Geschichtstheorie von Jürgen Habermas),[16] denn die Differenziertheit und Komplexität solcher Explikationen können den Blick darauf verstellen, was im Ausgang von und unter Berufung auf solche Theorien im breiten Feld des Streites zwischen den Befürwortern und Gegnern des Emanzipationskonzepts eigentlich als *Prinzipienstreit* zur Debatte steht.

Wenn ich im folgenden also die Position der Verfechter des Emanzipationskonzepts charakterisiere, dann geht es mir um die Grundgedanken, die letztlich den Ausschlag dafür gegeben haben, daß die Idee der Emanzipation in weiten Teilen der akademischen Intelligenz (zumindest eine Zeitlang) großen Anklang gefunden hat. Es versteht sich von selbst, daß es bei einer solchen Charakterisierung ohne idealtypische Vereinfachungen und Zuspitzungen nicht geht; gerade in der Form solcher Vereinfachungen werden ursprünglich komplexe Argumentationszusammenhänge rezipiert. Den Nachweis der Repräsentativität dieser Vereinfachung kann ich quantitativ nicht führen; qualitativ halte ich ihn insofern für gegeben, als die im folgenden dargelegte Grundposition wie ein Leitmotiv in der inzwischen unübersehbar gewordenen Literatur wiederkehrt, wo Emanzipation als oberste Norm wissenschaftlicher Erkenntnis, gesellschaftlicher Praxis und insbesondere als oberstes Lernziel aller Bildung und Erziehung vertreten wird.

Wenn ich also den Standpunkt der Verfechter des Emanzipationskonzepts darlege, dann geht es mir nicht um eine Rekonstruktion der expliziten Theoriebildungen, auf die diese Verfechter sich in der Regel berufen (vor allem natürlich der Kritischen Theorie), sondern um die Identifizierung von Grundgedanken, die die Deutung historischer Erfahrung, mit ihr verbundene Zukunftserwartungen und Gegenwartsinterpretationen und auch die praktische Funktion der historischen Erkenntnis regeln, die also letztlich über Eigenart und Aufgabe des historischen Denkens im allgemeinen und der Geschichte als Wissenschaft im besonderen entscheiden und die in großen Teilen der geistes- und sozialwissenschaftlich gebildeten Intelligenz meinungsbildend gewirkt haben.

In dieser Elementarisierung bedeutet ›Emanzipation‹ für ihre Verfechter eine Idee, die die Geschichte als universalen Prozeß der Selbstbefreiung des Menschen erkennbar macht und zugleich das aktuelle Handeln an der Vorstellung orientiert, diesen Prozeß weiterzutreiben. Mit ›Emanzipation‹ wird ein Strukturwandel des menschlichen Handelns von Fremdbestimmung als Herrschaft zur Selbstbestimmung als Freiheit bezeichnet, der durch das menschliche Handeln selbst herbeigeführt wird. Emanzipation heißt also Befreiung des Menschen von allen Zwängen, die ihn daran hindern, autonom über sich selbst bestimmen zu können. Diese Zwänge werden zumeist als ›Herrschaft‹ zusammengefaßt, so daß *Emanzipation im Kern Negation von Herrschaft* ist. Hier sehe ich den entscheidenden Punkt im Streit um die Emanzipation: Im Rahmen des Emanzipationskonzepts wird Herrschaft durchweg negativ bestimmt. Es ist eine Frage von sekundärer Bedeutung, ob Emanzipation so verstanden wird, daß Herrschaft prinzipiell negiert werden kann, d.h. ein herrschaftsfreier Zustand menschlicher Vergesellschaftung sinnvoll erscheint, oder ob man Emanzipation bescheidener als Negation ›überflüssig‹ gewordener Herrschaft ansieht, also die Aufhebung von Herrschaft nicht als maßgebende Bestimmung von Emanzipation betrachtet wird. In jedem Falle sind Emanzipation und Herrschaft negativ aufeinander bezogen: Emanzipation bemißt sich an der Überwindung von Herrschaft: sei es als realhistorischer Prozeß, dann bezeichnet Emanzipation eine geschichtliche Erfahrung, sei es als handelnd zu realisierender Zukunftsentwurf, dann bezeichnet Emanzipation eine Norm. Emanzipation ist also eine Vorstellung, die auf alle drei zeitlichen Dimensionen des menschlichen Handelns bezogen ist: auf die Vergangenheit als Vorstellung eines realhistorischen Prozesses, auf die Gegenwart als normative Bestimmung aktuellen Handelns und auch auf die Zukunft als Erwartung der Fortsetzung und Steigerung des schon erfolgten und aktuell betriebenen Prozesses. Diese drei Dimensionen erlauben folgende Bestimmungen von Emanzipation.

Erstens ist Emanzipation in Bezug auf das *gegenwärtige* Handeln als Selbstbefreiung *notwendig* im Sinne einer allgemein verbindlichen Norm. Diese Norm richtet das menschliche Handeln an der Vorstellung der Mündigkeit ihres Subjektes aus, und diese Vorstellung verpflichtet das Handeln auf eine Negation (Abschaffung, Überwindung) von Herrschaft. Die Geltung dieser Norm wird mit der Vernunftnatur des Menschen schlechthin, also anthropologisch begründet: Der Mensch ist als vernunftbegabtes Lebewesen daran interessiert, seine Vernunft zu gebrauchen, um sein Leben einzurichten, und er richtet dieses sein Vernunftinteresse gegen alle Lebensverhältnisse, die ihn an einem solchen Vernunftgebrauch hindern. Da aber Vernunftgebrauch identisch ist mit menschlicher Freiheit als Autonomie, ist es schlechthin vernünftig, sein Handeln am Ziel der Verwirklichung dieser Autonomie zu orientieren, und d. h. immer auch: es auf die Aufhebung und Überwindung von Herrschaft zu verpflichten.

Zweitens ist Emanzipation in bezug auf das *vergangene Handeln* als Selbstbefreiung *wirklich* im Sinne einer geschichtlichen Erfahrung. Diese Erfahrung ergibt sich dann, wenn man die zeitlichen Zusammenhänge des vergangenen menschlichen Handelns so interpretiert, daß sie eine Bedeutung für das gegenwärtige Handeln bekommen. Eine solche Bedeutung bekommen sie dann, wenn in ihnen die Prozesse hervorgehoben werden, in denen Herrschaft abgeschafft und überwunden wurde. (Es ist daher kein Zufall, daß Emanzipation als geschichtliche Erfahrung vornehmlich an revolutionären Phänomenen festgemacht wird.)

Drittens ist Emanzipation in bezug auf das *zukünftige Handeln* als Selbstbefreiung *möglich* im Sinne einer Erwartung. Diese Erwartung ergibt sich dann, wenn man die Emanzipation als Handlungsnorm, die die Steigerung menschlicher Autonomie als Abschaffung und Überwindung von Herrschaft vorschreibt, zurückbezieht auf die Erfahrung, daß es in der Vergangenheit solche Steigerungen von Autonomie und Reduktionen von Herrschaft gegeben hat; dann kann von der Zukunft sinnvoll erwartet werden, daß es in ihr mit dem Gewinn an Freiheit und dem Verlust an Herrschaft weitergeht. (Es ist daher auch kein Zufall, daß im Rahmen des Emanzipationskonzepts ›Realutopien‹ eine nicht geringe Rolle spielen.)

Nimmt man alle drei Dimensionen zusammen, dann bedeutet Emanzipation, daß das Zeitbewußtsein, in dem menschliches Handeln immer erfolgt, sich an der Idee der Freiheit als Negation von Herrschaft orientiert. Geschichte ist nichts anderes als eine bestimmte Form, die das Zeitbewußtsein handelnder Menschen annimmt, wenn es sich ausdrücklich der Vergangenheit zuwendet, insofern diese eine Bedeutung für das gegenwärtige Handeln hat.[17] Eben dieser innere Zusammenhang zwischen

Vergangenheit, Gegenwart und Zukunft, der das Geschichtsbewußtsein des Menschen auszeichnet, wird mit der Idee der Emanzipation angesprochen.[18] Es handelt sich also nicht um die bloße Anwendung einer Theorie des menschlichen Handelns, die außerhalb des Bereichs des historischen Denkens gewonnen wird, auf diesen Bereich, sondern um ein Prinzip des historischen Denkens selbst. Dies gilt es festzuhalten, um Mißverständnisse hinsichtlich des Verhältnisses von Emanzipation und Geschichte von vornherein auszuschließen. Allerdings meint Geschichte dann immer mehr als bloße Vergangenheit, also genau das, was Jacob Burckhardt, der gewiß nicht im Verdacht steht, einem unhistorischen Emanzipationsdenken verfallen zu sein, unter ihr verstand: »Unser Gegenstand ist diejenige Vergangenheit, welche deutlich mit Gegenwart und Zukunft zusammenhängt.«[19]

Es ist daher auch nur konsequent und alles andere als verwunderlich, wenn das skizzierte Konzept von Emanzipation vornehmlich dort zur Geltung gebracht wird, wo es um Geschichte als Deutung der Vergangenheit, und dort, wo es um Politik als Gestaltung der Zukunft geht. Und es dürfte auch aus der Logik des Emanzipationskonzepts erklärlich sein, daß es dann besonders attraktiv wird, wenn diese beiden Bereiche ausdrücklich und kritisch gegenüber den bisherigen Gepflogenheiten einer (vermeintlichen) wechselseitigen Neutralität aufeinander bezogen werden: wenn im schulischen Erziehungswesen nach der Bedeutung des Geschichtsunterrichts für die Zukunftsbewältigung unserer Gesellschaft gefragt wird und man versucht, diese Zukunftsbewältigung zur Angelegenheit anderer Fächer neben dem Geschichtsunterricht (Politik, Sozialkunde usw.) zu machen.[20] Die gleiche Attraktivität gewinnt das Emanzipationskonzept ebenfalls in dem Moment, in dem sich Geistes- und Sozialwissenschaftler in Form einer Grundlagenreflexion Rechenschaft über Eigenart und Funktion ihrer Fachdisziplinen im gesellschaftlichen Leben der Gegenwart geben.[21]

Die Einwände gegen das dargelegte Emanzipationskonzept sind vielfältig, da die unterschiedlichen Ausprägungen dieses Konzepts zu komplexen und differenzierten Argumentationen führen. Mir geht es bei der folgenden Formulierung dieser Einwände ähnlich wie bei der Charakterisierung des Emanzipationskonzepts, gegen die sie sich wenden, darum, den ›springenden Punkt‹ zu finden. Es muß deutlich werden, daß es sich um Überlegungen handelt, die man nicht dadurch auf die leichte Schulter nehmen kann, daß man sie auf das Konto uneinsichtiger Verteidiger derjenigen Lebensverhältnisse bucht, gegen die sich die Emanzipationsforderung richtet. So wenig sich eine Affinität derjenigen, die das Emanzipationskonzept kritisieren, zu konservativen politischen Strömungen übersehen läßt, so wenig ist mit dieser politischen Zurechnung schon über das Gewicht ihrer Argumente entschieden (obwohl es angesichts der Tatsache, daß bei den Verfechtern des Emanzipationskonzepts diese Einwände nicht sehr ausführlich und gründlich diskutiert werden, so scheinen könnte).

Was also läßt sich gegen das skizzierte Emanzipationskonzept einwenden? Ihm wird vorgeworfen, daß es soziale Realität und geschichtliche Erfahrung nicht hinreichend erschließe, kein tragfähiges politisches Normensystem begründe und keine realistische Zukunftsperspektive eröffne. Spitzt man diesen Vorwurf auf den Punkt zu, wo Emanzipation als oberstes Sinnkriterium dem aktuellen Handeln zugemutet, wo also das Interesse der Öffentlichkeit besonders stark berührt wird, dann läßt er sich folgendermaßen zusammenfassen: Die als Emanzipation ins Spiel gebrachte Vorstellung eines allgemeinen und elementaren Strukturwandels des menschlichen Handelns von Fremd- zu Selbstbestimmung sei im Kern ideologisch; denn sie verschleiere politische Interessen, indem sie ein falsches Bewußtsein über die realen Umstände und Verhältnisse konkreten menschlichen Handelns erzeuge. Emanzipation werde als Selbstbefreiung des Menschen auf der theoretischen Ebene oberster Sinnkriterien des menschlichen Handelns so konzipiert, daß sie auf der praktischen Ebene ihrer Umsetzung in reale Lebensumstände und -Verhältnisse zu neuen Unfreiheiten, zu Handlungszwängen führe, gegen deren Erfahrung das Bewußtsein der Betroffenen zugleich theoretisch immunisiert werde, so daß sie sie nur stumm erleiden könnten. Außerdem sei das Emanzipationskonzept auch insofern ideologisch, als sich mit ihm partikulare Herrschaftsinteressen im Namen der Abschaffung von Herrschaft zugleich durchsetzen und verschleiern ließen.

Diese Ideologiekritik beruft sich auf die Erfahrung eines fundamentalen Umschlages von Freiheitsforderungen in Herrschaftsausübung, der immer dann eintrete, wenn Emanzipation, theoretisch als Negation von Herrschaft propagiert, praktisch in gesellschaftlichen Verhältnissen durchgesetzt werden soll, die durch Herrschaft bestimmt sind. Die Beseitigung von Herrschaft mache immer die Verwendung des Mittels von Herrschaft notwendig, und wenn diejenigen, die diese Mittel verwenden, in ihrer Handlungsorientierung über kein Kriterium einer sinnvollen Herrschaftsausübung verfügen, dann könnten sie von ihm auch bedenkenlos Gebrauch machen. Dies sei, wie nicht zuletzt die geschichtliche Erfahrung lehre, immer dann mit erschreckender Konsequenz der Fall, wenn unter der Vorstellung gehandelt werde, es bedürfe noch einer letzten Anstrengung, um vorgegebene Herrschaftsverhältnisse zu beseitigen. An deren Stelle träten dann, wenn ihre Gegner sich durchsetzten, neue Herrschaftssysteme, so daß die Praxis der Beseitigung von Herrschaft faktisch ihrer Aufrechterhaltung, ja sogar ihrer Verschärfung dienen könne.[22]

Dieses Argument gewinnt seine besondere politische Schärfe dadurch, daß es ein der Idee der Emanzipation verpflichtetes Handeln der Unfähigkeit zur Politik bezichtigt: Wenn Emanzipation im Prinzip Negation von

Herrschaft bedeute, dann könne ein Handeln, dem es um den Erwerb und den Einsatz von Machtchancen gehe (und dies gelte für alles politische Handeln), an der Idee von Emanzipation nicht sinnvoll orientiert werden; denn was immer es sonst für Zwecke verfolge, sein Gebrauch von Herrschaft als Chance der Machtausübung lasse es von vornherein als anti-emanzipatorisch erscheinen. Politisches Handeln unter dem Kriterium der Beseitigung von Herrschaft könne nur unter der Permanenz eines schlechten Gewissens erfolgen; es könne die Betroffenen letztlich nicht von seinem Sinn überzeugen, es sei denn, dieses Kriterium werde selbst zur Bildung einer politischen Überzeugung verwendet. Dann aber werde es ideologisch: Mit ihm könne das, was wirklich geschehe (Ausübung von Herrschaft), nur noch verschleiert werden.

Diese Einwände sind nicht von der Hand zu weisen. Von welchem politischen Interesse auch immer sie getragen sind, – ein breites Spektrum von Erfahrung vermag sie zu belegen. Zwei Beispiele aus ganz unterschiedlichen Bereichen mögen dies verdeutlichen: Verwiesen sei einmal auf die bekannte These von Friedrich Engels über das Absterben des Staates und die Ersetzung der Herrschaft des Menschen über den Menschen und die Verwendung dieser These zur ideologischen Absicherung massiver Herrschaftsausübung. Verwiesen sei aber auch auf die Alltagserfahrung in der Lehrerausbildung, daß junge, von der Idee der Emanzipation beseelte Pädagogen vor dem Problem der Autorität, genauer: vor dem Problem eines Mündigkeitsgefälles zwischen Lehrern und Schülern im Umgang miteinander, oft resignieren und sich in autoritäre Unterrichtsstile flüchten, wenn ihnen der Abbau dieses Gefälles im Namen der Emanzipation nicht gelingt.

Der skizzierte Vorwurf, mit dem obersten Sinnkriterium ›Emanzipation‹ werde das menschliche Handeln ideologisch in die Irre geführt, läßt sich ebenso auf die drei Zeitdimensionen des Handelns hin konkretisieren und spezifizieren wie der Emanzipationsbegriff, gegen den er sich wendet:

Erstens, wenn man Emanzipation auf die Gegenwart bezieht und ihre Notwendigkeit als Norm betont, die Handeln auf die Abschaffung von Herrschaft verpflichtet, dann ergibt sich folgendes Problem: Ein Handeln, das diesem Gebot folgt, ist auf die Ausnutzung seiner Machtchancen angewiesen. Wie kann diese Verwendung von Machtchancen als politisches Handeln mit der Handlungsnorm ›Emanzipation‹ vereinbart oder gar von ihr geregelt werden? Ein Rückgang auf die Vernunftnatur des Menschen als Grund für die allgemeine Geltung dieser Handlungsnorm löst das Problem nicht, da diese Vernunftnatur eine Abstraktion von der (natürlichen und gesellschaftlichen) Ungleichheit von Menschen darstellt, aus der gerade die in Frage stehenden Machtchancen herrühren. *Die handelnden Subjekte werden also blind für die Erfordernisse einer politischen Regelung ihres Zusammenlebens mit anderen.*[23]

Zweitens, wenn man Emanzipation auf die Vergangenheit bezieht und ihre Wirklichkeit als geschichtliche Erfahrung betont, dann ergibt sich folgendes Problem: Herrschaft stellt sich nur als Prozeß ihrer Überwindung dar, und die Tatsache, daß dieser Prozeß immer auch eine Erneuerung von Herrschaft mit sich gebracht hat, da die Selbstbefreiung des Menschen bisher immer an ungleiche Handlungschancen gebunden war und insofern auch immer in der Form von Herrschaft geregelt wurde, wird dabei ausgeblendet. *Die handelnden Subjekte werden blind, für die Erkenntnis, daß die Entwicklung freiheitlicher Lebensformen immer auch eine Entwicklung neuer Formen von Herrschaft war.*[24] Ein historisches Denken, das nur nach den Fortschritten der Freiheit fragt, vermag allzuoft die Veränderungen von Herrschaft in diesen Fortschritten nicht zu verstehen; der dauernde Umschlag von Freiheitsstreben in Herrschaftsausübung wird dann zu einem irrationalen Schicksal, das man nur noch ohnmächtig erleiden, nicht aber begreifen und begreifend bewältigen kann. Drittens ist die Möglichkeit von Emanzipation als Erwartung zukünftigen Handelns an die Hoffnung geknüpft, gegenwärtige, durch Herrschaft bestimmte gesellschaftliche Verhältnisse ließen sich so verändern, daß sie zunehmend herrschaftsfreier werden. Angesichts der historischen Erfahrung sich ständig in und durch menschliches Handeln reproduzierender Herrschaft ist diese Hoffnung unrealistisch und illusionär. *Handelnde Subjekte, die ihre Zukunftsentwürfe von dieser Hoffnung leiten lassen, setzen sich einer Enttäuschung aus, die sie auf Dauer handlungsunfähig macht.* Sie verlieren gleichsam die Lust an der Wirklichkeit und flüchten sich in ein Reich von Illusionen.[25]

Nimmt man alle drei kritischen Hinsichten zusammen, dann bedeutet Emanzipation als prinzipielle Negation von Herrschaft ein Prinzip des historischen Denkens, das zur *Desorientierung der Menschen in der Zeit* führt Mit einem solchen Orientierungsmuster läßt sich kein tragfähiger Standpunkt in der zeitlichen Veränderung der menschlichen Welt gewinnen. Geschichtsbewußtsein als Orientierungsfaktor im Handeln wird zur Illusion einer Freiheit, die vor der Realität von Herrschaft in Nichts zerrinnt. Lediglich dann, wenn ein so beschaffenes historisches Denken dazu verwendet wird, Herrschaft im Namen ihrer Abschaffung auszuüben und zugleich zu verschleiern, ist ihm Stringenz und Plausibilität nicht abzusprechen. Ist Emanzipation nur als Ideologie sinnvoll zu denken (gesetzt, man spricht einer Ideologie – verstanden als falsches Bewußtsein – einen Sinn zu, insofern sie eine Funktion im gesellschaftlichen Leben hat)?

Diejenigen, die Emanzipation als Negation von Herrschaft zur leitenden Idee des historischen Denkens erheben wollen, haben – so scheint es – einen schweren Stand. Was können sie auf diese Kritik erwidern? Muß der Gedanke der Emanzipation unvermeidlich diejenigen, denen er zur historischen Orientierung ihres Handelns dient und die den Verlokkungen der Selbstbefreiung nicht widerstehen können (und wer wollte in den Zwängen seines Lebens dem Ruf der Freiheit nicht folgen?), nicht notwendig in Herrschaft verstricken und sie zugleich dieser Verstrickung gegenüber ohnmächtig machen? Bleibt ihnen als Praxis der Emanzipation nur der verzweifelte Versuch, mit einem Schlage, oder, wie man auch sagen könnte: in einem letzten und dann natürlich ganz furchtbaren Gefecht den Knoten dieser Verstrickung durchzuhauen und an die Stelle der bisherigen sozialen Realität des menschlichen Lebens eine ganz andere zu setzen? Muß Emanzipation nicht notwendig so gedacht werden, wie es die heilige Johanna der Schlachthöfe bei Bertolt Brecht am Ende ihres schmerzhaften Lernprozesses formuliert: »Denn nichts werde gezählt als gut, und sehe es aus wie immer, als was / Wirklich hilft, und nichts gelte als ehrenhaft mehr, als was / Diese Welt endgültig ändert: sie braucht es.«[26] Das heißt letztlich nichts anderes: Müssen diejenigen, die Emanzipation als Selbstbefreiung verwirklichen und nicht resignieren wollen, zum Mittel des Terrors greifen und die Emanzipation den realen Lebensverhältnissen aufzwingen, gegen die diese Verhältnisse sich sperren, insofern in ihnen stets die (natürliche und soziale) Ungleichheit von Handlungschancen in Herrschaftsverhältnissen institutionalisiert ist?[27]

Die Antwort auf diese Frage hängt davon ab, ob Emanzipation theoretisch nur als prinzipielle Negation von Herrschaft verstanden werden und praktisch nur als süßes Gift der Anarchie wirken kann und dann unvermeidlich in die Dialektik ihres blinden Umschlages in Herrschaft hineingetrieben wird oder nicht. Die Antwort auf diese Frage ist zugleich eine Entscheidung darüber, was heute Aufklärung heißt und welche Bedeutung sie für das historische Denken hat. Denn die Kritik am Emanzipationskonzept, die in diese Frage mündet, begnügt sich nicht damit, Emanzipation inhaltlich anzugreifen, indem sie nachdrücklich auf seine Leerstelle beim Problem der politischen Behandlung von Herrschaft hinweist. Indem sie nämlich ideologiekritisch diese Leerstelle als Verschleierung von Herrschaftsinteressen entlarvt, reklamiert sie zugleich das Erbe der Aufklärung für sich, das doch gerade von den Verfechtern der Emanzipation beansprucht wird. Aufklärung als Prinzip eines Denkens, das ungerechtfertigte Herrschaft kritisiert, wird gegen die Aufklärung ins Feld geführt, die ihrerseits im Namen der Emanzipation Herrschaft kritisiert.[28]

Aufklärung als methodische Skepsis gegen allgemein verbindliche Normen steht gegen Aufklärung als methodische Begründung solcher Normen; Aufklärung als Mobilisierung der historischen Erfahrung gegen die Propaganda einer grundlegenden Veränderung gegenwärtiger gesellschaftlicher Verhältnisse kämpft gegen Aufklärung als Plädoyer für eine solche Veränderung als Fortsetzung und Vollendung vergangener gesellschaftlicher Entwicklungen zu mehr Selbstbestimmung; und Aufklärung als Tugend erfahrungskonformer Nüchternheit in der Erwartung einer allgemeinen Verbesserung der menschlichen Angelegenheiten[29] wendet sich gegen Aufklärung als hoffnungsvollen Zukunftsentwurf einer solchen Verbesserung. In diesem Streit um die Aufklärung scheiden sich die Geister an der unterschiedlichen Sinnbestimmung von Geschichte: Auf der einen Seite wird Geschichte so begriffen, daß sie die gegenwärtige Praxis zur Verteidigung errungener und institutionell verankerter Freiheitschancen im Rahmen eines demokratischen Rechts- und Verfassungsstaates disponiert, und auf der anderen wird Geschichte so begriffen, daß sie die gegenwärtige Praxis zur Überwindung von Hemmungen und Einschränkungen solcher Freiheitschancen disponiert.

Dies schlägt sich konkret in unterschiedlichen Funktionszuweisungen des historischen Denkens nieder: Die einen gehen von einem nicht hintergehbaren Wertepluralismus aus und weisen dem historischen Denken den Spielraum einer durch staatliche Macht geschützten und durch methodische Verfahren der Erkenntnisbegründung gesicherten Werturteilsfreiheit zu; sie entlasten es von der Aufgabe einer politischen Pädagogik, indem sie den praktischen Kampf der politischen Interessen von der Wissenschaft und ihrem Wahrheitsanspruch ab- und den institutionellen Regelungen einer demokratisch organisierten Herrschaft zuweisen.[30] Die anderen gehen von einem nicht relativierbaren allgemeinen und elementaren Vernunftinteresse handelnder Menschen aus und weisen dem historischen Denken die Aufgabe zu, dieses Interesse in Form einer politischen Pädagogik im praktischen Kampf der politischen Interessen zur Geltung zu bringen; sie vollziehen bewußt den Schritt von der Wissenschaft zur politischen Praxis, indem sie die Entscheidung praktischer Probleme von einem nur theoretisch zu begründenden Wahrheitsanspruch von Lösungsvorschlägen abhängig machen.[31] Die einen sehen Aufklärung dadurch gewährleistet, daß Geschichte als Wissenschaft sich freihält von einer Parteinahme für oder gegen unterschiedliche Standpunkte im gesellschaftlichen Lebenszusammenhang der Historiker und ihres Publikums; die anderen sehen Aufklärung dadurch gewährleistet, daß Geschichte als Wissenschaft bewußt Partei ergreift für diejenigen, welche die von ihr als Prinzip der Geschichte begriffene Selbstbefreiung des Menschen praktisch verwirklichen wollen.[32]

Wenn also beide: die Befürworter von Emanzipation als Gedanken der Befreiung durch Negation von Herrschaft und die Gegner von Emanzipation als Ideologie der Herrschaft, sich auf die Aufklärung berufen, um ihre Position zu begründen und sich zu verteidigen, dann legt es nahe, die Entscheidung über die strittige Frage nach der Orientierung des historischen Denkens an der Idee der Emanzipation von der Berufungsinstanz treffen zu lassen, die von beiden Parteien bemüht wird.

3. Aufklärung als Chiliasmus der Emanzipation durch mündigen Verstandesgebrauch

Die Frage ist also die: Was heißt Aufklärung im Hinblick auf Geschichte (wobei Geschichte den oben genannten komplexen Zusammenhang aller drei Zeitdimensionen des menschlichen Handelns meint)? Nun ist es gar nicht so einfach, Aufklärung als Berufungsinstanz zur Schlichtung des Streites um die Emanzipation eindeutig zu identifizieren. Welche Gewährsleute sollten befragt werden? Je nachdem, an wen man sich wendet, Hume oder Millar, Voltaire oder Rousseau (um nur einige zu nennen), wird die Antwort sehr verschieden ausfallen. Es empfiehlt sich, einen Autor zu wählen, der in unserer kulturellen Tradition maßgeblich gewirkt hat und der bei beiden Parteien in gleich hohem Ansehen steht. Diese Bedingungen erfüllt wie kein anderer Immanuel Kant[33] Er hat auf die Frage: »Was ist Aufklärung?« die bekannte Antwort gegeben: »Aufklärung ist der Ausgang des Menschen aus seiner selbstverschuldeten Unmündigkeit. Unmündigkeit ist das Unvermögen, sich seines Verstandes ohne Leitung eines anderen zu bedienen. Selbstverschuldet ist diese Unmündigkeit, wenn die Ursache derselben nicht am Mangel des Verstandes, sondern der Entschließung und des Mutes liegt, sich seiner ohne Leitung eines anderen zu bedienen. Sapere aude! Habe Mut, dich deines eigenen Verstandes zu bedienen! ist also der Wahlspruch der Aufklärung.«[34]

Diese Definition läßt sich nur so verstehen, daß sich Aufklärung schlecht ohne Emanzipation denken läßt. Denn was ist Emanzipation anderes als der Vorgang, in dem Menschen die Fähigkeit erlangen, sich ihres Verstandes ohne Leitung eines anderen zu bedienen? Emanzipation meint eben diesen Prozeß der Befreiung von Menschen zur Selbstbestimmung durch ein Denken, das alle Zumutungen, sich von anderen leiten zu lassen (und das ist Herrschaft), von sich abweist und denjenigen, die mit dieser Zumutung konfrontiert werden, die Fähigkeit zuspricht, gedankenfrei über sich selber zu bestimmen.

Dies hat für das historische Denken weitreichende Konsequenzen.[35] Es wird in die Pflicht der Selbstverantwortung genommen, wenn es die Lebenspraxis in der Zeit orientiert. Und das heißt nichts anderes, als daß an die Stelle von traditionaler Handlungsorientierung eine Traditionskritik tritt, die alle vorgegebenen kulturellen Deutungsmuster des zeitlichen Wandels der menschlichen Welt in Vergangenheit, Gegenwart und Zukunft auf ihre Berechtigung nach Maßgabe des Gesichtspunktes überprüft, daß die Handelnden gedankenfrei über ihre Angelegenheiten selbst befinden sollen. Die Konsequenzen, die dieser Anspruch der Aufklärung an das historische Denken für die Rechtfertigung von Herrschaft hat, liegen auf der Hand: Traditionale Herrschaftslegitimation wird prinzipiell aufgehoben; über die Berechtigung von Herrschaft entscheidet allein ein Prozeß der rationalen Erwägung des Für und Wider, in dem das Kriterium entscheidet, ob und wie Herrschaft der Beförderung der menschlichen Autonomie dient oder nicht. Der Ort dieser Erwägung ist bei Kant eine öffentliche Diskussion der von Herrschaft Betroffenen, die ihren Verstand frei gebrauchen können.[36]

Nichts spricht dagegen, diese qualitative Veränderung in der zeitlichen Orientierung des menschlichen Handelns und insbesondere die qualitative Veränderung der Legitimation von Herrschaft ›Emanzipation‹ zu nennen.[37] Kant weist dem historischen Denken also die Aufgabe zu, emanzipierend zu wirken, indem es traditionskritisch verfährt. Die Aufklärung schmiedet das historische Denken zur Waffe der Kritik, mit der jede Rechtfertigung von Unmündigkeit durch Berufung auf die Geschichte radikal negiert wird. Die Aufklärung bestreitet prinzipiell derjenigen Form von Herrschaft ihre Berechtigung, die darin besteht, daß eine Gruppe von Menschen einer anderen die Geschichte vordenkt und vorschreibt, die ihnen sagt, wer sie sind, und die sie dadurch zu bestimmten Handlungen disponiert und ihnen andere Handlungen verwehrt. Aufklärung will statt dessen die Menschen in den Stand versetzen, sich ihre Geschichte selber zu schreiben, indem sie ihren Verstand frei gebrauchen, und das bedeutet immer auch, indem sie ihnen vorgegebene historische Deutungen kritisch auf ihre Berechtigung hin überprüfen. Sie erhofft sich davon eine qualitative Veränderung der menschlichen Vergesellschaftung insofern, als die Handlungssubjekte im Umgang miteinander sich wechselseitig als autonome Personen anerkennen.

Dies bedeutet natürlich auch eine inhaltliche Bestimmung dessen, was unter Geschichte verstanden wird. Was sollte von der menschlichen Vergangenheit durch Erinnerung lebendig gehalten werden, wenn Geschichte im Sinne der Aufklärung gedacht wird? Daran, daß schon in der Vergangenheit ein Prozeß der Emanzipation in Gang gesetzt worden ist, an den die Gegenwart anknüpfen und den sie in die Zukunft hinein fortsetzen kann. Geschichte wurde als Fortschritt begriffen, als Fortschritt in der Befähigung des Menschen, seine Angelegenheiten im Umgang mit der Natur, mit seinesgleichen und mit sich selbst frei zu regeln. Indem die Vergangenheit als Fortschritt von Freiheit historisch erinnert wurde, sollte eben dieser Fortschritt im gegenwärtigen Handeln bewirkt werden.

Kant hat den hier maßgeblichen Gesichtspunkt, unter dem die zeitlichen Veränderungen des Menschen und seiner Welt als Geschichte begriffen werden können und müssen, als »Idee zu einer allgemeinen Geschichte in weltbürgerlicher Absicht« dargelegt. Die Pointe dieser Idee besteht für ihn darin, daß das historische Denken in der deutenden Aufarbeitung der geschichtlichen Erfahrung selber Einfluß nimmt auf den weiteren Gang der gesellschaftlichen Entwicklung. Er nannte dies den »Chiliasmus« seiner Geschichtsphilosophie.[38] Aufklärung als Befähigung handelnder Menschen, sich die Geschichten, mit denen sie ihr Handeln in der Zeit orientieren, mit freiem Verstandesgebrauch selber zu schreiben, lebt von der Hoffnung, daß ein so orientiertes Handeln eben die Emanzipation praktisch befördert, die ihm theoretisch als gedeutete historische Erfahrung vor Augen gestellt wird.

4. Die Dialektik der Aufklärung als Herausforderung ihrer Veränderung

Angesichts dieser durch Kant repräsentierten Weise, Geschichte als Aufklärung zu denken, stellt sich unvermeidlich die Frage, was eigentlich die Gegner des Emanzipationskonzepts dazu berechtigt, sich ihrerseits auf die Aufklärung zu berufen. Stellt diese Berufung im Lichte des Selbstverständnisses der Aufklärung nicht ein Manöver dar, in dem lediglich so getan wird, als könne man dem Gegner den Wind aus den Segeln nehmen, während man in Wirklichkeit die eigenen Segel von einem Wind aus einer ganz anderen Richtung schwellen läßt? Wie immer es um die Luftströmungen bestellt sein mag, mit denen man sein Schifflein im aufgeregten Meer der politischen und Geschichtskultur treiben läßt, – es lassen sich mindestens zwei gewichtige Gründe dafür nennen, daß unter Geschichte als Aufklärung mehr als das zu verstehen ist, was als Emanzipationskonzept bisher mit Kantischen Gedanken skizziert worden ist. Ein Grund liegt in der Berufung auf Kant selbst. Sicher lassen seine Schriften, die »Beantwortung der Frage: Was ist Aufklärung?« (1783) und »Idee zu einer allgemeinen Geschichte in weltbürgerlicher Absicht« (1784), den heutigen Vertretern des Emanzipationskonzeptes Unterstützung angedeihen. Sieht man aber etwas genauer in die Texte, so finden sich in ihnen Stellen, die nicht so recht in dieses Konzept passen wollen, insofern es Emanzipation mit Negation von Herrschaft identifiziert. Sie finden sich dort, wo die Idee der Emanzipation als Leitfaden zur Interpretation der geschichtlichen Erfahrung entfaltet wird. Es handelt sich um die bekannten Sätze: »Der Mensch ist ein Tier, das, wenn es unter anderen seiner Gattung lebt, einen Herrn nötig hat« und: »Aus so krummem Holze, als woraus der Mensch gemacht ist, kann nichts Gerades gezimmert werden.«[39]

Diese Aussagen lassen es als problematisch erscheinen, den von der Aufklärung als Geschichte sowohl rekonstruktiv hinsichtlich der Vergangenheit wie auch prospektiv hinsichtlich der Zukunft gedachten Prozeß der Selbstbefreiung des Menschen zum selbständigen Gebrauch seines Verstandes als prinzipielle Negation von Herrschaft zu explizieren. Angemessen wäre es, wenigstens im Hinblick auf Kant, *Emanzipation nicht als Abschaffung, sondern als qualitative Veränderung von Herr-*

schaft zu definieren. Dadurch könnte auch der oft übersehenen Tatsache Rechnung getragen werden, daß Kant die Unmündigkeit, die durch Aufklärung beseitigt werden soll, »selbstverschuldet« nennt, – was sich mit dem Gedanken nicht verträgt, Unmündigkeit als Folge von Herrschaft zu verstehen und entsprechend Mündigkeit mit Herrschaftsfreiheit gleichzusetzen.

Da es hier aber nicht um eine historisch genaue Kant-Interpretation, sondern nur darum geht, Leitgedanken Kants auf den Streit um die Emanzipation zu beziehen, möchte ich weder der Frage nach den zeitgeschichtlichen Bedingungen der Kantischen Position nachgehen, noch die politischen Konsequenzen näher ausführen, die Kant aus seiner anthropologischen These von der Notwendigkeit von Herrschaft für die menschliche Vergesellschaftung gezogen hat. Festzuhalten bleibt lediglich, daß Emanzipation bei ihm keineswegs als bloße Negation von Herrschaft definiert wird und daß eine solche Definition eine Radikalisierung der Herrschaftskritik der Aufklärung über Kant hinaus bedeutet, die zu einigen der Schwierigkeiten geführt hat, um die die Debatte um das rechte Erbe der Aufklärung heute kreist.

Der andere Grund ist wichtiger. Er ergibt sich aus der Anwendung der von Kant als Chiliasmus seiner Geschichtsphilosophie bezeichneten Beförderung von Emanzipation durch das von ihr als Sinnkriterium geleitete Handeln. Wer sich heute auf die Aufklärung beruft, um Geschichte als Emanzipation zu denken, muß in diese Gedanken auch die geschichtliche Erfahrung integrieren, die inzwischen mit dieser Beförderung gemacht worden ist.

Eben dies beanspruchen die Kritiker des Emanzipationsgedankens für sich: Sie wollen nur die Aufklärung gelten lassen, die sich ihrer eigenen Dialektik gestellt hat und mit ihr dadurch fertig geworden ist, daß sie ihre Prinzipien des historischen Denkens verändert hat.[40] Mit dieser Dialektik ist gemeint, daß die Aufklärung als Emanzipation im Sinne einer radikalen Kritik von Tradition ein Handeln zur Folge hat, dessen Subjekte den Boden der Wirklichkeit unter den Füßen verlieren und gegen ihre Absichten rigidere Herrschaftsformen praktizieren als diejenigen, gegen die sie sich wenden. Es handelt sich um die geschichtliche Erfahrung der Revolutionen, in denen die Aufklärung von der Waffe der Kritik zur Kritik der Waffe übergeht (um ein Wortspiel von Marx zu verwenden) und mit der Kritik der Waffe massiv – und das heißt bis zur physischen Vernichtung der Gegner – Herrschaft ausgeübt wird. Spätestens seit der Herrschaft des Schreckens in der Französischen Revolution hat der Gedanke der Emanzipation seine politische Unschuld verloren.

Ein Denken, das diese historische Erfahrung verarbeitet und sich trotzdem der Aufklärung verpflichtet fühlt, muß sich mit folgendem Einwand gegen die Emanzipation als Traditionskritik auseinandersetzen: Sinnvolles Handeln von Menschen und Menschengruppen sei nur möglich, wenn sie mit denen, mit denen zusammen sie eine Gesellschaft bilden, eine gemeinsame übergreifende historische Erinnerung haben; denn nur wirksame Traditionen stabilisierten individuelle und soziale Identität. Würden nun diese identitätsstabilisierenden Traditionen durch Traditionskritik radikal aufgelöst, dann würde dies unvermeidlich zu schweren Identitätskrisen und zu einer entsprechenden Orientierungslosigkeit des Handelns führen. Ein selbstverantwortetes historisches Denken könne die für jede soziale Interaktion notwendige Voraussetzung einer historisch abgesicherten, stabilen Wertordnung zersetzen. Und eben deshalb ermögliche ein solches Denken neue Formen von Herrschaft. Denn unvermeidlich würden diejenigen, die den Leitspruch der Emanzipation auf ihre Fahnen schreiben, die anderen, die sie noch nicht für emanzipiert halten, im Namen des Fortschritts unterwerfen.

Diese Kritik ist nicht erst in jüngster Zeit, sondern schon als Reaktion auf die Französische Revolution von Zeitgenossen zum Terrorismusvorwurf an die Aufklärung zugespitzt worden:[41] Aufklärung setze an die Stelle einverständnisstiftender Traditionen ein Diktat des Fortschritts, in dem im Namen einer historisch gerechtfertigten Zukunftsvorstellung alle dieser Vorstellung widersprechenden gesellschaftlichen Verhältnisse der Gegenwart als abzuschaffende erscheinen und dann auch abgeschafft werden müssen. Das Symbol von Emanzipation durch Traditionskritik ist im Lichte dieser Antikritik die Guillotine.

Dieser auf historischer Erfahrung begründete, prinzipielle Einwand gegen den Emanzipationsbegriff der Aufklärung als Prinzip politischen Handelns ist aufs engste mit einem zweiten Einwand verknüpft, der sich gegen den Fortschrittsgedanken als Prinzip einer deutenden Rekonstruktion der menschlichen Vergangenheit richtet. Mit diesem Prinzip werde nämlich die menschliche Vergangenheit ganz einseitig auf die Gegenwart und eine projektierte Zukunft hin ausgerichtet, und es sei fraglich, ob dieser Bezug der Vergangenheit auf die Gegenwart und Zukunft ausreiche, um den Reichtum der historischen Erfahrung zur Geltung zu bringen. Es könne nicht ausgeschlossen werden, sondern sei im Gegenteil ziemlich wahrscheinlich, daß der Bereich der historischen Erfahrung eher verstellt als erschlossen werde, wenn das historische Denken dem Gebot unterworfen werde, praktische Zwecksetzungen des gegenwärtigen Handelns zu legitimieren. Denn dann liege es nahe, all das in der menschlichen Vergangenheit dem Dunkel der Unbedeutendheit, ja des Vergessens, anheim zu geben, was nicht in die Zukunftsperspektive der Gegenwart hineinpasse. Dies betreffe einmal die geschichtlichen Entwicklungen, die sich in Herrschaft als Bedingung gegenwärtigen Handelns niedergeschlagen hätten, also genetische Voraussetzungen des gegenwärtigen Handelns in Form institutionalisierter Herrschaft, die von denen, die sie beseitigen oder ändern wollten, nur um den Preis eines Realitätsverlustes vernachlässigt werden könnten. Es betreffe aber auch die weiten Bereiche vergangenen menschlichen Handelns und Leidens, die nicht zur Vorgeschichte der jeweils dem Fortschrittsgebot unterworfenen gegenwärtigen gesellschaftlichen Verhältnisse gehörten, die aber nur um den Preis einer rigiden Verengung des historischen Bewußtseins unbeachtet bleiben könnten.

Aus beiden Argumenten folgt, daß ein historisches Denken, das mit der leitenden Idee der Emanzipation Aufklärung zu sein beansprucht, diese leitende Idee revidieren muß, insofern Emanzipation entgegen ihrem ursprünglichen Sinn den Bereich der geschichtlichen Erfahrung nicht erschließt, sondern verstellt. Die Gegner des Emanzipationskonzepts behaupten, daß Aufklärung erst in dem Moment möglich wäre, in dem diese Revision zur Preisgabe des ursprünglichen Emanzipationskonzepts führen würde. Was aber wird dann eigentlich aus der Aufklärung?

Auf der einen Seite eine Verteidigung der Institutionen der Gesellschaft, die einen selbständigen Gebrauch des Verstandes garantieren, gegen alle Versuche, sie im Namen des Fortschritts von Emanzipation radikal zu ändern. Aufklärung wird zum Radikalenerlaß oder – in den Worten des Generaladjutanten des preußischen Königs Wilhelms IV., Leopold von Gerlachs (17. 12. 1849) – zur »Aufgabe, die Freiheit nach rechts hin, die Obrigkeit nach links hin zu salvieren«.[42] Die Aufklärung hat den Stachel der Herrschaftskritik eingezogen und damit vielleicht die Tugend eines politischen Realismus gewonnen, zugleich aber ihre Fähigkeit verloren, Handeln so in der Zeit zu orientieren, daß es seinen Freiheitsspielraum erweitert. Sie ist blind geworden vor der Veränderungsbedürftigkeit und Veränderungsfähigkeit der gegenwärtigen Lebensverhältnisse durch selbständigen Verstandesgebrauch in ihnen.

Auf der anderen Seite eine Verteidigung des Eigenwerts der Vergangenheit in der historischen Orientierung der Gegenwart. Sie wendet sich gegen alle Versuche einer Parteilichkeit eines historischen Denkens, das sich nicht darauf beschränken will, zu zeigen, wie es eigentlich gewesen, sondern auch zu beurteilen, ob es eigentlich hätte gewesen sein sollen. Aufklärung wird zum historistischen Werterelativismus.[43] Sie hat den Stachel der Traditionskritik eingezogen und damit vielleicht die Tugend der Skepsis gegen eine allgemeine Weltverbesserung gewonnen, zugleich aber ihre Fähigkeit verloren, in der Vergangenheit eine unabgegoltene Zukunft zu entdecken und mit der historischen Erinnerung an die Entwicklung der Formen und Inhalte des menschlichen Freiheitsstrebens Erwartungen neuer Formen und Inhalte zu begründen, die gegenwärtiges Handeln sinnvoll um die Erweiterung und Vertiefung seines Freiheitsspielraumes ringen läßt.[44]

5. Vernunftchancen des emanzipatorischen Denkens in der Legitimation von Herrschaft

Wie läßt sich das Dilemma zwischen Emanzipation und Herrschaft lösen, in das ein historisches Denken fast zwangsläufig zu geraten scheint, das Aufklärung sein, d.h. zum selbständigen Gebrauch des Verstandes im Umgang mit Geschichte befähigen will? Gelöst werden kann es nur, wenn Emanzipation und Herrschaft miteinander vermittelt werden. Dabei darf die im Gedanken der Emanzipation steckende Herrschaftskritik nicht als Negation von Herrschaft schlechthin konzipiert werden, weil sonst die Erfahrung übersprungen würde, daß eine Befreiung von Herrschaft in ihre Ausübung umschlägt.

Um den Weg zu einer solchen Vermittlung zu finden, möchte ich von der Frage ausgehen, wo denn Aufklärung als Stachel der Herrschaftskritik ansetzt, worauf sich also der Gedanke der Emanzipation richtet, wenn er Herrschaft in den Blick bringen will. Er setzt dort an, wo Herrschaft immer schon der Frage nach ihrer Berechtigung ausgesetzt ist: dort also, wo es um ihre Zustimmungsfähigkeit und um ihre Kritikbedürftigkeit geht. Beides zusammen macht die *Legitimität von Herrschaft* aus. Legitimität ist kein Gesichtspunkt, der der Herrschaft bloß äußerlich wäre. Definiert man Herrschaft mit Max Weber als »Chance, Gehorsam für einen bestimmten Befehl zu finden«,[45] dann gehört die Bereitschaft zu einem solchen Gehorsam aufgrund einer inneren Anerkennung durch die Betroffenen zu dieser Befehlschance selbst. Legitimität bedeutet eine solche Anerkennung aufgrund von allgemein gerechtfertigten Normen, die die Betroffenen für ihr Handelns als verbindlich ansehen. Fehlt eine solche Anerkennung, etwa dann, wenn Herrschaft auf bloßer Gewaltanwendung beruht, dann ist die Herrschaft dauernd gefährdet und instabil; sie ist also von sich aus, aus Gründen ihres Strebens nach Stabilität und Dauer, auf Anerkennung als legitime angewiesen.

Im Lichte dieses Arguments stellt sich das Verhältnis von Emanzipation und Herrschaft im Denken der Aufklärung nicht mehr prinzipiell negativ dar. Die Befähigung des Menschen zum selbständigen Gebrauch des Verstandes ist nur dann negativ auf Herrschaft bezogen, wenn diese davon lebt, die von ihr Betroffenen im Zustand der Unmündigkeit zu halten; aber das heißt nicht notwendig, daß Emanzipation mit der Abschaffung von Herrschaft schlechthin identisch wäre. Vielmehr läßt sich eine Legitimation von Herrschaft denken, die auf dem selbständigen Verstandesgebrauch der Betroffenen selber beruht, also auf Aufklärung gegründet ist. Die Legitimation der Demokratie ist nichts anderes. *Emanzipation kann also nicht als prinzipielle Abschaffung von Herrschaft, sondern sie muß als eine Veränderung von Herrschaft begriffen werden, die ihre Legitimität (als integrales Moment ihrer selbst) betrifft.*

So verstanden, kann die Idee der Emanzipation als leitender Gesichtspunkt eines historischen Denkens dienen, in dem weder die geschichtliche Erfahrung von der Dialektik der Aufklärung verdrängt, noch die politischen Erfordernisse der Machtregulierung in der Gegenwart außer acht gelassen und auch nicht die Erwartung einer dauernden Reproduktion von Herrschaft in der Zukunft vernachlässigt wird. Für die drei Zeitdimensionen des menschlichen Handelns, die vom Emanzipationsbegriff angesprochen werden, bedeutet dies im einzelnen: Erstens ist Emanzipation als Norm für das gegenwärtige Handeln notwendig, weil nur diese Norm eine Legitimität von Herrschaft begründet, die in Form einer (institutionell geregelten) Zustimmung durch selbständigen Verstandesgebrauch erfolgt, und weil die Norm, die einen solchen Verstandesgebrauch vorschreibt, in der Tat mit der Vernunftnatur des Menschen als allgemein verbindlich begründet werden kann. *Herrschaft wird an die Bedingung der Mündigkeit der Betroffenen geknüpft,* und genau dies ist das Prinzip der Demokratie. Machtchancen, die auf einer (natürlichen und sozialen) Ungleichheit von Individuen, Gruppen, Schichten, Klassen und Gesellschaften beruhen, können dann nicht mehr blind hingenommen oder ideologisch verschleiert werden; sie stehen unter der Sanktion einer Legitimität, die sie dauernd dem Zwang der Rechtfertigung nach dem Kriterium einer allgemein unterstellten Zustimmungsfähigkeit aussetzt. Mit diesem Kriterium ist Herrschaft zugleich einer dauernden (institutionell geregelten) Kritik unterstellt, in der die Ungleichheit der Betroffenen als Triebkraft von Veränderungen realer Formen und Inhalte von Herrschaft wirkt. Herrschaftsausübung wird an das Ziel gebunden, die Betroffenen in den Stand zu versetzen, ihren Verstand selbständig zu gebrauchen, um die Legitimität von Herrschaft zu gewährleisten. Wenn man die Befähigung zur Handlungsorientierung an diesem Ziel ›Politische Pädagogik‹ nennt, und wenn man bedenkt, daß die Wissenschaft der Inbegriff des selbständigen Verstandesgebrauchs ist, dann ist nicht mehr einzusehen, warum die im Namen der Emanzipation erhobene Forderung nach politischer Pädagogik wissenschaftsfeindlich und politisch problematisch sein soll.[46]

Zweitens ist Emanzipation als Erfahrung von vergangenem Handeln wirklich, weil sie einen Gesichtspunkt zur historischen Rekonstruktion der menschlichen Vergangenheit abgibt, in der die Veränderungen von Herrschaft als Gewinn an Legitimierbarkeit durch selbständigen Verstandesgebrauch erscheinen. Die Erneuerung von Herrschaft durch ein Handeln, das ihm vorgegebene Herrschaftsformen überwinden oder abschaffen will, ist dann kein empirischer Schrecken mehr für den Gedanken des Fortschritts der Freiheit, weil dieser Fortschritt nicht mehr durch die schlichte Tatsache der Kontinuität von Herrschaft in den Strukturveränderungen menschlicher Vergesellschaftung widerlegt, sondern in diesen Strukturveränderungen selber als qualitative Veränderung von

Herrschaft im Hinblick auf Art und Ausmaß ihrer Legitimierbarkeit aufgesucht und mit ihnen auch belegt werden kann. Das historische Denken wird fähig, die Dialektik der Aufklärung so zu interpretieren, daß Emanzipation nicht zuschanden, sondern vielmehr als geschichtliche Veränderung von Herrschaft erkennbar wird. Es ist nicht einzusehen, wieso ein solcher Sinnzusammenhang nur um den Preis eines historischen Wertrelativismus möglich sein soll. Im Gegenteil: Der Gedanke, daß Herrschaft durch selbständigen Verstandesgebrauch (in institutionell geregelten Formen) legitimiert werden soll, ist zwar historisch bedingt, aber für das gegenwärtige politische Handeln auch aus Gründen der historischen Entwicklung unserer Gesellschaft nicht beliebig. Insofern muß von diesem Gedanken aus in einer nichtrelativistischen (wohl aber in einer historisch-genetischen) Weise die historische Erfahrung der Veränderung von Herrschaft als Wechsel von Herrschaftslegitimation beurteilt werden.

Drittens ist Emanzipation als Erwartung zukünftigen Handelns möglich, weil sie nicht eine illusionäre Hoffnung zunehmender Herrschaftsfreiheit bedeutet, sondern eine durch historische Erfahrung abgesicherte Vermutung, Herrschaft lasse sich über die erreichten Formen ihrer Legitimation durch Zustimmung aufgrund selbständigen Verstandesgebrauchs hinaus mit größeren Chancen eines solchen Verstandesgebrauchs verbinden. Zukunftsentwürfe solcher Art verderben den Handelnden nicht die Lust an der Wirklichkeit, sondern eröffnen ihnen den Blick dafür, wo und wie sie (in Webers Worten:) durch »starkes langsames Bohren von harten Brettern mit Leidenschaft und Augenmaß zugleich« daran arbeiten können, den Ausgang des Menschen aus der Unmündigkeit zu befördern. Sie sind, um noch einmal Max Weber zu zitieren, durch eine begriffene und nicht bloß erlittene Dialektik von Herrschaft und Emanzipation gewappnet »mit jener Festigkeit des Herzens, die auch dem Scheitern aller Hoffnungen gewachsen ist«.[47] Es ist nicht einzusehen, warum diese Arbeit sich auf die Verteidigung des Status quo geschichtlich errungener und institutionell abgesicherter Freiheitschancen beschränken soll. Im Gegenteil: Sie sollte sich auf eine Erweiterung dieser Chancen richten.

Nimmt man alle drei Dimensionen zusammen, so läßt sich die Idee der Emanzipation gegen ihre Widersacher als ein Prinzip des historischen Denkens verteidigen, das zu einer zeitlichen Orientierung des menschlichen Handelns eben dort führt, wo die Handelnden in die Widersprüche von Freiheit und Herrschaft verstrickt sind. Sie läßt diese Widersprüche als Triebkräfte einer geschichtlichen Bewegung des menschlichen Lebens begreifen; deren Sinn besteht darin, daß Herrschaft als Kriterium der Sicherung von Freiheitschancen und Freiheit als Kriterium der Legitimität (und d. h. immer auch: der Kritik) von Herrschaft erkennbar werden.

Die Aufklärung ist also nicht stillgestellt, wie es scheinen mag, wenn

Anhänger und Gegner der Idee der Emanzipation sich heute in einander ausschließender Weise auf sie berufen. Denn weder führt sie als Traditionskritik notwendig in Identitätskrisen und Handlungsunfähigkeit durch Traditionsverlust, noch entspricht ihrer Theorie der Selbstbefreiung des Menschen zwingend eine Praxis der Unterdrückung (im Extremfall des Terrors), und sie verstellt auch nicht unzulässig den Blick auf die historische Erfahrung.

In der Tat ist Emanzipation, wenn man sie als bloße Verneinung von Tradition versteht, keine wirklich tragfähige zeitliche Orientierung der gegenwärtigen gesellschaftlichen Praxis und kein Gesichtspunkt, unter dem sich die Frage nach der historischen Identität von Individuen, Gruppen und Gesellschaften hinreichend beantworten läßt. Doch die Aufklärung macht ja gar nicht reinen Tisch mit geschichtlichen Überlieferungen. Sie kennt sehr wohl identitätsstiftende positive Traditionen: nämlich diejenigen, die zur Durchsetzung des selbständigen Verstandesgebrauchs in vielfältigen Institutionen des gesellschaftlichen Lebens geführt haben, und insbesondere natürlich die demokratischen Traditionen, in denen die Legitimität von Herrschaft an eben diesen Verstandesgebrauch gebunden werden. Zu diesen Traditionen gehören diejenigen des Widerstandes gegen illegitim gewordene Herrschaft, und die vielleicht bedeutendste Tradition, die die Aufklärung für sich geltend machen kann, ist die Entwicklung und Durchsetzung der Freiheit der Andersdenkenden.[48]

Und mit der Berufung auf diese Traditionen kann auch das Argument widerlegt werden, die Aufklärung werde notwendig zum Zwang und unter extremen Bedingungen auch zum Terror gegenüber denen, denen sie zugemutet wird. Wenn die Aufklärung das Prinzip der Selbstverantwortung des historischen Denkens vertritt, dann muß sie dieses Prinzip jedem einräumen, ohne daß dieser damit schon auf eine vorgegebene Geschichtsinterpretation festgelegt würde. Aufklärung ist entweder pluralistisch oder sie ist keine mehr. Dies bedeutet freilich keine bloße Beliebigkeit und Willkür des historischen Denkens in seinen Wertbezügen, sondern es bedeutet eine Freigabe der Geschichte an den Erkenntnisfortschritt, der durch die Kraft des besseren Arguments bewirkt wird. Und diese Kraft entfaltet sich nur, wenn das Prinzip der Aufklärung gilt, das Prinzip der Selbstverantwortlichkeit des Denkens, das als Prinzip eines rationalen Umgangs mit dem Wertepluralismus diesem selbst nicht anheim gegeben werden kann.[49]

Der Einwand, die Betrachtung der menschlichen Vergangenheit als Emanzipationsprozeß verenge den Bereich der historischen Erfahrung, trifft in der Tat immer dann zu, wenn Emanzipation ausschließlich als realer zeitlicher Ablauf in der Vergangenheit gedacht wird und wenn Zukunftsprojektionen unkritisch auf die Vergangenheit übertragen werden. Die Vergangenheit wird dann zum Wald, aus dem es nur so herausschallt, wie man hineinruft. Nur: Von sich aus entschlüsselt sich die menschliche Vergangenheit überhaupt nicht als eine Geschichte, die für die Gegenwart irgendeine Bedeutung hätte. Ohne von der Gegenwart motivierte Fragen an die Vergangenheit gibt es keine irgendwie sinnvolle Geschichte. Versteht man nun unter Emanzipation eine allgemeine fragende Sinnvermutung, es könne so gewesen sein, dann wird sie zu einem fruchtbaren leitenden Gesichtspunkt der historischen Interpretation. Dann wird nicht vorab schon festgelegt, wie es eigentlich gewesen ist, sondern es wird gefragt, wie es gewesen sein könnte, und die historische Erfahrung wird als Antwort auf diese Frage auch dort ernstgenommen, wo sie eine negative Antwort gibt. Nicht ohne Grund waren viele große Aufklärer skeptisch, ja gelegentlich auch melancholisch.[50] Könnte man nicht auch in eine solche Melancholie verfallen, wenn man bedenkt, daß das Dilemma zwischen Herrschaft und Emanzipation, in das sich ein historisches Denken als Aufklärung bringt, durch die Vermittlung beider zur Legitimität von Herrschaft gelöst werden soll? Wird mit diesem Gedanken nicht genau das preisgegeben, was mit der Einführung des selbständigen Verstandesgebrauchs in das gesellschaftliche Leben ursprünglich beabsichtigt war: nämlich die Konflikte in dieser Gesellschaft, die durch unterschiedliche Interessen und Absichten ihrer Mitglieder entstehen, durch eine Kommunikation zwischen ihnen zu lösen, die gerade nicht von der Logik der Herrschaft, sondern von der Vernunft des Friedens bestimmt wird?[51] Sollte Aufklärung nicht in den Interessenkampf die Regeln einer herrschaftsfreien Kommunikation einführen, die immer dann befolgt werden, wenn rational argumentiert, und d. h. eben: der Verstand ohne Leitung eines anderen gebraucht wird? Kant hat die qualitative Veränderung in den Formen der menschlichen Vergesellschaftung durch Aufklärung als »Gründung einer Denkungsart« beschrieben, die »eine pathologisch abgedrungene Zusammenstimmung einer Gesellschaft endlich in ein moralisches Ganzes verwandeln kann«.[52] Er hat zwar die fortdauernde Notwendigkeit von Herrschaft nicht bestritten, ihre Ausübung aber dennoch auf moralische Prinzipien der wechselseitigen Anerkennung aller Mitglieder einer Gesellschaft bezogen, die sie letztlich überflüssig macht. Ohne einen solchen Bezug ist für ihn Emanzipation »nichts als lauter Schein und schimmerndes Elend«.[53]

Ist eine mit Herrschaft zu deren Legitimität vermittelte Emanzipation nicht ein solcher Schein und ein solches Elend? Dies wäre dann der Fall, wenn Emanzipation ausschließlich als Legitimitätskriterium von Herrschaft ins Spiel der zeitlichen Orientierung des menschlichen Handelns eingebracht würde. Eine Legitimationsfunktion von Emanzipation ist zwar unvermeidlich, wenn das Problem der Dialektik der Aufklärung gelöst werden soll. Es bedeutet aber nicht, daß Emanzipation nicht darüber hinaus noch auf andere Weise zur Geltung gebracht werden könnte und müßte. Gibt es einen Ort im gesellschaftlichen Leben, wo die Idee der Emanzipation ihre ursprüngliche utopische Qualität als Prinzip der herrschaftsfreien Kommunikation zur Geltung bringen kann, ohne sich heillos und ohnmächtig in die Machtkämpfe unterschiedlicher Interessen zu verstricken?

Unbestreitbar gilt die Norm eines selbständigen Verstandesgebrauchs als regulative Idee einer herrschaftsfreien Kommunikation dann, wenn Geschichte als Aufklärung wissenschaftlich betrieben wird. Die Geschichte ist als Wissenschaft nur dann möglich, wenn eben diese regulative Idee als gültig vorausgesetzt wird. Indem sich das historische Denken dieser Idee verpflichtet, entzieht es sich einer Instrumentalisierung im Machtkampf der Interessen; es kann für sich eine Freiheit der rationalen Argumentation in Anspruch nehmen, die mehr ist als bloß eine Methode zur Sicherung des Wahrheitsanspruches der historischen Erkenntnis. Denn in diesem Regulativ der rationalen Argumentation steckt immer auch eine Vorstellung davon, wie eine wirklich humane Gesellschaft organisiert sein sollte, so nämlich, daß die Menschen sich gegenseitig die Fähigkeit zur selbstverantwortlichen Regelung ihrer Angelegenheiten unterstellen und demzufolge auch die gesellschaftlichen Verhältnisse, in denen sie zusammenleben, nach diesem Prinzip der gegenseitigen Anerkennung beurteilen und d.h. zugleich legitimieren und kritisieren. Diese Vorstellung ist es auch, die als allgemeine Sinnvermutung fragend an die menschliche Vergangenheit gerichtet wird und die diese dann als Geschichte beantwortet; denn an sich ist die Vergangenheit noch keine Geschichte; zur Geschichte wird sie erst im Lichte unseres Interesses daran, uns von ihr sagen zu lassen, wer wir sind. Diese Idee der Freiheit als zugleich methodisches und inhaltsbezogenes Regulativ der historischen Erkenntnis ist Utopie.[54] Das historische Denken macht von dieser Utopie Gebrauch, wenn es diejenigen, die sich mit ihm über sich selbst und über diejenigen, mit denen sie es zu tun haben, aufklären wollen, in der Form einer konsensorientierten, rationalen Argumentation in der Zeit orientiert.[55] Dieser Utopiegebrauch befähigt das historische Denken zur Aufklärung. Geschichte ist Aufklärung, indem sie historische Handlungsorientierungen durch selbständigen Verstandesgebrauch gibt, – Orientierungen, in denen die Handelnden sich ihrer Identität als Subjekte vergewissern können, die in ihrem Kampf mit anderen Menschen um Anerkennung sich selbst ins Spiel bringen und nicht Spielball anderer sein wollen.

Selbständiger Verstandesgebrauch ist ein Prinzip, das das historische Denken in doppelter Hinsicht konsensfähig macht: Methodologisch durch seine Verpflichtung auf die Regeln einer rationalen Argumentation, und geschichtstheoretisch durch seine Verpflichtung auf das Sinnkriterium der Utopie einer gelingenden wechselseitigen Anerkennung in der gesellschaftlichen Kommunikation. Wird diesem Prinzip gemäß historisch gedacht, dann – so könnte man in Kants Worten sagen – »entspringt allmählich mit unterlaufendem Wahne und Grillen, Aufklärung als ein großes Gut«.[56]

II. Grundlagenreflexion und Paradigmenwechsel in der westdeutschen Geschichtswissenschaft

> »Im Aufbau der Wissenschaft gilt das heraklitische Wort, daß der Weg nach oben und der Weg nach unten derselbe ist... Je höher das Gebäude der Wissenschaft wächst und je freier es sich in die Lüfte erhebt, um so mehr bedarf es der Prüfung und der ständigen Erneuerung seiner Grundlagen. Dem Zustrom neuer Tatsachen muß die ›Tieferlegung der Fundamente‹ entsprechen, die nach Hilbert zum Wesen jeder Wissenschaft gehört. Ist dem so, so ist klar, daß und warum die Arbeit an der Auffindung und Sicherung der Prinzipien den Einzelwissenschaften nicht abgenommen und auf eine besondere ›philosophische‹ Disziplin, auf die ›Erkenntnistheorie‹ oder Methodenlehre, übertragen werden kann.«
>
> Ernst Cassirer[57]

1. Einige Überlegungen zur Eigenart, Funktion und historischen Dimension der Geschichtstheorie

Ist dem so? Viele Historiker sind der Meinung, daß die Reflexion über die Grundlagen ihrer Fachwissenschaft kein integraler Bestandteil der wissenschaftlichen Praxis ist. Sie setzen die methodischen Prinzipien der historischen Forschung und die sonstigen Grundsätze fachwissenschaftlicher Geschichtsschreibung als gegeben voraus; sie vertrauen auf ihre Solidität, um ungestört am Erkenntnisfortschritt durch ihre Forschungsarbeit und an der historiographischen Präsentation des forschend gewonnenen historischen Wissens arbeiten zu können.

Diese zur Professionalität der Historiker naturwüchsig gehörende Einstellung ist verständlich, aber sie wird der Erfahrung der Historiker mit ihrer Fachwissenschaft nicht gerecht. Die vermeintlich sicheren Grundlagen der historischen Forschung sind so sicher nicht, als daß sie sich nicht durch einen Wechsel historischer Interessen veränderten, und das feste Gehäuse der Institution Geschichtswissenschaft als Fachwissenschaft ist so fest nicht, als daß es sich nicht historisch veränderte. Es wäre eine für jeden professionalisierten Historiker unerträgliche Zumutung, wenn diese Veränderungen, die die Geschichtswissenschaft im ganzen, die Strategie des historischen Erkennens, betreffen, seiner fachlichen Kompetenz und aktiven Beteiligung entzogen wären. Vielmehr dürfte er für sich ein Wissen über Eigenart und Aufgaben der Geschichtswissenschaft in Anspruch nehmen, mit dem er sie und sein eigenes Tun im öffentlichen Meinungskampf um die historische Erinnerung und in der Diskussion der Humanwissenschaften über ihr Verhältnis zueinander zur Geltung bringt.

Was für ein Wissen und was für eine Denkweise werden dann ins Spiel gebracht? Es handelt sich um ein Wissen *über* die Geschichtswissenschaft, um eine metatheoretische Reflexionsarbeit an den Grundlagen der Geschichtswissenschaft als fachlicher Disziplin. Gegenstand dieser Reflexion und Inhalt dieses Wissens sind die für die Geschichte als Fachwissenschaft maßgeblichen Prinzipien der historischen Erkenntnis. Man kann sie mit einem Terminus von Thomas S. Kuhn die »disziplinäre Matrix« der Geschichtswissenschaft nennen.[58] Ich möchte das, was als disziplinäre Matrix der Geschichtswissenschaft in den Blick kommt, wenn die Historiker die Grundlagen ihres Faches reflektieren, um die wissenschaftliche Solidität der historischen Forschung und der professionellen Geschichtsschreibung zu begründen und zu sichern, mit folgendem strukturanalytischen Modell beschreiben:[59]

Es handelt sich um den systematischen Zusammenhang von fünf Faktoren, die jeder für sich notwendig und alle zusammen hinreichend sind, um historische Erkenntnis als kognitiven Prozeß zu organisieren. Ich meine *Erkenntnisinteressen,* mit denen sich gesellschaftliche Orientierungsbedürfnisse in die Fachwissenschaft hinein erstrecken,- diesen Interessen entsprechende *leitende Hinsichten* auf den zeitlichen Wandel des Menschen und seiner Welt, in denen die menschliche Vergangenheit allererst als Geschichte ansprechbar und erkennbar wird; *methodische Regeln,* mit denen die Erfahrung der Vergangenheit durch Forschung in die leitenden Hinsichten eingearbeitet (und diese dabei modifiziert und konkretisiert) werden; *Formen* der historischen Darstellung; und *Funktionen,* die das historische Wissen im gesellschaftlichen Lebenszusammenhang der Historiker wahrnimmt. Der wissenschaftliche Erkenntnisprozeß ist durch alle fünf Faktoren bestimmt, keiner läßt sich auf einen anderen reduzieren, und alle zusammen regeln ihn als einen in sich zusammenhängenden, von anderen kognitiven Leistungen und Vorgängen abgrenzbaren Bewußtseinsprozeß, als Erkenntnisprozeß des Geschichtsbewußtseins.

Schematisch läßt sich der Zusammenhang der fünf Faktoren als ein dynamisches System in der Form eines Regelkreises beschreiben (vgl. Schema der disziplinären Matrix der Geschichtswissenschaft, S. 58).

Erkenntnisinteressen setzen sich in leitende Hinsichten auf die Vergangenheit um, die ihrerseits die methodischen Prinzipien der Forschung fundieren; das forschend gewonnene historische Wissen kann dann, historiographisch geformt (d.h. an Interessenten adressiert) praktische Funktionen der Daseinsorientierung (vor allem: die Bildung historischer Identität) erfüllen.

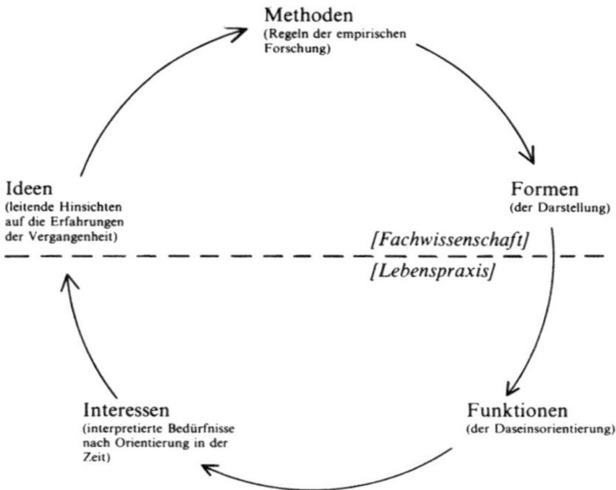

Diese schematische Vorstellung der disziplinären Matrix der Geschichtswissenschaft ist, wie ich glaube, in dreifacher Hinsicht für eine Grundlagenreflexion in der Geschichtswissenschaft brauchbar: Erstens, da die genannten fünf Faktoren grundsätzlich in jedem historischen Denkprozeß vorkommen, also auch in den Formen des Geschichtsbewußtseins, die gar nicht spezifisch sind für die Geschichte als Wissenschaft, läßt sich die Eigenart wissenschaftlicher historischer Erkenntnis im Unterschied zu anderen Formen des Geschichtsbewußtseins als Spezifikation der einzelnen Faktoren und ihres Zusammenhangs ausmachen.

Zweitens läßt sich mit Hilfe dieser schematischen Vorstellung der Zusammenhang der wissenschaftlichen historischen Erkenntnis mit der menschlichen Lebenspraxis ebenso aufweisen wie ihre relative Selbständigkeit in ihr und ihr gegenüber.

Drittens hebt diese schematische Vorstellung den dynamischen Charakter der historischen Erkenntnis hervor; sie thematisiert Wissenschaft als Erkenntnis*prozeß,* der aus der Lebenspraxis entspringt und in sie zurück führt (wie vermittelt im einzelnen auch immer).

Grundlagenreflexion als integraler Bestandteil der Erkenntnisarbeit der Geschichtswissenschaft heißt Explikation und Begründung ihrer disziplinären Matrix. Es ist nicht gleichgültig für die empirische Forschungsarbeit und für die Geschichtsschreibung der professionalisierten Historiker, welche Auffassung sie von den einzelnen Faktoren dieser Matrix und von ihrem systematischen Zusammenhang haben. Natürlich ist das Bild, das die Historiker von der Matrix ihrer Wissenschaft haben, nicht identisch mit der Gestalt, in der sie erkenntnispraktisch wirksam ist. Oft werden auf der Reflexionsebene Vorstellungen entwickelt und Forderungen erhoben, denen die Praxis nicht genügt, und manchmal sind in der Praxis Prinzipien wirksam, die in der reflektierenden Theorie gar nicht hinreichend erfaßt werden. Aber wie immer es im einzelnen mit diesem komplexen Verhältnis von Theorie und Praxis der historischen Erkenntnisarbeit bestellt sein mag, allemal dürfte die Vorstellung, die die Historiker von den Grundlagen ihrer Wissenschaft haben, die Ausprägung und Wirkung dieser Grundlagen in den Erkenntnisprozessen der Fachwissenschaft beeinflussen.

Der Grundlagenreflexion in der Geschichtswissenschaft kommt aber noch eine weitere Bedeutung zu: Die Wissenschaftlichkeit der Geschichtswissenschaft selber, also die Professionalität der Historiker als eine spezifische Ausprägung der kognitiven Prozesse des menschlichen Geschichtsbewußtseins, hängt davon ab, ob und inwieweit es gelingt, die Faktoren der disziplinären Matrix wissenschaftsspezifisch zu konstituieren. Wenn Wissenschaft eine Frage von Denkprinzipien ist (und wer wollte das bestreiten?), dann gilt dies auch für die Geschichtswissenschaft: Die für das historische Denken maßgeblichen kognitiven Prinzipien müssen als *Prinzipien* wissenschaftskonstitutiv formiert werden.

Die Entstehung und Entwicklung der Geschichtswissenschaft läßt sich als ein Prozeß der *Rationalisierung* in den Prinzipien des historischen Denkens beschreiben, als ein Prozeß, in dem sich diese Prinzipien zur disziplinären Matrix formieren.[60] Eine solche Beschreibung müßte zunächst von einer systematischen (also noch ahistorischen) Überlegung ausgehen, die die Frage betrifft, wie denn die einzelnen Faktoren der Matrix wissenschaftsspezifisch aussehen und welche wissenschaftsspezifische Form ihr systematischer Zusammenhang haben müßte.

Diese Frage nach der Wissenschaftsspezifik der Matrix läßt sich summarisch folgendermaßen beantworten: Der Faktor ›Erkenntnisinteressen‹ ist insofern schon wissenschaftsspezifisch, als mit dieser Formulierung bereits ausgesagt wird, daß die das historische Denken generierenden Orientierungsbedürfnisse der menschlichen Lebenspraxis, die die zeitlichen Veränderungen des Menschen und seiner Welt betreffen, auf ›Erkenntnis‹ gerichtet sind. Die Befriedigung dieser Bedürfnisse wird von kognitiven Leistungen abhängig gemacht, die Geschichtsbewußtsein als Erkenntnis konstituieren, d.h. als methodisch begründbares historisches Wissen. Der Faktor ›leitende Hinsichten auf die Erfahrung der menschlichen Vergangenheit läßt sich wissenschaftsspezifisch als explizit formulierter und begründeter Bezugsrahmen der historischen Interpretation denken, der Faktor ›Methoden‹ (allgemein verstanden als Ensemble der Regeln, denen folgend die Erfahrung der Vergangenheit in die leitenden Hinsichten auf sie so eingearbeitet werden, daß die Vergangenheit die Qualität des Geschichtlichem erhält) wird zum System historischer Forschungsregeln. Schwierig ist es, den Faktor ›Formen der Darstellung‹ ohne weiteres wissenschaftsspezifisch zu explizieren, da der literarische Charakter der Geschichtsschreibung auch dort nicht verlorengeht, wo sie auf Forschung gegründet ist, und dieser ihr literarischer Charakter ein formales Eigengewicht gegenüber der wissenschaftsspezifischen Regelung der historischen Forschung hat. Nichtsdestoweniger weist eine wissenschaftsspezifische historische Darstellung formale Eigenheiten auf, die sich identifizieren und beschreiben lassen: alle die Textformen, in denen sich das Argumentationspotential manifestiert, das ein wissenschaftliches historisches Wissen enthält und mit dem seine Geltungsansprüche intersubjektiv plausibel gemacht werden können. Ähnlich ist es mit dem fünften Faktor, der praktischen Funktion historiographisch geformten historischen Wissens. Auch hier lassen sich wissenschaftsspezifische Elemente identifizieren und explizieren: vor allem die kritische Funktion, die das historische Wissen in seiner wissenschaftsspezifischen Verfassung gegenüber allen ideologischen Verwendungen und strategischen Instrumentalisierungen zum Zwecke der Durchsetzung von Machtinteressen erfüllt, aber auch die positive Funktion, die die Geschichtswissenschaft im praktischen Lebenszusammenhang der Historiker und ihres Publikums erfüllt, in dem sie durch die Art ihrer Wissensproduktion und Wissensformung die Prozesse, in denen sich historische Identitäten bilden, in das Medium einer konsensorientierten, methodisch geregelten Argumentation einbindet.

Was nun den systematischen Zusammenhang der einzelnen Faktoren und damit die Form der disziplinären Matrix im ganzen betrifft, so besteht ihre Wissenschaftsspezifik darin, daß die einzelnen Faktoren ausdifferenziert, für sich reflektiert und begründet und ihr systematischer Zusammenhang in seiner Dynamik dargelegt wird. Reflexionsarbeit an der systematischen und differenzierten Explikation und Begründung der disziplinären Matrix wird als eine kognitive Leistung sichtbar, in der es um Begründung und Sicherung der Wissenschaftlichkeit des historischen Denkens geht.

Diese Überlegungen lassen sich nun historisch wenden, indem man sich die Entwicklung der einzelnen Faktoren der Matrix und ihres systematischen Zusammenhangs idealtypisch als einen Prozeß denkt, in dem sie ihre wissenschaftsspezifische Form gewinnen und in der Richtung einer zunehmenden Rationalisierung und Methodisierung weiterentwickeln. Solche Entwicklungsprozesse lassen sich komplex konzipieren, da jeder Faktor für sich eine im Verhältnis zu den anderen unterschiedliche, ja möglicherweise sogar gegenläufige Entwicklung aufweisen kann, so daß der gesamte Entwicklungsprozeß, der aus ihrem systematischen Zusammenhang resultiert, höchst differenziert gedacht werden kann. Auch hinsichtlich des systematischen Zusammenhangs selber läßt sich noch eine eigene Entwicklungstendenz konzipieren: diejenige der Ausdifferenzierung und der damit verbundenen Steigerung komplexer Zusammenhänge zwischen den einzelnen Faktoren. Solche Konzepte haben eine idealtypische Funktion; sie dienen als theoretische Konstrukte zur heuristischen Vorstrukturierung und zur Interpretation des historischen Prozesses, in dem Geschichtswissenschaft entsteht und sich weiterentwickelt.

Ich möchte mich im folgenden dieser idealtypischen Konstruktion bedienen, um die Entwicklung der Geschichtswissenschaft in Westdeutschland auf der Ebene zu charakterisieren, wo Grundlagenreflexion ein integraler Bestandteil der geschichtswissenschaftlichen Arbeit selber ist. Dabei gehe ich von folgenden allgemeinen historischen Prämissen aus: Die Entwicklung der Geschichtswissenschaft im 20. Jahrhundert beruht auf zwei wissenschaftshistorischen Evolutionsschüben, für die die Namen *Aufklärung* und *Historismus* stehen. Ich verstehe die Aufklärung geschichtswissenschaftshistorisch als einen Vorgang, in dem sich der Faktor ›Erkenntnisinteressen‹ wissenschaftskonstitutiv formiert: ›Vernunft‹ wird zum Sinnkriterium des historischen Denkens, das erfüllt sein muß, wenn die Orientierungsbedürfnisse, die in der menschlichen Lebenspraxis hinsichtlich der Erfahrung von Zeit entstehen, befriedigt werden sollen. Interessen sind interpretierte Bedürfnisse. Je nachdem, welches oberste Sinnkriterium die menschliche Lebenspraxis in den Absichten, Weltauffassungen und Selbstinterpretationen der Akteure bestimmt, nimmt das historische Bedürfnis einer Gesellschaft, das sie dazu bewegt, ihre Vergangenheit zum Verständnis ihrer gegenwärtigen Lebensverhältnisse und zur Erwartung ihrer Zukunft deutend aufzuarbeiten, unterschiedliche Formen an. Die Aufklärung gibt diesem Bedürfnis die Form eines Interesses daran, die Vergangenheit im Lichte der Vernunftfähigkeiten des Menschen erscheinen zu lassen, die ihm zur selbstverantworteten Regelung seiner Lebenspraxis zugewachsen sind oder die er zumindest dafür in Anspruch nimmt. Die von Kant als Devise der Aufklärung formulierte Ermutigung des Menschen[61], sich seines eigenen Verstandes zu bedienen, konstituiert das historische Denken dort, wo es aus lebenspraktischen Bedürfnissen nach der Orientierung von Menschen im zeitlichen Wandel ihrer Welt und ihrer selbst entspringt. Der Historismus setzt diese Rationalisierung von Orientierungsbedürfnissen zu Erkenntnisinteressen voraus und geht einen entscheidenden Schritt in der Wissenschaftsentwicklung weiter, indem er den Methodenfaktor des historischen Denkens als Regelsystem empirischer Forschung konstituiert. Bis zum Historismus hin, also etwa bis um die Wende vom 18. zum 19. Jahrhundert, war ›historische Methode‹ ein rhetorisches Regelsystem zur historiographischen Formulierung historischen Wissens. Durch den Historismus ändert sich der Methodenfaktor qualitativ und konstituiert Geschichtswissenschaft als historische Forschung.[62]

Es gibt eine Reihe von Indizien dafür, daß im 20. Jahrhundert ein dritter Evolutionsschub in der Verwissenschaftlichung des historischen Denkens erfolgt. Er betrifft den disziplinären Faktor »leitende Hinsichten‹. In verschiedenen Argumentationsstrategien wird dieser Faktor zur Form expliziter theorieförmiger Konstruktionen der historischen Interpretation transformiert. Die bekanntesten Beispiele dafür sind die Versuche im Marxismus, historische Gesetzmäßigkeiten als Bezugsrahmen der historischen Interpretation zu formulieren, und die methodologischen Vorschläge Max Webers, mit Idealtypen als theorieförmigen Konstrukten der historischen Interpretation zu arbeiten. Die Diskussion darüber, ob und wie in der historischen Forschung mit theorieförmigem historischen Wissen gearbeitet werden sollte, ist noch nicht abgeschlossen.[63] Die Entscheidung über die wissenschaftsspezifische Form des disziplinären Faktors der leitenden Hinsichten, die die Erfahrung der menschlichen Vergangenheit zur Geschichte perspektivieren oder, um die Redewendung Droysens aufzugreifen, die ›aus Geschäften Geschichte‹ machen,[64] ist noch nicht gefallen. Hier liegt einer der Schwerpunkte in der Reflexionsarbeit der Geschichtswissenschaft an ihren Grundlagen, mit der sie in der Formierung ihrer disziplinären Matrix über die Errungenschaft des Historismus des 19. Jahrhunderts qualitativ hinausgeht.

Seit geraumer Zeit bildet sich ein zweiter Schwerpunkt der Grundlagenreflexion: Sie wendet sich dem Faktor ›Formen der Darstellung‹ als konstitutivem Prinzip des historischen Denkens zu und fragt nach den Präformationen, die das historische Wissen durch die literarische Struktur narrativer Sinnbildungen erfährt. Diese Diskussion bewegt sich eher gegenläufig zu der anderen über die Theoriefähigkeit des historischen Wissens. Geht es dort um eine Rationalisierung leitender Hinsichten zu expliziten Kategoriensystemen und Theorien, so steht mit der Analyse narrativer Sinnbildungen der Historiographie die Wissenschaftlichkeit der historischen Erkenntnis, ihre innere methodische Rationalität, kritisch in Frage.[65]

Ich möchte nun im folgenden die Entwicklung der Geschichtswissenschaft in Westdeutschland[66] in der Perspektive erörtern, die meine bisherigen Überlegungen umrissen haben: Mir geht es um eine Perspektive, in der Grundlagenreflexion als integraler Bestandteil geschichtswissenschaftlicher Erkenntnisarbeit erscheint und sich die Geschichte der Geschichtswissenschaft als Wissenschaftsprozeß auf der Ebene wissenschaftskonstitutiver Prinzipien darstellt.

2. Das Erbe des Historismus

Die erste Entwicklungsphase der westdeutschen Geschichtswissenschaft dauerte von den späten vierziger bis in die Mitte der sechziger Jahre. Ich möchte sie als Phase eines *erneuerten Historismus* bezeichnen. An ihrem Anfang steht die Herausforderung, die Erfahrung des Nationalsozialismus und die von ihr bewirkte tiefe Identitätskrise der Deutschen zu bewältigen. Die Geschichtswissenschaft hat diese Aufgabe durch eine traditionalistische Wende in Angriff genommen. Sie erneuerte das Wissenschaftskonzept des Historismus, das sich im 19. Jahrhundert herausgebildet und durchgesetzt hatte. In ihm wird die Geschichtswissenschaft als *verstehende Geisteswissenschaft* definiert.[67] Geschichte wird verstanden als Prozeß einer kulturellen Entwicklung, der sich im wesentlichen auf der Ebene absichtsvollen (meist politischen) Handelns vollzieht. Sie ist ›Geistesgeschichte‹, insofern als die maßgeblichen Triebkräfte des zeitlichen Wandels in der Vergangenheit als von ideeller Natur, als bewegende Ideen, verstanden werden, die sich in handlungsleitenden Absichten auswirken. Sie manifestieren sich als ›Kultur‹ in den handelnd realisierten Gebilden menschlicher Vergesellschaftung. Dieses *idealistische Geschichtskonzept* legt die leitenden Hinsichten auf die menschliche Vergangenheit als Hinsichten auf die intentionalen Triebkräfte menschlichen Handelns fest: Geschichte erscheint als innerer Zusammenhang weltverändernden Handelns, der auf dem ›Geist‹, auf handlungsleitenden Absichten und handlungsorientierten Welt- und Selbstdeutungen interagierender Subjekte, beruht.

Diesem Geschichtskonzept entspricht ein *hermeneutisches Methodenkonzept*. Die historische Forschung arbeitet überwiegend mit Quellen, die absichtsvolles Handeln dokumentieren; erschließt aus ihnen Handlungszusammenhänge und macht diese im Lichte des Selbstverständnisses der Akteure verständlich.

Dieses Geschichts- und Methodenkonzept des klassischen Historismus des 19. Jahrhunderts wurde nach 1945 in Westdeutschland bewußt aufgegriffen, um die bedrohte historische Identität der Deutschen zu stabilisieren. Es war während der nationalsozialistischen Herrschaft in einer Version in Kraft,[68] mit der es sich teilweise an die neuen politischen Gegebenheiten angepaßt und zugleich ihnen gegenüber ein gewisses Ausmaß fachlicher Selbständigkeit behauptet hatte (ohne eine ernsthafte Opposition darzustellen), und es wurde nach dem Ende des Nationalsozialismus in einer neuen Version fortgesetzt: Der idealistische Geschichtsbegriff wurde von denjenigen ideologischen Elementen befreit, die den Geschichte konstituierenden Geist an irrationale Naturkräfte völkischer oder rassischer Art gebunden hatten. Er wurde in einer stärker kultur-zentrierten Form neu ins Spiel gebracht und gezielt als kritische Alternative zur Barbarei des Faschismus verwendet, um identitätsbildende Vorstellungen historischer Kontinuität der deutschen Kultur zu entwickeln, die durch den Nationalsozialismus nur unterbrochen wurden (allerdings im Widerstand gegen ihn fortleben) und als fortsetzungsfähig erschienen. Prototyp für diesen kritisch erneuerten Historismus war Jacob Burckhardt mit seiner kulturkritischen Wendung gegen aggressiven Nationalismus und moderne Massenbewegungen.[69] Der Nationalsozialismus, der einen Teil seines kulturellen Potentials aus dem Antimodernismus der europäischen Kultur- und Zivilisationskritik geschöpft hatte, wurde mit den Mitteln eben dieser Kulturkritik historisch interpretiert und aus der eigentlichen deutschen und europäischen Geschichte als quasi-naturhafte oder dämonisch-gegengeschichtliche Bewegung und Entwicklung ausgeschlossen.

Eine intensive und systematische Begründung dieses Geschichtskonzepts fand nicht statt. Es schöpfte seine Plausibilität eher aus der historischen Reminiszenz an die kulturelle Leistungskraft des Historismus im 19. Jahrhundert und aus seiner immanenten Wirkung in der akademischen Forschung und Geschichtsschreibung. Wenn überhaupt, so wurde es historisch reflektiert, unter der Voraussetzung seiner ungebrochenen Geltung in der Form historiographiegeschichtlicher Untersuchungen, die die Leitfunktion des klassischen Historismus bestätigten.[70] Es ist durchaus typisch, daß Friedrich Meinecke, der als einer der maßgeblichen Repräsentanten dieses erneuerungsfähigen Historismus angesehen werden kann, 1948 programmatisch über *Ranke und Burckhardt* schrieb. Sein 1936 zuerst erschienenes Werk über *Die Entstehung des Historismus,* das das moderne historische Denken als Errungenschaft deutscher Kultur reklamierte und entschieden gegen die Aufklärung abgrenzte, wirkte bis weit in die sechziger Jahre hinein geradezu paradigmabildend auf die Vorstellung der deutschen Historiker über die Grundlagen ihres Faches.[71] Eine systematische Reflexion der Historiker über die Grundlagen ihres Faches unterblieb auch insofern, als die traditionell etablierte Forschungsweise eine fachliche Autonomie der Geschichtswissenschaft zu garantieren schien, deren Aufrechterhaltung als beste Garantie gegen politisch-ideologischen Mißbrauch galt. Die forschungspraktisch bewährte Hermeneutik wurde auf der Ebene praktischer Handlungsregeln expliziert und daher vornehmlich mit der Absicht gelehrt, die Kontinuität der Forschung aufrechtzuerhalten. Alternative Methodenkonzeptionen, wie etwa diejenigen der französischen Annales-Schule oder des Marxismus, wurden zurückgewiesen. Einzig dort, wo der Historismus selber über ein Potential an methodischer Innovation verfügt, wurde methodologisch argumentiert und wurden neue Strategien der historischen Forschung vorgeschlagen. Diese Strategien betrafen eine stärkere Berücksichtigung typisierender Verfahren, wie sie schon Jacob Burckhardt in kritischer Wende gegen den Historismus seiner Zeit ausgearbeitet und verwendet hatte.[72]

Erst gegen Ende der Phase des erneuerten Historismus, in den späten fünfziger und frühen sechziger Jahren, setzte eine stärkere Reflexion seiner Art des historischen Denkens ein. Diese Reflexion betraf nicht so sehr die innere kognitive Organisation der Geschichtswissenschaft als Erkenntnisprozeß, sondern ihren Bildungsanspruch, ihr Verhältnis zur Öffentlichkeit, also ihre Funktion im kulturellen Leben ihrer Gegenwart. Worum es ging, zeigen einige Titel der seinerzeit diskutierten Schriften prominenter Historiker: *Kapitulation vor der Geschichte* von Hermann Heimpel (1956), *Das Interesse an der Geschichte* von Reinhard Wittram (1958) und *Verlust der Geschichte* von Alfred Heuß (1959). Die Diskussion entzündete sich an der Frage, welche Bedeutung das von der Geschichtswissenschaft produzierte Wissen eigentlich für die Orientierung der gesellschaftlichen Praxis habe. Die Erörterung signalisierte eine wachsende Differenz zwischen gesellschaftlichen Orientierungsbedürfnissen auf der einen und Orientierungsfunktionen des von der Geschichtswissenschaft produzierten historischen Wissens auf der anderen Seite. Damals kehrte eine Konstellation der Grundlagenreflexion der Geschichtswissenschaft wieder, die schon die Historismus-Debatte in der Weimarer Republik geprägt hatte: Die Geschichtswissenschaft mußte sich mit dem Vorwurf auseinandersetzen ›bloßen Historismus‹ darzustellen, – im pejorativen Sinne des Wortes ein historisches Denken, das den Boden der Gegenwart unter den Füßen verliert, wenn es die Vergangenheit vergegenwärtigt.[73] Auf den erneuerten ›Historismus‹ des 19. Jahrhunderts, der ein Wissenschaftskonzept darstellt, in dem die fachspezifische Rationalität einer verstehenden Geisteswissenschaft als Faktor einer Deutungskultur gegenwärtiger Lebensverhältnisse erscheint, schlug sein Schatten zurück: der ›Historismus‹ eines historischen Wissens, das mangels eines tragfähigen Gegenwartsbezuges seine traditionelle Orientierungsfunktion nicht mehr wahrnehmen konnte.

3. Die Transformation des Historismus

Die genannte Diskussion in den späten fünfziger und frühen sechziger Jahren kann als Vorspiel eines tiefgehenden Umbruchs in der westdeutschen Geschichtswissenschaft angesehen werden, in der die Tradition des Historismus in Frage gestellt und eine neue Wissenschaftskonzeption entwickelt wurde. Diese Umbruchsphase läßt sich (in der unvermeidlichen Verkürzung und Vereinfachung von Periodisierungen) von der Mitte der sechziger bis zur Mitte der siebziger Jahre datieren. Wir haben es in dieser Phase einer *Transformation des Historismus* mit einer Grundlagenkrise zu tun, in der Grundlagenreflexionen relativ häufig sind, da sie ein unverzichtbares (wenn auch nicht das einzige) Medium sind, in dem sich solche Krisen diskursiv in der Forschergemeinschaft austragen.

Es ist üblich geworden, diese Umbruchsphase mit der heftigen Kontroverse über Fritz Fischers Thesen zum Ausbruch des Ersten Weltkrieges beginnen zu lassen.[74] Man sollte aber nicht übersehen, daß Fischers Interpretation durchaus noch im Rahmen der traditionellen Wissenschaftskonzeption erfolgt ist. Lediglich seine entschiedene Kritik an traditionellen politischen Wertungen in der historischen Interpretation der neueren deutschen Geschichte indiziert einen Wandel der historischen Betrachtungsweise, der dann auch auf die disziplinäre Matrix durchschlug.

Die Gründe für den Strukturwandel der Geschichtswissenschaft sind mannigfaltig. Ein Generationswechsel in der Forschergemeinschaft fiel mit einer Expansionsphase des Universitätssystems zusammen, so daß sich der übliche Konformitätsdruck beim wissenschaftlichen Nachwuchs verminderte und neue, abweichende Frageweisen und Forschungsstrategien eine Chance erhielten, sich akademisch zu etablieren. Hinzu kam eine tiefgehende Veränderung in der politischen und intellektuellen Kultur der Bundesrepublik, – von manchen als Kulturrevolution der Studentenbewegung bezeichnet.[75] In engem Zusammenhang damit erfuhr der Geschichtsunterricht in den Schulen eine radikale Kritik und drohte eine Zeitlang durch einen nicht mehr am historischen Wissen, sondern am Wissen der systematischen Sozialwissenschaften orientierten Schulunterricht ersetzt zu werden. Im Rahmen dieses kulturellen Umbruchs wurde die Wissenschaftstradition des Historismus und die ihr verpflichtete Denk- und Arbeitsweise der historischen Wissenschaften grundlegend kritisiert. Zunächst einmal in historischer Perspektive: Der Historismus wurde als Teil der deutschen politischen Kultur interpretiert, die sich auf verhängnisvolle Weise von den westlichen demokratischen Traditionen abgesondert und sich damit ein erhebliches Modernisierungsdefizit eingehandelt habe. Dieser durch den Historismus mitverschuldete kulturelle Modernisierungsrückstand habe das Scheitern der Weimarer Republik und den Sieg des Nationalsozialismus langfristig mit verursacht. Zu dieser Einschätzung trug vor allem die Interpretation des deutschen Historismus durch Georg G. Iggers bei.[76] Aber auch systematisch wurde die bis dahin geltende Wissenschaftstradition des Historismus radikal in Zweifel gezogen, und zwar auf mehreren Ebenen. In der Philosophie gewannen die Frankfurter Schule, die analytische Wissenschaftstheorie und der kritische Rationalismus an Einfluß, und bei aller Unterschiedlichkeit entwickelten sie Standards wissenschaftlicher Rationalität, denen die Geschichtswissenschaft in ihrer traditionellen Ausprägung nicht genügen konnte. Sie verlor daher an Prestige in den Humanwissenschaften. Erfolgversprechender zur Erfüllung der Orientierungsfunktion, die sie sich bisher zugesprochen hatte, erschienen nunmehr die systematischen Sozialwissenschaften. Sie galten nicht nur als handlungsrelevanter, sondern ihnen wurde jetzt auch eher als der Geschichtswissenschaft die Fähigkeit zugesprochen, Sinnkriterien der Lebenspraxis, also leitende Gesichtspunkte der Selbstinterpretation und der Weltdeutung, zu entwickeln. Die Geschichtswissenschaft geriet ins Hintertreffen: Sie wurde einem Modernisierungsdruck ausgesetzt, dem sie nicht widerstehen konnte und wollte.

Daher wurden energische Versuche unternommen, die Geschichtswissenschaft »jenseits des Historismus« zu etablieren.[77] Dies geschah auf mehreren Ebenen und in unterschiedlicher Weise. Im historischen Selbstverständnis der Geschichtswissenschaft erfuhr die Tradition der

Aufklärung eine deutliche Aufwertung gegenüber dem Historismus: Die Aufklärung erschien als ein Stück unabgegoltener, also zukunftsträchtiger Tradition wissenschaftlicher Rationalität, die der Historismus unausgeschöpft gelassen, verstellt oder gar unterdrückt hatte. Den neuen Orientierungsbedürfnissen, die der erwähnte tiefgehende kulturelle Wandel in der Bundesrepublik erzeugt hatte, wurde durch ein neues Geschichtskonzept entsprochen, in dem es nicht mehr primär um die kulturschöpferische Potenz des menschlichen Geistes auf der Ebene absichtsvoller Handlungen, sondern um die Wirkung struktureller Handlungsbedingungen auf das menschliche Handeln und um eine Dimension zeitlicher Veränderungen des Menschen und seiner Welt ging, die dem absichtsvollen Handeln bestimmend voraus- und zugrundeliegt. Bei der Ausarbeitung dieses Geschichtskonzeptes standen vor allem Max Weber und in geringerem Maße Karl Marx Pate. Diesem neuen Geschichtskonzept entsprechend, wurden neue Forschungsstrategien entwickelt, methodologisch gerechtfertigt und praktisch begründet.[78] Charakteristisch für die Art, wie dieser Umbruch in der Geschichtswissenschaft durch die Historiker vollzogen wurde, ist die Tatsache, daß die neue Wissenschaftskonzeption nicht einfach nur auf der Ebene der praktischen Forschungsarbeit und der Historiographie vollzogen wurde, sondern zugleich zu einer vertieften und erweiterten Grundlagenreflexion in der Geschichtswissenschaft geführt hat. Metatheoretische und methodologische Argumentationen wurden zum integralen Bestandteil des Diskurses der Fachhistoriker (zumindest derjenigen, die sich engagiert im Für und Wider an der Transformation des Historismus beteiligten). Es ist kein Zufall, sondern ein Symptom für einen qualitativen Wandel im Verhältnis der Historiker zu den Grundlagen ihrer Wissenschaft, daß sich in der ersten Hälfte der siebziger Jahre eine Gruppe von Historikern und Philosophen bildete, die über zehn Jahre lang theoretische und methodologische Grundprobleme der Geschichtswissenschaft erörtert und durch ihre Publikationen die Grundlagenreflexion in der Geschichtswissenschaft der Bundesrepublik erheblich beeinflußt hat.[79]

Die Transformation des Historismus in eine neue Wissenschaftskonzeption der Geschichtswissenschaft erfolgte also in der Form eines Diskussionsprozesses, in dem sich neue Standards theoretischer und methodologischer Reflexion und Selbstbegründung der Geschichtswissenschaft entwickelten. Die disziplinäre Matrix der Geschichtswissenschaft trat umfassender und differenzierter in den Blick der Historiker. Deren Selbstverständnis nahm nun gegenüber der impliziten Geltung traditionell vorgegebener Grundlagen der Geschichtswissenschaft die Form einer expliziten Reflexion einzelner Faktoren der disziplinären Matrix und ihres systematischen Zusammenhangs an. Im Vordergrund des Interesses standen einmal Fragen des Zusammenhangs zwischen Lebenspraxis und wissenschaftlicher Erkenntnis, also Fragen unter den

Leitbegriffen »Objektivität« und »Parteilichkeit«.[80] Kontrovers wurde über das Ausmaß und die Eigenart der fachlichen Selbständigkeit der Geschichtswissenschaft gegenüber den Orientierungsbedürfnissen ihres gesellschaftlichen Kontextes und der praktischen Verwendung des historischen Wissens gestritten. Dabei schärfte sich der Blick sowohl auf die Konstitutions- und Verwendungszusammenhänge des historischen Wissens, wie aber auch auf die methodischen Verfahren, deren sich die Geschichtswissenschaft zur Sicherung intersubjektiver Geltungsansprüche des von ihr produzierten Wissens bedient.

Mit solchen Überlegungen reagierte die Geschichtswissenschaft auf neue Zumutungen politischer Bildung, denen sie in der Reformeuphorie der späten sechziger und frühen siebziger Jahre ausgesetzt wurde. In diesem Zusammenhang waren die Zumutungen an die Geschichtswissenschaft von nicht zu unterschätzender Bedeutung, die von neuen Reformkonzeptionen der historischen und politischen Bildung in den Schulen ausgingen. Die *Geschichtsdidaktik* etablierte sich in diesem Zusammenhang als eine Spezialdisziplin der Geschichtswissenschaft, die Möglichkeiten und Grenzen des praktischen Gebrauchs historischen Wissens untersuchte und dabei insbesondere seine Verwendung im Geschichtsunterricht und dessen didaktische Standards reflektierte und begründete.[81]

Ein zweiter wichtiger Bereich der Grundlagenreflexion in der Geschichtswissenschaft wurde mit der Frage eröffnet, ob und wie theorieförmiges Wissen in die praktische Forschungsarbeit der Geschichtswissenschaft eingebracht werden könne und müsse.[82] Hier wurden die methodologischen Anregungen Max Webers zur Verwendung theorieförmiger, idealtypischer Konstrukte in der historischen Erkenntnis aufgegriffen und kritisch auf das Angebot theorieförmigen Wissens seitens der systematischen Sozialwissenschaften bezogen. Diese Theoriediskussion schlug eine Brücke zwischen metatheoretischen Erörterungen über Eigenart und Funktion der historischen Erkenntnis und über die Rationalitätsstandards der Geschichtswissenschaft auf der einen Seite und den Prozessen empirischer Forschungsarbeit auf der anderen. Sie hatte erhebliche methodologische Konsequenzen, ging es doch um nicht weniger als darum, die Dominanz hermeneutischer Forschungsverfahren zurückzuweisen und analytischen Methoden ein höheres Gewicht zu verleihen. Im Rahmen dieser methodologischen Überlegungen gewannen auch die systematischen Sozialwissenschaften Soziologie, Ökonomie und Politologie für die Geschichtswissenschaft ein erhebliches methodisches Gewicht: Die Geschichtswissenschaft näherte sich in ihrem Selbstverständnis den Sozialwissenschaften, ja, verstand sich selbst in prominenten Vertretern ihrer neuen Richtung als »historische Sozialwissenschaft«, – zumindest definierte sie sich nicht mehr wie bisher durch eine Abgrenzung von den Sozialwissenschaften, sondern machte ihre

Erkenntnischancen von dem Ausmaß abhängig, in dem sie sozialwissenschaftliches Wissen historisch fruchtbar anzuwenden verstand.

4. Gesellschaftsgeschichte als neue Wissenschaftskonzeption

Als Ergebnis des skizzierten Umbruchs hat die Geschichtswissenschaft ein neues Profil gewonnen. Das heißt nicht, daß nun alle Historiker neuen disziplinären Direktiven folgten, als gründete alle historische Forschung und Geschichtsschreibung auf einer einheitlichen neuen disziplinaren Matrix. Alte Forschungsstrategien und Darstellungsweisen wurden und werden nach wie vor verwendet, aber sie sind durch neue Ansätze hinsichtlich ihres Stellenwerts im Gesamtbereich der Geschichtsforschung und der Historiographie relativiert und durch das starke fachliche und öffentliche Interesse an diesen neuen Ansätzen (mindestens zeitweilig) in den Schatten gestellt worden. Repräsentativ für die westdeutsche Geschichtswissenschaft der siebziger und beginnenden achtziger Jahre ist ein Konzept von Geschichtswissenschaft, das auf einer veränderten disziplinären Matrix beruht. Diese Matrix läßt sich zusammengefaßt folgendermaßen beschreiben:

Als tragendes Orientierungsbedürfnis der historischen Erkenntnis wirkt nicht mehr die Sehnsucht nach einer Überwindung des Kontinuitätsbruchs durch den Nationalsozialismus und nach einer stabilen historischen Identität der Deutschen, die auf unbeschädigten Traditionen beruht. Jetzt setzen sich kritische Fragen an die Geschichte durch. Der Nationalsozialismus wird nicht mehr als widerhistorische Macht aus einer identitätsbildenden Vorstellung deutscher Geschichte ausgeschlossen, sondern die deutsche Geschichte wird kritisch auf Modernisierungsdefizite hin befragt, die den Nationalsozialismus möglich gemacht haben. Das historische Interesse richtet sich nicht mehr auf die verlorene Zeit identitätsfähiger Entwicklungen, sondern auf die verpaßte Zeit zukunftsweisender Prozesse der Modernisierung. Im nachhinein erscheinen die fünfziger und beginnenden sechziger Jahre als Restauration einer brüchigen politischen Kultur, die nun mit dem Leitbegriff der Aufklärung, ›Emanzipation‹, kritisiert werden.[83] Der Historie werden Zukunftsperspektiven aus kritisch analysierter Vergangenheit abverlangt. Hans-Ulrich Wehler, einer der führenden Köpfe der neuen Richtung, hat die Geschichtswissenschaft programmatisch an der Aufgabe orientiert, »[...] ideologiekritisch den Nebel mitgeschleppter Legenden durchzustoßen und stereotype Mißverständnisse aufzulösen, die Folgen von getroffenen oder die sozialen Kosten von unterlassenen Entscheidungen scharf herauszuarbeiten und somit für unsere Lebenspraxis die Chancen rationaler Orientierung zu vermehren, sie in einen Horizont sorgfältig überprüfter historischer Erfahrungen einzubetten«.[84]

Diesem Interesse dienen neue leitende Hinsichten auf die menschliche Vergangenheit, die ihren spezifisch geschichtlichen Charakter als ›Gesellschaftsgeschichte‹ definieren. Was ist damit gemeint? Geschichte spielt nun nicht mehr vornehmlich auf der Ebene intentional gesteuerter Interaktionen, sondern auf der tieferen Ebene struktureller Handlungsbedingungen und -voraussetzungen. Aktionen und Akteure erscheinen nun vor dem analytisch ausgeleuchteten Hintergrund von Lebensumständen, die ihr Handeln bestimmend umgreifen und anders determinieren als ihre Absichten und ihr Selbstverständnis bekunden. »Gesellschaft« wird als Inbegriff der Tatbestände bezeichnet, in denen Geschichte empirisch aufgesucht wird. Die Akteure und ihre absichtsvollen Interaktionen sinken zum Moment eines umgreifenden Ganzen menschlicher Lebensverhältnisse herab, dessen historische Substanz nicht mehr in der kulturellen Ausrichtung handlungsleitender Intentionen und Deutungen besteht, sondern im zeitspezifischen Zusammenhang handlungsbedingender innerer und äußerer Faktoren.

Im Unterschied zum Terminus »Sozialgeschichte« meint »Gesellschaftsgeschichte« nicht einen einzelnen Sektor der historischen Erfahrung (neben den Sektoren: Politische Geschichte, Wirtschaftsgeschichte, Ideengeschichte usw.), sondern den Blick aufs Ganze. In diesem Blick sind die verschiedenen synchronen Dimensionen (Wirtschaft, Gesellschaft, Politik und Kultur) und die verschiedenen diachronen Dimensionen (Ereignisgeschichte, Strukturgeschichte) der historischen Erfahrung zu einem sinnvollen Ganzen integriert.

Programmatisch wird diese neue Geschichtsauffassung im Vorwort einer Zeitschrift angesprochen, die die neue Richtung der Geschichtswissenschaft vertritt. »Das zentrale Thema ist die Erforschung und Darstellung von Prozessen und Strukturen gesellschaftlichen Wandels. Dabei wird die Analyse sozialer Schichtungen, politischer Herrschaftsformen, ökonomischer Entwicklungen und soziokultureller Phänomene im Vordergrund stehen; Veränderung und Dauer sollen gleichermaßen im Auge behalten werden.«[85]

Abweichend von der bisherigen Wissenschaftstradition führt diese Geschichtskonzeption die Geschichtswissenschaft in die Nähe der Sozialwissenschaften. Die Geschichtswissenschaft wird als »historische Sozialwissenschaft« verstanden, wie es der Untertitel der neuen Zeitschrift *Geschichte und Gesellschaft. Zeitschrift für historische Sozialwissenschaft* programmatisch zum Ausdruck bringt.

Auch formal weicht die neue Geschichtskonzeption von der alten ab: Sie wirkt nicht mehr vornehmlich implizit als Voraussetzung der historischen Forschung und der Geschichtsschreibung, sondern sie tritt in der Form expliziter theorieförmiger Bezugsrahmen der historischen Forschung und als eine Argumentation besonderer Art in der Historiographie auf. Solche Bezugsrahmen werden im Umkreis einer allgemeinen

Modernisierungstheorie als »explizite und konsistente Begriffs- und Kategoriensysteme« entwickelt und zur Diskussion gestellt, »[...] die der Erschließung und Erklärung von bestimmten historischen Phänomenen und Quellen dienen, aber nicht hinreichend aus den Quellen abgeleitet werden können«.[86]

Damit ist bereits die methodische Innovation der neuen Wissenschaftskonzeption angedeutet. Die historische Methode verliert ihren dominant hermeneutischen Charakter und wird stärker analytisch. Der methodische Gebrauch historischer Theorien oder theorieförmigen (idealtypischen) Wissens wird zum Kennzeichen der neuen Forschungsstrategie. Quantifizierende Verfahren verlieren das Odium ahistorischen Denkens und werden selbstverständlich. Die Geschichtswissenschaft kann jetzt Anregungen aus historischen Schulen aufgreifen, die ihr vorher fremd waren. Die Annales-Schule findet starke Aufmerksamkeit; allerdings werden ihr tendenzieller Antimodernismus in der Berücksichtigung struktureller historischer Entwicklungen und ihr Theoriedefizit kritisiert. Die Geschichtswissenschaft gewinnt ein breites Spektrum von Forschungsverfahren und erschließt mit ihnen neue Erfahrungsbereiche, vor allem auf der Ebene sozio-ökonomischer und sozio-politischer historischer Prozesse. Im Unterschied zur Tradition des Historismus, in dem ein klarer Begriff von der Einheit und inneren Konsistenz der historischen Methode vorherrschte, wird aber die Vielheit der Forschungsverfahren in keinen vergleichbaren Methodenbegriff mehr integriert. Die praktische Verwendung der Verfahren steht für ihren historischen Charakter, nicht jedoch eine neue Methodologie, die die Spezifik *historischer* Erkenntnis auf der Ebene der Forschungsregeln explizierte und damit den besonderen Status der Geschichtswissenschaft im Kontext der Human- und Sozialwissenschaften kennzeichnete.[87]

Mit den explizit theoretischen Zugriffen auf die historische Erfahrung und den neuen methodischen Möglichkeiten ihrer Erschließung ändert sich auch der Modus der historischen Darstellung: Man spricht vom ›Ende des historischen Erzählens« und meint damit die Abkehr von Formen der Geschichtsschreibung, in denen Geschichte als zeitlicher Fluß historischer Ereignisse mimetisch abgebildet wurde, Geschichte also als sinnlich-plastisches Bild von Zeitverläufen auf der Ebene verstehbarer Handlungen erschien. An die Stelle eines historiographischen Erzählens, das den Leser an der dargestellten Geschichte ästhetisch teilhaben läßt, tritt nun eine Argumentation, die ihn zur kritischen Urteilsbildung und Distanznahme zur Vergangenheit befähigen soll. Die narrative Mimesis wird durch eine argumentative Rekonstruktion ersetzt, in der die interpretative Spur des Historikers sich nicht in der Präsentation seiner Forschungsergebnisse verliert, sondern als deutlicher Hinweis an den Leser erhalten bleibt. Der Autor gibt über seine Erkenntnisstrategien Rechenschaft und tritt nicht mehr im historiographischen Gestus des allwissenden Historikers auf, der – um die bekannten Worte Rankes zu verwenden – sein »Selbst gleichsam auslöscht« – um »[...] nur die Dinge reden, die mächtigen Kräfte erscheinen zu lassen«[88]; statt dessen bezeichnet er reflektierend seine Perspektive und schärft damit den historischen Blick des Lesers.[89]

Mit dem produzierten historischen Wissen konnten neue Ansprüche auf Orientierung der Lebenspraxis in der Öffentlichkeit erhoben und wenigstens teilweise durchgesetzt werden. Die Geschichtswissenschaft reklamierte für sich in der politischen Kultur Westdeutschlands den Platz einer kritischen Instanz zur Prüfung von Zukunftsperspektiven an der historischen Erfahrung. Die *Geschichtsdidaktik* setzte diesen Anspruch in neue Strategien des historischen Lehrens und Lernens um und beschränkte sich dabei nicht nur auf den Bereich der Schule.[90] Indem sie mit dem Thema ›Geschichtsbewußtsein‹ die praktische Verwendung und Wirkung historischen Wissens in allen Lebensbereichen aufgriff und zum Gegenstand eigener empirischer, normativer und pragmatischer Untersuchungen machte, erweiterte sie den Argumentationsspielraum der Geschichtswissenschaft in ihrem Verhältnis zur Öffentlichkeit nicht unerheblich. Auch hier repräsentiert eine neue Zeitschrift, die von 1976 bis 1987 erschienene *Geschichtsdidaktik,* die gewandelte Auffassung von der praktischen Bedeutung des historischen Wissens.

5. Aktuelle Tendenzen

Es entspricht der »ewigen Jugendlichkeit« (Max Weber), die die Geschichtswissenschaft aufgrund ihrer Verwurzelung in der Lebenswelt, ihrer Fundierung auf sich ändernden Orientierungsbedürfnissen auszeichnet, daß die Wissenschaftskonzeption der Gesellschaftsgeschichte schon binnen eines Jahrzehnts, nachdem sie sich akademisch etabliert hatte, einer grundlegenden Kritik unterzogen wurde. Neben und gegen sie bildeten sich in den letzten Jahren Strömungen des geschichtswissenschaftlichen Denkens aus, die ihre grundlegenden Prämissen in Frage stellen.[91]

Der Meinungsstreit hat sich an Orientierungsproblemen der Gegenwart entzündet. Es geht in ihm letztlich um die Ortsbestimmung der Geschichtswissenschaft im Prozeß der Modernisierung. Im Rahmen der gesellschaftsgeschichtlichen Wissenschaftskonzeption wird die historische Erkenntnis selber als Mittel der Modernisierung mobilisiert: Historisches Wissen soll die gesellschaftliche Praxis am Modernisierungsziel der menschlichen Emanzipation orientieren. Die Geschichtswissenschaft interpretiert hier Zeiterfahrung im Rahmen des Wertsystems, mit dem seit der Aufklärung die ökonomische Dynamik der Produktivitätssteigerung, die politische Dynamik der Demokratisierung und die soziale

Dynamik der Egalisierung propagiert und historische Entwicklungen unter der Leitidee des Fortschritts interpretiert wurden. Dieses Ideal eines Modernisierungsfortschritts durch historische Erkenntnis wird nun einer tiefgehenden Kritik unterzogen.[92] Die Kritik beruht auf der Erfahrung, daß die Modernisierung ein Potential an Zerstörung ökologischer Bedingungen humaner Existenz und an Gefährdung des physischen und psychischen Überlebens der Menschheit enthält, das eine ungebrochene Fortschreibung bisheriger Entwicklungen in die Zukunft verbietet. Das Versprechen einer Humanisierung des Menschen, eines »Regnum Hominis« (Francis Bacon), das am Anfang der historischen Entwicklung stand, in der sich die moderne okzidentale Kultur herausbildete, wird nun als Drohung einer Barbarei verstanden, die zu einer prinzipiell neuen, post-modernen kulturellen Orientierung der menschlichen Lebenspraxis herausfordert.[93]

In der westdeutschen Geschichtswissenschaft wird diese Herausforderung in unterschiedliche Ausprägungen des Erkenntnisinteresses der Forschungspraxis, der historischen Darstellungsformen und der praktischen Funktionsbestimmung des historischen Wissens umgesetzt. Die unterschiedlichen Richtungen der Alltagsgeschichte, der Frauengeschichte, der historischen Anthropologie, der Geschichtswerkstättenbewegung und der Geschichtsdidaktik, die zu neuen historischen Denkweisen, Forschungsstrategien und Lernformen, zur Überwindung der Gesellschaftsgeschichte oder zur Abkehr von ihr drängen, kann ich hier nicht im einzelnen charakterisieren. Es kristallisiert sich (zumindest bis jetzt [1986]) noch kein neues umfassendes, in sich konsistentes und homogenes Wissenschaftsparadigma mit einer eigens reflektierten disziplinären Matrix heraus, und es fehlen auch größere institutionelle Organisationen (z. B. eine repräsentative Zeitschrift). Aber es gibt gemeinsame Tendenzen, die es erlauben, in idealtypischer Zuspitzung eine Gegenrichtung der Wissenschaftsentwicklung zur Gesellschaftsgeschichte zu beschreiben und Überlegungen zu der Frage anzustellen, welche Konsequenzen diese Gegenrichtung für die Grundlagen der Geschichtswissenschaft, für die Reflexionsarbeit an ihren kognitiven Prinzipien hat.

Diese Gegenrichtung zur Gesellschaftsgeschichte ist, wie gesagt, hinsichtlich der zugrundeliegenden Orientierungsbedürfnisse durch die Erfahrung einer tiefgehenden Modernisierangskrise geprägt. Aus dieser Erfahrung folgt ein Geschichtskonzept, in dem es nicht mehr um einen umfassenden Entwicklungsprozeß geht, sondern in dem der Gedanke einer objektiven Zeitrichtung der mannigfaltigen und unterschiedlichen zeitlichen Veränderung in der Vergangenheit kaum eine Rolle spielt. An seine Stelle tritt vielmehr der Blick auf partikulare Vorgänge und einzelne Entwicklungen. Deren historische Bedeutung besteht nicht mehr darin, daß sie den Stand einer Entwicklung indizieren, die in die Gegenwart führt und eine handlungsleitende Zukunftsperspektive abgibt, sondern darin, daß sie Möglichkeiten humaner Selbstverwirklichung exemplarisch manifestieren. Es geht überhaupt nicht mehr primär um Entwicklungen als zeitliche Transformationen, deren Richtung als Zukunft erschließende Größe in aktuelle Praxisorientierungen eingehen kann, sondern darum, einlinige Entwicklungsvorstellungen in die Relativität unterschiedlicher Möglichkeiten menschlicher Lebensformen zurückzunehmen. An die Stelle der Makrohistorie, der einen, umfassenden Geschichte der modernen Welt, tritt die Mikrohistorie der vielen kleinen Geschichten, die je für sich ihre Bedeutung haben. Der historischen Erfahrung werden nicht mehr Rationalitätspotentiale menschlicher Lebensgestaltung abgewonnen, die progressiv in die Zukunft weisen, sondern ein Mißtrauen gegen die rationale Machbarkeit menschlicher Lebensverhältnisse. Der historische Blick wendet sich nicht vornehmlich auf die Geschichte umfassender Systeme wie Wirtschaft, Gesellschaft und Politik, sondern er geht auf die konkreten Menschen, auf ihre Lebensverhältnisse im Horizont subjektiver Erfahrung. ›Alltag‹ ist die hierfür kennzeichnende, als theoretisches Konstrukt mit analytischer Trennschärfe noch nicht hinreichend entfaltete Bezeichnung.[94] Die Gesellschaftsgeschichte spricht die Interaktionsformen und Lebenszusammenhänge der Menschen in der Vergangenheit mit soziologischen Termini wie Klassen oder Schichten an. Demgegenüber wird neuerdings der alte Begriff ›Volk‹ wieder benutzt, um die subjektive Innendimension einer umfassenden sozialen Einheit zu bezeichnen.[95] Dieses Wort wäre im Rahmen der traditionskritischen Abgrenzung der Gesellschaftsgeschichte vom Historismus und seiner Betonung des Nationalen als wesentlichen Elementes der historischen Erfahrung undenkbar gewesen. Entsprechend divergent sind auch die methodischen Ansätze der historischen Forschung. Legt die Gesellschaftsgeschichte besonderen Wert auf trennscharfe Begrifflichkeit, theorieförmige Konstrukte und analytische Methoden und rückt sie damit die Geschichtswissenschaft in die Nähe der systematischen Sozialwissenschaften Ökonomie, Soziologie und Politologie, so geht es in den alternativen Richtungen der Geschichtswissenschaft stärker um hermeneutische Methoden. Programmatisch wird an die Stelle theoretischer Konstrukte, denen man die dünne Luft erfahrungsferner Abstraktionen vorwirft, die ›dichte Beschreibung‹ realer Lebensverhältnisse gesetzt, die sich nicht in analytischer Begrifflichkeit einfangen, sondern nur durch teilhabende Beobachtung erfassen – oder, wie man in der Sprache des Historismus sagen könnte: verstehen – lassen. Mit dieser Forschungsstrategie rückt die Geschichtswissenschaft in die Nähe der Ethnologie und Kulturanthropologie.[96] Deren Blick auf die Fremdheit der Kulturen, die nicht in den Traditionszusammenhang des okzidentalen Selbstverständnisses gehören, wird bewußt und methodisch dazu verwandt, eben diese okzidentale historische Tradition zu verfremden, um so aus der eigenen Geschichte den Funken des Alternativen zu schlagen. Es geht also um eine historische Selbsterfahrung der okzidentalen Kultur, mit der sie sich gegen die maßgeblichen Bestimmungsgrößen ihrer eigenen Modernität kehrt und sich als Post-Moderne gewinnen kann.

Auch in den Darstellungsformen gibt es grundlegende Divergenzen. Es ist kein Zufall, daß mit der Entstehung der neuen Richtungen geschichtswissenschaftlichen Denkens auch die ›Wiederkehr des Erzählens‹ in der Geschichtsschreibung diskutiert wird.[97] Es sind freilich nicht die Vertreter einer neuen Avantgarde der Geschichtswissenschaft, die für die Rückkehr zu den Darstellungsformen einer episch verfahrenen Historiographie im Stile des 19. Jahrhunderts plädieren. Dieses Plädoyer entspringt vielmehr konservativen Bildungstraditionen, die der historischen Darstellung einen ästhetischen Genuß abverlangen, den sie im Namen ihres theoretischen und methodischen Rationalitätszuwachses zugunsten eines höheren Maßes an diskursiver Argumentation zu geben sich geweigert hatte. Die neue Geschichtswissenschaft versucht etwas anderes: Auch sie verschmäht eine historische Darstellungsweise, die vor allem durch eine diskursiv-argumentative Darlegung der Interpretationshinsichten geprägt ist, aber sie möchte statt dessen einen Zuwachs an historischer Erfahrung durch eine Historiographie erreichen, die ihre Sprache den Subjekten der Vergangenheit verleiht: Historiographisch wird historische Erfahrung als subjektive Erfahrung vermittelt, werden die vergangenen Lebensverhältnisse und zeitlichen Veränderungen im Modus der Erfahrung durch die Betroffenen präsentiert, um dadurch bei den heutigen Lesern subjektive Betroffenheit auszulösen.

Es scheint, als stellten die (in vereinseitigender Zuspitzung) charakterisierten neuen Tendenzen innerhalb der westdeutschen Geschichtswissenschaft in jeder Hinsicht einen Gegensatz und Widerspruch zum Wissenschaftskonzept der Gesellschaftsgeschichte dar, und die wechselseitige Polemik der jeweils führenden Vertreter scheint die unüberbrückbare Gegensätzlichkeit zu bekräftigen. Trotzdem dürfte eine Gegenüberstellung der jeweils maßgeblichen Gesichtspunkte schon auf den ersten Blick zeigen, daß sich die beiden Konzeptionen geradezu komplementär zueinander verhalten, so daß die Frage nach ihrer Vermittlung sich von der Sache her aufdrängt. Ich halte es für keinen Zufall, daß die alternativen Richtungen zur Gesellschaftsgeschichte sich nicht in der Form begründen, daß sie ein eigenes Paradigma in der Form einer ausdifferenzierten und reflektierten disziplinären Matrix vorlegen. Dies ist nicht nur darauf zurückzuführen, daß die Denkform theorieförmiger Konstrukte und der Grundlagenreflexion in systematisierender Absicht zum Wissenschaftskonzept der Gesellschaftsgeschichte gehört und entsprechend von seinen Gegnern verschmäht wird. Vielmehr stellen die Alternativen zur Gesellschaftsgeschichte eine Art Negativkatalog systematischer Leerstellen im Wissenschaftskonzept der Gesellschaftsgeschichte dar. Das gleiche gilt auch in umgekehrter Richtung: Indem sich die neuen Richtungen der Geschichtswissenschaft gegen das etablierte Wissenschaftskonzept der Gesellschaftsgeschichte wenden, geben sie historische Erkenntnischancen preis, von denen sie nicht plausibel machen können, warum man auf sie verzichten soll. Polarisierungen können Chancen fruchtbarer Synthesen sein. Allerdings hängt das Ausmaß und die Produktivität solcher Synthesen von der Fähigkeit und Bereitschaft ab, die gegensätzlichen Prinzipien so zu reflektieren, daß sie sich wechselseitig ergänzen und zu Prinzipien einer erweiterten und vertieften historischen Erkenntnis werden. Damit ist die Ausgangslage für eine Grundlagenreflexion in der westdeutschen Geschichtswissenschaft bezeichnet, die zur Dynamik der Geschichtswissenschaft als Erkenntnisprozeß beitragen kann. Die wechselseitige Bereicherung unterschiedlicher Wissenschaftsrichtungen auf der Ebene der Forschungspraxis ist durch die jeweiligen Wissenschaftskonzeptionen begrenzt. Werden diese Grenzen nun durch eine Reflexionsarbeit an der disziplinären Matrix geöffnet, indem die gegensätzlichen Auffassungen ihrer einzelnen Faktoren in den Fluß einer argumentativen Bewegung gebracht werden, dann könnte die Polarisierung von Wissenschaftskonzeptionen zur Triebkraft eines umgreifenden Erkenntnisfortschritts werden.

Mehr als eine Ausgangslage für eine systematische Arbeit an den Grundlagen der Geschichtswissenschaft ist damit nicht bezeichnet. Wohin die Wissenschaftsentwicklung gehen wird, hängt letztlich davon ab, in welcher Form die disziplinäre Matrix die konkrete Forschungsarbeit und Geschichtsschreibung determiniert. Welche Form aber die Matrix annimmt, hängt wiederum auch von Art und Ausmaß der Grundlagenreflexion in der Geschichtswissenschaft ab.

6. Ausblicke

Damit bin ich an den Ausgangspunkt meiner Argumentation zurückgekehrt, allerdings in einer Wendung, die nun konkrete Aufgaben der Grundlagenreflexion sichtbar macht. Ich möchte abschließend diese Aufgaben im einzelnen bezeichnen.

Unbestreitbar sind die historischen Orientierungsbedürfnisse der Gegenwart durch eine Modernisierungskrise geprägt, die es verbietet, das historische Denken ungebrochen an der Leitidee des Fortschritts zu orientieren. Ebensowenig ist eine bloß abstrakte Alternative, ein Herausspringen aus der Modernität in die Post-Modernität mit Hilfe einer gegen den Strich gebürsteten historischen Erfahrung plausibel. Wie soll denn eine moderne Gesellschaft sich historisch hinreichend verstehen, wenn die Vorstellung ihrer eigenen Genese sie post-modern machen soll? Eine historische Aufklärung, die der Gegenwart eine Zukunftsdimension der aktuellen Lebenspraxis erschließen soll, kann Zukunft nicht als

Bruch mit der bisherigen Entwicklung darstellen, ohne zugleich deutlich zu machen, wie denn das Bisherige in das ganz Andere der Zukunft transformiert werden kann und soll. Eine tragfähige historische Gegenwartsorientierung müßte den Schritt vom einen zum anderen, von der bisherigen Modernität in die zukünftige Post-Modernität plausibel machen, und dazu bedarf es einer Zeitverlaufsvorstellung, die nicht durch eine bloße Gegenrichtung zu bisherigen Fortschrittskonzeptionen angegeben ist. In diesem Dilemma zwischen falscher Kontinuität und einer vermittlungslosen Diskontinuität hilft nur die Einsicht weiter, daß die Modernitätskritik immer schon ein Element der Modernisierung selber gewesen ist: Das historische Erkenntnisinteresse müßte also den Prozeß der Modernisierung dort als eine zeitliche Richtung von Veränderungen in den Blick bringen, wo er sich selbst nicht genügt hat, wo in ihm selber Tendenzen seiner qualitativen Veränderung angelegt und ausgebildet worden sind. Hier ließen sich reiche historische Erfahrungen forschend gewinnen.

Die skizzierten Gegensätze in der Konzeption leitender Hinsichten auf die Vergangenheit, die deren historischen Charakter definieren, lassen sich dahingehend zusammenfassen, daß das gesellschaftsgeschichtliche Wissenschaftskonzept die kulturelle Dimension historischer Erfahrung nicht hinreichend im theorieförmigen Bezugsrahmen der historischen Interpretation entwickelt hat. ›Kultur‹ als Inbegriff einer historischen Erfahrung, die sich um menschliche Subjektivität zentriert und objektive Lebensbedingungen und -umstände in subjektive Deutungen umsetzt, ist jedoch keine Interpretationshinsicht, die einem gesellschaftsgeschichtlichen Ansatz bloß äußerlich wäre. Ein Blick auf das Werk Max Webers, das ja die Wissenschaftskonzeption der Gesellschaftsgeschichte entscheidend geprägt hat, lehrt die integrale Funktion kultureller Faktoren im systematischen Zusammenhang struktureller Handlungsbedingungen, auf den die Gesellschaftsgeschichte abhebt. So wenig wie sich die subjektive Innenseite des menschlichen Alltagslebens in der Vergangenheit ohne Berücksichtigung objektiver Lebensbedingungen historisch verständlich machen läßt, so wenig kann eine Rekonstruktion solcher objektiven Bedingungen darauf verzichten, auf der gleichen Ebene struktureller Handlungsbedingungen subjektive Erfahrungen und Deutungen (etwa in der Form mentaler Einstellungen) zu rekonstruieren und als integralen Bestandteil eines Lebenszusammenhangs aufzuweisen. Die hier ins Auge gefaßte Integration verschiedener Bereiche der historischen Erfahrung kann nur mit Hilfe kategorialer Bestimmungen erreicht werden, die den Gesamtbereich historischer Erfahrungen systematisch ordnen und als ein System historischer Grundbegriffe die empirische Forschungsarbeit tragen. Im Rahmen einer solchen Kategorisierung müßte auch die Frage nach der Richtung, die zeitliche Veränderungen des Menschen und seiner Welt in der Vergangenheit zur Einheit einer historischen

Erfahrung verbindet, aufgegriffen und beantwortet werden. Die Kritik an einlinigen und einseitigen Modernisierungskonzeptionen macht eine solche Frage ja nicht überflüssig, sondern dringend. Auf sie zu verzichten, würde angesichts der Gegenwartserfahrungen fortschreitender Transformationsprozesse in allen Lebensbereichen und Gesellschaften wenig plausibel sein. Der historischen Erfahrung würde die Zeitqualität genommen werden, mit der sie einzig in der Lage ist, die Gegenwart über diese ihre eigene und unmittelbare Zeiterfahrung aufzuklären. Das historische Denken würde das Selbstverständnis der Gegenwart enthistorisieren und fatalen Formen einer Naturalisierung in der Deutung menschlicher Lebensverhältnisse Vorschub leisten. Überdies würde ein Verzicht auf übergreifende kategoriale Zeit- und Entwicklungsvorstellungen die Vergangenheit zur ästhetischen Fluchtburg vor drängenden Gegenwartsproblemen machen.

Ließe sich in der angedeuteten Weise der Gesamtbereich der historischen Erfahrung kategorisieren, dann wäre damit im Ansatz auch das methodische Problem gelöst, in welches Verhältnis analytische und hermeneutische Methoden zueinander gesetzt werden können.[98] Schon in der bisherigen Forschungspraxis stellen ja Hermeneutik und Analytik gar keine Gegensätze dar, sondern methodische Zugriffsweisen, die komplementäre Bereiche der historischen Erfahrung erschließen. Die Analytik der gesellschaftsgeschichtlichen Wissenschaftskonzeption erschloß einen neuen Bereich historischer Erfahrung, – die Tiefendimension struktureller Handlungsbedingungen, die in der traditionellen Hermeneutik, der es um das Verständnis von Handlungen auf der Ebene absichtsvoller Interaktionen ging, noch weitgehend verschlossen war. Es liegt auf der Hand, daß diese neue Tiefendimension dann notwendig mit hermeneutischen Methoden forschend bearbeitet werden muß, wenn es darum geht, objektive Handlungsbedingungen in subjektive Erfahrungen zu übersetzen, also ihre Auswirkungen auf die Betroffenen in der Form einer Tiefenhermeneutik menschlicher Lebensverhältnisse abzuschätzen. Die Frage, wie ein übergreifendes Methodenkonzept, das analytische und hermeneutische Verfahren ineinander integriert, als Regelsystem der Forschung aussieht, ist damit natürlich noch nicht beantwortet, sondern nur gestellt. Sie zu stellen freilich heißt, die Gegensätzlichkeit analytischer und hermeneutischer Methoden schon im Ansatz aufgegeben zu haben.

Ähnliches gilt auch für den Bereich der historischen Darstellung. Weder stellen Mikrohistorie und Makrohistorie notwendige Gegensätze dar, noch schließen sich Erzählen auf der einen und Argumentation und Reflexion auf der anderen Seite als Modi historiographischer Präsentation des historischen Wissens aus. Im Gegenteil: Makrohistorische Prozesse gewinnen an Prägnanz und historischer Genauigkeit, wenn sie an historischen Einzelerscheinungen aufgewiesen und konkretisiert werden können, und umgekehrt gewinnt eine mikrohistorische Darstellung in dem Maße an historischer Tiefe, in dem sie den Stellenwert der geschilderten Sachverhalte in übergreifenden geschichtlichen Zusammenhängen bezeichnet. Ebenso ist es mit dem historischen Erzählen: Es läßt sich als fundamentaler, das menschliche Geschichtsbewußtsein und seine kognitiven Leistungen konstituierender Prozeß historischer Sinnbildung über Zeiterfahrungen explizieren, und im Rahmen eines solchen erweiterten – für das historische Denken konstitutiven und fundamentalen – Erzählbegriffs erscheinen dann die Argumentationsstrategien, in denen theorieförmige Konstrukte verwendet werden, als Modi des historischen Erzählens selber, als Erzählstrategien, in denen es um die Steigerung von Rationalitätschancen historischer Sinnbildung geht. Im Rahmen einer solchen Reflexion auf die historiographische Form historischen Wissens könnten neue Einsichten in die Wissenschaftlichkeit der Geschichtswissenschaft gewonnen werden, und zwar angesichts einer Tendenz zur Irrationalisierung des historischen Denkens, die sich aus der Einsicht in seine narrative Struktur ergeben hat.

Solange die Geschichtswissenschaft als eine besondere, durch methodische Rationalität und die Prinzipien einer argumentativen Kommunikation bestimmte Weise des historischen Denkens angesehen und von Historikern im Namen ihrer fachlichen Professionalität auch vertreten wird, muß sie auch dort zur Geltung gebracht werden, wo von historischem Wissen praktisch Gebrauch gemacht wird, insbesondere dort, wo in der Kultur der Gegenwart um Formen und Inhalte historischer Identität gerungen wird. In diesem Kampf um die Geschichte als Medium menschlicher Identitätsbildung die Chancen einer friedlichen Verständigung mit den Mitteln zu erhöhen, die die Geschichte als Wissenschaft anzubieten hat – empirische Vertiefung historischen Wissens und methodische Verfahren zur Entscheidung strittiger Fragen –, dies dürfte im gemeinsamen Interesse aller Historiker liegen, wie unterschiedlich auch immer sie ihr Fach als Wissenschaft konzipieren. Und dieses Interesse dürfte auch der Grundlagenreflexion in der Geschichtswissenschaft zugute kommen; denn was ist eine Wissenschaft wert, die sich nicht über ihre eigenen Prinzipien dauernd und diskursiv Klarheit verschafft.

III. Geschichte und Norm – Wahrheitskriterien der historischen Erkenntnis

> Indulge your passion for science, ... but let your science be human, and such as may have a direct reference to action and society.
>
> Hume[100]

1. Die Problematik des Normenbezuges in der Geschichtswissenschaft

Die Geschichtswissenschaft hat es immer auf doppelte Weise mit Normen zu tun. Sie ist einmal auf Normen *gegenständlich* bezogen: Was immer Historiker unter ›Geschichte‹ als Inbegriff dessen verstehen, was sie erforschen und darstellen, – stets haben sie es mit (vergangenen) menschlichen Handlungen zu tun, die direkt oder indirekt, bewußt oder unbewußt von Normen bestimmt sind. Solange Geschichte als eine Zeitfolge menschlicher Handlungen angesehen wird, die nicht ohne Rekurs auf die Intentionen der Handelnden verstanden werden können (›verstanden‹ in der einfachen Bedeutung, daß man weiß, warum Handlungen so und nicht anders erfolgt sind), gehören Normen als die Gesichtspunkte, nach denen Handlungssubjekte die Entscheidung darüber treffen, was sie wollen, notwendig in den Gegenstandsbereich der Geschichtswissenschaft. Außerdem ist die Geschichtswissenschaft auf Normen im Sinne einer Verpflichtung, also nicht gegenständlich, sondern selber normativ bezogen: Was immer Historiker unter ›Geschichte‹ verstehen, – stets handelt es sich nicht einfach um die Summe aller vergangenen menschlichen Handlungen, sondern um einen bedeutungsvollen Zusammenhang vergangenen menschlichen Handelns mit gegenwärtigem und (da gegenwärtiges Handeln intentional immer auf Zukunft gerichtet ist) auch mit zukünftigem. Was an vergangenem Handeln bedeutungsvoll für gegenwärtiges und zukünftiges ist, das ist aus der gegenständlichen Gegebenheit seiner normativen Bestimmtheit nicht ablesbar, sondern ergibt sich dadurch, daß die Historiker selber in ihren erkennenden Umgang mit der Vergangenheit bedeutungsverleihende Normen einbringen. Dafür steht die schlichte Tatsache, daß die Geschichte immer wieder umgeschrieben werden muß und auch immer wieder umgeschrieben wird. Dieses Umschreiben beruht auf einer Änderung der Einstellung der Historiker zur Vergangenheit, die nicht hinreichend aus den Fortschritten ihrer empirischen Forschungsarbeit, sondern notwendig auch aus einer Änderung der Normen folgt, die sie verwenden, um aus den Tatsachen der menschlichen Vergangenheit eine sinn- und bedeutungsvolle

Geschichte zu machen oder – wie die bekannte Formulierung Droysens lautet – um aus Geschäften Geschichte zu machen.

Dieser doppelte Normenbezug in der Geschichtswissenschaft ist problematisch; denn er bringt ihre Erkenntnisleistungen in das Dilemma, zugleich objektiv und parteilich zu sein.[101] Die Geschichtswissenschaft ist fähig zu Tatsachenaussagen über Entstehung, Entwicklung, Veränderung und Untergang von Normen und Normensystemen, über ihre Voraussetzungen, Bedingungen und Auswirkungen, über die in ihr ausgedrückten oder verborgenen Bedürfnisse und Interessen, über ihre faktische Geltung und die sie befördernden und hemmenden Umstände, über ihre Träger und Adressaten, über ihr Verhältnis zu anderen Normensystemen und über vieles andere mehr. Sie ist fähig zu Aussagen über Normen in der Vergangenheit, die durch empirische Forschung so begründet sind, daß sie unabhängig davon gelten, ob man sie als für sich verpflichtend ansieht oder nicht. Zugleich aber kann die Geschichtswissenschaft den geschichtlichen Zusammenhang, in dem diese Normen als Tatsachen mit anderen Tatsachen stehen, nur unter der Verwendung von Normen rekonstruieren, die festlegen, worauf es in diesem Zusammenhang ankommen soll, was ihn bedeutsam macht, ihm ›Sinn‹ als spezifisch geschichtlichen Zusammenhang verleiht.[102] Die Geltung dieser Normen kann die Geschichtswissenschaft nicht wie die der historisch Interpretierten im Aufbau der historischen Interpretation suspendieren, sondern sie muß sie zum Gelingen dieser Interpretation gerade in Anspruch nehmen. Oft, aber nicht immer, sind es dieselben oder verwandte Normen und Normensysteme, die als interpretierte objektiviert, d.h. als Tatsachen angesehen, und als interpretierende subjektiviert, d.h. als Maximen für die Beurteilung von Bedeutungsgehalten verwendet werden. Der Historiker kann also das, was er über die menschliche Vergangenheit historisch, in der Form einer Geschichte vergegenwärtigt, gar nicht ohne einen Bezug auf Werte (Normen) aussagen, da durch diesen Wertbezug vergangenes menschliches Handeln allererst als Geschichte (im Sinne eines bedeutungsvollen Zusammenhangs von Vergangenheit und Gegenwart) *konstituiert* wird.

Daß jede historische Interpretation, in der Normen ›wertfrei‹, nämlich als Tatsachen, behandelt werden, ihrerseits von einem wertenden Verhältnis des Interpreten zur Vergangenheit fundamental abhängig ist, stellt für den Wahrheitsanspruch der Geschichtswissenschaft ein folgenreiches Dilemma dar: Muß sie einerseits als Wissenschaft den Anspruch erheben, daß ihre Erkenntnis allgemeingültig ist, so kann sie andererseits nur schlecht verhehlen, daß zur Gewinnung eben dieser Erkenntnis Wertungen unvermeidlich sind, für die sie nicht den gleichen Allgemeingültigkeitsanspruch erheben kann. Ihr Selbstverständnis als Wissenschaft und d.h. der Wahrheitsanspruch der von ihr geleisteten Erkenntnis hängt davon ab, als wie verbindlich die Normen angesehen werden können, die konstitutiv für den historischen Charakter ihrer Erkenntnisse sind.

Problematisch hinsichtlich ihres Wahrheitsanspruchs sind diese Wertungen, weil sie gar nicht durch die Geschichtswissenschaft als Wissenschaft erfolgen, sondern ihr aus dem vor- und außerwissenschaftlichen lebensweltlichen Bereich menschlichen Handelns unvermeidlich zuwachsen, in dem die Entscheidungen darüber fallen oder von dessen Entscheidungen es zumindest wesentlich abhängt, in welcher Hinsicht die menschliche Vergangenheit als bedeutsam für die Gegenwart gelten und d.h. als Geschichte erinnert werden kann. Ob und wie sich die hier ins Spiel gebrachten Normen begründen lassen, also ihr Wahrheitsanspruch gesichert werden kann, ist ein theoretisches Problem, das nicht nur Philosophen interessiert, sondern jeden Historiker, der wissen will, welche Geltung er für die Resultate seiner Forschungsarbeit in Anspruch nehmen kann und welche nicht.

Aus den mannigfaltigen geschichts- und wissenschaftstheoretischen Überlegungen, wie das Normenproblem in den historischen Wissenschaften gelöst werden, d.h. ihr Anspruch auf Wissenschaftlichkeit gesichert werden kann, lassen sich in äußerster Vereinfachung zwei unterschiedliche Strategien ablesen.

Der eine Lösungsvorschlag geht von der Prämisse aus, daß die in jede historische Interpretation einfließenden Wertungen nicht intersubjektiv verbindlich getroffen, sondern letztlich nur irrational entschieden werden können. Die Wissenschaftlichkeit der Geschichtswissenschaft wird dann ausschließlich in den methodisch geregelten Operationen gesehen, durch die historische Aussagen sowohl hinsichtlich ihres Erfahrungsgehaltes wie auch hinsichtlich ihrer formalen Kohärenz intersubjektiv überprüfbar werden. Das Normenproblem der historischen Erkenntnis wird hier sozusagen durch Nichtbefassung gelöst; allenfalls werden die historische Forschung und die Geschichtsschreibung der Regel unterworfen, Wertungen wegen ihres prinzipiell nicht intersubjektiv verbindlichen Charakters möglichst zu vermeiden und dort, wo sie unvermeidlich erscheinen, als Wertungen zu explizieren, damit sie von den eigentlich wissenschaftlichen Tatsachenaussagen einer historischen Interpretation unterschieden werden können.

Die bekannteste Ausprägung dieses Vorschlages ist Max Webers These von der Wertfreiheit der Kulturwissenschaften.[103] Weber leugnet die konstitutive Bedeutung eines normengeleiteten Zugriffs auf die Vergangenheit für die historische Erkenntnis nicht, er koppelt jedoch die wissenschaftskonstitutiven Interessen des Historikers von der – als nur dezisionistisch vollziehbar angenommenen – Wahl dieser Normen ab und richtet sie auf die methodischen Operationen der historischen Erkenntnis aus. Nicht die jeweils ins Spiel gebrachten Normen, sondern das bloße Verfahren der historischen Interpretation mache die wissenschaftliche Dignität der historischen Wissenschaften aus, ihre Fähigkeit nämlich, ungeachtet der Geltung ihres normativen Gehaltes, auf ihren Erfahrungsgehalt und auf ihre formale Konsistenz jederzeit und von jedermann überprüft werden zu können.

Der Vorteil dieses Lösungsvorschlags liegt darin, daß er einerseits der weitverbreiteten Meinung entspricht, über die Geltung von Normen könne nicht allgemeinverbindlich entschieden werden, und er damit die Geschichtswissenschaft von der anscheinend unlösbaren Aufgabe entlastet, die Geltung derjenigen Normen eigens zu begründen, die zur historischen Urteilsbildung unerläßlich sind. Andererseits wird die Wissenschaftlichkeit der Geschichtswissenschaft mit den Verfahren der historischen Forschung begründet, die zwischen den Vertretern unterschiedlicher Normensysteme der historischen Urteilsbildung unstrittig sind. Sie sind es, die die Begründbarkeit (und damit die Wahrheitsfähigkeit) historischer Aussagen im Vergleich zu allen nicht diesen Methoden verpflichteten Formen des historischen Denkens garantieren.

Der Nachteil dieses Vorschlages besteht darin, daß eine ganze Dimension der historischen Urteilsbildung, diejenige nämlich, in der die Bedeutung vergangenen menschlichen Handelns und d. h. dessen geschichtlicher Charakter ausgesagt wird, aus dem Bereich der wissenschaftlichen Rationalität der Geschichtswissenschaft ausgeschlossen wird. Die Historie wird ohnmächtig gegenüber dem Legitimationsbedarf und den Ideologieansprüchen ihres gesellschaftlichen Kontextes; sie wird zum Spielball vor- und außerwissenschaftlicher Interessen, denen sich die Historiker mit einem methodologisch reinen Gewissen ausliefern. Hinzu kommt, daß sich im Bereich der historischen Aussagen nicht restlos zwischen objektiven Tatsachenaussagen und subjektiven Wertungen unterscheiden läßt. Die Tragweite einer solchen Unterscheidung wird indes dadurch prinzipiell eingeschränkt, daß jede historische Interpretation durch normative Vorentscheidungen über Sinn und Bedeutungsgehalt einer Zeitfolge vergangener menschlicher Handlungen konstituiert ist: In jeder historischen Tatsachenaussage steckt bereits a priori ein normatives Element. Wird die Wertfreiheit der Geschichtswissenschaft, die als intersubjektive Überprüfbarkeit der historischen Aussagen kaum bestritten werden kann, als Anweisung an die Historiker mißverstanden, sie sollten sich jeglicher Wertung enthalten, dann führt sie zur Selbstaufhebung der Geschichtswissenschaft als einer Disziplin, die den geschichtlichen Charakter vergangenen menschlichen Handelns und Leidens durch Angabe von dessen Sinn und Bedeutung zur Sprache bringt.[104]

Der andere Lösungsvorschlag besteht darin, die normativen Vorgaben und Implikationen der historischen Interpretation, das, was man auch ihre Parteilichkeit nennen kann, so anzugehen, daß sie zu Garanten der Wissenschaftlichkeit der Geschichtswissenschaft werden. Die Historiker sollen die Abhängigkeit ihrer Wissenschaft von normativen Vorgaben über Sinn- und Bedeutungszusammenhänge menschlichen Handelns nicht mehr als unvermeidliches Übel, als Einschränkung des Geltungsanspruchs ihrer Erkenntnisse, sondern als Möglichkeit ansehen (und nutzen), durch die Wahl bestimmter Normen (und die Zurückweisung anderer) die Zustimmungsfähigkeit ihrer Erkenntnisse zu steigern. Es komme darauf an, sich genau denjenigen Normen bei der Erstellung des historischen Interpretationsrahmens (und bei der damit zusammenhängenden Methodenwahl) zu verpflichten, die die Vergangenheit umfassender und tiefgreifender erschließen als andere Normen. Die bekannteste Ausprägung dieses Vorschlages ist das marxistische Parteilichkeitstheorem.[105] Eine neue Variante hat es in der feministischen Wissenschaftskritik und manchen Konzeptionen von Frauengeschichte gefunden.[106] Dadurch, daß der Historiker zur parteilichen Übernahme der Normen des Subjektes (meist einer Klasse oder einer Partei) verpflichtet werde, das als Vertreter gesamtgesellschaftlicher Interessen und als Agent der zukunftsträchtigen allgemeinen geschichtlichen Entwicklung der Menschheit angesehen wird, partizipiere er an den bewegenden Kräften der politischen Entwicklung. Dadurch vermag er die Vergangenheit in diejenige historische Perspektive zu rücken, die dem objektiven, durch gegenwärtiges Handeln vollzogenen Gang der geschichtlichen Entwicklung entspreche. Die wissenschaftliche Dignität der historischen Wissenschaften wird hier davon abhängig gemacht, ob und inwieweit es ihnen gelingt, durch eine geeignete Normenwahl die Perspektiven der historischen Interpretation so zu entwerfen, daß nicht nur partielle, sondern umfassende Einblicke in die zeitliche Abfolge vergangener menschlicher Handlungen möglich werden.

Der Vorteil dieses Vorschlages besteht darin, daß die Zuständigkeit der wissenschaftlichen Rationalität der Geschichtswissenschaft auch dort als gegeben angesehen wird, wo normative Annahmen historische Perspektiven definieren. Der Historiker wird in die Pflicht genommen, sich die Kriterien, nach denen er Sinn und Bedeutung vergangenen menschlichen Handelns beurteilt, also die leitenden Aspekte seiner historischen Interpretation dieses Handelns, nicht mehr naturwüchsig aus dem gesellschaftlichen Kontext seiner wissenschaftlichen Praxis vorgeben zu lassen, sondern sie auf die Gewährleistung seiner Absicht hin kritisch zu prüfen, daß die von ihnen als leitenden Gesichtspunkten bestimmten Geschichten ein hohes Maß an Zustimmung finden.

Der Nachteil dieses Lösungsvorschlages für das Normenproblem der historischen Wissenschaften besteht darin, daß er den für die Geschichte als Wissenschaft wesentlichen Unterschied zwischen ihrer Entlastetheit vom Normendruck des praktischen Handelns und ihrer Angewiesenheit auf sinn- und bedeutungsverleihende Normen überspielt. Anstatt an dieser Unterscheidung festzuhalten, um mit ihr die Rationalitätschancen des historischen Denkens zu wahren (und zu erhöhen), werden die sinn-

und bedeutungsverleihenden Normen der historischen Interpretation umstandslos mit vorgegebenen oder gar vorgeschriebenen außer- und vorwissenschaftlichen Handlungsanweisungen gleichgesetzt. Dies wird theoretisch dadurch abgesichert, daß der prinzipielle Unterschied zwischen normativen Handlungsentwürfen und normengeleiteten Rekonstruktionen tatsächlichen (vergangenen) Handelns in der Vorstellung von einer durchgängigen Geschichte aufgehoben wird (im Marxismus z. B. in der Vorstellung einer allgemeinen historischen Gesetzmäßigkeit). Diese Vorstellung erlaubt es, aus normativen Zukunftsentwürfen historische Interpretationsrahmen und aus historischen Erkenntnissen Zukunftsentwürfe abzuleiten. Dies führt aber zugleich zu dem theoretisch mißlichen Umstand, daß zur Begründung der normativen Vorgaben an die historische Interpretation bereits Ergebnisse dieser Interpretation in Anspruch genommen werden, die durch sie allererst ermöglicht werden sollen, nicht aber schon als geleistete vorweggenommen werden können.

Ich möchte nun im folgenden versuchen, beide Lösungsvorschläge so miteinander zu kombinieren, daß ihre Vorzüge gewahrt und ihre Nachteile vermieden werden können. Normengehalt und Objektivitätsanspruch der historischen Interpretation sollen sich nicht mehr wechselseitig beschränken, sondern sich gegenseitig zur Geltung bringen. Erst dann erstreckt sich die wissenschaftliche Rationalität der Geschichtswissenschaft auf den inneren Zusammenhang der Objektivation von und der Verpflichtung auf Normen, den jede historische Interpretation realisiert.

Um dies zu erreichen, möchte ich das Normenproblem im Rahmen der Frage nach den Wahrheitskriterien der historischen Erkenntnis und nach ihrem systematischen Zusammenhang behandeln. Ich möchte zeigen, daß ohne Rekurs auf Normen die Wahrheitsansprüche der Geschichtswissenschaft nicht systematisch entfaltet und begründet werden können. Eine bestimmte Weise der Verpflichtung auf Normen soll als integraler Teil der Operationen erwiesen werden, durch die eine wahrheitsfähige historische Erkenntnis zustande kommt. Damit ist unvermeidlich die Frage aufgeworfen, worin der besondere Wahrheitsanspruch der Geschichtswissenschaft besteht, den sie als Wissenschaft im Unterschied zu allen vor- und außerwissenschaftlichen historischen Aussagen erhebt, obwohl sie doch gerade im Hinblick auf den Normengehalt ihrer Aussagen von vor- und außerwissenschaftlichen normativen Vorgaben prinzipiell abhängig ist. Um diese Frage beantworten und dadurch Leistung und Eigenart der wissenschaftlichen Rationalität im Bereich des historischen Denkens bestimmen zu können, möchte ich folgenden Weg einschlagen: Ich möchte zunächst die Eigenschaften explizieren, aufgrund deren historische Aussagen überhaupt Zustimmung beanspruchen (und d. h. landläufig: als ›wahr‹ angesehen werden) können. Dann möchte ich untersuchen, wie die wissenschaftliche Verfassung historischer Aussagen zustande kommt und wodurch sie sich hinsichtlich ihrer Zustimmungsfähigkeit von vor- und außerwissenschaftlichen historischen Aussagen unterscheidet.

2. Geschichte als Erzählung: Wahrheitskriterien in der lebensweltlichen historischen Bewußtseinsbildung

Um das Normenproblem in der eingangs erwähnten spezifischen Fassung für die Geschichtswissenschaft ansprechen zu können, sehe ich von allen historischen Aussagen ab, die nicht (direkt oder indirekt) menschliche Handlungen zur Sprache bringen. Wenn im folgenden von Geschichten als der spezifisch historischen Form von Aussagen die Rede ist, dann nicht in der weiten Bedeutung, daß auch Aussagen über zeitliche Veränderungen natürlicher Systeme (z. B. biologische Evolutionen) darunter verstanden werden können. Mit dieser Einschränkung sollen Geschichten daraufhin untersucht werden, welche Eigenschaften sie zustimmungsfähig machen.

Geschichten sind Erzählungen zeitlicher Abläufe menschlicher Handlungen. (Zur Vereinfachung meiner Argumentation sehe ich davon ab, daß es auch Geschichten, gibt, die zeitliche Abläufe im Bedingungsgefüge menschlicher Handlungen darstellen, die sogenannten ›Strukturgeschichten‹. Aber auch diese Geschichten sind grundsätzlich auf Handlungen – als die wesentlichen Formen, in denen menschliches Leben geschieht, – bezogen, auf Handlungen im Zeitverlauf; ›Strukturen‹ sagen etwas über diesen Zeitverlauf aus, nämlich daß er sich nicht allein auf der Ebene vollzieht, wo Handlungen durch Absichten bestimmt sind.) Der historische Charakter solcher Geschichten menschlichen Handelns (einschließlich seiner Bedingungen und Umstände) besteht darin, daß sie eine Zeitfolge vergangener Handlungen (oder auch: struktureller Handlungsmöglichkeiten) nach Gesichtspunkten ihrer Bedeutung für die Orientierung gegenwärtiger Handlungen im Selbstverständnis ihrer Subjekte präsentieren. Geschichten werden erzählt, wenn Handlungssubjekte sich in der Zeit orientieren wollen. Sie setzen auch ein Orientierungsbedürfnis in aktuellen Handlungszusammenhängen und eine Orientierungsfähigkeit der Erinnerung an vergangene Handlungszusammenhänge voraus. Problematisierte Erwartungen machen Erzählungen notwendig, durch die Erfahrungen von vergangenen Handlungsabläufen so artikuliert werden, daß mit ihnen handlungsleitende Erwartungen als tragfähig angesehen werden können. Geschichten sind die Probe der Vergangenheit auf die Exempel der Zukunft.[107] In ihnen werden keine technischen Regeln zweckrationalen Handelns präsentiert, sondern in ihnen verständigen sich Handlungsobjekte darüber, wer sie sind.[108] In ihnen werden handlungsnotwendige Identitäten von Subjekten dem zeitlichen Wechsel ihrer Welt und ihrer selbst abgerungen; sie artikulieren das historische Bewußtsein, das Erfahrungen von zeitlichen Veränderungen unter dem Gesichtspunkt einer identitätssichernden Kohärenz von Erinnerung und Erwartung auf Handlungsabsichten bezieht. In Geschichten geht es also immer um zweierlei: um Erfahrungen vergangenen Handelns und um die Abschätzung zukunftsgerichteter Handlungsabsichten, also um Tatsachen (etwas ist so und nicht anders geworden) und um Normen (etwas soll so und nicht anders werden). Geschichten realisieren einen Zusammenhang von beidem, indem sie vergangenes Handeln in seinem zeitlichen Verlauf so erzählen, daß dieser Verlauf eine Bedeutung für die Zukunftsperspektive und Selbstverständigung von Handlungssubjekten gewinnt, die in die normative Regelung ihrer Handlungsentwürfe (Zwecksetzungen) eingehen. Diese Vermittlung von Tatsachen und Normen durch Geschichten kann auf verschiedene Weise erfolgen. Vier solcher Weisen möchte ich kurz skizzieren, um den Spielraum anzudeuten, in dem Tatsachen und Normen narrativ synthetisiert werden[109]:

Erstens, *traditionale Geschichten* erzählen Handlungen, denen von vornherein eine normative Bedeutung zukommt: Sie präsentieren eine Vergangenheit als gegenwärtig (normativ) wirksame Tradition. Beispiele sind Ursprungsmythen, in denen das Handeln von Subjekten mit Normierungskompetenz (Göttern, Heroen), das in einer anderen Zeit als derjenigen des Erzählers erfolgt ist – »Vergangenheit« wäre eine irreführende Bezeichnung –, zugleich als Erklärung gegebener Zustände und als Handlungsnorm präsentiert wird; ferner Herrschergenealogien, die Herrschaftsansprüche legitimieren; überhaupt alle die Geschichten, die geltende Normen und Normensysteme durch die Erinnerung an die zu ihrer Inkraftsetzung erfolgten Handlungen bekräftigen wollen, – so etwa auch heute die Präsentation historischer Entwicklungen mit der Maßgabe, daß hinter sie nur um den Preis unerwünschter Regressionen zurückgegangen werden kann.

Zweitens, *exemplarische Geschichten* erzählen vergangene zeitliche Handlungsfolgen so, daß aus ihnen allgemeine Handlungsregeln gefolgert werden können. Unter der Voraussetzung gleichbleibender allgemeiner Umstände menschlichen Handelns artikulieren diese Geschichten Erfahrungen, mit denen die Geltung von Normen begründet wird. Solche Geschichten geben daher auch Antworten auf die Frage nach der Plausibilität von Handlungsentwürfen; denn sie präsentieren ein Wissen um die Realisationschancen von Handlungsentwürfen, ein Wissen, das die Erinnerung an paradigmatisch gelungene oder verfehlte Realisationen von Absichten und Normen bereithält. Um solche Geschichten zu charakterisieren, müßte Burckhardts Diktum, historische Erkenntnis mache nicht klug für ein andermal, sondern weise für immer[110], abgewandelt werden: Durch diese Geschichten, die davon handeln, wie klug, bzw. unklug jemand einmal war, soll man für immer klug werden. Dieser Typ von Geschichten tritt in der Geschichte des historischen Denkens als pragmatische Geschichtsschreibung auf; ein bekanntes Beispiel sind Machiavellis *Discorsi,* wo aus Livius' historischer Darstellung Regeln der Politik generiert werden.

Drittens, *kritische Geschichten* erzählen vergangene Handlungsfolgen als Genesen von Normen und Normensystemen, die deren Geltung problematisieren; sie erzählen sozusagen gegen den Strich historischer Normenbegründung. Dabei rekurrieren sie auf abweichende historische Erfahrungen. Mit solchen Erfahrungen bekräftigen sie Zweifel an der Geltung von Normen wie an den Normensystemen ihrer Gegenwart. Sie präsentieren ein neues Wissen über die Vergangenheit, insbesondere darüber, daß es anders gewesen ist, als es hätte gewesen sein müssen, wenn die aktuell geltenden Normen wirklich in der Lage wären, das Handeln zu beeinflussen. Mit neuem Wissen relativieren kritische Geschichten die alten Bedeutungen vergangenen Handelns für die Selbstverständigung gegenwärtiger Handlungssubjekte. Sie rücken Normen im Lichte ihnen verpflichteter Handlungen und Handlungsfolgen (in der Vergangenheit) in den Blick, die von den bislang geltenden, aber zweifelhaft gewordenen Normen abweichen und sie problematisieren. Dadurch können im Lichte der historischen Erfahrung neue Normen für gegenwärtiges Handeln bedeutsam werden. Beispiele sind alle die Formen von Geschichtsschreibung, die zur Begründung von Partizipationsansprüchen an Herrschaft bei denjenigen dienen, die bisher von ihr ausgeschlossen waren; daher liefert die Aufklärung besonders illustrative Fälle kritischer Geschichten.

Viertens, *genetische Geschichten* erzählen vergangene zeitliche Handlungsfolgen so, daß mit ihnen Handlungsentwürfe daraufhin überprüft werden können, ob und inwieweit sie mit der Genese ihrer Ausgangsbedingungen vereinbar sind. Sie reflektieren die Standortgebundenheit von Handlungsorientierungen in der Absicht, den Handelnden eine tragfähige, d.h. an die Genese ihrer Umstände anschließende Zukunftsperspektive zu eröffnen. Sie dynamisieren auch die Selbstverständigung von Handlungssubjekten, indem sie sie als normative Extrapolation des Bildungsprozesses dieser Subjekte erscheinen lassen. Vergangenes Handeln wird als Veränderung erinnert, die zu den Ausgangsbedingungen gegenwärtigen Handelns geführt hat. Dieses Handeln erfährt dadurch in seinen Absichten eine Richtung von Veränderung; es orientiert sich historisch an der Vorstellung einer fortschrittsfähigen und -bedürftigen gesellschaftlichen Entwicklung. Solche Geschichten rekonstruieren die Genese gegenwärtiger sozialer Systeme als einen gerichteten Prozeß: Dessen Tatsächlichkeit wird insofern normativ gewendet, als der Geltungsanspruch gegenwärtiger Normen und Normensysteme davon abhängig gemacht wird, ob und inwieweit sie Handeln auf eine Richtung der gesellschaftlichen Entwicklung verpflichten, die mit der rekonstruierten Richtung übereinstimmt. Das bekannteste Beispiel einer solchen Richtungsbestimmung ist die Fortschrittskategorie. Beispiele für genetische Geschichten finden sich immer dort, wo die Vergangenheit mit der Absicht erinnert wird, die Gegenwart als veränderungsbedürftig und -fähig zu erweisen, so z. B. die deutsche nationale Geschichtsschreibung vor der Reichsgründung.

In allen vier Formen historischer Bewußtseinsbildung werden Tatsachen und Normen aufeinander bezogen. Die Erinnerung an tatsächliches vergangenes Handeln, die in Form von Geschichten zur zeitlichen Orientierung gegenwärtigen Handelns dient, ist ohne Rekurs auf die Normen, denen dieses Handeln verpflichtet ist, unmöglich. Und die Erwartung zukünftigen Handelns, die aufgrund der Verpflichtung auf Normen gehegt werden kann, ist ohne Rekurs auf tatsächliches vergangenes Handeln nicht denkbar. Geschichten leisten beides: Indem sie in die Selbstverständigung von Handlungssubjekten die Erinnerung an tatsächliches vergangenes Handeln einbringen und dadurch normativ bestimmte Erwartungen ermöglichen, machen sie normative Verpflichtungen abhängig von Erfahrungen tatsächlichen vergangenen Handelns und beurteilen dieses Handeln zugleich nach normativen Kriterien.

Welche Wahrheitsansprüche sind mit dieser Leistung verbunden? Um diese Frage beantworten zu können, möchte ich untersuchen, welche Begründungen für Geschichten angegeben werden können, wenn sie bezweifelt werden; denn: »Wahr nennen wir Aussagen, die wir begründen können.«[111] Dem bisher geschilderten Konstitutionszusammenhang für die Produktion und Rezeption von Geschichten entsprechend, sehe ich drei Aspekte, nach denen der Wahrheitsgehalt von Geschichten beurteilt werden kann: Sie lassen sich begründen (1.) im Hinblick auf ihren Erfahrungsgehalt, (2.) im Hinblick auf ihren normativen Gehalt, (3.) im Hinblick darauf, wie sie ihren Erfahrungsgehalt und ihren normativen Gehalt in die Einheit einer Erzählung bringen. Dies möchte ich im einzelnen daran erläutern, wie Geschichten normalerweise erzählt werden und auf welche Weise sie dabei ihren Wahrheitsanspruch bekräftigen.

Erstens werden Geschichten mit dem Argument begründet, daß das von ihnen erzählte Handeln sich wirklich so ereignet hat, wie es erzählt wird. Zahllose Bekräftigungsformeln in Geschichten dienen diesem Wahrheitserweis: Der Erzähler versichert, daß er selbst dabei gewesen ist, als das geschah, wovon er erzählt, oder daß es ihm von zuverlässigen Gewährsleuten berichtet worden ist. Er verweist auf die Erfahrung als Grund dafür, daß das, was er über vergangenes Handeln sagt, sich wirklich ereignet hat. So beginnt z. B. das *Hildebrands-Lied* mit der Angabe »ik gehorta dat seggen«[112], und am Anfang der *Bhagavad Gita* wird die Quelle selbst als Autor eingeführt, um keinen Zweifel daran aufkommen zu lassen, daß hier etwas erzählt wird, was sich wirklich ereignet hat:

»Auf dem heiligen Feld, dem Kurn-Feld versammelt in Kampfeslust, die Meinigen und die Pandava's – was taten sie, o Samjaya?«[113] Die Wahrheit, die hier für Geschichten in Anspruch genommen wird, ist ihre *empirische Triftigkeit*. Empirisch triftig sind Geschichten, wenn die in ihnen behaupteten Tatsachen durch Erfahrungen gesichert sind.

Im Hinblick auf die oben entworfenen Typen von Geschichtsschreibung stellt sich die empirische Triftigkeit von Geschichten folgendermaßen dar: Traditionale Geschichten setzen diese empirische Triftigkeit ihrer Aussagen voraus; für sie ist es eine ausgemachte Sache, daß das, was erzählt wird, wirklich so war. Exemplarische Geschichten sind insofern empirisch triftig, als ihr Tatsachengehalt der Lebenserfahrung ihrer Adressaten entspricht. Kritische Geschichten verweisen ausdrücklich auf Erfahrungen, um ihre Abweichungen von bisher üblichen Geschichten plausibel zu machen. Genetische Geschichten schließlich thematisieren unterschiedliche Erfahrungshorizonte, um die von ihnen behauptete Entwicklungsfähigkeit und -bedürftigkeit gesellschaftlicher Systeme zu begründen.

Zweitens werden Geschichten mit dem Argument begründet, daß das, was sie von der Vergangenheit erzählen, eine Bedeutung für die Selbstverständigung der Subjekte hat, an die sie adressiert sind. Solche Bedeutungsansprüche werden angemeldet, wenn der Erzähler die Relevanz seiner Geschichte betont, wenn er Aufmerksamkeit erheischt,[114] seine didaktischen Absichten erklärt, die erzählten Handlungen als vorbildlich erscheinen läßt oder auf andere Weise an das Orientierungsbedürfnis seiner Adressaten appelliert. Er verweist auf den Gewinn an Orientierung gegenwärtigen Handelns als Grund dafür, daß seiner Geschichte zugestimmt werden soll. Er bringt (implizit oder explizit) Normen ins Spiel, um zu begründen, warum er ein bestimmtes vergangenes Handeln zur Sprache bringt und anderes nicht und warum er es so und nicht anders wertend beurteilt. Die Notwendigkeit einer solchen normengeleiteten Perspektivierung und Bedeutungsverleihung vergangenen Handelns durch seine erzählende Vergegenwärtigung nimmt sich z. B. in den Knittelversen des Bochumer Arztes Kortum über seinen komischen Helden Hieronymus Jobs literarisch so aus:

> »Zwaren wäre vieles von ihm zu sagen.
> Der Leser möchte aber nicht alles können tragen.
> Und Papier und Raum wäre für der Meng
> Seiner Abenteuer zu eng.
>
> Zwaren weiß ich von ihm viele Data;
> Ich erzähl' aber nur die vornehmsten Fata,
> und was er von seiner Geburt an
> Merkwürdiges hat gethan.«[115]

Die Wahrheit, die hier für Geschichten in Anspruch genommen wird, ist ihre *normative Triftigkeit*. Normativ triftig sind Geschichten, wenn die in ihnen behaupteten Bedeutungen durch geltende Normen gesichert sind.

In den erwähnten Typen der Geschichtsschreibung tritt dieser Wahrheitsanspruch so auf: Traditionale Geschichten beanspruchen für die von ihnen berichteten Vorkommnisse normative Autorität. Exemplarische Geschichten erheben in Form einer ›Moral der Geschichte‹ aus den von ihnen präsentierten Vorkommnissen allgemeine Handlungsregeln. Kritische Geschichten nehmen Normen in Anspruch, um die autoritative Geltung bisher üblicher Geschichten zu problematisieren. Genetische Geschichten bestimmen aus den von ihnen dargestellten Entwicklungsprozessen die Richtung normativ geregelter Handlungsentwürfe.

Drittens werden Geschichten mit dem Argument begründet, daß ihre erzählende Vergegenwärtigung der Vergangenheit als bedeutungsvoll für die normative Orientierung gegenwärtigen Handelns einen Sinn hat. Der Sinn einer Geschichte vermittelt ihren Erfahrungs- mit ihrem Bedeutungsgehalt in die Einheit einer Erzählung; er macht Erfahrung und Bedeutung der vergangenen Vorkommnisse erst historisch. Mit ihm wird Bezug genommen auf eine common sense-Bestimmung des menschlichen Handelns (man könnte auch sagen, auf einen umfassenden zeitlichen Sinnzusammenhang von Mensch und Welt), in dem jede Handlungsorientierung durch Erfahrungen und Normen immer schon steht, der also bei jeder Erinnerung an vergangenes und in jeder Erwartung von zukünftigem Handeln vorausgesetzt wird. Mit ihrem Sinn verankern sich Geschichten in der lebensweltlich wirksamen universalen (sprachlichen) Erschlossenheit der Welt und seiner selbst für den handelnden und leidenden Menschen. In dieser (durch Religionen, Theologien, Philosophien, Weltanschauungen, Ideologien und durch die Kunst explizierten) Erschlossenheit, die in jeder Handlungsintention in Form eines allgemeinen Sinnkriteriums für Zwecksetzungen gegenwärtig und wirksam ist und in der Erfahrungen überhaupt erst gemacht werden können, sind Normen und Erfahrungen immer schon – also vor ihrer künstlich-analytischen Trennung in unterschiedliche Aussageweisen – eine Einheit. Geschichten realisieren und organisieren durch ihren Sinn die zugleich empirische und normative Erschlossenheit von Zeit in Erinnerung und Erwartung, ohne die menschliches Handeln nicht gedacht werden kann.

Daß die Wahrheit einer Geschichte davon abhängt, welchen Sinn sie hat, geht schon aus der Form der Geschichte als Indikator ihres Sinnes hervor: So macht es z. B. in älteren Gesellschaften einen Unterschied für die Geltung einer Geschichte, ob sie in Versen oder in Prosa verfaßt ist. Eigens thematisch wird der Sinn einer Geschichte als Begründung für ihren Wahrheitsanspruch, wenn der Erzähler darauf hinweist, kraft welcher Kompetenz er spricht, wenn er die leitenden Gesichtspunkte seiner Erzählung als solche expliziert und sich nicht damit begnügt, sie durch den Gang seiner Erzählung zu präsentieren, wenn er sich auf eine Sinngebungsinstanz beruft, um die Abhängigkeit seiner Geschichte von ihr als deren Wahrheitsfähigkeit zu betonen. So indiziert die Anrufung der Muse im ersten Satz der ›Odyssee‹ deren Wahrheitsanspruch. Hesiod geht so weit, seine Berufung zum Erzähler durch die Musen am Anfang seiner ›Theogonie‹ zu erzählen und dabei die Geltung musischer Geschichten zu problematisieren.

> »Seht, wir reden viel Trug, auch wenn es wie Wirklichkeit klänge,
> Seht aber, wenn wir gewillt, verkünden wir lautere Wahrheit.«
> Also sprachen beredsam die Töchter des großen Kronion,
> ... und hauchten göttliche Stimme
> Sie mir ein, zu künden von Künftigem und von Gewesnem ...«[116]

Noch Ranke verwies auf die »Hand Gottes« in seinen Geschichten der romanischen und germanischen Völker und gab mit dieser Sinnbestimmung Auskunft darüber, daß diesen Geschichten auch aus religiösen Gründen zugestimmt werden müsse.[117] Die Wahrheit, die hier für Geschichten in Anspruch genommen wird, ist ihre *narrative Triftigkeit*. Narrativ triftig sind Geschichten, wenn die in ihnen behaupteten Tatsachen und Bedeutungen zur Einheit eines zeitlich erstreckten Sinnzusammenhangs vermittelt werden und wenn dieser Sinnzusammenhang durch den common sense der lebensweltlichen Orientierung von Handlungssubjekten in der Zeit gesichert ist.

Dies läßt sich an den ausgewählten Typen der Geschichtsbeschreibung folgendermaßen konkretisieren: In traditionalen Geschichten sind Erfahrung und Norm unmittelbar eins; ihr Sinn besteht darin, eine vorgegebene Weltordnung durch Erinnerung an die ordnungsstiftenden Geschehnisse, insbesondere an das Handeln ihrer Urheber zu bekräftigen (Zeit wird als Sinn verewigt). In exemplarischen Geschichten dienen Erfahrungen zur konkretisierenden Veranschaulichung von Normen; ihr Sinn besteht darin, Handlungsspielräume durch Erinnerung offenzuhalten und Handlungsmuster zu ihrer Bewältigung vorzuschlagen (Zeit wird als Sinn verräumlicht). In kritischen Geschichten werden normative Ansprüche durch Erfahrungen relativiert; ihr Sinn besteht darin, Normenkonflikte durch Erinnerungserweiterung lösbar zu machen (Zeit wird als Sinn beurteilbar). Genetische Geschichten machen normative Ansprüche durch empirische Genesen überprüfbar und begründbar; ihr Sinn besteht darin, eine Destabilisierung von Handlungsorientierungen durch gesellschaftlichen Wandel in einem zeitlich dynamisierten Selbstverständnis der Handlungssubjekte aufzufangen (Zeit wird als Sinn verzeitlicht).

Jedes Geschichtenerzählen ist also drei Wahrheitskriterien unterworfen. Das Kriterium der empirischen Triftigkeit teilt eine Geschichte mit jeder Tatsachenbehauptung, das Kriterium der normativen Triftigkeit mit jeder Verpflichtung auf Normen; erst das Kriterium der narrativen Triftigkeit ist spezifisch historisch. Dieses Kriterium kann nicht als eines angesehen werden, das unabhängig neben den anderen aufgestellt und zur Wahrheitsprüfung von Geschichten verwendet werden könnte. (Historische Aussagen lassen sich nicht auf einer Ebene neben empirischen und normativen Aussagen klassifizieren, sondern sind auf einer Ebene höherer Komplexität angesiedelt.) Es bezieht sich vielmehr auf einen inneren (Sinn-)Zusammenhang von empirischen und normativen Aussagen, so daß bei der Begründung des Wahrheitsanspruches einer Geschichte notwendig die beiden anderen Kriterien in ihrer unterschiedlichen Rolle bei der Begründungsfähigkeit von Aussagen ins Spiel gebracht werden müssen. Daher bedeutet auch die Erfüllung der beiden Kriterien der empirischen und der normativen Triftigkeit noch nicht, daß historische Aussagen schon als gut begründet angesehen werden können. Ohne die zusätzliche Erfüllung des Narrativitätskriteriums sind sie unzureichend begründet. So können Erzählungen vergangenen menschlichen Handelns, deren Erfahrungs- und Bedeutungsgehalt gesichert sind, noch nicht als wahrheitsfähige Geschichten gelten, solange das erzählte Handeln keinen inneren Sinnzusammenhang hat.

Was bedeutet dies für die Wahrheitsansprüche, die die Geschichte als Wissenschaft auszeichnet?

3. Geschichte als Wissenschaft: Die wissenschaftskonstitutive Form der historischen Wahrheitskriterien

Eine wissenschaftlich verfaßte Geschichte unterscheidet sich von allen anderen Geschichten dadurch, daß sie höhere Wahrheitsansprüche stellt als diese. Da aber die Geschichtswissenschaft letztlich nichts anderes tut, als Geschichten zu schreiben, unterliegt sie denselben Wahrheitskriterien wie alles Erzählen von Geschichten, in denen vergangenes menschliches Handeln und Leiden im Lichte seiner Voraussetzungen, Bedingungen, Umstände und Folgen erinnert wird. Sie führt kein anderes Wahrheitskriterium in das historische Denken ein, es sei denn, sie brächte als ›Geschichte‹ etwas gegenüber den Inhalten des alltäglichen Denkens völlig Neues und anderes zur Sprache. Dies aber ist ganz offensichtlich nicht der Fall; denn ihr Normenproblem besteht ja genau darin, daß ihr Gegenstandsbereich im Prinzip derselbe ist wie der jedes historischen Denkens. Sie meint also mit den Geschichten, die sie schreibt, nichts prinzipiell anderes als das, was in jedem lebensweltlichen Erzählen von vergangenen Vorkommnissen in der menschlichen Welt zum Zweck der Praxisorientierung und Selbstverständigung von Handlungssubjekten präsentiert wird.

Die wissenschaftlich verfaßte Geschichtsschreibung präsentiert keine andere Geschichte, die mit der lebensweltlich erzählten nur noch den Namen gemeinsam hätte, wohl aber präsentiert sie die im Prinzip gleiche Geschichte auf eine andere Weise. Die Wissenschaftlichkeit der Geschichte besteht in der Art und Weise, wie sie sich den für alles Erzählen von Geschichten geltenden Wahrheitskriterien verpflichtet.

Droysen hat diese, die Wissenschaftlichkeit der Geschichtswissenschaft kennzeichnende Art und Weise, Geschichten zu erzählen, zutreffend so formuliert: »Es muß das Erste sein, das, was wir bis dahin gehabt und geglaubt, in Frage zu stellen, um es prüfend und begründend neu und sicher zu erwerben.«[118] *Die Konstitution von Geschichte als Wissenschaft ist ein Vorgang, in dem das historische Denken der Regel unterworfen wird, Geschichten so zu produzieren und zu rezipieren, daß sie durch ihre Begründungen in ihren Wahrheitsansprüchen überprüfbar und gesichert werden.* Der Zweifel, dem Geschichten hinsichtlich ihres Geltungsanspruchs immer wieder im vor- und außerwissenschaftlichen Bereich der historischen Bewußtseinsbildung ausgesetzt werden, wird nun zum Prinzip gemacht, auf Dauer gestellt, und die Begründungen, die Geschichten als nicht-wissenschaftlich verfaßte immer wieder erfahren, werden nun zu einem durchgängigen und fundamentalen Prinzip gemacht, zum Prinzip ›Methode‹; ihm folgend, werden Begründungen für Wahrheitsansprüche zum integralen Bestandteil von Geschichten.[119] Geschichten mit dem Wahrheitsanspruch einer Wissenschaft zu erzählen, heißt also nichts anderes, als daß die Begründungsfähigkeit, die im Prinzip jeder Geschichte zukommt, systematisch ausgearbeitet und in ihrem Ausmaß und in ihrer Intensität gesteigert wird. Wissenschaftlich verfaßt sind Geschichten, in die die Begründung ihres Wahrheitsanspruchs regelhaft eingegangen, also zu einem wesentlichen Teil der Geschichte selber geworden ist.

Die Wahrheitskriterien, die für jede Geschichte gelten, werden dadurch wissenschaftskonstitutiv, daß sie die Form von Regeln der Geltungssicherung annehmen, denen die Erzählung von Geschichten folgen soll. Diese ihre wissenschaftskonstitutive Form möchte ich im folgenden näher bestimmen und an den schon erörterten Typen von Geschichten illustrieren.

Erstens wird das Kriterium der empirischen Triftigkeit historischer Aussagen wissenschaftskonstitutiv in der Form einer Regel, die den Historiker anweist, den Erfahrungsgehalt seiner Geschichtsschreibung durch *Forschung* zu sichern, zu steigern und intersubjektiv überprüfbar zu machen. Indem er dieser Regel folgt, verleiht er seiner Geschichtsschreibung die wissenschaftsspezifische Eigenschaft der *Begründungsobjektivität*.[120] Durch diese Forschungsverpflichtung werden Autor und Rezipient einer historischen Interpretation unabhängig vom normalen Bedeutungs- und narrativen Sinngehalt dieser Interpretation dazu genötigt, ihren Tatsachengehalt methodisch (quellenkritisch) überprüfbar auszusagen, so daß sie empirisch verbessert und im Extremfall auch widerlegt werden kann. Dadurch wird eine historische Interpretation in die Bewegung eines auf Dauer gestellten *Erkenntnisfortschritts* gebracht, durch den immer mehr und immer besseres Wissen über die menschliche Vergangenheit produziert und rezipiert wird.

Begründungsobjektivität meint die damit gewonnene Eigenschaft von Geschichten, hinsichtlich ihres Tatsachengehalts unabhängig davon zu gelten, welche Bedeutung ihr für und welchen Sinn ihr in der Lebenspraxis ihrer Gegenwart zukommt oder beigemessen wird. ›Wertfreiheit‹ ist die (mißverständliche) Bezeichnung des Geltungsanspruchs historischer Aussagen, der ihnen als Ergebnis von Forschung zukommt. Und da ein Geschehen in der Vergangenheit keinen Sinn in und keine Bedeutung für eine historische Selbstverständigung der Gegenwart haben kann, dessen Tatsächlichkeit nicht erwiesen ist (oder werden kann), ist diese ›Wertfreiheit‹ eine notwendige Bedingung dafür, daß historische Aussagen ihren Wert als historische Orientierung' menschlichen Handelns haben.

Den Wertzuwachs, den Geschichten gewinnen, wenn sie durch die Forschungsqualifikation ihrer empirischen Triftigkeit wertfrei werden, bleibt nicht ohne Folgen dafür, wie sie geschrieben werden: Traditionale Geschichten müssen mindestens insoweit zu kritischen werden, als die Tatsächlichkeit der von ihnen erinnerten normen-sanktionierenden Geschehnisse an deren Überresten überprüft werden kann. Exemplarische Geschichten können ihre didaktische Funktion der Präsentation vergangener Geschehnisse als Fall oder Muster einer allgemeinen Pragmatik von Handlungsregeln nur erfüllen, wenn die Vergleichbarkeit der erzählten Handlungen mit den regelhaft entworfenen Handlungen im Hinblick auf ihre empirischen Randbedingungen gesichert ist. Kritische Geschichten müssen ihre Normenkritik, die sie durch den Erweis relativierender empirischer Geltungsbedingungen von bisher üblichen historischen Deutungen vollziehen, einer Antikritik gleichen Verfahrens aussetzen. Genetische Geschichten müssen auch die normative Bedeutung, die sie der Entwicklung von Lebensverhältnissen für deren Zukunftsperspektivierung beilegen, für die Erfahrung öffnen, daß diese Entwicklungen von Bedingungen und Umständen abhängig sind, die sich nicht ohne weiteres in die Vorstellung einer wünschenswerten Kontinuität von Veränderungen einfügen. Diskontinuierende und kontinuitätssprengende Faktoren der Entwicklung müssen in die Vorstellung einer sinnvollen, zeitübergreifenden Veränderung integriert werden.

Zweitens wird das Kriterium der normativen Triftigkeit historischer Aussagen wissenschaftskonstitutiv in der Form einer Regel, die den Historiker anweist, den normativen Gehalt seiner Geschichtsschreibung durch *Reflexion* seines Standpunktes zu sichern und zu steigern. Indem er dieser Regel folgt, verleiht er seiner Geschichtsschreibung die wissenschaftsspezifische Eigenschaft der *Konsensobjektivität*.[121] Eine Geschichte, deren Produktion und Rezeption dieser Regel folgt, ist dadurch gekennzeichnet, daß die Perspektive, in der vergangenes menschliches Handeln für die Gegenwart bedeutsam wird, durch Explikation der bedeutungsverleihenden Normen sichtbar, als Perspektive diskutierbar und durch andere Perspektiven kritisierbar und ergänzbar wird.

Das wissenschaftskonstitutive Reflexionsgebot besagt nicht nur, daß die die Bedeutung einer Geschichte bestimmenden Normvorgaben (›Parteilichkeit‹) der historischen Interpretation expliziert und dadurch deren prinzipiell perspektivischer Charakter zugegeben werden soll. Der dadurch eröffnete (pluralistische) Spielraum von Perspektivierungen der menschlichen Vergangenheit in ihrer Bedeutung für die Gegenwart wird nicht der Willkür beliebiger Parteilichkeiten anheimgegeben. Vielmehr weist die Regel der Standortreflexion und Perspektivenexplikation den Historiker (und sein Publikum) zugleich an, seine Perspektive auf andere, von ihm prinzipiell als möglich zuzugebende Perspektiven zu beziehen, so daß seine historische Interpretation in eine auf Dauer gestellte Bewegung der *Perspektivenerweiterung* gebracht wird. Konsensobjektivität meint die damit gewonnene Eigenschaft von Geschichten, durch ihren Bedeutungsgehalt Subjekten mit unterschiedlichen Standpunkten im gesellschaftlichen Kontext des historischen Denkens in gleicher Weise zur Selbstverständigung dienen zu können.[122]

Damit gewinnt der Geltungsanspruch von Geschichten hinsichtlich ihres Bedeutungsgehaltes im Prinzip ebensosehr Intersubjektivität wie der Geltungsanspruch, der durch empirische Forschung gesichert wird. Man wird kaum bestreiten können, daß es in der Entwicklung des wissenschaftlichen historischen Denkens analog zum Prozeß des Erkenntnisfortschritts durch die empirische Forschung einen Prozeß dauernder Perspektivenerweiterung gibt. Im Unterschied zur methodischen Sanktionierung des Erkenntnisfortschritts durch die Regeln der historischen Forschung scheint es sich jedoch bei der Perspektivenerweiterung auf den ersten Blick eher um einen naturwüchsigen Prozeß zu handeln, der sich angesichts der Abhängigkeit der normativen Bedeutungsqualifikation von lebensweltlichen Interessen der Beteiligten nicht methodisch regulieren läßt. Dabei wird jedoch zweierlei übersehen: Einmal hängt die Wissenschaftlichkeit, die das historische Denken in der Bewegung des Erkenntnisfortschritts durch empirische Forschung hat, selbst von einem – wenn auch negativen – Normenbezug ab, davon nämlich, daß die Geschichte als Wissenschaft von Legitimationsansprüchen und Ideologisierungsinteressen ihres gesellschaftlichen Kontextes relativ entlastet ist. Zweitens – und das ist die positive Kehrseite dieser Entlastung der Geschichtswissenschaft vom Normendruck (partieller) gesellschaftlicher Interessen – lassen sich die normativ formulierten gesellschaftlichen Interessen, die den Bedeutungsinhalt von Geschichten bestimmen, auf ihre Verallgemeinerungsfähigkeit hin überprüfen. Diese Prüfung stellt ein methodisches Instrumentarium dafür dar, die Parteilichkeiten des historischen Denkens in die Bewegung der Perspektivenerweiterung zu bringen und in dieser Bewegung zu halten. Daß die normativen Vorgaben für historische Bedeutungsqualifikationen methodisch auf ihre Verallgemeinerungsfähigkeit hin überprüft werden können, hat für den wissenschaftsspezifischen Erkenntnisprozeß eine wichtige Konsequenz: Die wissenschaftsspezifische Bewegung der Perspektivenerweiterung im historischen Denken braucht nicht mehr einem willkürlichen Pluralismus von Interessen überantwortet zu werden, in dem jedermann sein eigener Historiker ist,[123] sondern diese Bewegung kann der regulativen Idee einer universell konsensfähigen Bedeutung von Geschichten unterworfen und insofern zielgerichtet in Gang gehalten werden.

Daß auch die wissenschaftskonstitutive Regelung der normativen Triftigkeit von Geschichten nicht ohne Folgen bleibt für die Art, Geschichte zu schreiben, liegt auf der Hand: Traditionale Geschichten können die Bedeutung der von ihnen erinnerten Vorgänge der Normenschöpfung nicht mehr autoritär setzen, sondern müssen sie durch Rekurs auf den Traditionsbedarf von Handlungsorientierungen begründen. Exemplarische Geschichten können die Bedeutung der von ihnen erinnerten Geschehnisse nicht mehr hinreichend dadurch erweisen, daß sie sie auf die Lebenserfahrung ihrer Autoren und Adressaten beziehen und dadurch als Veranschaulichung allgemeiner Handlungsmaximen erscheinen lassen, sondern sie müssen aus dem common sense dieser Lebenserfahrung die Gesichtspunkte eigens erheben, die vergangenes Handeln allererst in die Perspektive einrücken, in der es als Fall einer allgemein verpflichtenden Handlungsnormierung erscheint. Solche perspektivierenden Gesichtspunkte werden dann als anthropologische, moralische, religiöse, politische oder andere Universalien menschlicher Handlungsregulation ansprechbar, kritisierbar und durch andere Universalien ergänzbar. Für kritische Geschichten reicht es nicht mehr aus, die Bedeutung der von ihnen erinnerten Geschehnisse dadurch zu erweisen, daß mit ihnen geltende Normen relativiert werden können; die dabei von ihnen in Anspruch genommenen Normen müssen vielmehr die Vergangenheit in eine Perspektive rücken, in der die bislang vorherrschenden historischen Orientierungen nicht einfach bedeutungslos werden, sondern deutlich wird, wieso sie wirksam werden konnten und warum sie kritikbedürftig (geworden) sind. Genetische Geschichten können die Bedeutung des von ihnen erinnerten Entwicklungsprozesses gegenwärtiger Lebensverhältnisse nicht mehr hinreichend damit rechtfertigen, daß diese Verhältnisse zur Selbsterhaltung im Prozeß des sozialen Wandels eine zeitlich dynamisierte Handlungsorientierung ihrer Subjekte brauchen. Sie müssen vielmehr normativ so entworfen werden, daß sie auch die Entwicklungsprozesse anderer Lebensverhältnisse berücksichtigen, andere Gesellschaften mit anderen zeitlichen Orientierungen in ihre Perspektive mit einbeziehen. Maßgeblich dafür ist eine Norm der Verallgemeinerung, die die in Frage stehenden Unterschiede von Perspektiven nicht abstrakt beseitigt, sondern zur Geltung bringt: die Norm wechselseitiger Anerkennung.

Drittens wird das Kriterium der narrativen Triftigkeit historischer Aussagen wissenschaftskonstitutiv in der Form einer Regel, die den Historiker anweist, den Sinngehalt seiner Geschichtsschreibung durch *Theoretisierung* zu sichern und zu steigern. Indem er dieser Regel folgt, verleiht er seiner Geschichtsschreibung die wissenschaftsspezifische Eigenschaft der *konstruktiven Narrativität* oder der *Konstruktionsobjektivität*. Der Sinnzusammenhang zeitlicher Folgen vergangenen Handelns, der dessen Tatsächlichkeit und Bedeutung zur Einheit einer Geschichte vermittelt, wird durch Erzählen realisiert.[124] Wissenschaftlich verfaßte Geschichten unterscheiden sich von allen anderen dadurch, daß sie die Leitfäden, denen ihre narrative Synthesis von Erfahrung und Bedeutung folgt, nicht durch den puren Akt der Erzählung präsentieren, sondern als Leitfäden explizieren und begründen. Diese Explikation und Begründung macht die (heute intensiv unter Historikern diskutierte) Theoretisierung der historischen Forschung und der forschungsbezogenen Geschichtsschreibung aus.[125] Historische Theorien sind explizierte und begründete Sinnentwürfe von Geschichten, narrative Konstrukte, die im Zusammenhang der historischen Forschung und der Geschichtsschreibung ausgearbeitet werden müssen, also nicht von anderen Wissenschaften der Geschichtswissenschaft als Theorieangebot unterbreitet werden können. Wohl greift die Geschichtswissenschaft auf solche Theorieangebote zurück, spezifiziert sie aber so, daß sie den historischen Charakter von Aussagen über menschliches Handeln im Kern betreffen. Die damit geleistete Theoretisierung des historischen Denkens verleiht der narrativen Synthesis von Erfahrung und Bedeutung vergangenen Handelns den Charakter der Konstruktivität, mit dem der Sinngehalt einer Geschichte dem wissenschaftskonstitutiven Gebot einer intersubjektiven Nachprüfbarkeit entspricht.[126]

Der Bewegung des Erkenntnisfortschritts und der Perspektivenerweiterung entsprechend, wird durch die wissenschaftsspezifische Theoretisierung der historischen Interpretationsrahmen die Sinnbestimmung von Geschichten auch in eine Bewegung gebracht, die sich als *Identitätssteigerung* der sinnbetroffenen Subjekte charakterisieren läßt. Der Sinn einer Geschichte ist ihre Fähigkeit, durch den von ihr erzählend vergegenwärtigten Zeitzusammenhang vergangenen Handelns der zeitlichen Orientierung gegenwärtigen Handelns dienen zu können. Zeitliche Orientierung von Subjekten über ihr Handeln bedeutet, daß sie die Erinnerung an die Vergangenheit, die ihr Handeln von Erfahrungen abhängig macht, und die Erwartung von Zukunft, die ihr Handeln auf Normen verpflichtet, in einen kohärenten Zusammenhang bringen, der als Vorstellung einer Erschlossenheit der zeitlichen Veränderungen ihrer Welt und ihrer selbst ihr gegenwärtiges Handeln intentional bestimmt. Zu dieser Erschlossenheit gehört wesentlich ein Bewußtsein der Handelnden von sich selbst, mit dem sie ihre Welt und sich selbst handelnd verändern und dabei sie selbst bleiben können. Geschichten dienen der zeitlichen Orientierung von Handlungssubjekten, indem sie ihnen vergangene Veränderungen ihrer Welt so erinnern, daß sie dabei ein solches zeitüberdauerndes Bewußtsein von sich selbst gewinnen. (Walter Benjamin hat diesen Befund im Hinblick auf die radikalste zeitliche Veränderung, die es für den Menschen gibt, auf den Tod also, zu der Aussage radikalisiert, daß der Erzähler seine Autorität vom Tode geliehen hat.[127] Geschichten sagen also ihren Adressaten, wer sie sind, damit sie im zeitlichen Prozeß der Veränderung ihrer selbst und ihrer Welt, in den sie durch ihr eigenes Handeln und Leiden verstrickt sind, sie selber bleiben können.[128]

Der Bezugsrahmen einer historischen Interpretation legt fest, welchen Sinn eine Geschichte haben kann, da er nichts anderes darstellt, als einen Entwurf der historischen Selbstidentifizierung der an dieser Geschichte Interessierten. Die wissenschaftsspezifische Theoretisierung einer Geschichte bedeutet nun, daß die Bezugsgröße dieser Selbstidentifizierung, d.h. das Referenzsubjekt der Geschichte, so definiert werden muß, daß es durch die Erfahrungsakkumulation der historischen Forschung empirisch und durch die Bedeutungsakkumulation der Perspektivenerweiterung normativ konkretisiert werden kann. Das *Referenzsubjekt* muß sozusagen bis an die Grenzen der historischen Erfahrung und ihres Bedeutungsspielraumes erweitert werden, d.h. es muß als *Menschengattung im Prozeß einer universalen Evolution* definiert werden. Geschichten, die dem Leitfaden einer solchen Theorie folgen, steigern die Möglichkeiten der Selbstidentifizierung ihrer Adressaten nach Maßgabe der regulativen Idee einer alle Geschichten in sich begreifenden einen Geschichte der Menschheit.

Dies mag – verglichen mit der alltäglichen Praxis des Historikers – übertrieben anmuten. Dennoch läßt sich keine Geschichte ohne eine solche regulative Idee denken, und es gibt nicht nur in der Geschichte der Geschichtsschreibung genügend ausgezeichnete Beispiele eines zugleich empirischen und normativen Gebrauchs solcher Universalien der Gattungsgeschichte der Menschheit, sondern erst recht läßt sich auch zeigen, daß keine theoretische Explikation und Begründung der forschungspraktisch und historiographisch wirksamen Bezugsrahmen der historischen Interpretation ohne sie auskommt.[129]

Auch die Modifikationen, die die wissenschaftskonstitutive Fassung der narrativen Triftigkeit von Geschichten als Regel ihrer Theoretisierung für die beispielhaft herangezogenen Formen der Geschichtsschreibung bedeuten, dürften dem Selbstverständnis wissenschaftlich arbeitender Historiker entsprechen: Traditionale Geschichten können nicht den Sinn haben, Identitätsbildung auf autoritär gesetzte Handlungsmuster zu fixieren; Traditionen lassen sich nur noch insoweit historisch bekräftigen, als sie als Voraussetzungen für einen erweiterungsfähigen Spielraum menschlicher Selbstverständigung geschichtstheoretisch rekonstruiert werden können (z. B. die Tradition der Menschenrechte[130]). Exemplarische Geschichten können nicht mehr den Sinn haben, den common sense gegenwärtiger Handlungsorientierungen für alle (vergangene) Zeit festzuschreiben und dadurch die mit ihm vorgegebenen Muster von Selbstidentifikation als Zeitinvariante zu stabilisieren; allgemeine Handlungsmaximen können nur noch insoweit den Sinn einer Geschichte abgeben, als sie zu den Triebkräften einer sozialen Evolution gerechnet werden können, die als geschichtstheoretisch formulierte Bezugsgröße der aktuellen Selbstidentifikation von Handlungssubjekten die Grenzen von deren common sense-Orientierung überschreiten. Kritische Geschichten können nicht mehr nur den Sinn haben, Handlungssubjekte von vorgegebenen Mustern ihrer Selbstverständigung zu emanzipieren; sie müssen vielmehr diese ihre Emanzipationsleistung geschichtstheoretisch als Folge eines Prozesses sich erweiternder Orientierungsmöglichkeiten von Handeln begründen, in den die kritisierten Normen ›aufgehoben‹ sind. Genetische Geschichten können nicht mehr nur den Sinn haben, die Richtung von Entwicklungsprozessen in der Genese sozialer Systeme als Orientierungsfaktor in die Selbstverständigung der Subjekte dieser Systeme einzubringen; sie müssen auch geschichtstheoretisch dazu befähigt werden, diese Richtung als Moment der Gerichtetheit einer allgemeinen sozialen Orientierung von Handlungssubjekten zu verallgemeinern.

4. Normenkritik als Vernunftgebrauch in historischer Absicht

Die vorgeschlagene Fassung der Wahrheitskriterien von Geschichten und die Rekonstruktion der Regeln, die die wissenschaftliche Verfassung von Geschichten konstituieren, belasten den Historiker mit den Schwierigkeiten der Normenbegründung. Er muß m. E. diese Schwierigkeiten in Kauf nehmen, um den Anspruch seiner Wissenschaft auf Wertfreiheit so zu begründen, daß sie nicht gleichzeitig ohnmächtig von den lebensweltlichen Interessen abhängig wird, die in Form von normativen Vorgaben in jede historische Interpretation eingehen. Dies soll freilich nicht dazu führen, daß die normativen Vorgaben und Implikationen einer historischen Interpretation vom Historiker als Wissenschaftler mit den Wahrheitsansprüchen seiner Wissenschaft gesetzt werden, daß er also an die Stelle der vor- und außerwissenschaftlich gegebenen Normen, die seine historische Forschung und seine Geschichtsschreibung beeinflussen, andere, rein wissenschaftliche setzt, seine Geschichten also völlig von den historischen Orientierungen, die im gesellschaftlichen Kontext seiner Wissenschaft erfolgen, abkoppelt und ganz andere Geschichten in diesen Kontext einbringt als die, die schon immer in ihm erzählt werden.

Die wissenschaftsspezifische Fassung der normativen und narrativen Triftigkeit historischer Aussagen verleiht dem Historiker nicht schon die Kompetenz des Gesetzgebers in einer historisch gerichteten Selbstverständigung von Handlungssubjekten. Er bleibt nach wie vor auf normative Vorgaben seiner Lebenswelt (Orientierungsbedürfnisse und -erwartungen in der Zeit, Gesichtspunkte möglicher Bedeutungen und möglicher Sinnzusammenhänge der Vergangenheit) angewiesen, wenn er Zeitfolgen vergangenen menschlichen Handelns rekonstruiert. Er bleibt vom gesellschaftlichen Kontext seiner Forschung und Geschichtsschreibung abhängig. Dies heißt indes nicht, daß er die normativ geprägten Bedürfnisse seiner Gesellschaft nach historischer Orientierung umstandslos durch seine empirischen Forschungen zu erfüllen hätte, daß er die ihm angetragenen Bedeutungshinsichten und Sinnerwartungen einfach durch seine Forschungen zu ratifizieren hätte. Vielmehr rekurriert er auf diese (ihn selbst als Subjekt seiner Gesellschaft prägenden) Hinsichten und Erwartungen in *der kritischen Einstellung,* die ihm die wissenschaftskonstitutive Regelung der empirischen, normativen und der narrativen Triftigkeit von Geschichten verbindlich vorschreibt. Er kritisiert die perspektivierenden Normen der historischen Bedeutungsqualifikationen, indem er ihre Verallgemeinerungsfähigkeit überprüft, er kritisiert die Sinnvorgaben, die Zeitfolgen vergangenen menschlichen Handelns erzählbar machen, indem er ihre Theoretisierbarkeit überprüft, und er kritisiert alle sinn- und bedeutungsverleihenden Normen mit der Erfahrung, die sie für ihre Geltung beanspruchen. Durch diese Kritik gibt er seinen Geschichten einen Sinn und eine Bedeutung, mit denen sie die lebensweltlich an sie gestellten Erwartungen in der Hinsicht übertreffen, in der historische Orientierungen vernünftig sind.

Vernünftig sind historische Orientierungen durch die Begründungen, die sie zustimmungsfähig machen. Wissenschaftsspezifische Sinn- und Bedeutungsmodifikationen steigern die Vernünftigkeit historischer Orientierungen, insofern sie die lebensweltlichen Formen des historischen Erzählens in die Form bringen, in der es zur Angelegenheit eines seine Geltungsansprüche argumentativ begründenden Diskurses wird. Eben dies wird durch die wissenschaftskonstitutive Transformation der Wahrheitskriterien des historischen Denkens in Regeln geleistet, die die Begründungsfähigkeit von Geschichten systematisch steigern. Aus der lebensweltlichen Kommunikation von Handlungssubjekten, die sich über Geschichten in der Zeit orientieren, entsteht der Diskurs der Wissenschaftler-Gemeinschaft, in dem Erkenntnisfortschritte durch Forschung, Perspektivenerweiterung durch Standortreflexion und Theoretisierung durch Interpretationsrahmenkonstruktion geleistet werden und die Geschichten die Eigenschaften der Begründungsobjektivität, der Konsensobjektivität und der kritischen Narrativität oder Konstruktionsobjektivität gewinnen.

Die Normen, auf die sich Subjekte verpflichtet haben, wenn sie einen solchen Diskurs führen, fungieren als oberste Gesichtspunkte, nach denen die Interessen handelnder Subjekte an Erkenntnis im Hinblick darauf beurteilt werden können, ob und inwieweit sie die Wahrheitsfähigkeit der intendierten Erkenntnis berühren. Sie stellen im Bereich der historischen Bewußtseinsbildung die Normen dar, mit denen die lebensweltlichen normativen Vorgaben und Implikationen einer Geschichte im Hinblick auf die Systematisierung und Steigerung der Begründung ihres Wahrheitsanspruches kritisiert und modifiziert werden. Es sind Meta-Normen der wissenschaftsspezifischen Normenkritik des historischen Denkens.

Ich möchte nun abschließend die Art und Weise dieser die Geschichte als Wissenschaft definierenden *Normenkritik* beschreiben. Dabei möchte ich mich weniger mit den Eigenschaften befassen, die die Geschichtswissenschaft mit anderen Wissenschaften gemeinsam hat, als mit der Eigenschaft, die ihre Eigenart ausmacht. Die Eigenart der Geschichtswissenschaft besteht im narrativen Charakter ihrer Aussagen über Tatsächlichkeit und Bedeutung vergangenen menschlichen Handelns. Natürlich befassen sich auch andere Wissenschaften mit vergangenem menschlichem Handeln, und auch narrative Aussagen kommen in anderen Wissenschaften vor. Die Geschichtswissenschaft, die hier stellvertretend für alle genuin historischen Wissenschaften steht (und von diesen nicht mehr weiter unterschieden werden soll), unterscheidet sich von diesen Wissenschaften aber dadurch, daß es ihr bei der Erkenntnis vergangenen menschlichen Handelns um dessen Zeitspezifik geht[131] und daher die narrative Aussageform in ihr eine keinen anderen – etwa nomologischen – Aussageformen untergeordnete, sondern eine dominierende Rolle spielt.[132] Dieser Aussageform werden alle anderen untergeordnet, vor allem die nomologischen, auf die die Geschichtswissenschaft freilich wegen ihrer engen Beziehung zu den systematischen Sozialwissenschaften gar nicht verzichten kann.[133]

Da das Wahrheitskriterium der narrativen Triftigkeit diesen spezifisch historischen Charakter von Aussagen betrifft und da sich dieses Kriterium auf den Sinngehalt von Geschichten bezieht, müßte der Gebrauch der Normen, auf den sich die Teilnehmer eines wissenschaftlichen Diskurses (die Forschergemeinschaft) immer schon verpflichtet haben, bei der diskursiven Begründung des Sinngehalts von Geschichten Aufschluß über die Eigenart der Geschichtswissenschaft als Wissenschaft geben können. Wie verhalten sich Historiker als Wissenschaftler, wenn es um den Sinngehalt ihrer Historiographie geht? Mit dieser Frage konfrontiert, würden viele Historiker zunächst abwehrend meinen, Sinnfragen hätten im Diskurs der Fachhistoriker keinen Platz, sondern gehörten in den Bereich der privaten Glaubensüberzeugungen, der Philosophie, Theologie oder der Ideologie. Fragt man genauer nach, dann stellt sich diese Abwehr bereits als Resultat der wissenschaftsspezifischen Normenkritik an den Sinnbestimmungen alltäglichen historischen Denkens dar: Historiker klammern Sinnfragen nicht aus ihrer wissenschaftlichen Erkenntnispraxis aus (wie sollten sie sonst Geschichte als einen sinnvollen Zusammenhang zeitlicher Folgen vergangenen menschlichen Handelns schreiben), sondern sie legen kritisch fest, in welcher Weise und in welchen Hinsichten Sinnfragen in dieser ihrer Erkenntnispraxis thematisiert werden können, – eben nicht so, wie sie sich lebensweltlich stellen und lebensweltlich durch den *common sense* oder durch autorisierte Sinninstanzen beantwortet werden.

Die Fachhistoriker unterscheiden zwischen ihrer wissenschaftlichen und ihrer lebensweltlichen Kompetenz in der Behandlung von Sinnfragen und geben damit Aufschluß über die wissenschaftsspezifische Normenkritik an historischen Sinnfragen: Die Normenkritik legt *negativ* fest, daß der fachwissenschaftliche Diskurs der Historiker nicht an die Stelle einer lebensweltlichen Kommunikation treten kann, in der entschieden wird, welchen Sinn Geschichten haben können. Die wissenschaftsspezifische Normenkritik entlastet das historische Denken vielmehr von der Aufgabe handlungsermöglichender Sinn*stiftung* in der Bildung eines historischen Bewußtseins überhaupt. Max Webers bekannte Unterscheidung zwischen einem (Fach-)Wissenschaftler und einem Propheten[134] bringt diese Entlastetheit der Wissenschaft vom Normendruck alltäglichen Handelns und Leidens zum Ausdruck.

Durch diese negative, entlastende Normenkritik werden wissenschaftlich verfaßte Geschichten natürlich nicht sinnlos. Dieselbe Normenkritik hat vielmehr ein zweifaches *positives* Resultat: Einmal wird der Sinn einer Geschichte von der Kritik ihres Erfahrungsbezuges abhängig, – vom Normendruck der Lebenswelt entlastet, wird das historische Denken in die Bewegung des Erkenntnisfortschritts durch Forschung gebracht. Ferner wird der Sinn einer Geschichte von der Kritik ihrer Parteilichkeit abhängig, – vom Normendruck der Lebenswelt entlastet, wird das historische Denken in die Bewegung der Perspektivenerweiterung durch Standpunktreflexion gebracht. Erst die wissenschaftsspezifische Normenkritik lebensweltlicher Sinnbestimmungen von Geschichten läßt zwischen Tatsachen und Werten in der historischen Forschung und in der Geschichtsschreibung unterscheiden. Sie macht das historische Denken sozusagen werturteilsstreitfähig, d.h. sie versetzt es in den Stand, Normen als Tatsachen zu behandeln und sich zugleich reflektierend ihrer Normenverpflichtung zu vergewissern. Eine Geschichte, die beides zugleich realisiert, ist im Prinzip *ideologiekritisch*. Ideologiekritik ist also die Art und Weise, wie lebensweltliche Sinnvorgaben für Geschichten das Nadelöhr der wissenschaftsspezifischen Normenkritik passieren, im Diskurs der Fachhistoriker thematisiert werden und schließlich den Sinngehalt einer wissenschaftlich verfaßten Geschichtsschreibung bestimmen.

Wie wirkt sich in dieser ideologiekritischen Wendung von Geschichten durch normenkritischen Vernunftgebrauch die Meta-Norm des auf Konsens durch Argumentation gerichteten Diskurses der Forschergemeinschaft aus? Welche Modifikation der lebensweltlichen Sinnstiftungen historischer Erzählungen folgen aus der Verpflichtung der Historiker auf die Normen, die ihren fachlichen Diskurs regeln? Wie schon gesagt, können mit ihnen weder historische Sinnzusammenhänge menschlichen Handelns gestiftet werden, noch lassen sie die historischen Sinnzusammenhänge menschlichen Handelns unberührt, die im gesellschaftlichen Kontext der Geschichtswissenschaft handlungsorientierend wirken. Den Normen des fachlichen Diskurses läßt sich vielmehr ein Sinnentwurf für alle möglichen Geschichten entnehmen, dem jede wirkliche Geschichte entsprechen muß, wenn sie als Geschichte wahr sein soll. Ein solcher Sinnentwurf stellt nichts anderes dar als eine Explikation der zeitlichen Bewegung, in der jede Handlungsorientierung in der Zeit steht, wenn sie einerseits als Diskurs den Regeln einer unbegrenzten, universalen Konsensbildung folgt, also der »ethischen Grundnorm als normativer Bedingung der Möglichkeit des Diskurses« verpflichtet ist[135], andererseits aber unter realen Handlungszwängen steht, die das Ausmaß der Konsensbildung einschränken oder gar Konsensbildung zugunsten eines Kampfes zwischen Parteilichkeiten verhindern, in dem nicht Argumente, sondern Macht entscheidet. Denkt man diese Spannung zwischen der Utopie eines idealen Diskurses, deren normative Geltung nicht bestritten werden kann (da man, wenn man sie bestreitet, bereits in einen Diskurs eintritt, der ihr normativ verpflichtet ist), und der Wirklichkeit ökonomischer, sozialer und politischer Bedingungen der Diskursführung als ein Zeitverhältnis, dem alles menschliche Handeln hinsichtlich seiner Intentionalität (Sprach- oder Diskursabhängigkeit) unterworfen ist, dann ergibt sich ein universaler Sinnzusammenhang menschlichen Handelns, auf den alle Geschichten verpflichtet werden können, wenn sie vernünftig erzählt werden sollen. *Dieser Sinnzusammenhang entsteht dadurch, daß die Utopie eines gelingenden Diskurses menschlicher Selbstverständigung als intentionaler Bestimmungsgrund des vergangenen Handelns gedacht wird, dessen Resultate in die realen Bedingungen der gegenwärtigen Diskursführung eingegangen sind.*[136] Der Sinn einer Geschichte besteht dann einmal darin, daß sie die Zeitfolge vergangenen menschlichen Handelns als Grund für die besonderen Umstände gegenwärtigen Handelns erscheinen läßt, und er besteht zweitens darin, daß sie dieselbe Zeitfolge nach Maßgabe der in ihr repräsentierten zustimmungsfähigen Handlungsabsichten und zustimmungsfähigen Handlungsfolgen als

Grund für die Veränderungsfähigkeit und -bedürftigkeit der gegenwärtigen Umstände erscheinen läßt.

Ein solcher Sinn wird nicht von der Geschichtswissenschaft als Wissenschaft gestiftet, da er schon in jedem vor- und außerwissenschaftlichen Erzählen von Geschichten realisiert wird, insofern dort Wahrheitsansprüche erhoben werden. Die Geschichtswissenschaft expliziert ihn vielmehr theoretisch als Bezugsrahmen einer historischen Interpretation, die vom Normendruck ihres sozialen Kontextes soweit entlastet ist, daß sie Erkenntnisfortschritt durch Forschung und Perspektivenerweiterung durch Standortreflexion realisieren kann. Damit wäre eine Möglichkeit aufgezeigt, die Wissenschaftlichkeit der Geschichtswissenschaft weder als Preisgabe noch als Anmaßung einer Sinnkompetenz zu bestimmen, sondern als methodischen Vollzug eines Vernunftgebrauchs, der in jedem Wahrhaftigkeit für sich beanspruchenden Erzählen von Geschichten erfolgt.

IV. Wie kann man Geschichte vernünftig schreiben?

Über das Verhältnis von Narrativität und Theoriegebrauch in der Geschichtswissenschaft

> »Wir sind auf dem Standpunkt, immer uns zu bestreben und noch zu suchen, wie die Geschichte geschrieben werden soll.«
>
> Hegel[137]

Wenn ›Vernunft‹ das bezeichnet, was Aussagen wahrheitsfähig macht, dann sind diejenigen Geschichten vernünftig, denen man zustimmen kann. Man stimmt Geschichten zu, wenn sie praxisentsprungene Bedürfnisse nach Orientierung in der Zeit befriedigen. Zugleich stimmt man Geschichten auch zu (und müßte sie ›vernünftig‹ nennen), wenn sie wissenschaftlich verfaßt sind; denn als wissenschaftlich verfaßte erheben sie einen Wahrheitsanspruch, dem man zustimmen muß, wenn man für sein eigenes historisches Denken die Notwendigkeit des argumentierenden Begründens eingesehen hat.

Beide Vernunftbestimmungen sind nicht ohne weiteres zur Deckung zu bringen. Im ersten Fall bringe ich mich selbst, mein Bedürfnis nach historischer Identität und Orientierung, ins Spiel; im anderen Fall sehe ich zunächst von meinen Bedürfnissen ab und ordne meine Erwartungen an Geschichten deren Sachlichkeit unter. Im Konfliktfalle muß ich entweder meine Erwartungen als unvernünftig ansehen oder ihnen andere Vernunftmöglichkeiten zubilligen als denjenigen, die ich in der wissenschaftlichen Geschichte realisiert finde. Ein solcher Konfliktfall scheint fast unvermeidlich; denn wenn ich meine subjektiven Bedürfnisse als Bezugsgröße für die Vergegenwärtigung von Vergangenheit durch Geschichten wähle, dann unterscheide ich mich von den vielen, die andere Bedürfnisse als ich haben und daher andere Geschichten brauchen, während eine wissenschaftlich verfaßte Geschichte für uns alle gelten soll.

Dieser Konflikt ließe sich leicht lösen, wenn Sinngehalt und Sachgehalt von Geschichten entweder völlig auseinandergehalten oder restlos ineinsgesetzt werden könnten. Sind sie verschieden, dann hat der wissenschaftliche Charakter der Geschichtsschreibung mit historischer Orientierung und Identitätsbildung nichts zu tun (und umgekehrt); sind sie gleich, ist eine Geschichtsschreibung in dem Maße wissenschaftlich, in dem sie historische Orientierung und Identität allgemein verbindlich entwerfen kann. In beiden Fällen ist die Möglichkeit, Geschichte vernünftig zu schreiben, problematisch: Kann ich eine Geschichte noch vernünftig nennen, deren Sachgehalt ich akzeptiere, ohne daß ich sie als Aussage über meine historische Identität anerkennen muß, und ist eine Geschichte schon dadurch vernünftig, daß ihr Sachgehalt den Absichten meiner historischen Selbstverständigung entspricht?[138]

Es kommt also darauf an, beide Vernunftmöglichkeiten von Geschichten so zu realisieren, daß sie sich weder gegenseitig einschränken oder negieren, noch einfach ineinsfallen, sondern sich gegenseitig hervorrufen und steigern. Dazu aber ist es erforderlich, die Vernunftkriterien der Geschichtsschreibung genauer zu explizieren und im Hinblick auf die unterschiedlichen Ebenen ihrer Anwendung zu spezifizieren.

Als ein ausgezeichneter Gesichtspunkt für eine solche Explikation und Spezifikation bietet sich das Problem der Theoriefähigkeit der historischen Erkenntnis an. Denn im Für und Wider um die Theoretisierbarkeit von Geschichte geht es primär darum, die Eigenart der Geschichtswissenschaft als wissenschaftliches Unternehmen und zugleich als Medium der Handlungsorientierung und Selbstverständigung eines Handlungssubjektes zu bestimmen, und da das Theorieproblem alle Ebenen des historischen Denkens berührt, können mit ihm auch die einzelnen geistigen Operationen genauer spezifiziert werden, die die Vernunftchancen des historischen Denkens festlegen.

1. Über Theorien als Vernunftpotential des historischen Denkens

Ist das Vernunftpotential der Geschichtswissenschaft davon abhängig, ob und wie sie mit Theorien arbeitet? Diese Frage ist seit langem umstritten.[139] In der Entwicklung des historischen Denkens ist immer wieder der Versuch unternommen worden, die Historie theoriefähig zu machen und sie dadurch in den Rang einer Wissenschaft zu erheben. Ihr wurde die Leistung abverlangt, allgemeine Regeln des zeitlichen Ablaufs menschlicher Handlungen aufzustellen, mit ihnen reale Handlungsabläufe der Vergangenheit erklärend zu interpretieren und dadurch die Zukunftsperspektive gegenwärtigen Handelns allgemein verbindlich festzulegen. Dagegen wurde immer wieder eingewandt, daß das historische Denken durch eine solche Theoretisierung sein Objekt verliere. Geschichte als Sachverhalt lasse sich grundsätzlich nicht in Form allgemeiner Regeln zeitlicher Veränderungen begreifen, und schon gar nicht könnten aus ihr Zukunftsprognosen oder -erwartungen abgeleitet werden, die sich in Handlungsanweisungen ummünzen ließen. Sie müßten vielmehr unter Bedeutungsgesichtspunkten interpretiert werden, die die Individualität vergangener zeitlicher Handlungsverknüpfungen zu verstehbaren Sinngebilden hervorhöben. Geschichte zu schreiben sei zugleich eine sinnstiftende künstlerische Angelegenheit, die von nichtwissenschaftsfähigen ästhetischen Regeln bestimmt werde, und auch eine Angelegenheit der wissenschaftlichen Erforschung der menschlichen Vergangenheit. Sosehr die Historiker als Forscher streng sachlich verfahren müßten, ebensosehr müßten sie als Geschichtsschreiber über schöpferische Qualitäten verfügen, die ihre Aufgabe derjenigen des Künstlers annäherten.[140]

Dieses Problem ist nie auf einer bloß metatheoretischen Ebene behandelt worden. So sehr die philosophische Betrachtung der historischen Erkenntnis und ihres Gegenstandes sich gegenüber der Alltagspraxis der Historiker als eigener Diskussionszusammenhang darstellen mag und sowenig die Historiker hier ihr eigenes Tun als Wissenschaftler und auch als Geschichtsschreiber wiederfinden mögen, – sie haben solche Diskussionen durch ihre eigene Praxis immer wieder (positiv oder negativ) angeregt, und sie haben sich ihrer auch oft genug zur Klärung ihrer eigenen Angelegenheiten bedient. So hat z. B. das vom Neukantianismus philosophisch ausgearbeitete Individualitätstheorem dazu gedient, die Geschichtswissenschaft in der Spätphase des Historismus vom Anpassungsdruck an das Vorbild nomologischer Wissenschaften zu entlasten, und es ist nicht ohne tiefgreifenden Einfluß darauf geblieben, wie Geschichte erforscht, dargestellt und in Form von Bildungswissen praktisch in Anspruch genommen wurde. Eine ähnliche Rückwirkung auf die Geschichtswissenschaft läßt sich von der Theorie der narrativen Struktur der historischen Erkenntnis erwarten, die in der gegenwärtigen wissenschaftstheoretischen und transzendentalphilosophischen Geschichtsphilosophie ausgearbeitet worden ist.[141] Erst recht ist die marxistische Konzeption von Geschichtswissenschaft, in der am konkreten historischen Material eine innere Gesetzmäßigkeit des zeitlichen Wandels von Gesellschaftsformationen erforscht werden soll, mit ihrer eigentümlichen Methode, Darstellungsweise und praktischen Funktion ohne eine allgemeine, die Grenzen der historischen Fachdisziplinen von vornherein überschreitende theoretische Grundlegung undenkbar.[142]

Alle Versuche, das Vernunftpotential des historischen Denkens durch seine Theoretisierung zu steigern, führen unausweichlich zu der Frage, welche Theorieform die historische Erkenntnis annehmen muß, um einerseits geschichtsadäquat und andererseits wissenschaftsadäquat zu sein. Geschichtsadäquat ist sie, wenn sie die Zeitspezifik vergangener Veränderungen der menschlichen Welt zum Ausdruck bringt; wissenschaftsadäquat ist sie, wenn sie die Rationalität zum Ausdruck bringt, die Aussagen über Sachverhalte allgemeingültig macht. Die Zeitspezifik vergangener Veränderungen der menschlichen Welt wird dann zum Ausdruck gebracht, wenn die Zeitfolge vergangener Geschehnisse in einen übergreifenden zeitlichen Zusammenhang mit gegenwärtigen Lebensverhältnissen und ihren Zukunftsperspektiven gebracht wird, der als kulturelle Orientierungsgröße der Lebenspraxis verwendet werden kann. Die wissenschaftsspezifische Rationalität menschlicher Erkenntnis wird dann zum Ausdruck gebracht, wenn solche Bestimmungen vergangener Geschehnisse durch die Art ihrer Begründung jederzeit nachgeprüft und verbessert werden können.

Problematisch ist die Theorieform der historischen Erkenntnis, weil ihre Geschichtsadäquatheit nicht ohne weiteres mit ihrer Wissenschaftsadäquatheit vereinbar ist. Erstere verlangt eine Beurteilung des Bedeutungsgehalts zeitlicher Handlungszusammenhänge nach Sinnkriterien; letztere verlangt ein Verfahren der Urteilsbildung, durch das historische Aussagen intersubjektiv verbindlich auf ihren Tatsachengehalt hin festgelegt werden. Beides ist deshalb nicht ohne weiteres vereinbar, weil der Bedeutungsgehalt und der Tatsachengehalt historischer Aussagen nicht ineinander überführt werden können. Der Werturteilsstreit im Bereich der historischen Wissenschaften lebt von dieser Divergenz.[143] Die Kontrahenten betonen entweder die Notwendigkeit, die menschliche Vergangenheit nur dann in Form vorn Geschichten thematisieren zu können, wenn sie normativ auf gegenwärtige Handlungsabsichten bezogen wird, oder die Notwendigkeit, sie nur dann wissenschaftlich behandeln zu können, wenn ihr die Eigenschaft eines unabhängig von normativen Einstellungen tatsächlich existierenden und in dieser seiner Tatsächlichkeit erforschbaren Sachverhalts zugesprochen wird.

In beiden Hinsichten wird die Sachlichkeit des historischen Denkens reklamiert. Die These, Geschichte sei normativ konstituiert und daher nur durch Normengebrauch erkennbar, wird ebenso mit dem Gebot begründet, die Sachlichkeit des historischen Denkens zu wahren und zu steigern[144], wie die These, Geschichte sei empirisch gegeben und zu ihrer Erkenntnis reichten die Methoden einer strengen Tatsachenermittlung und einer wertfreien Tatsachenverknüpfung aus.[145]

Die eine Auffassung widerspricht nicht notwendig der anderen, sondern beide lassen sich miteinander vereinbaren, wenn man die Unterschiede berücksichtigt, die zwischen der Konstitution des Objekts der historischen Erkenntnis auf der einen Seite und seiner Gegenständlichkeit im Forschungsprozeß der Geschichtswissenschaft auf der anderen Seite bestehen. Dies enthebt die Geschichtswissenschaft jedoch nicht der Schwierigkeit, die ihr gemäße Theorieform zu finden.

2. Über Narrativität als Theorieschranke des historischen Denkens

Die These vom narrativen Charakter der historischen Erkenntnis[146] scheint den gordischen Knoten der spezifischen Theorieform des historischen Denkens aufzulösen. Geschichte läßt sich nur narrativ darstellen, und Erzählungen sind keine Theorien. ›Erzähle, Historiker, und theoretisiere nicht‹, so könnte man zugespitzt die Anweisung zusammenfassen, die aus der Erkenntnis der narrativen Struktur der historischen Aussagen für die Erkenntnispraxis der Geschichtswissenschaft folgt.[147]

Die narrative Verfassung der historischen Erkenntnis scheint es a priori zu verbieten, ihr eine theoretische Form zu geben, wenn theoretisch heißen soll, daß eine als geschichtlich qualifizierte Zeitfolge von Geschehnissen der menschlichen Welt in der Form einer allgemeinen Regel oder eines systematischen Zusammenhangs von Regelmäßigkeiten ausgesagt wird. Denn eine solche Regel, eine allgemeine Gesetzmäßigkeit der geschichtlichen Entwicklung, läßt sich nicht erzählen; eine Theorie der Geschichte, die alle einzelnen empirisch konkreten zeitlichen Veränderungen der menschlichen Welt umfaßt, einander zuordnet und erklärt, ist nicht narrativ konstruierbar. Eine solche Theorie als ›Geschichte der Geschichte‹ oder als ›Geschichte über den Geschichten‹ zu denken, wie es Droysen versuchte[148], als er einen allgemeinen Bezugsrahmen der Geschichtsforschung (und der Geschichtsschreibung) aufstellte, führt in eine Antinomie: Beinhaltet eine solche Theorie eine identifizierbare Geschichte, die als Geschichte einen Anfang und ein Ende haben muß, dann läßt sich eine Geschichte denken, die sie nicht umgreift (diejenige nämlich, die jenseits ihres Anfangs oder ihres Endes spielt); soll dies aber ausgeschlossen sein, d.h. soll diese Theorie alle möglichen Geschichten umfassen, dann kann sie nicht in der Weise zeitbestimmt gedacht werden wie jede Geschichte, die einen Anfang und ein Ende hat. Zu diesem erkenntnistheoretischen Argument[149] gegen die Theorieförmigkeit der historischen Erkenntnis kommt ein wissenschaftspraktisches Argument hinzu:[150] Zwar verwendet jeder Historiker bei der Interpretation der Quellenaussagen theorieförmiges Wissen über die ausgesagten Sachverhalte, – je theoretischer (im Sinne von allgemeiner und zeitübergreifender) jedoch dieses Wissen ihm angeboten wird, desto weniger kann er mit ihm anfangen: Die Allgemeinheit der angebotenen Theorien gerät in Widerspruch zu dem besonderen Zeitbezug, der seine Interpretation der Quellenbefunde auszeichnet; er will ja von den Quellen gar nicht wissen, was immer war, sondern was zu einem bestimmten Zeitpunkt so und später anders war und warum es so wurde.

Die Narrativitätsthese hat zu einem außerordentlich wichtigen Fortschritt im Selbstverständnis der Geschichtswissenschaft geführt. Sie hat unmißverständlich daran erinnert, daß der Gebrauch von Theorien in der historischen Forschung nicht darüber hinwegtäuschen kann, daß die erzielten Forschungsergebnisse historiographisch präsentierbar sein müssen. Sie orientiert damit die Diskussion der Historiker um den Aufbau und die Funktion historischer Interpretationsrahmen und um das Verhältnis ihrer Disziplin zur nomologischen Erkenntnis anderer Wissenschaften am Kriterium der narrativen Brauchbarkeit von Theorien.[151] (Damit wird übrigens die Topik, die in der Historik seit der Formierung der Historie zur Wissenschaft nur am Rande behandelt wurde, zu einem systematisch notwendigen Faktor in der Selbstreflexion der Geschichtswissenschaft aufgewertet.[152])

Dies ist deshalb so wichtig, weil damit die für das historische Bewußtsein konstitutive Asymmetrie zwischen Vergangenheit und Zukunft in der historischen Forschung und Geschichtsschreibung gewahrt bleibt. Operiert man unkritisch mit Annahmen einer gesetzmäßigen geschichtlichen Entwicklung, dann liegt die Schlußfolgerung nahe, von der Geschichtswissenschaft Prognosen zu erwarten, die in technische Regeln umgesetzt werden können, nach denen Geschichte gemacht werden kann. Abgesehen davon, daß diese Konzeption einer machbaren Geschichte eine terroristische Praxis legitimieren kann[153], verhindert sie eine für die historische Erkenntnis konstitutive Disposition zur historischen Erfahrung. Historische Erkenntnis ist lebensweltlich (immer auch) dadurch konstituiert, daß in aktuellen Handlungsvollzügen eine Divergenz zwischen Absicht und Resultat der Handlungen erfahren wird, die aus Gründen der Sinnbestimmtheit jeden Handelns kognitiv verarbeitet werden muß (und zwar in Form von Geschichten, die sagen, wie es eigentlich dazu gekommen ist). Indem das historische Denken solche Divergenzerfahrungen auf die Vergangenheit bezieht und an ihren Erfahrungsbeständen abarbeitet und dann – historisch gedeutet – mit der common sense-Orientierung des aktuellen Handelns vermittelt, bestimmt sie dessen Zukunftsperspektive. Diese lebensweltliche Dimensionierung des historischen Bewußtseins wird zurückgenommen, historisches Denken also stillgestellt, wenn Vergangenheit und Zukunft zur einheitlichen Dimension einer historischen Gesetzmäßigkeit homogenisiert werden. In den Bereich einer historischen Erfahrung rückte diese Gesetzmäßigkeit erst ein (und würde zum Gegenstand und nicht zur Regel des historischen Denkens), wenn das an ihr prognostisch orientierte Handeln zu Resultaten führte, die von den Prognosen abweichen (weswegen die Nutznießer solchen Handelns, wenn sie die Macht dazu haben, diesen Erfahrungsbereich terroristisch verschlossen halten).[154]

Folgt aus diesen Überlegungen zwingend, daß ›Geschichte als solche nicht theoriefähig‹ ist?

Jürgen Habermas hat diese Konsequenz gezogen.[155] Er hat aber nicht dafür plädiert, die historische Erkenntnis von Theorien freizuhalten, die den Gesamtzusammenhang von Zeitfolgen menschlicher Weltveränderung charakterisieren. Er billigt einer solchen Theorie der sozialen Evolution die Funktion eines allgemeinen Interpretationsrahmens für die historische Forschung zu. Nicht jedoch solle sie zu einer narrativen Präsentation der von ihr angesprochenen Sachverhalte dienen können; die Geschichtsschreibung als ein von der Geschichtsforschung zu unterscheidender – eben spezifisch narrativer – Umgang mit der menschlichen Vergangenheit könne solche Theorien nicht gebrauchen. Während die Geschichtsforschung auf theoretische Bezugsrahmen der historischen

Interpretation angewiesen sei, folge die Geschichtsschreibung der Logik eines sinngebenden common sense, der sich als Faktor lebensweltlicher Zweckbestimmungen von Handeln nicht in eine Theorieform bringen lasse. Die Geschichtsschreibung, die vergangene Zeitfolgen menschlichen Handelns narrativ vergegenwärtigt, wird also streng von der Geschichtsforschung als der methodischen Operation geschieden, durch die aus den Quellen ein Wissen darüber erzeugt wird, welche Handlungen unter welchen Umständen mit welchen Absichten und mit welchen Resultaten erfolgt sind. Da ein solches Wissen ohne theoretische Annahmen über allgemeine Zusammenhänge von Umständen, Absichten und Resultaten von Handlungen nicht möglich ist, ist die Geschichtswissenschaft als Forschung theoriebedürftig und fähig, sozialwissenschaftliche Theorien in historische Erkenntnisse umzusetzen. Habermas sieht es jedoch als verhängnisvoll an, solche Theorien in Bezugsrahmen narrativer Rekonstruktionen umzusetzen. Immer dann, wenn Theorien allgemeine Entwicklungen formulieren, seien sie mit der Partikularität unvereinbar, die alle erzählbaren Geschichten charakterisiere.

Bringt man also die Narrativität der Geschichtsschreibung als Argument in die Diskussion der Frage ein, ob und in welcher Weise die Geschichtswissenschaft mit Theorien arbeiten kann und muß, dann scheint eine Rehabilitierung des Individualitätsaxioms des Historismus unvermeidlich; alle Theorien, die Entwicklungen thematisieren und dabei mit Universalien der menschlichen Weltveränderung arbeiten, überschreiten die Partikularität, die jede narrative Vergegenwärtigung vergangener Veränderungen der menschlichen Welt kennzeichnet, und scheinen daher zur Organisation von Geschichtsschreibung nicht verwendbar. Das Narrativitätskriterium, das jede Erkenntnis erfüllen muß, um überhaupt als historische auftreten zu können, scheint also – wenn überhaupt – nur einen restriktiven Gebrauch von Theorien in der Geschichtswissenschaft zuzulassen.

Gegen diese Konsequenz aus der Einsicht in die narrative Struktur historischen Wissens möchte ich drei Bedenken anmelden:

Läßt sich erstens die strenge Unterscheidung zwischen Geschichtsforschung und Geschichtsschreibung aufrechterhalten, wenn Geschichte forschungsbezogen geschrieben werden soll? Ich möchte behaupten: Eine narrative Freiheit der Geschichtsschreibung von Bindungen an Theorien ist nur um den Preis derjenigen Wahrheitsansprüche zu erlangen, die aus einer diskursiven Begründung und entsprechenden Theoretisierung des Bezugsrahmens der historischen Interpretation folgen. Die Erkenntnischancen eines forschenden Gebrauchs historischer Theorien müssen historiographisch durch eine Theoriegeleitetheit der narrativen Darstellung realisiert werden.

Wie ist zweitens die Tatsache zu beurteilen, daß ungeachtet der erkenntnistheoretisch anscheinend zwingenden Restriktion von Geschichtsschreibung auf partikulare Entwicklungen die großen Formen der Geschichtsschreibung immer universale Theorien der geschichtlichen Entwicklung verwendet haben? Ich möchte behaupten: Diese Tatsache muß als Kritik an einer Beschränkung der narrativen Organisation von Geschichtsschreibung auf Gesichtspunkte lebensweltlicher Handlungsorientierung und als Hinweis auf Möglichkeiten eines narrativen Theoriegebrauchs zur Geltung gebracht werden. Die bisher ausgearbeiteten Theorien des narrativen Charakters der historischen Erkenntnis berücksichtigen nicht hinreichend, daß die lebensweltlich vorgegebenen Sinnkriterien des historischen Erzählens in forschungstechnisch operationalisierbare Theorien geschichtlicher Entwicklungen transformiert und daß mit diesen Theorien die lebensweltlichen Sinnkriterien des historischen Bewußtseins durch eine wissenschaftliche Geschichtsschreibung kritisiert werden können.

Führt drittens die common sense-Regelung narrativer Rekonstruktionen der Vergangenheit notwendig nur zu partikularen Geschichten oder enthält sie theoretisierbare Universalien? Ich möchte behaupten: Jeder Leitfaden, dem eine narrative Rekonstruktion der menschlichen Vergangenheit folgt, enthält Bestimmungen von Geschichte als Totalität, die in eine Theorieform gebracht werden können und die in dieser Form von einer Geschichtsschreibung mit Wissenschaftsanspruch verwendet werden müssen. Wie lassen sich diese Behauptungen begründen?

3. Über das Verhältnis von Geschichtsforschung und Geschichtsschreibung

Es ist nicht einzusehen, warum Theorien im Bereich der historischen Forschung nicht so auf die narrative Organisation einer forschungsorientierten Geschichtsschreibung durchschlagen, daß diese in eben demselben Maße durch Theorien bestimmt wird wie die Forschung, deren Ergebnisse sie verarbeitet.

In der jüngsten Diskussion der westdeutschen Historiker über Möglichkeiten und Grenzen des Theoriegebrauchs in der Geschichtswissenschaft wurden mit dem Narrativitätskriterium die Versuche kritisiert, durch Einführung expliziter Theorien das Erklärungspotential der Geschichtswissenschaft und ihre Kooperationsfähigkeit mit den systematischen Sozialwissenschaften zu steigern.[156] Um die Eigenständigkeit der Geschichtswissenschaft mit einer für sie spezifischen und von keiner anderen Wissenschaftsdisziplin zu übernehmenden Aufgabe zu begründen, wird ihr eine narrative Erklärungsfunktion zugesprochen, die den Spielraum von Erklärungen mit Hilfe expliziter Theorien systematisch einschränkt. Dabei wird dem Mißverständnis der Argumente von Danto und Baumgartner Vorschub geleistet, Erklärung durch Erzählen mache als eigentlich historisches Verfahren andere Erklärungsarten für die Geschichtswissenschaft überflüssig. Zugestanden wird indes höchstens ein heuristischer Nutzen expliziter Theorien, – deren Funktion wird also auf die niedrigste Stufe der methodischen Operationen der historischen Forschung eingeschränkt.[157]

Gewiß entspricht dies nicht der Absicht, mit der Habermas Forschung und Geschichtsschreibung hinsichtlich ihrer Theoriefähigkeit streng unterscheidet. Im Gegenteil: Er will mit dieser Unterscheidung gerade begründen, warum und wie man sozialwissenschaftliche Theorien in der Geschichtswissenschaft anwenden kann. Seine Unterscheidung läßt sich aber wissenschaftsstrategisch umkehren und dabei mit dem Gewicht des Arguments versehen, daß nur die Forschung als eigentlich historische anzusehen sei, die in Geschichtsschreibung münde. Habermas hat kritisch gegenüber Tenbrucks Plädoyer für eine Erneuerung des späthistoristischen Individualitätsaxioms[158] auf theoriegeleitete Formen von Geschichtsschreibung hingewiesen, die die narrative Brauchbarkeit sozialwissenschaftlicher Theorien erweisen.[159] Ich möchte der Intention dieses Hinweises folgen und ihn systematisch verstärken: Narrativ ist jede Geschichtsschreibung; die Geschichtswissenschaft hat mit dem Narrativitätskriterium sich lediglich als literarische Veranstaltung wiederentdeckt,[160] aber damit noch nichts zur Realisierung des Erkenntnisfortschritts getan, zu dem sie als Wissenschaft verpflichtet ist. Forschungsbezug ist das Kriterium, das zur Narrativität notwendig hinzugedacht werden muß, damit diejenige Geschichtsschreibung in den Blick kommt, die für die Geschichte als Wissenschaft charakteristisch ist. Damit aber wird Theoriegebrauch zu keinem Abgrenzungskriterium der Forschung von der Geschichtsschreibung, sondern zu einem Ansinnen an die Geschichtsschreibung.

Kein Historiker, der in seinen Forschungen vergangenes menschliches Handeln mit Hilfe von Theorien komplexer zeitlicher Handlungsfolgen identifiziert, erklärt, abgrenzt, vergleicht und spezifiziert, wird in der historiographischen Darlegung seiner Forschungsergebnisse darauf verzichten, die Gründe dafür (theoretisch) anzugeben, warum er das von ihm behandelte Stück Vergangenheit so und nicht anders interpretiert. Seine narrative Anordnung der zeitlichen Handlungsfolgen dürfte dafür in der Regel nicht ausreichen. Er erzählt immer weniger, als er interpretiert,[161] und dieser diskursiv und nicht narrativ vorgebrachte Interpretationsüberschuß charakterisiert den Forschungsbezug seiner Historiographie. Ich kann mir keine wissenschaftlich anspruchsvolle Geschichte der Industrialisierung oder einer Revolution denken, in der nicht diskursiv zwischen verschiedenen Hypothesen darüber abgewogen und entschieden würde, welche Faktoren in welcher Gewichtung für die Entstehung der industriellen Wirtschaftsform oder für den Ausbruch einer Revolution zu veranschlagen sind.

Gibt es Theorien, mit denen forschend verfahren werden kann und deren Darlegung den Rahmen aller möglichen Historiographie sprengt? Spekulative Geschichtsphilosophien lassen sich forschend nicht verwenden; deswegen sind sie vom Historismus kritisiert worden, obwohl er ihnen in der Organisation seiner Forschung und seiner Geschichtsschreibung in Form von Interpretationsrahmen und narrativen Leitfäden in einer erkenntnistheoretisch dubiosen Weise[162] verpflichtet blieb. Theorien der sozialen Evolution – in gewisser Hinsicht Nachfolgerinnen der Geschichtsphilosophie – lassen sich auf doppelte Weise forschend verwenden: Entweder werden ihre Aussagen über universale gesellschaftliche Entwicklungen auf geschichtliche Ereignisse empirisch bezogen und dadurch sozusagen dingfest (im Sinne einer partikularen Empirie zeitlich realer Handlungsfolgen) gemacht; oder geschichtliche Ereignisse werden mit ihrer Hilfe hinsichtlich ihrer epochalen Signifikanz erschlossen und dadurch sozusagen typisch (im Sinne einer universalen Typologie zeitspezifischer Handlungsformen) gemacht. Mindestens die zweite Möglichkeit fällt in die Fachkompetenz des Historikers (die erste dürfte er eher als Anwendung seiner Forschung in der Soziologie einschätzen). Er wird seine evolutionstheoretische Interpretation der von ihm erforschten Sachverhalte in deren historiographisch narrative Rekonstruktion voll einbringen, und zwar in Form einer Begründung für die Bedeutung, die er diesen Sachverhalten in der Zeitfolge mit anderen beimißt. Der Meinungsstreit der Historiker, in dem der Erkenntnisfortschritt ihrer Wissenschaft betrieben wird, wäre ja auch kümmerlich, wenn er historiographisch so ausgetragen würde, daß seine Kontrahenten – eingedenk des Literaturnobelpreises für Theodor Mommsen und der allgemeinen Aversion gegen die hochelaborierte Fachsprache der theoretischen Soziologie – sich an Verständlichkeitsgebote der interessierten Öffentlichkeit hielten und wenn die Historiker ihren Habermas, Luhmann, Marx, Max Weber, Carl Schmitt oder wer immer Pate bei ihren Deutungen stand, zwischen den Zeilen ließen.

4. Über allgemeine Geschichtstheorien in der Entwicklung der Geschichtswissenschaft

Das Kriterium der Narrativität historischer Aussagen scheint einer Öffnung der historischen Erkenntnis für interpretierende Theorien dort eine unüberschreitbare Grenze zu setzen, wo solche Theorien Geschichte als Totalität realer zeitlicher Weltveränderungen durch menschliches Handeln konzipieren. Wie ist im Lichte einer solchen *erkenntnistheoretisch* vorgeschriebenen Begrenzung die *erkenntnispraktische* Tatsache zu beurteilen, daß universalistische Geschichtstheorien in allen großen Formen von Geschichtsschreibung verwendet worden sind? Dies gilt auch für die Geschichtsschreibung, die die Entwicklung der Historie als Wissenschaft begleitet. Ich erinnere an die *theoretical history* der schottischen Aufklärer, mit der sie die Stadien der gesellschaftlichen Entwicklung der Menschheit bestimmten und die sie zur sozialwissenschaftlichen Untermauerung ihrer Historiographie verwandten,[163] und an die gattungsspezifischen Entwicklungstheorien des Historismus, wie sie etwa in Droysens Konzeption der weltgeschichtlichen Dynamik der sittlichen Mächte,[164] in Rankes Vorstellung von Weltgeschichte als »Herbeiführung der verschiedenen Nationen und der Individuen zur Idee der Menschheit und der Kultur«, in der »der Fortschritt ein unbedingter« sei,[165] und in Burckhardts Schema der drei Potenzen und sechs Bedingtheiten als Konstituentien eines universalen Kulturentwicklungsprozesses[166] vorliegen.

Diese Theorien erscheinen heute überholt; die sie auszeichnenden Universalien menschlicher Weltveränderungen sind (hinsichtlich der Aufklärung) wegen ihrer ahistorischen Anthropologisierung und naturrechtlichen Normierung geschichtlich variabler Handlungsformen oder (hinsichtlich des Historismus) wegen ihrer theologischen und metaphysischen Elemente als nicht tragfähig kritisiert worden. Es sollte jedoch nicht übersehen werden, daß diese Theorien ihrerseits jeweils schon Produkte einer grundlegenden Kritik allgemeiner geschichtstheoretischer Annahmen darstellen. Die Fortschrittstheorie der Aufklärung kritisierte und ersetzte den heilstypologischen Rahmen des mittelalterlichen historischen Denkens; die Entwicklungstheorie des Historismus kritisierte und ersetzte die Fortschrittskonzeption der Aufklärung. Die Theorien wechselten also, die Theoriegeleitetheit der Geschichtsschreibung blieb.

Was folgt aus diesem historischen Befund systematisch? Es wäre ein naturalistischer Fehlschluß, aus der Tatsache, daß universale Geschichtstheorien in Geschichtsschreibung eingegangen sind, zu folgern, die Geschichtsschreibung müsse notwendig mit solchen Theorien organisiert werden. Soll aber andererseits nicht an dieser Geschichtsschreibung das transzendentalphilosophische Exempel der strikten Narration statuiert werden, sie sei gar keine, so daß die Historiker der Mühsal ausgeliefert würden, Geschichte wie noch nie zu schreiben, dann müßte gezeigt werden, daß und wie Theorien, die Geschichte mit Hilfe von Universalien zeitlicher Weltveränderung durch menschliches Handeln thematisieren, sinnvoll in der Geschichtsschreibung gebraucht werden können.

Kritik und Transformation allgemeiner Geschichtstheorien in den Paradigmawechseln der Geschichtsschreibung müssen als Konsequenz der lebensweltlichen Verankerung der Geschichtsschreibung im common sense ihrer Zeit verstanden werden. Gerade auf der Ebene solcher abstrakten Dimensionen, in denen die Vergangenheit ihren je anderen geschichtlichen Charakter gewinnt, werden die Erfahrungsschübe und normativen Umorientierungen deutlich sichtbar, die dem historischen

Denken aus seinem lebensweltlichen Kontext zuwachsen. Es ist trivial, daß das, was als Geschichte erzählt wird, sich danach richtet, was ihre Autoren und Adressaten an realer Veränderung ihrer Lebensverhältnisse erfahren und in den Orientierungsrahmen ihres Handelns erkennend verarbeiten müssen. Nicht trivial ist es, wie diese Verarbeitung in der Geschichtsschreibung vor sich geht:[167] Aus lebensweltlichen Erfahrungen und Absichten formiert sich ein Bezugsrahmen für die kognitive Aneignung von Vergangenheit, in dem die Geschichte immer schon vorentworfen ist, die dann erst mit Erfahrungsinhalten erzählt wird und als Erzählung handlungsorientierend (durch Präsentation zeitlicher Identitäten der handelnden Subjekte) wirkt.

Historiographie rekonstruiert vergangenes menschliches Handeln unter Vorgaben einer Identitätserwartung ihrer Autoren und Adressaten[168] (zusammengefaßt im weitesten Sinne als Öffentlichkeit), von der es abhängt, was eigentlich als erzählbare Geschichte in Frage kommt. Diese Vorgaben gehen in den Bezugsrahmen der historischen Interpretation ein und *werden dort in die Form von Theorien gebracht, die den geschichtlichen Charakter der menschlichen Vergangenheit generell definieren.* Von diesen Definitionen hängen die Regeln der historischen Methode ab, nach denen aus empirisch präsenter Vergangenheit reale Zeitabläufe menschlichen Handelns rekonstruiert werden. Narrativ-historiographisch werden diese Rekonstruktionen auf die Orientierungsbedürfnisse und Identitätserwartungen bezogen, die das historische Denken konstituieren; dabei werden die interpretierenden Theorien wieder um die common sense-Zusammenhänge bereichert, aus denen sie erwachsen sind und die im historischen Forschungsprozeß als solche nicht thematisiert werden.

Narrativität und Theorieform des historischen Denkens markieren seine Verwurzelung in der Lebenswelt und seine Distanz zur Lebenswelt. Lebensweltliches Geschichtenerzählen ist zeitliche Orientierung und Identitätssicherung handelnder Subjekte durch kognitive Verarbeitung von Kontingenzerfahrung. Diese kognitive Verarbeitung wird wissenschaftlich, indem die Wahrheitsansprüche erzählter Geschichten durch methodisch geregelte Begründungen systematisch gesteigert werden; historisches Denken wird dabei theoriebedürftig und theoriefähig. Es gewinnt seine Theorieform durch eine Transformation lebensweltlicher Sinnvermutungen gegenüber der Vergangenheit in methodisch prüfbare allgemeine Hypothesen über Zeitfolgen von Handeln: Orientierungsbedürfnisse und Identitätserwartungen werden zu forschungsleitenden Bezugsrahmen, nach denen aus empirisch präsenten Produkten und Bekundungen vergangenen Handelns und Leidens Entwicklungsprozesse menschlicher Weltveränderung rekonstruiert werden können. Dabei wird die ursprünglich praktische Orientierungsfunktion der erinnernden Zuwendung zur Vergangenheit ausgeblendet, damit die erinnerungsleitenden Hinsichten methodisch operationalisiert und theoretisch forschend verwendet werden können. Diese Ausblendung wird dann (mindestens partiell) rückgängig gemacht, wenn die erfolgten Rekonstruktionen historiographisch präsentiert werden. Dann nämlich erscheinen sie in der Form von Geschichten, die durch ihren Sinngehalt prinzipiell auf Handlungsorientierung angelegt sind. Nur ist dieser Sinngehalt durch Begründungen vermittelt, mit denen er sich durchaus auch gegen die ursprünglichen Orientierungsbedürfnisse und Identitätserwartungen sperren kann. Historisches Denken ist *kritisch* geworden. Diese kritische Funktion verdankt die Geschichtsschreibung der Transformation lebensweltlicher Orientierungsbedürfnisse und Identitätserwartungen in theorieförmige Interpretationsrahmen. Als Kritik dieser Bedürfnisse und Erwartungen ist die wissenschaftlich gewonnene Theorieform des historischen Denkens in der narrativen Präsentation von Vergangenheit erhalten geblieben.

Forschungsorientierte Geschichtsschreibung ist also durch ihren Sinngehalt auf common sense bezogen. Sie ist Geist vom Geiste vor- und außerwissenschaftlicher Handlungsorientierung. Sie ist aber immer mehr als das: Sie realisiert einen Theorieüberschuß über den Identitätsbedarf von Handlungssubjekten, der zur Geschichtsschreibung führt. *Meine These ist, daß dieser Theorieüberschuß als die eigentliche Vernunftleistung forschungsorientierter historischer Narration angesehen werden muß.* Mit ihm transzendiert die wissenschaftliche Geschichtsschreibung genau die Partikularität lebensweltlicher common sense-Orientierungen von Handeln, in deren Schranken das historische Denken durch Berufung auf seinen narrativen Charakter prinzipiell verwiesen werden soll.

Nach Habermas stehen historische Darstellungen »[...] auf der gleichen Ebene wie das historische Bewußtsein der Zeitgenossen. Zwischen dem Geschichtsschreiber und seinem Adressaten besteht kein Gefälle – wie zwischen dem Teilnehmer eines Diskurses und dem Handelnden.«[169] Dies ist plausibel, wenn man bedenkt, daß die Geschichtsschreibung durch Orientierungsbedürfnisse und Identitätserwartungen handelnder Subjekte lebensweltlich konstituiert wird. Durch ihre Forschungsorientierung gewinnt sie jedoch die Eigenschaft, das historische Bewußtsein der Zeitgenossen zu verändern. Diese Veränderungskapazität wird in ihrem Theorieüberschuß manifest. Mit ihm bringt sich der Geschichtsschreiber gegenüber seinem Adressaten mindestens in ein didaktisches ›Gefälle‹. Die Rezeption seiner Geschichtsschreibung erfolgt zwar im Rahmen des common sense, an dem er und sein Adressat gleichermaßen partizipieren; durch die Rezeption soll aber zugleich dieser common sense verändert werden, – hinsichtlich seines Gehaltes an historischem Bewußtsein vernünftiger werden, als er es ohne diese Geschichtsschreibung wäre. Geschichtsschreibung ist »[...] in jedem Falle abhängig [...] von der hermeneutischen Ausgangslage des Erzählers«.[170] Aber das heißt nicht, daß eine forschungsorientierte Geschichtsschreibung jeweils lebensweltlich geltende Traditionen affirmativ reproduziert; die Geschichte, die eine forschungsorientierte, d.h. durch methodischen Theoriegebrauch ausgezeichnete Geschichtsschreibung erzählt, ist immer (sozusagen forschungsapriorisch) *kritisierte Tradition.*

5. Über die systematische Bedeutung historischer Universalien

Ist in diesem Theorieüberschuß forschungsgeleiteter Geschichtsschreibung eine Verwendung von Universahen der Weltveränderung durch menschliches Handeln möglich? Universalien, die alle Zeitfolgen der menschlichen Weltveränderung zu einem gegenständlichen Ganzen zusammenschließen und »die« Geschichte aus den Quellen als Sachverhalt rekonstruieren lassen, sind prinzipiell ahistorisch, weil sie die für ein historisches Bewußtsein konstitutive Asymmetrie der Zeitdimensionen vernachlässigen.[171] Historische Erkenntnis kann also, wenn überhaupt, nur durch Universalien bestimmt werden, die dieser Asymmetrie entsprechen. Sie müssen also dort aufgesucht werden, wo Vergangenheit als eigener Erkenntnisbereich von Gegenwart und Zukunft abgegrenzt wird.

Lebenswelthch geschieht eine solche Abgrenzung, wenn Erfahrungen der Divergenz von Handlungsabsichten und Handlungsresultaten in Vorstellungen einer sich durchhaltenden Identität von Handlungssubjekten verarbeitet werden. Historische Erzählungen, die zeitlichen Identitätserwartungen entsprechen, sind genau so universell angelegt, wie menschliche Identität in zeitlichen Veränderungen durch Bezug auf Universalien auf Dauer gestellt werden soll. Vergangenheit kommt als Geschichte dann in den Blick, wenn sie als Bezugsfeld von Identitätserwartungen eine Bedeutung für den Orientierungsrahmen aktuellen Handelns gewinnt. Nun ist jeder Orientierungsrahmen von Handeln universell; in ihm ist eine Totalität von Mensch und Welt entworfen, die als Sinnkriterium für Zwecksetzungen fungiert. Die übliche Metapher des ›Horizonts‹ für den Sinnentwurf, dem Zwecksetzungen folgen, zeigt an, daß er die Gesamtheit aller erkennbaren, vollziehbaren und erwartbaren Handlungen umgreift. Eine narrative Vergegenwärtigung von Vergangenheit ist also immer durch die Universalien bestimmt, die Handlungsorientierungen den Charakter von Sinnhorizonten, von ›Weltanschauungen‹ verleihen. Geschichten erzählen heißt: zeitspezifische Erfahrungen in die Vorstellung eines umfassenden Sinnzusammenhangs von Mensch und Welt zu integrieren, mit denen handelnde Subjekte sich selbst (und als vergesellschaftete immer auch: sich wechselseitig) bestimmen, ihre Identität formulieren und in Form oberster Handlungsabsichten oder höchster Werte praktisch zur Geltung bringen.

Solche universalen ›weltanschaulichen‹ Handlungsorientierungen sind natürlich keine historischen Theorien. Sie führen aber zu historischen Theorien, zu Vorstellungen eines zeitlichen Gesamtzusammenhangs menschlicher Weltveränderungen in der Vergangenheit, *wenn die Vergangenheit als solche thematisiert wird,* um sie im Sinnhorizont gegenwärtiger Praxis zu halten. Dies ist dann der Fall, wenn Traditionen nicht mehr ausreichen, Erfahrungen gegenwärtiger gesellschaftlicher Veränderungen handlungsorientierend zu verarbeiten. In dem Maße, in dem solche Erfahrungen die von ihnen betroffenen Subjekte dazu nötigen, sich über sich selbst neu, d. h. in nicht-traditionaler Weise zu verständigen, um handlungsfähig zu bleiben, müssen sie die Sinnvorgaben ihrer Traditionen kritisieren. Dabei erscheint die in den Traditionen immer schon vergegenwärtigte Vergangenheit allererst als *Vergangenheit* und muß als solche neu angeeignet werden. Neue Aneignung von Vergangenheit bedeutet aber nicht, daß neue Geschichten erzählt werden müssen, nachdem die alten Geschichten ihre praktische Relevanz verloren haben, sondern daß die alten Geschichten neu erzählt werden müssen, damit sie ihre praktische Relevanz behalten, d. h. damit ihr Erfahrungsgehalt nicht verlorengeht, sondern um die neue Zeitdimension menschlicher Selbstidentität erweitert und vertieft wird, in die sich ein traditionssprengender lebensweltlicher Erfahrungsschub integrieren läßt.

Immer dann, wenn es aus Gründen der zeitlichen Vergewisserung menschlicher Selbstidentität notwendig wird, im Orientierungsrahmen der gesellschaftlichen Praxis Vergangenheit als Vergangenheit zu thematisieren, müssen historische Theorien gebildet werden. Indem sie Vergangenheit als einen Gesamtzusammenhang menschlicher Weltveränderung, also Geschichte als Totalität vergangener Zeitfolgen menschlichen Handelns konzipieren, leisten sie zweierlei: Als *historische* Denkformen halten sie die Differenz zwischen gegenwärtigen Handlungsentwürfen und vergangenen zeitlichen Handlungssequenzen fest; sie strukturieren Geschichte traditionskritisch als einen eigenen Erfahrungsbereich und erweitern damit den Spielraum identitätskonformer Gegenwartserfahrungen und Zukunftserwartungen. Als *genuin theoretische* Denkform halten sie an der Totalität vergangenen menschlichen Handelns fest und beziehen es dadurch in den Sinnhorizont aktueller Praxis ein; sie strukturieren Geschichte gegenwartskritisch als einen eigenen Bedeutungsbereich und erweitern damit den Spielraum identitätskonformer Vergangenheitserfahrungen.

Die eine Leistung ist ohne die andere nicht denkbar. Soll die Vergangenheit wirklich als eigener Erfahrungsbereich erschlossen und damit die historische Forschung als gegenstandsspezifisches wissenschaftliches Unternehmen in Gang gesetzt werden, dann genügt es nicht, Handlungen bloß aufgrund ihnen äußerlicher Zeitdatierungen als geschichtliche zu qualifizieren und von gegenwärtig vollzogenen und zukünftig zu erwartenden abzugrenzen; diese Zeitdatierungen müssen vielmehr eine Bedeutung gewonnen haben, die vergangenes Handeln allgemein als geschichtlich qualifizieren läßt. Und umgekehrt: Soll die Vergangenheit wirklich als eine eigene Dimension menschlicher Selbstverständigung in Anspruch genommen werden und damit überhaupt ein Interesse an einer gegenstandsspezifischen historischen Forschung geweckt werden, dann genügt es nicht, vergangene Handlungen bloß aufgrund ihrer abstrakten Vergleichbarkeit mit gegenwärtig vollzogenen und zukünftig zu erwartenden in den Erfahrungsbereich von Identitätsvergewisserungen einzubeziehen; ihre Vergangenheit muß ihnen vielmehr einen eigenen Erfahrungswert verleihen, nämlich den der Alterität, mit dem sie als geschichtliche gegenwartsrelevant werden.[172]

Die Geschichtsschreibung bedarf also allgemeiner Dimensionen, die die Vergangenheit als eigenen Erfahrungsbereich erschließen und sie als Geschichte den Identitätserwartungen der Gesellschaft zuordnen. Sollen solche Dimensionen nicht einfach narrativ gesetzt, sondern im Rahmen einer Geschichtsschreibung mit Wissenschaftlichkeitsanspruch diskursiv begründet werden, dann müssen sie zu Theorien ausgearbeitet und als Theorien auch historiographisch präsentiert werden. Auf historische Beispiele für solche Theorien habe ich schon hingewiesen.[173] Da aber die allgemeinen Geschichtstheorien der Aufklärung und des Historismus wegen der Kritik, die die für sie charakteristischen naturrechtlich-anthropologischen und geistesmetaphysischen Universalien gefunden haben, nicht mehr ohne weiteres für die heutige Geschichtsschreibung in Frage kommen, stellt sich die Frage, welche Theorien heute die skizzierten Aufgaben übernehmen können.

Eine marxistisch orientierte Geschichtsschreibung wird auf den historischen Materialismus verweisen und mit ihm ihre Überlegenheit hinsichtlich ihres Wissenschaftscharakters gegenüber allen Formen forschungsorientierter Geschichtsschreibung begründen, die auf einen expliziten Theoriegebrauch verzichten zu müssen glaubt. Solange es dem historischen Materialismus freilich nicht gelingt, der für ein historisches Bewußtsein konstitutiven Zeitasymmetrie zwischen Erfahrung der Vergangenheit und Erwartung der Zukunft in seinen Theoriekonzeptionen prinzipiell Rechnung zu tragen, bleiben diese Vorteile prekär. (Ebenso prekär bleiben jedoch auch die Vorteile eines Spielraums pluralistischer Perspektivierungen der Vergangenheit zur Geschichte, wenn in ihm durch Theorieverzicht die bloße Willkür der Historiker zur Entscheidungsinstanz über die Perspektivenwahl erhoben wird.)

Daß es jedoch auch Theorieangebote an die Geschichtsschreibung gibt, in denen die Zeitasymmetrie des historischen Bewußtseins gewahrt und zugleich ein allgemeiner zeitlicher Gesamtzusammenhang vergangener Weltveränderungen durch menschliches Handeln entworfen wird, dafür mag als Beispiel die Theorie der sozialen Evolution von Jürgen Habermas stehen. Denn diese Theorie betont ihren *rekonstruktiven* Charakter, verpflichtet sich also der Erschließung der Vergangenheit als eines abgrenzbaren Erfahrungsbereichs; sie beansprucht, soziale Evolution als den universalen Zeitzusammenhang menschlicher Weltveränderung thematisieren zu können, der die Zeitspezifik vergangener Handlungsfolgen bestimmbar macht, unterzieht sich also der Aufgabe, den geschichtlichen Charakter vergangenen Handelns generell zu formulieren, und schließlich bezieht sie sich auf diskursive Willensbildungsprozesse der Gegenwart,[174] ist also auf Handlungsorientierung angelegt.

Habermas hat den damit möglichen Gebrauch seiner Theorie der sozialen Evolution für die Geschichtsschreibung bezweifelt, weil durch eine solche Theoretisierung »theoretisch-narrative Mischformen« entstünden, »die einen problematischen Status haben«.[175] Diese Problematik entsteht nur dann, wenn die Narrativität von Geschichtsschreibung so interpretiert wird, daß der Leitfaden, dem jede Erzählung folgt, Geschichte als Totalität von Vergangenheit aus dem Umkreis erzählbarer Vergangenheit ausschließt. Das ist insofern richtig, als die ganze Geschichte nicht erzählt werden kann. Wohl aber muß sie auch (theoretisch) gedacht werden, damit vergangene Handlungsfolgen richtig erzählt werden können. ›Richtig‹ soll heißen: konform mit den Entwürfen einer Totalität, durch die Vergangenheit als eigener Erfahrungsbereich erschlossen und zugleich auf identitätsträchtige gegenwärtige Handlungsorientierungen hin notwendig bezogen wird. Geschichten, die solchen Entwürfen als Leitfäden verpflichtet sind, sind theoriegeleitet und hören dadurch nicht auf, narrativ zu sein.[176]

6. Über einige Unterschiede in der Bildung und Verwendung von Theorien für historische Zwecke

Die bisherigen Überlegungen galten dem Problem der Theorieförmigkeit des historischen Denkens überhaupt und bezogen sich überwiegend auf Theorien des zeitlichen Gesamtzusammenhangs vergangenen menschlichen Handelns. Die Geschichtswissenschaft – so war meine These – braucht solche Theorien, um Forschung und Geschichtsschreibung vernünftig zu organisieren. Es bleibt aber zu bedenken, daß die Historiker im Umgang mit den Quellen gar nicht direkt mit solchen Globaltheorien arbeiten, sondern mit Theorien eines anderen Typus. Wenn sie zeitlich begrenzte Handlungsfolgen und -komplexe aus den Quellen rekonstruieren und interpretieren, verwenden sie Bezugsrahmen, die in ihrer Reichweite mit der zeitlichen Begrenzung der gewählten Untersuchungsgegenstände zusammenfallen. Sie bemühen nicht gerade Theorien der Menschheitsentwicklung, um einzelne Sachverhalte, wie etwa eine Revolution, eine wirtschaftliche Krise, eine Phase der Bevölkerungsentwicklung in einem bestimmten Lande und ähnliches im Rückgriff auf die Quellen zu interpretieren und darzustellen, sondern sie werden dazu partielle, auf einzelne Zeitabschnitte und Sektoren des menschlichen Handelns beschränkte Theorien entwickeln und verwenden. Beispiele solcher Theorien sind die gar nicht immer und primär von Historikern ausgebildeten, aber immer weniger von Historikern außer acht gelassenen Theorien des Imperialismus, Revolutionstheorien, Theorien der wirtschaftlichen und sozialen Entwicklung in bestimmten Epochen.

Damit sind bereits zwei Typen von Theorien angedeutet, die die Praxis der Geschichtswissenschaft maßgeblich bestimmen. Sieht man genauer hin, dann lassen sich weitere Typen ausmachen, die auf unterschiedliche Weise in historische Interpretationen eingehen. Insgesamt möchte ich zur systematischen Analyse des Theoriegebrauchs in der Geschichtswissenschaft folgende Unterscheidungen vorschlagen:

a) Theorien des geschichtlichen Charakters menschlichen Handelns;
b) Theorien eines zeitlichen Gesamtzusammenhangs vergangener Weltveränderungen durch menschliches Handeln;
c) Theorien partieller Handlungskomplexe der Vergangenheit;
d) Theorien gegenwärtiger Verhältnisse;
e) theoretisch-normative Orientierungen gegenwärtiger Praxis;
f) Theorien mit hilfswissenschaftlichen Funktionen.

a) *Theorien des geschichtlichen Charakters menschlichen Handelns* legen fest, aufgrund welcher Eigenschaften menschliches Handeln generell als geschichtlich angesprochen wird. Sie charakterisieren diejenigen Handlungsvorgänge, in denen der Zeitablauf von Handeln ein Bestimmungsgrund für Handeln selber wird, in denen also (Hegelisch gesprochen) die Zeit des Handelns nicht etwas an ihm bleibt, sondern etwas für es geworden ist. (›Geworden‹ ist hier natürlich nicht zeitlich gemeint, sondern strukturell.) Sie zerlegen Handeln als Vollzug menschlichen Lebens in einzelne Faktoren, heben diejenigen Zusammenhänge zwischen den Faktoren hervor, die die weltverändernde Dynamik des Handelns ausmachen, und bringen sie in die Form allgemeiner Regeln. Solche Theorien sind keine Theorien wirklicher, d.h. chronologisch identifizierbarer Zeitabläufe menschlichen Handelns, sondern Theorien aller möglichen Geschichte.[177] Sie grenzen aus dem Gesamtbereich aller möglichen Erfahrungen den Bereich geschichtlicher Erfahrungen heraus und ordnen ihn nach obersten Gesichtspunkten. Hierhin gehören Unterscheidungen von Natur und Geschichte, Aussagen über allgemeine Zeitstrukturen des menschlichen Handelns, d.h. überhaupt alle Theorien, die die Geschichtlichkeit des Menschen, sei es generell oder bezogen auf einzelne Komplexe seiner Lebensregelung (Bedürfnisse, Arbeit, Herrschaft, Sprache usw.), thematisieren. Als Beispiele[178] seien genannt: die im Historismus zentrale Theorie der gattungsspezifischen Intentionalität des menschlichen Handelns als ›schaffender Kraft‹ menschlicher Weltveränderung (›Ideen‹); Jacob Burckhardts Theorie der drei Potenzen und sechs Bedingtheiten; Marx' Theorie der ›Ersten geschichtlichen Tat‹ als Produktionsmittelerzeugung und Generierung neuer Bedürfnisse;[179] Max Webers soziologische Grundbegriffe.[180]

b) *Theorien eines zeitlichen Gesamtzusammenhangs vergangener Weltveränderungen* durch menschliches Handeln entwerfen Bezugsrahmen, in denen chronologisch identifizierbare vergangene Handlungen durch ihre synchrone und diachrone Beziehung zu anderen Handlungen charakterisiert werden können. Sie ordnen den Zeitablauf menschlicher Weltveränderungen unter obersten Gesichtspunkten ihrer Bedeutung für die Gegenwart und transformieren dadurch Naturzeit in Geschichtszeit; aus Abläufen werden Entwicklungen, aus Weltzeit wird Systemgeschichte.[181] Solche Theorien ermöglichen allgemeine Periodisierungen; sie legen Gleichzeitigkeit und Ungleichzeitigkeit realer vergangener Handlungen nichtchronologisch (›chronologisch‹ im Sinne von ›naturzeitlich‹) nach Kriterien ihrer inneren Zeitspezifik fest. Mit ihnen lassen sich Zeitfolgen realer vergangener Handlungen als Beschleunigungen, Regressionen, statische oder dynamische Prozesse interpretieren. Hierhin gehören: Theorien der sozialen Evolution, der Kulturentwicklung; genetische Theorien gattungsspezifischer Kompetenzen; alle auf reale chronologische Abläufe bezogenen Fortschritts-, Verfalls- und Zyklen-Theorien mit ihren Mischformen; alle allgemeinen Periodisierungen; Unterscheidungen von Vorgeschichte und Geschichte; Entwürfe von universalhistorischen Typologien und schließlich auch (freilich nur als Verfallsprodukte) die Buchdeckelsynthesen moderner Weltgeschichten. Als Beispiele seien genannt: die *natural history* der schottischen Aufklärungshistorie;[182] »[...] die allgemeinsten Gesetzmäßigkeiten der gesellschaftlichen Entwicklung, die den Gegenstand des historischen Materialismus bilden«;[183] Max Webers These von der universalen Rationalisierung und Entzauberung.[184]

c) *Theorien partieller Handlungskomplexe der Vergangenheit* sind Bezugsrahmen, in denen begrenzte, chronologisch und geographisch fixierte zeitliche Handlungsfolgen interpretiert werden. Jürgen Kocka hat sie folgendermaßen definiert: »Explizite und konsistente Begriffs- und Kategoriensysteme, die der Erschließung und Erklärung von bestimmten historischen Phänomenen und Quellen dienen, aber nicht hinreichend aus den Quellen abgeleitet werden können.«[185] Ihre Leistungen lassen sich (in enger Anlehnung an Kocka[186]) folgendermaßen charakterisieren: Sie regeln nach der Wahl des Untersuchungsgebietes bzw. nach der Festlegung des historiographischen Themas die Auswahl des Untersuchens- bzw. Darstellenswerten, indem sie festlegen, was an Quelleninformationen wesentlich und wichtig ist und was nicht; sie entwickeln »[...] überprüfbare Hypothesen zur Verknüpfung der untersuchten Wirklichkeitsbereiche«,[187] und zwar sowohl in synchroner Hinsicht, die funktionale und strukturelle Beziehungen zwischen Teilbereichen komplexer Sachverhalte betrifft, wie auch in diachroner Hinsicht, die Ursachen, Triebkräfte, Bedingungen und Folgen von Veränderungen durch Handeln betrifft; sie ermöglichen eine genaue zeitliche Abgrenzung der untersuchten Phänomene und eine genaue Unterscheidung verschiedener Entwicklungsebenen und Abläufe; sie ermöglichen synchrone und diachrone Vergleiche und dienen schließlich zur Ausbildung und Verwendung spezieller Theorien, die Teilbereiche des Untersuchungsgegenstandes betreffen. Beispiele sind: Theorien des Imperialismus, des Faschismus, der Revolution.

d) *Theorien gegenwärtiger Verhältnisse* charakterisieren den lebensweltlichen Zusammenhang, in dem die Geschichtsforschung und die Geschichtsschreibung stehen. Sie dienen dazu, vergangene zeitliche Handlungsfolgen den Umständen zuzuordnen, unter denen gegenwärtige gesellschaftliche Praxis erfolgt, solche Zuordnungen und die aus ihnen folgende Perspektivik historischer Rekonstruktionen der Vergangenheit zu explizieren und zu begründen und die damit verbundene Wahl der historischen Interpretationsrahmen zu rechtfertigen. Sie formulieren Gegenwartserfahrungen als Handlungsbedingungen, an denen historische Identitätsbildungen ausgerichtet werden müssen, wenn sie tragfähige Zukunftsperspektiven eröffnen sollen. Hierhin gehören alle diejenigen sozialwissenschaftlichen Theorien, die aktuell gegebene gesellschaftliche Verhältnisse und aktuell sich vollziehende Vergesellschaftungsprozesse nicht in Form eines technisch verwertbaren Wissens, sondern in Form von Zeitdiagnosen begreifen. Beispiele sind Hans Freyers *Theorie des gegenwärtigen Zeitalters*[188] und Jürgen Habermas' *Legitimationsprobleme im Spätkapitalismus*.[189] Hierhin gehören auch aus der Tradition der Geschichtswissenschaft die Politiken, die führende Vertreter des Historismus im 19. Jahrhundert (wie Droysen, Sybel, Treitschke, Dahlmann und andere) als Bezugsrahmen der Gegenwartsorientierung ihrer Historiographie expliziert haben.[190]

e) *Theoretisch-normative Orientierungen gegenwärtiger Praxis* bilden normative Bezugsrahmen, die die mögliche Bedeutung vergangenen menschlichen Handelns für die gegenwärtige Selbstverständigung von Handlungssubjekten festlegen. Sie explizieren und begründen systematisch die Normen, auf die bezogen Gegenwartserfahrungen zu einer nichttechnischen, sondern zeitdiagnostischen Handlungsorientierung verarbeitet werden können. Sie sind daher eine notwendige Voraussetzung für die Theorien gegenwärtiger Verhältnisse, die in Entwürfe historischer Identitäten eingehen. Sie überschreiten den Horizont der Erfahrung gegenwärtiger Handlungsumstände, indem sie Absichten formulieren, in denen diese Umstände selber zu Objekten von Handlungen werden. Auf die Vergangenheit zurückgewendet, organisieren sie systematisch die historische Urteilsbildung; sie bilden deren Maßstab, insofern vergangene zeitliche Handlungsfolgen danach beurteilt werden, ob und in welchem Ausmaß sie als genetische Voraussetzungen für normativ projektierte zukünftige Handlungen interpretiert werden können. Hierhin gehören alle systematisch entfalteten und begründeten Normierungen von Praxis: nicht-formalistische Ethiken, normative politische Theorien, naturrechtliche Systeme, Interpretationen von Handlungsmustern als ›klassisch‹, Theorien der Emanzipation und der menschlichen Freiheit. Als Beispiele solcher systematisch ausgearbeiteten Handlungsorientierungen, die auch auf historisches Denken paradigmatisch durchgeschlagen sind, sei auf die Bedeutung des Naturrechts für die Aufklärungshistorie, politischer Normen der bürgerlichen Emanzipation für die liberale Geschichtsschreibung und natürlich der Kommunismusvorstellung für die marxistische Geschichtsforschung und Geschichtsschreibung hingewiesen.

f) *Theorien mit hilfswissenschaftlichen Funktionen* sind alle die Resultate nomologischer Wissenschaften, die zur Rekonstruktion vergangener menschlicher Handlungen verwendet werden können. Mit ihnen werden quellenkritische Probleme gelöst, natürliche Bedingungen und technische Voraussetzungen von Handeln festgestellt und Handlungszusammenhänge durch Rekurs auf allgemeine (nicht zeitspezifische) Gesetzmäßigkeiten erklärt. Hierhin gehören Datierungen von Quellen aufgrund ihrer natürlichen Eigenschaften mit Hilfe naturwissenschaftlicher Erkenntnisse; Abschätzungen von Wahrscheinlichkeiten von Ereignissen und Ereignisfolgen durch Verwendung der Erkenntnisse derjenigen Wissenschaften, zu deren Gegenstandsbereich Ereignisse gleicher oder ähnlicher Art gehören; Charakterisierungen innerer und äußerer Handlungsumstände, die nicht schon hinreichend aus geschichtlichen Entwicklungen folgen. Besonders instruktive Beispiele solcher hilfswissenschaftlichen Theorien sind die Datierungsmethoden, die auf naturwissenschaftlichen Erkenntnissen beruhen. Als Beispiel für eine nomologische Erklärung mit Hilfsfunktion für eine historische Interpretation mag das von Max Weber mehrfach bemühte Greshamsche Gesetz genannt werden, mit dem Phänomene der Geldzirkulation *in* historischen Zusammenhängen (nicht: *als* historische Zusammenhänge) erklärt werden können.[191]

7. Über narrativen Theoriegebrauch

Die Erzählung ist die angemessene Form, um Aussagen über geschichtliche Zusammenhänge von Handeln zu machen. Sie ist »Mimesis des Werdens«[192]; sie bringt zum Ausdruck, daß Zeitfolgen von Handeln einen Sinn haben (können), der sich auf Orientierungsprobleme gegenwärtigen Handelns beziehen läßt. Theorien sind – auf den ersten Blick – ganz andere Formen von Aussagen darüber, wie Geschehnisse aufeinander folgen: Sie besagen, daß ein Geschehen unter bestimmten Bedingungen immer so und nicht anders abläuft, und dienen zur Erklärung dafür, warum etwas unter bestimmten Bedingungen so und nicht anders geschehen ist oder geschehen wird. Sie scheinen also gerade von der Zeitspezifik abzusehen, die durch Erzählen zum Ausdruck gebracht wird. Dies ist augenfällig bei den in der Geschichtswissenschaft hilfswissenschaftlich verwendeten nomologischen Theorien. Gilt dies aber für alle Theorietypen, die in der Arbeit der Historiker vorkommen?

Theorien des geschichtlichen Charakters menschlichen Handelns sind keine Erzählungen, sondern Aussagen darüber, was menschliches Handeln eigentlich erzählbar macht. Sie thematisieren nicht ein bestimmtes Werden, dessen gedankliche Mimesis eine Erzählung, eine Geschichte wäre, sondern Werden überhaupt, das sich wohl denken, nicht aber erzählen läßt. Anders ist es mit den Theorien eines zeitlichen Gesamtzusammenhangs und mit den Theorien partieller zeitlicher Handlungskomplexe. In ihnen wird jeweils *ein* Werden thematisch, – sie sind also auf etwas bezogen, das als Geschichte begriffen und durch eine Erzählung zur Sprache gebracht werden muß. Aber sie sind deshalb noch keine Erzählungen, keine mimetischen Darstellungen zeitlicher Handlungszusammenhänge; eine Theorie des Imperialismus ist noch keine Geschichte des Imperialismus. Wären sie es, hätte es keinen Sinn mehr, Theorien hinsichtlich der für sie spezifischen (und problematischen) Form historischer Aussagen zu unterscheiden. Diese Unterscheidung meinte Max Weber, als er betonte, »[...] daß idealtypische Entwicklungskonstruktion und Geschichte zwei streng zu scheidende Dinge sind.«[193] Historische Theorien konstruieren Geschichten, sie erzählen sie nicht. Ist eine historische Erzählung Mimesis eines Werdens, so ist die für sie einschlägige Theorie eine Konstruktion dieses Werdens. Theorien sind also Konstruktionen, nach denen erzählt werden kann, sie sind sozusagen Erzählgerüste, Baupläne von Geschichten.[194]

Ich möchte also behaupten, daß es eine theorielose Geschichte gar nicht gibt. Jeder Geschichte liegt ein konstruktiver Entwurf des zu Erzählenden zugrunde, den ich narratives Konstrukt nennen möchte. *Historische Theorien sind explizite und begründete narrative Konstrukte.* Der Terminus ›Theorie‹ soll besagen, daß solche Entwürfe von Geschichten nicht beliebig sind, sondern vielmehr in die Form von begründeten Aussagen über zeitspezifische Handlungszusammenhänge gebracht werden müssen, wenn die Geschichten, die nach ihnen organisiert werden, gut begründete Geschichten sein sollen. Denn Geschichten sind nicht dann gut begründet, wenn das, was sie erzählen, sich wirklich ereignet hat. Da ich dieselben Ereignisse auch in durchaus unterschiedlichen, ja einander widersprechenden Geschichten erzählen kann, bezieht sich die Begründbarkeit einer Geschichte als Geschichte nicht ausschließlich auf ihren Erfahrungsgehalt; – sie bezieht sich vielmehr auf die narrative Organisation dieses Gehaltes zu einer Geschichte durch die *allgemeinen* Hinsichten, nach denen die Quellenaussagen zu Zeitzusammenhängen menschlicher Weltveränderung durch Handeln geordnet werden. Die Begründbarkeit einer Geschichte hängt also von dem narrativen Konstrukt ab, von dem Gebrauch gemacht wird, wenn Erfahrungen von vergangenen Handlungen und ihren zeitlichen Zusammenhängen zu Geschichten verarbeitet werden. Diese Geschichten stehen nicht so in den Quellen, daß sie aus ihnen (quellenkritisch) erhoben werden könnten. Sie werden als Entwürfe an die Quellen herangetragen und mit solchen Entwürfen als Bezugsrahmen einer historischen Interpretation der Quellenaussagen erzählt. Diese Entwürfe sind nicht schon von vornherein ›Theorien‹; erst dann, wenn sie zu einem komplexen Hypothesengeflecht ausgearbeitet und eigens begründet werden, also als ein Organon der historischen Forschung und der Geschichtsschreibung methodisch entwickelt und für sich diskutiert werden können, gewinnen sie die Form historischer Theorien und stellen sich als Theorien partieller Handlungskomplexe der Vergangenheit dar.[195]

Abgesehen von den hilfswissenschaftlichen Theorien, dienen sämtliche Theorieformen dazu, Entwürfe von Geschichten zu narrativen Konstrukten auszuarbeiten. In ihrer je eigenen Typik werden sie nicht direkt als Mittel der historischen Forschung und der Geschichtsschreibung verwendet (mit Ausnahme der Theorien eines zeitlichen Gesamtzusammenhangs für Universal- oder Weltgeschichten). Denn wie läßt sich ein narratives Konstrukt theoretisch erstellen?

Um diese Frage zu beantworten, ist es nötig, die hinreichenden Bedingungen dafür zu nennen, daß ein Zusammenhang von Aussagen als Geschichte in dem Sinne verstanden werden kann, wie Historiker Geschichte schreiben. – Am Anfang jeder Geschichte steht (genetisch gesehen) nicht ihr Anfang, sondern ihr Ende: Einem Resultat vergangenen menschlichen Handelns wird eine solche Bedeutung für gegenwärtiges Handeln beigemessen, daß seine Genese (wie es eigentlich geworden) zu kennen wichtig wird. Die Genese ist dann gegeben, wenn eine zu diesem Resultat führende empirische Handlungsfolge gefunden worden ist, deren Sinn die in Frage stehende Bedeutung aufklärt. (Der Anfang der Handlungsfolge ergibt sich daraus, daß nur soweit zeitlich rückwärts gegangen zu werden braucht, bis sich der gesuchte Sinn ergibt). Jede Geschichte handelt also von vergangenen Zeitfolgen menschlichen Handelns; sie hat einen Anfang und ein Ende; sie präsentiert diese Zeitfolge als einen Sinnzusammenhang, der für gegenwärtiges Handeln eine Bedeutung hat. Ihr narratives Konstrukt legt fest, welches zeitlich und räumlich identifizierbare Handeln in Frage kommt, wonach Anfang und Ende bestimmt werden und welcher Sinn ihr aufgrund welcher Bedeutung zukommt. Dieses Konstrukt in Theorieform zu bringen, heißt, den gewählten Erfahrungsinhalt, die gewählte Zeitsequenz und die gewählten Bedeutungsaspekte zu explizieren und zu begründen.

Dies geschieht folgendermaßen: Durch Theorien gegenwärtiger Verhältnisse und theoretisch-normative Orientierungen gegenwärtiger Praxis werden Bedeutungsaspekte für reale (noch: gegenwärtige) Voraussetzungen, Bedingungen, Umstände und Vollzüge von Handlungen festgelegt. Durch Theorien des geschichtlichen Charakters menschlichen Handelns werden mögliche Sinnzusammenhänge zeitlicher Handlungsfolgen festgelegt. Werden nun die Gegenwartstheorien (Typ d und e) auf die Geschichtlichkeitstheorien (Typ a) bezogen, dann ergibt sich aus möglichen Sinnzusammenhängen ein Zeitraster wirklicher Handlungsabläufe, und mit diesem Raster werden diejenigen Zeitsequenzen zeitlich und inhaltlich abgegrenzt und allgemein charakterisiert, die für die speziell gewählten Bedeutungsaspekte und Gegenwartserfahrungen als historisches Pendant in Frage kommen. Damit ist ein narratives Konstrukt ausgearbeitet.

Ich möchte dies am Beispiel des Weberschen Konstrukts einer Geschichte von der protestantischen Ethik und dem Geist des Kapitalismus erläutern (d.h. nicht, daß ich die Geschichte erzählen will, wie es zu Webers bekannter historischer These gekommen ist, sondern daß ich die theoretischen Begründungen dafür angeben will, die erfüllt sein mußten, damit es zur Konzeption dieses – in einer Geschichte erzählbaren – historischen Zusammenhangs kommen konnte).

Daß der Kapitalismus die »schicksalsvollste Macht unseres modernen Lebens« ist,[196] stellt zusammen mit der These der »[...] absolut unentrinnbare) Gebanntheit unserer Existenz, der politischen, technischen und wirtschaftlichen Grundbedingungen unseres Daseins, in das Gehäuse einer fachgeschulten Beamtenorganisation«[197] die Quintessenz der Weberschen Theorie gegenwärtiger Verhältnisse dar. Ähnlich läßt sich seine theoretisch-normative Orientierung der gegenwärtigen Praxis zu der ›zentralen Frage‹ zusammenfassen, »[...] was wir dieser Maschinerie *entgegenzusetzen* haben, um einen Rest des Menschentums freizuhalten von dieser Parzellierung der Seele, von dieser Alleinherrschaft bürokratischer Lebensideale«.[198] Werden diese beiden Aspekte auf die Gegenwart bezogen, dann erscheinen dominierende Gegenwartserfahrungen im Lichte einer obersten Handlungsabsicht. Webers allgemeine Geschichtlichkeitstheorie steckt in seinen ›soziologischen Grundbegriffen‹[199] Sie expliziert die geschichtskonstituierende Dynamik menschlicher Weltveränderung als eine interessengebundene und interpretationsgeformte Intentionalität[200] menschlicher Vergesellschaftung. Bezieht man diese Theorie auf die Gegenwartstheorie der schicksalhaften Bedeutung der Bürokratisierung und des Kapitalismus und auf die normative Absicht auf freie Subjektivität, dann ergibt sich als Theorie eines zeitlichen Gesamtzusammenhangs die bekannte These von der universalen Rationalisierung und Entzauberung, die W. J. Mommsen so zusammengefaßt hat: »Der Prozeß der Geschichte [...] läßt sich [...] in dem Bilde eines stetigen Gefälles von überwiegend charismatischen zu traditionalen und schließlich zu bürokratischen Lebens- und Herrschaftsformen beschreiben, das immer wieder ganz oder teilweise von charismatischen Eruptionen durchbrochen und in neue Richtungen gelenkt wird«.[201] Bezieht man nun diese Theorie auf die Frage nach der Bedeutung der Religion für die Entstehung des Kapitalismus und grenzt dadurch die entsprechenden historischen Erfahrungsbereiche und Handlungssequenzen heuristisch ein, dann ergibt sich das narrative Konstrukt einer Geschichte, die den historischen Zusammenhang zwischen der protestantischen Ethik und dem Geist des Kapitalismus präsentiert.

Natürlich ist diese Skizze eines narrativen Konstrukts selber konstruiert. Ich behaupte nicht, daß alle Historiker so vorgegangen sind oder so vorgehen müssen, wenn sie eine Geschichte entwerfen, wohl aber, daß sich die Baupläne ihrer Erzählungen zu Theorien explizieren und als Theorien begründen lassen. Es lassen sich die dafür in Anspruch zu nehmenden Theoriebereiche und Theorieformen auch anders voneinander unterscheiden und aufeinander beziehen, und sicher müssen die hier entwickelten Vermittlungen zwischen verschiedenen Theorie-Arten genauer untersucht werden, um die Eigenart narrativer Konstrukte weiter zu explizieren und zu begründen. (Analysen einzelner historiographischer Werke unter dem Gesichtspunkt ihres narrativen Aufbaus durch Theoriegebrauch könnten hier wertvolle Aufschlüsse geben.) Entscheidend aber ist, daß historische Erzählungen, soll die Art, wie in ihnen Vergangenheit narrativ erinnert wird, nicht willkürlich sein, sondern begründet werden, theoriebedürftig und theoriefähig sind.

Ohne explizite Theorien sind historische Erzählungen nur mimetisch. Ihre Anschaulichkeit und Plastizität verleihen ihnen einen ästhetisch-literarischen Wert, – ihre Begründungen aber bergen sie nicht in sich. Durch Theorien werden historische Erzählungen konstruktiv. Damit wird ihr mimetischer Charakter nicht aufgehoben, nur gehen ihre Anschaulichkeit und Plastizität zugunsten eines Gewinns an Trennschärfe und Präzision verloren,[202] – zugleich aber haben die historischen Erzählungen ihre Begründungen in sich. Damit müssen sie nicht notwendig ästhetisch wertlos werden (denn dann wären dies auch viele bedeutende moderne Romane). Die Charakterisierung von Historiographie als narrative *Rekonstruktion* gewinnt erst hier den genauen Sinn, daß historische Erzählungen vernunftfähig sein können; denn mit ihrem konstruktiven Charakter realisiert eine historische Geschichte die Begründungen, die sie erst vernünftig machen.[203] Sie gewinnen die für die Geschichte als Wissenschaft wesentliche ›narrative Prägnanz«.[204]

Begründungen, welche Geschichtsschreibung vernünftig zu machen vermögen, werden nicht schon dadurch hinreichend realisiert, daß ihr Erfahrungsgehalt nach den Regeln der historischen Methode gewonnen und gesichert wird.[205] Erst dann, wenn auch ihr Sinngehalt begründet wird, wird sie in der eingangs erwähnten doppelten Weise vernünftig: Sie ist dann eine Geschichte, der ich nicht nur zustimme, weil das, was sie als Vergangenheit präsentiert, an den Quellen überprüfbar, also empirisch allgemeingültig ist, sondern auch deshalb, weil die Bedeutung, die diese Vergangenheit als Geschichte hat, an Theorien überprüfbar, also theoretisch allgemeingültig ist. Narrativer Theoriegebrauch ist also die Weise, in der man Geschichte vernünftig schreiben kann.

v. Geschichtsschreibung als Theorieproblem der Geschichtswissenschaft

Skizze zum historischen Hintergrund der gegenwärtigen Diskussion

> The relation of writing history, of its rhetoric, to history itself is quite other than it has traditionally been conceived. Rhetoric is ordinarily deemed icing on the cake of history, but our investigation indicates that it is mixed right into the batter. It affects not merely the outward appearance of history, its delightfulness and seemliness, but its inward character, its essential function – its capacity to convey knowledge of the past as it actually was. And if this is indeed the case, historians must subject historiography, the process of writing history, to an investigation far broader and far more intense than any that have hitherto conducted.
>
> J.H. Hexter[206]

1. Der Verlust des Problems im Wandel der Reflexionsperspektive

Gerhard Ritter soll einmal gesagt haben, der gute Historiker sei zu neunzig Prozent guter Stil.[207] Wer sich berufsmäßig mit vielen Texten aus der Feder angehender, aber auch gestandener Historiker befassen muß, wird an diesem Diktum etwas Wahres finden. Erst recht werden diejenigen es für berechtigt halten, die bei der Formulierung eigener Texte um jeden Satz kämpfen. Dennoch wird heute die Kompetenz für Geschichtsschreibung nicht primär als stilistische angesehen, sondern als Fähigkeit definiert, den Stand der Forschung zu rezipieren und kritisch zu beurteilen, und anspruchsvolle Geschichtsschreibung beruht fast immer auf eigenen Forschungen. Die Forschungskompetenz ist somit der literarischen offenkundig übergeordnet, zumindest dort, wo Geschichte von Wissenschaftlern geschrieben wird.

Wieso ist dann – einmal abgesehen von den Annehmlichkeiten eines gut geschriebenen historiographischen Textes – die Geschichtsschreibung ein Theorieproblem der Geschichtswissenschaft? Theorieprobleme gibt es, wo Theorien zum Zwecke der Erhebung geschichtlicher Sachverhalte aus den Quellen und zur Erklärung dieser Sachverhalte konstruiert werden, und wo die für die Geschichte als Wissenschaft maßgebenden Prinzipien der historischen Erkenntnis expliziert und begründet werden.

Beide Aspekte spielen auch in der Geschichtsschreibung eine Rolle. Verwendet man historische Theorien, um die menschliche Vergangenheit forschend zu rekonstruieren, so stellt sich unvermeidlich die Frage, ob und wie diese Theorien auch auf die historiographische Präsentation der Forschungsergebnisse einwirken; und reflektiert man die Prinzipien der historischen Erkenntnis und vergißt dabei deren literarische Form nicht, dann läßt sich die Frage nicht umgehen, welche Bedeutung diese literarische Form für die der Geschichte als Wissenschaft eigentümliche Art und Weise des historischen Denkens hat.

Die Theorieprobleme der Geschichtsschreibung sind im Laufe der Entwicklung des historischen Denkens höchst unterschiedlich verstanden worden. Zunächst stand sie als literarische Veranstaltung im Mittelpunkt der Reflexionen über die Aufgabe des Historikers und die kulturelle Funktion des historischen Denkens. Zuständig für diese Reflexion war die Rhetorik.[208] Sie legte dar, mit welchen sprachlichen Mitteln der Zweck der Geschichtsschreibung, den Erfahrungsraum des menschlichen Handelns nach moralischen Kriterien zu erschließen, erreicht werden konnte, und rückte dabei den Historiker in die Nähe des Dichters.

Die Verwissenschaftlichung des historischen Denkens führte dann zu einer ganz neuen Konstellation in der Reflexion der Geschichtsschreibung: Die Sachhaltigkeit der historischen Darstellung wurde nun zu einem Problem, das nicht mehr mit literarischen Mitteln bewältigt werden konnte, sondern einer ganz andern Lösung bedurfte. Die methodischen Fortschritte der Quellenkritik rückten das Geschäft des Historikers aus dem Umkreis der Orientierungskompetenz der Rhetorik heraus. In dem Maße, in dem die Geschichtsschreibung auf eine methodisch gesicherte Tatsachenerhebung aus den Quellen angewiesen war, erwuchsen der Reflexion über Eigenart und Aufgabe der Geschichtsschreibung ganz neue Problemstellungen. Es ging ihr nun nicht mehr vornehmlich um die *sprachlichen Formen*, durch die der Bereich der Zeiterfahrung im Umkreis der menschlichen Praxis nach moralischen Handlungskriterien erschlossen wird, sondern um *methodische Operationen*, durch die die Erkenntnis dieser Erfahrung geregelt und gesichert wird. War für die Rhetorik die Sachhaltigkeit der Geschichtsschreibung letztlich dadurch gewährleistet, daß ihre Darstellungsform dem moralischen Orientierungsbedürfnis des Publikums entsprachen, so wurde nun der durch methodischen Verstandesgebrauch erhobene und gesicherte Sachgehalt der Geschichtsschreibung zum Bestimmungsgrund ihrer Gestaltungsart.

Dies läßt sich an zwei Beispielen gut illustrieren: am Bedeutungswandel des Terminus »historische Methode« und an der Rhetorik-Kritik der Historik. Bevor sich das historistische Paradigma in der Geschichtsschreibung durchgesetzt und institutionalisiert hatte, war historische Methode[209] der *Inbegriff der Darstellungsformen*, mittels dessen die menschliche Vergangenheit vergegenwärtigt wurde. Seitdem sich die Geschichte als Fachdisziplin etabliert hatte und die Geschichtsschreibung zur Domäne von wissenschaftlich gebildeten Fachleuten geworden war, bedeutete historische Methode soviel wie *Inbegriff der Regeln der historischen Forschung*.

Der in diesem Begriffswandel von ›historischer Methode‹ sich spiegelnde fundamentale Wandel in den leitenden Gesichtspunkten des historischen Denkens führte auch zu einer scharfen Kritik an der Rhetorik. Rhetorik wird nun nicht mehr als Sicherung der formalen Kohärenz der Geschichtsschreibung verstanden, sondern als Lehre von Redekünsten, deren der Historiker nicht nur nicht bedürfe, um sein Publikum zu überzeugen, sondern die überdies die Wissenschaftlichkeit seiner Geschichtsschreibung gefährde. Typisch dafür ist eine Äußerung Droysens, in der ein »rhetorisches Kunstwerk« als Gegenteil seiner »historischen Darstellung« bezeichnet wird.[210]

Die Geschichtsschreibung wurde also der Direktive rhetorischer Kunstregeln der guten Rede entzogen und derjenigen eines fundamentalen Bezuges auf methodisch geregelte Forschung überantwortet. Geschichte zu erforschen ist aber nicht das gleiche wie sie zu schreiben. Die Geschichtsschreibung bleibt eine literarische Veranstaltung, und als solche stellt sie in der Selbstreflexion der Geschichtswissenschaft (Historik) auch über die methodischen Fragen der Forschung hinaus ein Problem dar. Für diese nicht methodologisch zu lösenden Probleme fand der Historismus die Lösung einer *hermeneutisch konzipierten Ästhetik*.[211]

Programmatisch dafür ist Wilhelm von Humboldts berühmte Akademie-Abhandlung *Über die Aufgabe des Geschichtsschreibers*,[212] Hier werden keine Kunstregeln der Geschichtsschreibung entworfen, sondern beschrieben, wie die quellenkritisch ermittelten Tatsachen der menschlichen Vergangenheit zu einer in sich kohärenten Geschichte verknüpft werden müssen. Diese Verknüpfung habe nach dem Leitfaden der im vergangenen menschlichen Handeln wirksamen ideellen Triebkräfte der menschlichen Weltveränderung und Selbsthervorbringung zu geschehen. Diese Ideen konstituieren nicht nur den geschichtlichen Charakter des menschlichen Handelns, indem sie der zeitlichen Verknüpfung menschlicher Handlungen den Sinn einer kontinuierlichen Kulturschöpfung verleihen; sie sind auch in der historischen Erkenntnis als deren leitende Interessen wirksam. Die Geschichtsschreibung wird von diesem inneren Zusammenhang zwischen Subjekt und Objekt der historischen Erkenntnis hergeleitet. »Auf diese Assimilation der forschenden Kraft und des zu erforschenden Gegenstandes kommt allein alles an.«[213] ›Verstehen‹ ist der Inbegriff der geistigen Operationen, die diese Assimilation leisten. Und da durch diese Operationen die Tatsachen der Vergangenheit nach den Sinnkriterien einer (kultur-)schöpferischen Subjektivität historisch geordnet und vergegenwärtigt werden, kann Humboldt die Aufgabe des

Geschichtsschreibers in Analogie zu derjenigen des Künstlers beschreiben, der ja auch die Selbst- und Welterfahrung handelnder Menschen im Lichte der obersten Sinnkriterien ihres Handelns erscheinen läßt. Für Humboldt besteht der Unterschied zwischen Künstler und Geschichtsschreiber lediglich darin, daß der eine die schöpferische Kraft seiner Subjektivität als freies Spiel der Einbildungskraft mit der Erfahrung zur Geltung bringt, während der andere diese seine Subjektivität »der Erfahrung und der Ergründung der Wirklichkeit unterordnet«.[214] Beide allerdings müssen die Faktizität empirischer Befunde ideengeleitet transzendieren, um in ihr die Spur des menschlichen Geistes sinnfällig werden zu lassen, der der Mensch immer schon folgt, wenn er absichtsvoll handelt.

Der Historiker muß nach Humboldt also die Tatsachen, die ihm die Quellen liefern, transzendieren, um sie als Geschichte erkennen und darstellen zu können; er muß im Umgang mit ihnen die Fähigkeit der Kulturschöpfung einbringen, die seine eigene Subjektivität ausmacht, um Geschichte als Kulturschöpfung zu entschlüsseln. Humboldt hat in seinen Analysen dieser Leistung unterschieden zwischen einer historischen Forschung als Ermittlung empirischer Befunde des in der Vergangenheit Geschehenen und der Geschichtsschreibung als schöpferischem Akt, in dem das Geschehen erst den Charakter einer sinnvollen Geschichte erhält. Die eigentlich historische Operation ist diejenige der Geschichtsschreibung, denn erst durch sie wird aus dem vergangenen Geschehen Geschichte. Die Frage, wie die historische Forschung und die Geschichtsschreibung miteinander vermittelt sind und ob es dazu besondere methodische Regeln gibt, blieb offen.

Was folgt daraus für das Selbstverständnis der Geschichtswissenschaft, wie es sich in den Historiken des 19. Jahrhunderts artikulierte?[215] Zwei ganz unterschiedliche Konsequenzen konnten aus Humboldts Ausführungen gezogen werden. Für die eine ist die Historik von Gervinus typisch, für die andere die Historik von Droysen. Gervinus knüpft an die Tradition der Rhetorik an, indem er seine *Historik als Poetik der Geschichtsschreibung* konzipiert. Hier erscheint die Geschichtsschreibung selbst als derjenige Vorgang, in dem aus den Quellenbefunden der Sinnzusammenhang des vergangenen menschlichen Handelns erschlossen wird und durch den der Historiker die »geschlossene und totale Wirkung des Kunstwerks mit seiner Erzählung« erzielt.[216] Es nimmt daher auch nicht wunder, daß die dabei maßgebende Operation als »dichterisches Verfahren«[217] verstanden und die Profession des Historikers mit subjektiven (moralisch-politischen) Dispositionen identifiziert wird.[218]

Die Gegenposition dazu bezieht Droysens *Historik*. Sie rückt von Gervinus' Konzeption mit dem Argument entschieden ab, daß dort die Geschichtsschreibung »nicht aus dem Wesen und Begriff unserer Wissenschaft und ihrer Methode« hergeleitet werde[219], daß sie also das Charakteristikum einer verwissenschaftlichten Geschichtsschreibung verfehle. Die geschichtstheoretische Pointe dieser Kritik besteht darin, daß sie von den gleichen, in Humboldts Programmschrift formulierten Voraussetzungen ausgeht, aber aus ihnen entgegengesetzte Konsequenzen zieht. Droysen stimmt mit Gervinus darin überein, daß die entscheidende historische Erkenntnisoperation, durch die aus den Tatsachen des vergangenen menschlichen Handelns (aus »Geschäften«) eine Geschichte wird, in der (hermeneutischen) Ermittlung der geistigen Triebkräfte dieses Handelns bestehe, der Ideen. Nur bestimmt Droysen diese Operation als *methodischen Vollzug der historischen Forschung* und nicht mehr als *poetischen Vollzug der Geschichtsschreibung*. Damit indes treibt er die Verwissenschaftlichung der Geschichtsschreibung auf die Spitze, nämlich auf den Punkt, wo die Quelleninformationen über die menschliche Vergangenheit in die Form einer Geschichte gebracht werden, die als Sinn- und Bedeutungszusammenhang zwischen gegenwärtigem und vergangenem menschlichen Handeln nicht in den Quellen steht. Auch für Droysen ist diese Übersetzung eine schöpferische Leistung des Historikers, in der er seine Subjektivität als Fähigkeit zur Sinngebung seines Handelns im gesellschaftlichen Leben der Gegenwart ins Spiel bringt; aber er expliziert sie im Hinblick auf die Rationalitätsstandards der historischen Forschung, die die Geschichte als Fachwissenschaft inzwischen erarbeitet hatte. Historische Interpretation erscheint nun als Forschungsleistung und nicht mehr als literarische Gestaltung. Sie ist kein »dichterisches Verfahren« mehr, mit dem der Historiker die »geschlossene und totale Wirkung des Kunstwerkes« erzielt[220]; die ästhetische Freiheit des Geschichtsschreibers wird streng zurückgebunden an die methodischen Regeln der historischen Forschung, die den Erkenntnisfortschritt der Geschichtswissenschaft verbürgen.

Dies hat für die Thematisierung der Geschichtsschreibung in der Historik weitreichende Folgen: Sie erscheint immer mehr als *bloße Funktion der historischen Forschung;* sie verliert die Bedeutung eines Theorieproblems ersten Ranges und wird marginal; sie rückt buchstäblich ans Ende der Texte, in denen die Historiker sich und ihrem Publikum Rechenschaft über ihr Metier geben. Zwar hat es im Laufe der Wissenschaftsentwicklung nie an Stimmen gefehlt, die auf die Nähe der Geschichtswissenschaft zur Literatur als Kunst hinwiesen. Kein Geringerer als Theodor Mommsen hat der Historie sogar eine Professionalisierungsaufgabe an der Universität abgesprochen und den Geschichtsschreiber »mehr zu den Künstlern als zu den Gelehrten gerechnet«,[221] und Trevelyan hat gegen Bury die Gleichrangigkeit von literarischer Qualität und Forschungsbezug der Geschichtsschreibung betont.[222] Das Selbstverständnis der Fachhistoriker dürfte aber eher in der Abgrenzung zwischen Wissenschaft und Kunst und in derjenigen Funktionsbestimmung der Geschichtsschreibung zum Ausdruck kommen, die Ernst Bernheim in seinem *Lehrbuch der historischen Methode* formuliert hat: »Es ist nur ein ererbtes Vorurteil, daß man die Geschichte eine Kunst oder zugleich Wissenschaft und Kunst nennt, ein Vorurteil, dem man nicht scharf genug entgegentreten kann, weil es den streng wissenschaftlichen Betrieb der Geschichte schädigt.«[223] Diese radikale Entästhetisierung läßt als Funktion der Geschichtsschreibung nur noch übrig, »[...] die gewonnenen Forschungsresultate möglichst unentstellt zur Mitteilung zu bringen«.[224]

Diese Auffassung hat sich als breiter Konsens unter den Fachhistorikern bis in die Gegenwart gehalten. Die Geschichtsschreibung war kein Thema mehr, das die Theorie-Diskussion in der Geschichtswissenschaft ernsthaft beunruhigt hätte, wenn sie dort überhaupt noch berücksichtigt wurde. Selbst dort, wo ihr noch Bedeutung beigemessen wurde, blieb sie letztlich eine abhängige Variable im Bedingungsgefüge des historischen Denkens. So hat z.B. Theodor Schieder der Geschichtsschreibung folgende wichtige Funktion zugewiesen: »Die großen Sinneinheiten der Geschichte sind nicht offenbare, manifeste Gegebenheiten wie in den Kunstwissenschaften der großen Opera [...], sondern sie werden erst manifest in den historischen Darstellungen. Darum steht und fällt die Geschichte als Wissenschaft mit der Anwendung der Mittel der Darstellung.«[225] Dies könnte fast als Wiederentdeckung der ästhetischen Dimension der historischen Erkenntnis gelten, wenn Schieder in Übereinstimmung mit der generellen Tendenz der Historik seit Droysen die Geschichtsschreibung letztlich nicht doch von der Forschung her bestimmt hätte: »Die Darstellungsform ergibt sich nicht aus äußeren oder formalästhetischen Gesichtspunkten, sondern aus der Art unseres Fragens, und das bedeutet, unseres Forschens.«[226] Dem entspricht auch der Befund, daß dort, wo der literarische Charakter der Geschichtsschreibung zur Debatte steht, sich die Historie eher »als Zuschauer, als interessierter, aber unbeteiligter Dritter« vorkommt, sich also „nicht eigentlich angesprochen fühlt.[227] Wie sehr der Problemverlust hinsichtlich der Geschichtsschreibung auch auf diejenigen durchgeschlagen ist, die sich mit den Formen der literarischen Darstellung wissenschaftlich beschäftigen, zeigt ein Blick in die einschlägige Literatur zur Theorie des Erzählens: Die Geschichtsschreibung wird hier als besondere Gattung so gut wie gar nicht beachtet.[228]

2. Die Wiederentdeckung des Problems im Streit um Theorie und Erzählung

Warum kann es bei dieser Depotenzierung der Geschichtsschreibung als Theorieproblem der Geschichtswissenschaft nicht sein Bewenden haben? Warum kann man sich nicht mit dem Diktum des Historikers begnügen, der in vollem Bewußtsein des methodischen Fortschritts der Geschichtswissenschaft angesichts der immer weitergehenden Verwendung quantifizierender Methoden zur Geschichtsschreibung erklärte: »It will never be literature.«[229]

Der Grund dafür nimmt sich angesichts dieser Versicherung geradezu ironisch aus: Eben die durch den methodischen Fortschritt der historischen Forschung bewirkte fortschreitende Verwissenschaftlichung der Geschichtsschreibung, mit der ihr literarischer Charakter zunehmend in den Hintergrund des Selbstverständnisses der Historiker trat, ließ die Frage nach der methodischen Eigenständigkeit der Geschichtswissenschaft immer dringlicher werden und führte zur Wiederentdeckung der Geschichtsschreibung als Grundproblem der Geschichtswissenschaft.

Als Droysen die historische Interpretation als eigentlich historische Erkenntnisoperation von der Geschichtsschreibung abkoppelte und zur methodischen Leistung der historischen Forschung verselbständigte, vollzog er auf der Ebene einer theoretischen Reflexion der Grundlagen der Geschichtswissenschaft einen Rationalisierungsprozeß der historischen Methode nach, der dann über seine Methodologie hinausging: Über die ursprünglichen Methoden hinaus wurden immer entschiedener analytische Verfahren in die historische Forschung einbezogen, die sich in den stärker nomologisch orientierten (Sozial-)Wissenschaften bewährt hatten.[230] Damit wurde die im Historismus vorherrschende Abgrenzung der historischen von den nomologischen Wissenschaften mit dem Argument eines fundamentalen Unterschieds zwischen Verstehen und Erklären[231] fragwürdig.[232] Zugleich wurde es schon aus Gründen der disziplinären Selbsterhaltung der Geschichtswissenschaft unumgänglich, Kriterien zu finden, mit denen ihre Eigenart und Aufgabe im Kontext mit anderen Wissenschaften eindeutig bestimmt werden können. Als dieses Kriterium hat sich inzwischen die narrative Struktur historischer Aussagen erwiesen.[233] Und mit der Erzählung als fundamentalem Schema, das Aussagen über die menschliche Vergangenheit als genuin historische qualifiziert, wird die *Geschichtsschreibung* als der Vorgang thematisch, in dem die Geschichtswissenschaft diese ihre Eigenart *als Wissenschaft* realisiert.

Dies bedeutet für die Historik eine neue Weichenstellung. Mit dem Narrativitätskriterium gewinnt die Geschichtsschreibung die Bedeutung zurück, die ihr (im Rahmen einer Historik) zuletzt noch Gervinus zugebilligt hatte. Natürlich wird damit der Ertrag der Historik in der Explikation der Grundlagen der historischen Forschung nicht überflüssig. Die Einsicht in die Logik der Forschung muß vielmehr vertieft werden durch eine Analyse ihrer narrativen Elemente und Faktoren. Dabei muß die gängige Funktionalisierung der Geschichtsschreibung auf die historische Forschung radikal überprüft und die Frage aufgeworfen werden, ob nicht Erzählstrukturen mit den ihnen eigenen ästhetischen, poetischen oder rhetorischen Prinzipien über die historische Methode als Inbegriff der Forschungsverfahren entscheiden. Dies läßt sich am Problem der Theoriebildung in der Geschichtswissenschaft deutlich zeigen.

Die Diskussion um Möglichkeiten und Grenzen historischer Theorien entzündete sich an den Versuchen, das Verhältnis der Geschichtswissenschaft zu den systematischen Sozialwissenschaften nicht mehr wie im Historismus als Abgrenzungsproblem zu behandeln, sondern im Sinne einer Erweiterung des methodischen Arsenals der historischen Forschung über das Wissenschaftsparadigma des Historismus hinaus zu thematisieren.[234] Der Schwerpunkt der dafür einschlägigen Argumentation lag im Gebiet der Methodik, und wenn die Geschichtsschreibung in den Blick geriet, dann zunächst ganz im Sinne ihrer traditionellen Funktionalisierung auf die Forschung hin. Die von der analytischen Geschichtsphilosophie erarbeitete Einsicht in die narrative Struktur der historischen Erkenntnis, die von Baumgartner transzendentalphilosophisch vertieft wurde,[235] erschien den Verfechtern eines methodischen Theoriegebrauchs in der historischen Forschung zunächst als Einwand gegen den Sinn ihres Unternehmens, Geschichte als historische Sozialwissenschaft zu konzipieren. Sie sahen in den Argumenten, mit denen die narrative Eigenart der historischen Erkenntnis begründet wurde, ein Plädoyer für eine erzählende Geschichtsschreibung im Stile des 19. Jahrhunderts, die sie durch eine andere – eben an historischen Theorien orientierte – Form der historischen Darstellung ersetzen wollten.[236] Da umgekehrt die Verfechter der Narrativitätsthese den Theorien, die als Bezugsrahmen der historischen Interpretation und ihr folgend auch der Geschichtsschreibung vorgeschlagen und eingeführt wurden, eine nomologische Struktur unterstellten, die gerade nicht die Kriterien spezifisch historischer Aussagen erfüllt, mußte ihnen eine Orientierung der Geschichtsschreibung an Theorien als schlechthin widersinnig, als Aufhebung der Eigenart des historischen Denkens erscheinen.[237]

Damit scheint eine Frontstellung zwischen Theorie und Erzählung in der Geschichtswissenschaft[238] aufgebaut zu sein, die zur Entscheidung herausfordert, entweder im Namen der Geschichtsschreibung auf Theorien als Bezugsrahmen der historischen Forschung zu verzichten oder aber im Namen der Forschung die Geschichtsschreibung an solchen Bezugsrahmen zu orientieren. Diese Alternative ist prekär: Die methodologischen Fortschritte eines Theoriegebrauchs im Umgang mit den Quelleninformationen scheinen Eigenart und Eigenständigkeit der Geschichtswissenschaft zu negieren, und die Bewahrung dieser Eigenart und Eigenständigkeit scheint den Erkenntnisfortschritt der historischen Forschung zu blockieren.

Als historische Pointe dieser Kontroverse sei noch auf eine bemerkenswerte Umkehrung der jeweils verwandten Argumentationsstrategien verwiesen: Die Verfechter einer Restriktion des methodischen Theoriegebrauchs zugunsten einer Bewahrung des erzählenden Charakters der Geschichtsschreibung reklamieren für sich das Erbe des Historismus, wenn sie mit der narrativen Form historischer Aussagen argumentieren, während dieser die disziplinäre Eigenart der Geschichtswissenschaft mit der historischen Methode begründete; die Verfechter einer Theoretisierung der historischen Interpretation nehmen demgegenüber für sich eine Überwindung des Historismus in Anspruch und stimmen folglich mit ihm darin überein, daß darüber, wie die Geschichte geschrieben werden soll, die historische Methode und nicht die Form der Darstellung entscheidet.

Diese Frontstellung ist unhaltbar, *weil Erzählung und Theorie überhaupt keine Alternativen sind, die sich gegenseitig ausschließen.*[239] Zwar rückt die Narrativitätsthese die Geschichtswissenschaft aus dem Bannkreis ihrer Unterwerfung unter die Rationalitätskriterien einer nomologischen Erklärung, aber sie kann nicht zur Austreibung nomologischer Elemente aus den historischen Erklärungen verwendet werden, weil der Historiker stets Gebrauch von nomologischem Wissen in der Rekonstruktion der menschlichen Vergangenheit macht. Restriktiv ist diese These also nicht, wohl aber *kritisch:* Sie läßt lediglich einen hilfswissenschaftlichen Gebrauch nomologischen Wissens in den Operationen der historischen Interpretation zu und zeigt auf, daß eine Organisation dieser Operationen nach den Prinzipien einer nomologischen Erklärung widersinnig ist, weil dabei die für die historischen Aussagen fundamentale Form einer Erzählung verloren geht.[240]

Damit ist aber das Problem eines methodischen Theoriegebrauchs in der Geschichtswissenschaft nicht erledigt. Denn der Vorschlag, Theorien zur historischen Interpretation der menschlichen Vergangenheit zu verwenden, bedeutet weder, daß jene Erkenntnisse verstanden werden sollen, die die Geschichtswissenschaft von nomologisch verfahrenden (Sozial-)Wissenschaften einfach übernimmt, noch will er die Verwendung von Theorien auf eine bloß hilfswissenschaftliche Funktion eingeschränkt wissen. ›Theorien‹ meinen vielmehr explizite Bezugsrahmen der historischen Interpretation, und damit ist die Frage unabweisbar, ob und wie solche Bezugsrahmen der narrativen Struktur der historischen Erkenntnis entsprechen. Sieht man sie als explizite Leitfäden einer narrativen Rekonstruktion der menschlichen Vergangenheit an, dann sind sie im Kern narrativ; – sie sind ein organisierendes Prinzip der historischen Erzählung selber. In der Tat lassen sich historische Theorien so explizieren: In ihnen werden die leitenden Hinsichten dargelegt und begründet, in denen die Quellenbefunde als geschichtliche Zusammenhänge vergangenen menschlichen Handelns und Leidens erscheinen. Geschichtsschreibung und historische Forschung sind dann keine Gegensätze mehr; die Forschung selbst ist immer schon (in ihren leitenden Hinsichten) auf die Form einer ›Geschichte‹ als Struktur historischer Aussagen ausgerichtet, und die Geschichtsschreibung ist die Fortsetzung der Forschung mit anderen (literarischen) Mitteln.

Dieses Vorabentworfensein der Forschung auf (mögliche) Geschichtsschreibung führt zu einer neuen Fragestellung: Sie muß den Voraussetzungen der methodischen Operationen der historischen Forschung nachspüren, in denen deren Ausrichtung auf eine (erzählbare) Geschichte beschlossen liegt. Mit anderen Worten: Sie muß den Konstitutionszusammenhang der historischen Erkenntnis, der der Forschung und Geschichtsschreibung zugleich voraus- und zugrundeliegt, als geistige Aneignung der menschlichen Vergangenheit durch Erzählen aufweisen und die hier maßgebenden Faktoren systematisch untersuchen.

3. Zur Problemkonstellation heute

Die Frage nach dem Erzählen als konstitutivem Akt der historischen Erkenntnis führt (zunächst) von den Problemen der historischen Forschung weg. Sie lenkt den Blick hinter sie zurück auf Vorgänge der Sinnbildung im historischen Bewußtsein, in denen sich aus den Tatbeständen des vergangenen menschlichen Lebens allererst so etwas wie eine erforschbare Geschichte bildet. Damit werden genau die schöpferischen Leistungen der menschlichen Subjektivität wieder thematisch, die Humboldt als ›Aufgabe des Geschichtsschreibers‹ angesprochen und die Gervinus in den Mittelpunkt seiner Historik gestellt hatte. Erzählen ist ein schöpferischer Akt der Zeitorientierung des menschlichen Lebens, in dem sich die menschliche Vergangenheit überhaupt erst als Geschichte erschließt, in dem sich also auch so etwas wie historische Erfahrung erst bildet. Geschichte ist ein Sinngebilde des Menschen, in dem er seine Erfahrungen vom zeitlichen Wandel seiner Welt und seiner selbst auf sein Bedürfnis nach Selbstvergewisserung (oder Identitätsstabilisierung) in diesem Wandel bezieht, sich dabei diese Erfahrungen geistig aneignet und dadurch sein Handeln und Leiden in der Zeit orientiert, ja als Vollzug von Zeit intentional organisiert. Ein solches Sinngebilde kommt ohne die Tätigkeit der menschlichen Einbildungskraft nicht zustande. Max Weber, dem man wohl kaum einen künstlerischen Umgang mit der Geschichte nachsagen kann, hat auf diese Fundierung jeder historischen Wissenschaft in schöpferischen Sinnbildungsprozessen der menschlichen Subjektivität nachdrücklich hingewiesen, indem er als »transzendentale Voraussetzung jeder Kulturwissenschaft« festhielt, »[...] daß wir Kulturmenschen sind, begabt mit der Fähigkeit und dem Willen, bewußt zur Welt Stellung zu nehmen und ihr einen Sinn zu verleihen«.[241]

Will die Historik nicht blind gegenüber diesen elementaren Vorgängen der historischen Bewußtseinsbildung sein, dann muß sie diese Tätigkeit der menschlichen Einbildungskraft als notwendige Bedingung der durch die Geschichtswissenschaft erbrachten historischen Erkenntnis berücksichtigen und die hier maßgebenden Bewußtseinsoperationen im einzelnen aufschlüsseln. Mit dieser Aufgabenstellung wird sie wieder zu dem, was sie vor ihrer Wendung zur Methodologie der historischen Forschung war: zur *Poetik der Geschichtsschreibung* oder – in moderner Terminologie – *zur Pragmatik oder Rhetorik historiographischer Texte*.[242] Sie kann nicht umhin, der historischen Erkenntnis eben die ästhetische, rhetorische oder textpragmatische Dimension wieder zuzusprechen, die sie als Sinngebilde erfahrungsbezogener Zeitorientierung des menschlichen Handelns hat und die aus dem Blick geraten war, als die Geschichtsschreibung nur als Funktion der historischen Forschung erschien.

Nun ist es nicht damit getan, den Historiker angesichts der in seinem Werk manifesten Sinnbildungsleistungen in die Nähe des Künstlers zu rücken und die Geschichtsschreibung als Detailproblem einer Theorie des Erzählens zu behandeln. Zwar kann die Historik nicht darauf verzichten, sich der historischen Einbildungskraft als Faktor in den Fundamenten der historischen Erkenntnis zuzuwenden, wenn sie wissen will, was Geschichtsschreibung ist; zugleich aber muß sie die historische Darstellung als eine spezielle Form des Erzählens von anderen (im engeren Sinne poetischen) Erzählformen abgrenzen. Sie muß die allgemeinen Kriterien einer solchen Abgrenzung entwickeln, mit denen zugleich die konkrete Mannigfaltigkeit der Geschichtsschreibung erschlossen werden kann. Sie muß gleichsam eine Strukturlandkarte der Geschichtsschreibung entwerfen, die klarmacht, in welche Darstellungsformen sich die historische Einbildungskraft umsetzen kann und welche Faktoren hier den Ausschlag für unterschiedliche Formen geben.

Die in der Theoriediskussion der Geschichtswissenschaft bisher verhandelte narrative Struktur der historischen Erkenntnis nimmt sich angesichts der Vielfalt historischer Darstellungsformen inhaltsleer und abstrakt aus. Die Frage nach der Rolle der Einbildungskraft in der Konstitution von Geschichte als Sinngebilde der menschlichen Zeitorientierung kann als ein erster Schritt zu einer Theorie der Geschichtsschreibung gewertet werden, die die Vielfalt der Formen der historischen Darstellung systematisch erschließt. Bliebe der Historiker jedoch bei einer Poetik der Geschichtsschreibung stehen, die lediglich auf die schöpferische Subjektivität des Geschichtsschreibers rekurriert (wie bei Humboldt und Gervinus), dann geriete sie in die Schwierigkeit eines ästhetischen Subjektivismus, in dem der Historiker als Genius zeitorientierender Sinnstiftungen fungierte, ohne daß damit schon die formalen Strukturen der Geschichtsschreibung in ihrer inneren Kohärenz und in ihren je unterschiedlichen Präsentationsleistungen von Geschichte deutlich würden. Eine subjektivitätsorientierte Ästhetik der Geschichtsschreibung ist noch keine befriedigende Antwort auf die Frage nach den Formen der Geschichtsschreibung.

Wie ist eine solche Antwort möglich? In welche Richtung muß die Historik über die noch immer zu abstrakte Ästhetik der Geschichtsschreibung hinausgehen, um die formale Ausdifferenzierung des Sinngebildes ›historische Erzählung‹ in den Griff zu bekommen? Sicher ist der von Droysen gewiesene Weg, diese Ausdifferenzierung von den Strategien der historischen Forschung herzuleiten, nicht gangbar, weil dieser Strategie selbst schon die Vorgaben der historischen Einbildungskraft bestimmend zugrundeliegen. Es liegt nahe, statt dessen nach den sprachlichen Formen der Geschichtsschreibung zu fragen und sie mit Hilfe des methodischen Instrumentariums der Textlinguistik zu analysieren. Dann würde die Sinnbildungsleistung der Geschichtsschreibung, als Weltaneignung durch Sprache verstanden, in der sprachlichen Artikulation von Geschichte konkret greifbar, und der Weg zu einer Analyse der mannigfaltigen Ausprägungen der Gattung ›Geschichtsschreibung‹ gewiesen. *Historisch gesehen, führte dieser Weg zurück hinter die Ästhetik des Geschichtsschreibers zur Rhetorik der Geschichtsschreibung*, also eben dorthin, wo die neuzeitliche Reflexion des historischen Denkens ihren Ausgang genommen hatte und die Geschichtsschreibung als dominierendes Problem thematisiert worden war.

Diese Wendung vollzieht sich in der gegenwärtigen Diskussion über Grundlagen, Eigenart und Funktionen des historischen Denkens. Typisch dafür ist die Untersuchung von Hayden White[243], die Georg Iggers als »one of the important works of historical theory of the twentieth Century« bezeichnet hat.[244] Hier wird die Narrativitätstheorie der historischen Erkenntnis zu einer allgemeinen Poetik der Geschichtsschreibung weitergeführt, die als Interpretationsrahmen zu einer Untersuchung konkreter Formen der Geschichtsschreibung (hier: der Geschichtsschreibung des 19. Jahrhunderts) dient. Diese Poetik der Geschichtsschreibung fragt nicht nach der Subjektivität des Historikers als Quelle seiner Sinnbildungskompetenz, sondern nach denjenigen Modi sprachlicher Darstellung von Erfahrungsdaten, die die Geschichtsschreibung konstituieren. Sie thematisiert nicht die Einbildungskraft des Historikers in Analogie zum Künstler, sondern das »historische Werk« in seiner sprachlich literarischen Verfassung:

> »In this theory I treat the historical work as what it most manifestly is: a verbal structure in the form of a narrative prose discourse. Histories (and philosophies of history as well) combine a certain amount of ›data‹, theoretical concepts for ›explaining‹ these data, and a narrative structure for their presentation as an icon of sets of events presumed to have occurred in times past. In addition, I maintain, they contain a deep structural content which is generally poetic, and specifically linguistic, in nature, and which serves as the precritically accepted paradigm of what a distinctively ›historical‹ explanation should be. This paradigm functions as the ›metahistori-

cal‹ element in all historical works that are more comprehensive in scope than the monograph of archival report.«[245]

Hayden Whites Arbeit markiert insoweit einen Wendepunkt in der gegenwärtigen Diskussion über die Grundlagen der Geschichtswissenschaft, als die Einsicht in die narrative Struktur der historischen Erkenntnis hier zu einer Theorie der Geschichtsschreibung weiterentwickelt wird, die die historische Erkenntnis als konkretes sprachliches Gebilde aufschlüsselt. Diese Theorie beansprucht, alle wesentlichen Elemente und Faktoren der historischen Erkenntnis analytisch zu identifizieren, ihren inneren Zusammenhang systematisch aufzuweisen und dabei zugleich den Spielraum abzustecken, in dem sich die unterschiedlichen Formen der historischen Darstellung entfalten.

Wenn es richtig ist, daß damit die Rhetorik wieder zum Bezugsrahmen für die Problemstellung und Problemlösung der Theorie der Geschichtswissenschaft geworden ist, dann liegt die Frage nahe, ob hier auf die neue Frage nach der Eigenart der historischen Erkenntnis nicht lediglich die alte Antwort gegeben wird, in der die Geschichte als Wissenschaft noch nicht thematisch war.

Nun ist der Hinweis darauf, daß neue Fragestellungen zu Antworten führen, die in einer älteren Tradition Vorläufer haben, noch kein entscheidendes Argument für oder gegen den neuen Ansatz. Wohl aber macht die historische Analogie auf ein Problem aufmerksam, das eine Theorie der Geschichtsschreibung von der Art Hayden Whites zu verstellen droht: Sie überwindet zwar die Funktionalisierung der Geschichtsschreibung auf die historische Forschung, durch die die Sinnbildungsleistungen des historischen Erzählens als fundamentale Vorgaben der historischen Interpretation aus dem Blick gerieten und als bloße Formulierung von Forschungsergebnissen mißverstanden wurden, – zugleich aber kann mit der falschen Funktionalisierung auch das Problem verlorengehen, das zu ihr geführt hat.

Die Rhetorik wurde als Domäne der Theorie der Geschichtsschreibung nicht deshalb verdrängt, weil die Historiker über dem Staub des Quellenstudiums die Lust an einer kunstvollen, ›schönen‹ Rede und auch die Absicht verloren hatten, mit ihren Werken beim Publikum etwas auszurichten – dagegen sprechen literarische Qualität und politische Wirkungsabsicht vieler historiographischer Werke in der Wissenschaftstradition doch wohl eine zu deutliche Sprache. Nein, es ging diesen Historikern um den Wissenschaftsanspruch ihrer Darstellungen, den sie aufgrund der fachwissenschaftlich betriebenen, methodisch geregelten Forschungsarbeit erheben zu können und zu müssen meinten. Mit ihrer Kritik an der Rhetorik brachten sie ihr Selbstverständnis zum Ausdruck, daß ihre Sinnbildungsleistung primär in dieser Forschungsarbeit erfolge und nicht in der von der Rhetorik betonten Formulierungsarbeit.

In den neuesten theoretischen und empirischen Untersuchungen der Historiographie wird betont, daß ohne eine vorgängige sinnbildliche Formulierungsarbeit gar keine Forschungsprozesse in Gang gebracht werden können, weil schon die Forschungsobjekte als ›historisch‹ identifizierbare Sachverhalte Produkte einer narrativen Sinnkonstitution sind. Deren fundamentale Bedeutung konnte vielleicht deshalb lange Zeit in den Historiken nicht adäquat zum Ausdruck gebracht und im Selbstverständnis von Historikern, die der Reflexionsarbeit der Historik fernstehen (und das waren und sind vermutlich die meisten), schlicht ausgeblendet werden, weil sie selbstverständlich ist. Das heißt aber noch lange nicht, daß nun umgekehrt der Forschungsbezug in eben dem Maße selbstverständlich und deshalb historiographie-theoretisch uninteressant werden darf, in dem die fundamentale Sinnbildungsleistung des historischen Erzählens inzwischen nicht mehr selbstverständlich und interessant geworden ist. Hier liegt die Pointe, wenn die gegenwärtige textlinguistische Arbeit an der Historiographie mit der Geschichte der Reflexion über die Geschichtsschreibung konfrontiert wird: Diese Konfrontation kann an den Forschungsbezug der Geschichtsschreibung als an ein Theorieproblem der Geschichtswissenschaft erinnern, das durch den ›linguistic turn‹ in der Historik nicht obsolet geworden ist.

Die Erinnerung daran, daß die Verdrängung der Rhetorik das Ergebnis eines nicht umkehrbaren Rationalisierungsschubes in der Entwicklung des historischen Denkens ist, hat eine geschichtstheoretische Konsequenz: Sie mündet in die Frage, was es eigentlich heißt, Geschichte wissenschaftsspezifisch zu schreiben.

Im Rahmen einer Theorie der Geschichtsschreibung, die die elementaren und fundamentalen Sinnbildungsprozesse des historischen Erzählens thematisiert, hat die methodische Rationalität des historischen Denkens, wie sie sich bislang in der historischen Forschung institutionalisiert hat, noch keinen systematischen Stellenwert erhalten. Die historiographietheoretisch untersuchte Sinnbildungsleistung des historischen Erzählens folgt anderen Regeln als denen der historischen Methode; Hayden White legt sie als ›poetische‹ aus. Ist die Geschichtsschreibung im traditionellen Selbstverständnis der Berufshistoriker die Fortsetzung der methodischen Forschung mit poetischen Mitteln, so legt die neuere Theorie der Geschichtsschreibung als Resultat ihres (natürlich durch Forschung gebildeten) methodischen Scharfsinns die Auffassung nahe, die Forschung sei die Fortsetzung der poetischen Geschichtsschreibung mit methodischen Mitteln. Es ist dann auch nur konsequent, wenn ein Geschichtsschreiber, der sich mit White über den Spielraum historischer Darstellungsmöglichkeiten orientieren möchte, auf die (immerhin naheliegende) Frage keine Antwort bekommt, welche Präferenzkriterien angesichts der Vielfalt möglicher Formen der Geschichtsschreibung gelten. Irgendein Rationalitätskriterium, mit dem sich die Nähe oder Ferne von Formen der Geschichtsschreibung zum Wissenschaftsanspruch der Geschichtswissenschaft ausmessen ließe, wird er nicht finden, sondern er wird vor die ihm ungewohnte Frage gestellt, ob er seine Darstellungsform nach den Textbildungsprinzipien der Metapher oder der Metonymie oder der Synekdoche oder der Ironie organisieren soll.

Es ist nicht übertrieben, hier von der Gefahr einer Entrationalisierung der Historiographie zu sprechen. Solange dies lediglich im Gefilde einer Theorie der Geschichtsschreibung erfolgt, für die sich weder das breite Publikum der historisch Interessierten noch auch die Mehrheit der professionellen und erst recht der nicht-professionellen Historiker interessiert, mag dies noch angehen, ja vielleicht sogar als eines der nicht gerade seltenen Schauspiele goutiert werden, in dem die Schärfe des Verstandes dazu benutzt wird, ihn auszutreiben. Weniger harmlos oder vergnüglich nimmt sich die Sache freilich aus, wenn man sie in den Kontext der oft beklagten Entfremdung von Publikum und Geschichtswissenschaft rückt. Dann könnte sie die Tendenzen einer Überwindung dieser Entfremdung auf Kosten der inzwischen erreichten Standards von Wissenschaftlichkeit in der Geschichtswissenschaft verstärken. Eine Geschichtsschreibung, die dieser Tendenz folgte, könnte die Genugtuung, sich einen festeren Sitz im Leben zurückerobert zu haben, mit dem historiographie-theoretisch abgesicherten guten Gewissen verbinden, daß es sich beim Geschäft der Geschichtsschreibung sowieso nicht primär um eine Angelegenheit des selbständigen Verstandesgebrauchs handelt, sondern um prärationale Sinnbildung. Das historiographische Resultat einer solchen Sinnbildung hätte den schönen Schein eines literarischen Werkes zurückgewonnen, auf den die verwissenschaftlichte Historiographie – Hegels These vom Ende der Kunst auf ihre Weise mitvollziehend – zu Gunsten einer methodischen Sicherung ihres Wahrheitsanspruches keinen Wert mehr legte. Und mit diesem zurückgewonnenen schönen Schein prärational-poetisch generierter historischer Interpretationen könnte die Historiographie die Gunst des Publikums erobern, die der Anstrengung des Begriffs in der Regel nicht zuteil wird.

Die Frage ist nur, ob ein solches narratives Gebilde noch die Sinnqualität hat, die es beansprucht; denn es ist zumindest problematisch, ob man eine Historiographie noch als sinnvoll bezeichnen kann, wenn sie gerade dort, wo sie spezifisch historisch ist, also in der narrativen Rekonstruktion der menschlichen Vergangenheit als Geschichte, den Verstand verloren hat. Man kann in der Theorie der Geschichtsschreibung nicht hinter die Einsicht zurückgehen, daß dem historischen Erzählen im Prozeß des historischen Denkens keine sekundäre Funktion, nämlich die des bloßen Darstellens, zukommt, sondern eine primäre, diejenige einer elementaren und fundamentalen Sinnbildungsleistung. Man kann also die Geschichtsschreibung nicht als bloße Funktion der historischen Forschung definieren. Damit ist aber nicht schon ausgemacht, daß die methodischen Operationen der historischen Forschung Sinngebungen, auf die sie keinen Einfluß haben, lediglich exekutieren, also bloß sekundär rationalisieren.

Die Theorie der Geschichtsschreibung kann sich nicht auf die Beantwortung der Frage beschränken, was es heißt, historisch zu erzählen. Zumindest im Rahmen einer Historik, also einer Reflexion darauf, was Geschichte als Wissenschaft ist, hätte sie sich der Frage zu stellen, was es heißt, *vernünftig* historisch zu erzählen. Sie hätte zu prüfen, ob und inwieweit die methodischen Operationen der historischen Forschung nicht selbst schon Faktoren im Sinnbildungsprozeß des historischen Erzählens darstellen.

Vielleicht ließe sich im Lichte dieser Frage auch ein neues Verständnis über die Einheit der historischen Methode gewinnen, nachdem das alte, in den Lehrbüchern des späten 19. Jahrhunderts kanonisierte, durch die methodischen Fortschritte (insbesondere im Zusammenhang mit der Entwicklung der Sozialwissenschaften) brüchig geworden ist. Dann stünden Geschichtsschreibung und Geschichtsforschung nicht mehr in dem prekären Verhältnis wechselseitiger Verdrängung zueinander, in dem sie bisher als Theorieprobleme der Geschichtswissenschaft erschienen sind. Die Theorie der Geschichtsschreibung könnte dann in den methodischen Regeln der historischen Forschung, insbesondere in denjenigen der historischen Theoriebildung und -prüfung, eine notwendige (freilich keine hinreichende) Bedingung dafür ausmachen, daß Geschichte vernünftig geschrieben wird.

VI. Die vier Typen des historischen Erzählens

> In te, animus meus, tempora metior. Noli mihi obstrepere: quod est; noli mihi obstrepere turbis affectionum tuarum. In te, inquam, tempora metior.
>
> Augustinus

> Ich hoffe immer noch, daß gestern besser wird.
>
> Charlie Brown[246]

1. Problemlage und Fragestellung

Die im folgenden vorgeschlagene Typologie der Geschichtsschreibung soll einem doppelten Zweck dienen: Sie soll erstens zur Theorie der Geschichtsschreibung im Rahmen einer Historik beitragen, und sie soll zweitens allgemeine Perspektiven zur Interpretation empirischer historiographischer Befunde eröffnen. Sie knüpft an die jüngsten Entwicklungen der Historik an, in denen die narrative Struktur der historischen Erkenntnis besonders herausgearbeitet worden ist. Die Geschichtsschreibung hat hier inzwischen die Bedeutung eines Theorieproblems ersten Ranges zurückgewonnen, da sich in ihr der Sinnbildungsprozeß manifestiert, in dem sich die ›Geschichte‹ genannte Qualität der Vergangenheit konstituiert.[247] Als ein solcher Sinnbildungsprozeß läßt sich der Vorgang des Erzählens identifizieren und beschreiben.[248] Droysens bekannte Frage, wie aus Geschäften Geschichte wird, hat die Antwort gefunden: durch Erzählen. Von hier aus läßt sich die alte Aufgabe der Historik, die für den Historiker maßgebenden Prinzipien der Geschichtsschreibung zu explizieren und zu begründen, auf neue Weise lösen: weder (wie in der vorhistoristischen Historik) in Form von Kunstregeln der Darstellung noch (wie in der historistischen Historik) in der Form einer strikten Rückbindung an und Unterordnung unter die methodischen Regeln der historischen Forschung, sondern in der Form einer Analyse der für die Geschichtsschreibung maßgebenden Sinnbildungskriterien und ihres systematischen Zusammenhangs.

Die Untersuchung des Erzählens als Grundlage der historischen Erkenntnis ist von der abstrakten Feststellung der narrativen Struktur historischer Aussagen ausgegangen und inzwischen bei der Analyse komplexer Sinnbildungsprozesse in der Konstitution konkreter historiographischer Texte angelangt. (Die Entwicklungslinie mag mit den Namen Danto[249] und Hayden White[250] illustriert werden.) Sie hat aber zwei für die Belange der Historiker wichtige Problemkomplexe ausgeklammert. Der eine betrifft die im Rahmen einer Historik unerläßliche Frage nach der *Wissenschaftsspezifik von Geschichtsschreibung* (sie bleibt im Rahmen einer textlinguistischen Untersuchung von Grundstrukturen der Geschichtsschreibung unbeantwortet), und die andere betrifft die für die Geschichte der Historiographie unerläßliche Frage nach der *historischen Dimension des Erzählens in den Grundlagen der Geschichtsschreibung.* (Sie bleibt ebenfalls unbeantwortet, wenn es um Grundstrukturen der Historiographie überhaupt geht, also um etwas, das noch diesseits ihrer geschichtlichen Spezifikation liegt.) Beide Defizite lassen sich an Hayden Whites Typologie der Geschichtsschreibung illustrieren:

Erstens ist die Wissenschaftsspezifik der für die Geschichtsschreibung maßgeblichen Sinnbildungsprozesse des Erzählens für White deshalb kein Problem, weil er diese Prozesse im vorwissenschaftlichen Bereich der Konstitution historischer Objekte ansiedelt und folgerichtig die »nonscientific or protoscientific nature of historical studies«[251] betont (auf deutsch müßte man sagen: die ›nichtszientifische oder protoszientifische Natur der Geschichtswissenschaft‹, um deutlich zu machen, daß hier ein terminologisch eingeschränktes Wissenschaftsverständnis vorliegt). White hat seine Typologie unbeschadet der Grundsätzlichkeit seiner Ausführungen als Instrumentarium zur Analyse des historischen Denkens und der Geschichtsschreibung des 19. Jahrhunderts entwikkelt. Es ist immerhin bemerkenswert, daß er der in dieser Zeit erfolgten Verwissenschaftlichung des historischen Denkens keine prinzipielle Bedeutung für die von ihm thematisierten Sinnbildungsstrukturen und -prozesse beimißt. Er spricht zwar von ›explanation‹ als wesentlichem Gesichtspunkt seiner Analyse, verwendet diesen Terminus jedoch ganz anders als in der Wissenschaftstheorie, nämlich nicht als Ausdruck einer methodisch geregelten, rationalen Argumentation, sondern als einen Modus sprachlicher Sinnbildung, der aus chronikalischen Fakten Geschichten macht und der als ›essentially poetical act‹[252] angesehen wird. Von Forschung als wesentlichem Element der historischen Sinnbildung ist nicht die Rede. Demgegenüber müßte gefragt werden, ob nicht in den sinnbildenden Konstitutionsleistungen des historischen Erzählens selber schon Elemente einer diskursiven Rationalität wirksam sind, in denen Geschichte als Wissenschaft wurzelt.

Obwohl der Titel von Whites Typologie – *Metahistory* – auf die Konstitutionsebene historischer Sinnbildungsleistungen verweist, verrät er zweitens auch eine Betrachtungsweise, die diese Sinnbildungsleistungen in einem ahistorischen Raum struktureller Beziehungen ansiedelt. Diese Typologie ist unhistorisch; mit ihr läßt sich die innere zeitliche Dynamik der historischen Formung zeitlicher Erfahrung nicht begreifen, auf der der Wandel historischer Darstellungsformen beruht. White selber untersucht einen solchen Wandel, und zwar eine epochale Entwicklung; deren historische Eigenart – wie überhaupt die innere Historizität von Geschichtsschreibung – kann aber mit der als Untersuchungsinstrumentarium entwickelten Typologie nicht erschlossen werden: sie entwirft keine historischen Perspektiven. Mit ihr können die Sinnbildungsleistungen, die aus Geschäften Geschichte machen, nicht als Prozesse, sondern nur als (zeitlose) Strukturen rekonstruiert werden, und damit bekommt das historische Denken eine eigentümlich weltlose Signatur: Die Geschichte, die es sinnbildend konstituiert, ist dort, wo die für sie maßgebenden Konstitutionsfaktoren bestimmt (typologisch beschrieben) werden, den zeitlichen Verstrickungen ihrer Sinnbildner (der Geschichtsschreiber und ihres Publikums) entzogen. Dies hindert natürlich den Historiker White nicht daran, in den empirischen Teilen seines Werkes mit wünschenswerter Deutlichkeit zu zeigen, wie sehr eben diese Verstrickung sich in den Geschichten spiegelt, die geschrieben wurden (und werden), um mit ihr fertigzuwerden. Demgegenüber müßte gefragt werden, ob und inwieweit sich die sinnbildenden Konstitutionsleistungen des historischen Erzählens als geschichtliche Vorgänge verstehen lassen, so daß ihre theoretische Analyse ohne Verlust ihres kognitiven Gehalts für eine historische Rekonstruktion der Geschichtsschreibung in Anspruch genommen werden kann.

Ich möchte mit den folgenden Vorschlägen zu einer Typologie der Geschichtsschreibung diese beiden Defizite überwinden. Einen Weg dazu sehe ich darin, daß bei der Bestimmung der Eigenart und bei der typologischen Erschließung der Vielfalt der Geschichtsschreibung deren Funktion als maßgeblicher Bestimmungsfaktor in den Vordergrund gerückt wird. Ohne Berücksichtigung der Funktion – das zeigen neuere gattungstheoretische und gattungsgeschichtliche Untersuchungen[253] – kann weder die formale noch die historische Eigenart von historiographischen Texten hinreichend rekonstruiert werden.

Ich möchte also eine Typologie vorschlagen, die nicht primär an poetischen Kriterien der Textbildung orientiert ist, sondern an Funktionen dieser Texte. Zugleich möchte ich aber den von White geschärften Blick nicht von der Ebene konstitutiver Sinnbildungsvorgänge ablenken, sondern ausdrücklich an die Problemstellung einer *Analyse historischer Sinnbildung durch Erzählen* anknüpfen und in Form einer Typologie den Spielraum solcher Sinnbildungen zugleich systematisch und historisch erschließen.

In *systematisierender* Absicht soll die Typologie allgemeine und elementare Gesichtspunkte der historischen Sinnbildung durch Erzählen unterscheiden und aus diesen Gesichtspunkten Konstellationen von Erzählweisen konstruktiv bilden, mit deren Hilfe sich die Eigenart konkreter historischer Darstellungen als (je verschiedene) Ausprägungen solcher Konstellationen begrifflich trennscharf bestimmen lassen. In *historisierender* Absicht soll sie Entwicklungstrends in der Veränderung historischer Erzählweisen als Metamorphosen solcher Konstellationen ebenfalls begrifflich trennscharf bestimmbar machen.

Um eine solche Typologie entwickeln zu können, die den Spielraum des historischen Erzählens umfassen soll, ist es notwendig, von einer lebensweltlichen Grundfunktion des historischen Erzählens auszugehen, die so allgemein und elementar ist, daß sie als Bestimmungsgrund in jeder Form des historischen Erzählens nachgewiesen werden kann. Ich knüpfe hier an die entsprechende Fragestellung Hans-Ulrich Gumbrechts[254] an. Allerdings lassen sich aus einer anthropologischen Grundfunktion weder deren unterschiedliche Realisationsformen noch die geschichtliche Entwicklung ohne weiteres ableiten. Dazu bedarf es spezifizierender Gesichtspunkte. Solche Gesichtspunkte zu entwickeln, ist die wichtigste Aufgabe einer allgemeinen Typologie des historischen Erzählens. Sie bedarf, um nicht von einer willkürlichen oder unbegründeten Abgrenzung ihres Gegenstandsbereichs auszugehen, einer anthropologischen Grundlegung, muß aber von der Abstraktheit der diesen Gegenstandsbereich abgrenzenden Grundfunktion fortschreiten zur Formenspezifik konkreten historischen Erzählens. Dazu ist es erforderlich, Typen des historischen Erzählens zu identifizieren, zu unterscheiden und systematisch einander zuzuordnen, in denen sich dessen lebensweltliche Grundfunktion realisiert. Solche Typen stellen Muster *(patterns)* oder Schemata des historischen Erzählens dar,[255] über die sich seine allgemeine Funktion zu besonderen Erzählweisen realisiert.

Diese Typen müssen einerseits noch so allgemein und elementar sein, daß sie zusammengenommen den Spielraum möglicher Realisationen abdecken, andererseits müssen sie sich so unterscheiden und aufeinander beziehen lassen, daß sie ein Netz von (möglichen) Realisationen ergeben, dem folgend die Variationsbreite wirklicher Erzählweisen systematisch abgesteckt und historisch identifiziert werden kann. Dies bedeutet, daß die einzelnen Typen sich nach zeitlichen Gesichtspunkten ordnen lassen müssen; ihre Reihung soll eine historische Perspektive in Form eines allgemeinen Leitfadens abgeben, dem folgend sich die Geschichte des historischen Erzählens als eine gerichtete Bewegung rekonstruieren läßt, die in die heute maßgeblichen Formen der historischen Sinnbildung einmündet. Ein solcher Leitfaden könnte die Gleichzeitigkeit des Ungleichzeitigen und die Ungleichzeitigkeit des Gleichzeitigen in der Geschichtsschreibung begrifflich präzise bestimmen, und er könnte auch in der oben monierten Weise Gesichtspunkte zur Abwägung von Sinnkriterien für die gegenwärtige Geschichtsschreibung abgeben. Zugleich müssen sich die Typen quer zu solchen Zeitreihen so miteinander kombinieren lassen, daß sie den Formenreichtum innerhalb einer geschichtlichen Entwicklung nicht zugunsten einliniger Verläufe übersehen lassen.

Ich möchte also im folgenden (2.) historisches Erzählen als lebensweltliches Phänomen im Sinne einer allgemeinen und elementaren Operation des menschlichen Bewußtseins beschreiben. Daran anschließend möchte ich (3.) vier Typen des historischen Erzählens unterscheiden und als Erzählschemata charakterisieren. Danach möchte ich (4.) andeuten, inwieweit sich mit diesen Schemata der Variationsspielraum der Formen des historischen Erzählens erschließen läßt. Ferner möchte ich (5.) zeigen, daß sich mit den vier Typen historische Perspektiven zur Rekonstruktion von Entwicklungen des historischen Erzählens entwerfen lassen. Abschließend möchte ich (6.) dann die eingangs aufgeworfene Frage nach der wissenschaftskonstituierenden Rationalität in den Prozessen der historischen Sinnbildung behandeln.

2. Historisches Erzählen als Sinnbildung über Zeiterfahrung durch Erinnerung

Erzählen ist eine Sprachhandlung, durch die über Zeiterfahrungen Sinn gebildet wird.[256] Man könnte auch sagen: *Erzählen macht aus Zeit Sinn*. Damit ist folgendes gemeint: Menschliches Handeln ist notwendig an die Bedingung geknüpft, daß seine Subjekte über Orientierungen verfügen, die ihnen die Umstände und Verhältnisse ihres Handelns so interpretieren, daß sie sie ›behandeln‹ können. Nur aufgrund solcher Orientierungen ist es möglich, daß sich Bedürfnisse in (mehr oder weniger) bewußte Interessen umsetzen und diese Interessen in Form von Absichten Handlungen bestimmen. Die Handlungsfähigkeit des Menschen hängt nicht nur von der Verfügbarkeit über Ressourcen zur Fristung seines physischen (materiellen) Lebens ab, sondern auch von einer vorgängigen Interpretiertheit der im Handeln komplex gegebenen Zusammenhänge von Subjekt und Objekt, Mensch und Welt. Man muß die Welt immer schon interpretiert haben, um sie verändern zu können.

Max Weber hat für diese Selbstverständlichkeit, die angesichts vieler nach wie vor aktueller Versuche, Handlungsintentionen aus nicht-intentionalen Handlungsbedingungen abzuleiten, keine ist, die bekannte und einprägsame Formulierung gefunden: »Interessen (materielle und ideelle), nicht: Ideen, beherrschen unmittelbar das Handeln der Menschen. Aber: die ›Weltbilder‹, welche durch ›Ideen‹ geschaffen wurden, haben sehr oft als Weichensteller die Bahnen bestimmt, in denen die Dynamik der Interessen das Handeln fortbewegte.«[257] ›Sinn‹ ist der Inbegriff von Handlungs- (oder allgemeiner: Daseins-) Orientierung durch ›Ideen‹. Und Erzählen ist einer der Vorgänge, in denen ›Ideen‹ als ›Weltbilder‹ Handlungen den Weg bahnen. Seine Eigenart ist einerseits dadurch bestimmt, wovon die Ideen Ideen sind, d. h. *worüber* oder *worin* sie orientieren sollen, und andererseits dadurch, *woraufhin* sie als Ideen wirken, d. h. auf welches Orientierungsbedürfnis sie rekurrieren.

Das ›*Worüber*‹ bzw. ›*Worin*‹ ist der Bereich einer bestimmten Zeiterfahrung, derjenigen nämlich, die handelnde Menschen mit der nicht intendierten – also primär erlittenen – zeitlichen Veränderung ihrer Welt und ihrer selbst machen. Es handelt sich um die allgemeine und überwältigende Erfahrung eines lebensbestimmenden Zeitflusses, in den alles menschliche Handeln vorgängig eingebettet ist und den es mitvollziehen muß, ob es will oder nicht. Es handelt sich um die Zeit, in der sich die Menschen und ihre Welt verändern, ohne daß diese Veränderungen als solche (primär) beabsichtigt wären. Es ist eine Zeit, die als eine allen Handlungen vorgängig vorausliegende eigens (eben durch die ideellen Sprachhandlungen des Erzählens) behandelt werden muß, damit angesichts ihrer überhaupt Handlungsabsichten möglich werden. Ich möchte diese Zeit, die gleichsam quer zum Vollzug absichtsvoller Handlungen liegt, *Naturzeit* nennen und damit diejenige Qualität von Zeiterfahrung hervorheben, die die Betroffenen nicht auf sich beruhen lassen können, sondern auf die sie mit Sinnfragen reagieren müssen. Solche Fragen, in denen *Zeit als Sinnproblem* auftaucht, knüpfen sich an die Grunderfahrung von Kontingenz und Zwang im zeitlichen Verlauf des menschlichen Lebens. Diese Grunderfahrung von Naturzeit als zwanghafte, unbeabsichtigte Veränderung von Mensch und Welt, die den menschlichen Lebensvollzug wesentlich berührt (also seine ›Ideen‹-Produktion entschieden herausfordert), manifestiert sich am deutlichsten in der Erfahrung des Todes, und es gibt keine nachdrücklichere Herausforderung, sie deutend in den Orientierungsrahmen des menschlichen Handelns einzubeziehen, als die Todesangst. Dies läßt sich an einer der größten Erzählfiguren der Weltliteratur, an Scheherazade, sehr gut illustrieren: Um nicht vom König von Samarkand getötet zu werden, muß sie ihm bekanntlich tausend und eine Nacht lang Geschichten erzählen. Dieser hier selbst als Erzählung präsentierte innere Zusammenhang von Tod und Erzählen wird auch durch die verbreitete Meinung unterstrichen, daß Sterbende auf den nahenden Tod mit der Imagination ihrer Lebensgeschichte, also (bildlich) erzählend, reagieren. Walter Benjamin hat diesen Zusammenhang so charakterisiert und dabei ebenfalls das Naturhafte der erzählend zu deutenden Zeit hervorgehoben: »Der Tod ist die Sanktion von allem, was der Erzähler berichten kann. Vom Tode hat er seine Autorität geliehen. Mit anderen Worten: es ist die Naturgeschichte, auf welche seine Geschichten zurückverweisen.«[258]

Das *Woraufhin* der Sinnbildung über diese Zeiterfahrung durch Erzählen ist bestimmt davon, daß sich die Menschen die durch ihr Handeln vollzogenen und bewirkten zeitlichen Veränderungen ihrer Welt und ihrer selbst so vorstellen müssen, daß sie sie beabsichtigen können. Durch ihr Handeln wollen sich die Menschen als Subjekte einbringen in den Fluß der Zeit, und zwar so, daß sie sich in ihm nicht nur erhalten, d.h. in ihm nicht untergehen, sondern zur Geltung bringen, d.h. in ihm Vorstellungen davon verwirklichen, was sein soll, aber noch nicht oder nicht mehr ist. Hier kommt Zeit in der Form von Absichten ins Spiel, in denen der Wandel von Mensch und Welt nach Maßgabe frei gesetzter Zwecke gewollt und als freie Selbsthervorbringung der zwecksetzenden Subjekte vorgestellt wird. Es handelt sich um die allgemeine und überwältigende Absicht eines lebensbestimmenden Zeitflusses, den alles menschliche Handeln intendiert, insofern die Handelnden sich durch ihr Handeln selbst zur Geltung bringen wollen. Versteht man unter Humanität den Inbegriff solcher freien Zwecksetzung, solchen normativen Intentionalitätsüberschusses über vorgegebene Bedingungen und Umstände, dann handelt es sich hier um die *menschliche Fundamentalintention von humaner Zeit.* (Man könnte auch von Zeit als Geist reden, wenn man unter ›Geist‹ die Transzendierungsfähigkeit des menschlichen Bewußtseins versteht.)

Diese Zeit manifestiert sich am entschiedensten in der Absicht, den Tod zu überwinden, – dafür hat Volker Klotz die glänzende Formulierung gefunden, Erzählen sei Ent-töten,[259] – und es gibt keine nachdrücklichere Form dieser Absicht als Lust an der Ewigkeit oder ihre Kehrseite, die Trauer über Vergänglichkeit. Auch hier sei auf das Beispiel der *Erzählungen aus Tausendundeiner Nacht* verwiesen. Scheherazade überwindet durch ihre Erzählungen den ihr drohenden Tod, und sie verwandelt dabei zugleich den mörderischen Sinn des Königs Schahriar so, daß er wieder Freude an einem ethisch geregelten Leben gewinnt. Daß dieses Leben seinerseits *sub specie aeternitatis* gesehen werden soll, dafür stehen nicht nur die 1001 Nächte als kleine Ewigkeit der Dauer des Erzählens, sondern erst recht die den Anfang und das Ende dieses Erzählzyklus markierenden rituellen Anrufungen Gottes. (Auch die bekannte Schlußformel von Märchen ›und wenn sie nicht gestorben sind, leben sie heute noch‹ verstehe ich so, daß der erzählend intendierte Zeitstatus über der Grenze zwischen Leben und Tod liegt.)

Erzählen ist nun die Art und Weise, wie über die (Natur-)Zeiterfahrung Sinn gebildet wird im Hinblick auf eine absichtsvoll entworfene Zeit menschlicher Selbstgewinnung durch handelnden Eingriff in die erfahrenen Veränderungen von Mensch und Welt. *Erzählen transzendiert auf der Ebene der Handlungsorientierung Naturzeit in humane Zeit.* Man könnte auch sagen: Erzählen ist eine Weise, wie die Zeit (durch Sprachhandlungen) die Wunden heilt, die sie geschlagen hat.

Dies geschieht durch eine Deutung *der erfahrenen Naturzeit im Lichte von Zeitvorstellungen, die Absichten formulieren.* Erfahrene Zeitverläufe werden sprachlich reproduziert, und dabei werden sie so auf beabsichtigte Zeitverläufe bezogen, daß zwischen beidem ein kohärentes Verhältnis entsteht: Sie müssen sich wechselseitig entsprechen, sonst wäre der Lebensfluß menschlichen Handelns dort empfindlich gestört, wo er als Zeitvorstellung alles Handeln muß begleiten können.

Worum es geht, hat Shakespeare in einem Dialog zum Ausdruck gebracht, in dem die (Natur-)Zeit als Chaotisierang der Weltordnung und daher als tödliche Bedrohung erfahren und diese Erfahrung zu einem Orientierungsfaktor zweckgeleiteten Handelns deutend verarbeitet wird:

KÖNIG HEINRICH. O Himmel, könnte man im Buch des Schicksals
Doch lesen, und der Zeiten Umwälzung
Die Berge ebnen, und das feste Land,
Der Dichte überdrüssig, in die See
Wegschmelzen sehn! und sehn des Ozeans
Umgürtend Ufer für Neptunus Hüften
Ein andermal zu weit! Wie Zufall spielt,
Und Wechsel der Verändrung Schale füllt
Mit mancherlei Getränk! O sah man das,
Der frohste Jüngling, diesen Fortgang schauend,
Wie hier Gefahr gedroht, dort Leiden nahn:
Er schlöss' das Buch, und setzte sich und stürbe...
WARWICK. Ein Hergang ist in aller Menschen Leben,
Abbildend der verstorbnen Zeiten Art:
Wer den beachtet, kann, zum Ziele treffend,
Der Dinge Lauf im ganzen prophezein,
Die, ungeboren noch, in ihrem Samen
Und schwachem Anfang eingeschachtelt liegen.
Dergleichen wird der Zeiten Brut und Zucht...
KÖNIG HEINRICH. Sind diese Dinge denn Notwendigkeiten?
Bestehn wir auch sie wie Notwendigkeiten![260]

Es ist kein Zufall, daß Warwick, der König Heinrich den handlungshemmenden Schrecken der Naturzeiterfahrung durch deren deutende Verarbeitung in eine humane Zeitvorstellung nehmen will, von ›history‹ spricht; denn *die Form, in der Zeiterfahrung reproduziert, auf Zeiterwartung und -absicht bezogen und zwischen beiden ein kohärentes Verhältnis hergestellt wird, ist diejenige einer Geschichte.*

Geschichten organisieren Zeiterfahrungen zu Handlungsorientierungen, mit denen die Handlungssubjekte sich darüber versichern, daß sie in den durch ihre Handlungen vollzogenen und bewirkten zeitlichen Veränderungen ihrer Welt und ihrer selbst sich nicht verlieren, sondern gewinnen. Man könnte auch sagen: Geschichten sind Symbole, die Erfahrungen und Erwartungen von Zeit so miteinander verknüpfen, daß Handlungsabsichten zwischen vorgegebenen Zeitlagen und beabsichtigten Veränderungen mit Aussicht auf Erfolg nach dem Kriterium subjektiver Geltungsansprüche (Anerkennungsbedürfnisse) austariert werden können.

Das, was Historiker tun, ist nichts anderes als das Erzählen solcher Geschichten. Aber nicht alle Geschichten, die erzählt werden, können als ›historische‹ angesprochen werden. Wie läßt sich hier eine Unterscheidung treffen, die der bisher im Vordergrund stehenden Allgemeinheit und Elementarität des Erzählens gerecht wird, – eine Unterscheidung also, die selbst lebensweltliche Qualität hat, d.h. in allen historisch verschiedenen Formen menschlicher Vergesellschaftung vorkommt? Wie läßt sich ›historisches‹ Erzählen, als besondere Erzählweise mit einer besonderen Funktion, so definieren, daß es als spezifische Realisation der allgemeinen Erzählfunktion erscheint, ohne mit einer kulturspezifischen Form von Geschichtsschreibung exklusiv identifiziert zu werden? Die Neigung ist groß, eine kulturspezifische Ausprägung des Erzählens, die traditionell als Darstellung von ›Geschichte‹ von anderen Erzählformen unterschieden wird (z.B. Herodot von Homer), zur metahistorischen Spezifikation des historischen Erzählens‹ zu generalisieren. Andererseits läßt sich jenseits solcher historischen Ausdifferenzierung des Erzählens in verschiedene Formen und Funktionen gar nicht sinnvoll danach fragen, was historisches Erzählen ist und welche allgemeine und elementare, durch alle historische Variabilität des Erzählens hindurchgehende Eigentümlichkeit es auszeichnet. Es geht darum, die vorgegebene Ausgrenzung eines spezifisch ›historischen‹ Erzählens aus dem Gesamtbereich der Erzählhandlungen auf ihr lebensweltliches Fundament hin durchsichtig zu machen.

Die Theorietradition bietet die *Unterscheidung zwischen fiktionalem und nicht-fiktionalem Erzählen* an. Historiographie wäre dann ein Erzählen, das Sinn über *wirkliche* Zeiterfahrungen im Hinblick auf zeitliche Absichten *wirklichen* Handelns bildet, und in diesem Wirklichkeitsbezug bestünde seine Eigenart gegenüber allen anderen Formen von Sinnbildung durch Erzählen. Historisches Erzählen behandelt *res factae,* nichthistorisches Erzählen bezieht sich auf *res fictae*. Das Unterscheidungskriterium der Historik des 19. Jahrhunderts – der Rückbezug des Erzählens auf die historische Forschung – stellt eine Spezifikation dieser älteren Abgrenzung dar: Forschung wird als die über den eigentlich historischen Sinn erzählender Aussagen entscheidende Instanz der Ermittlung und Interpretation von Tatsachen angesehen.

Diese Unterscheidung hat neben ihrer ehrwürdigen Tradition noch den Vorteil der Selbstverständlichkeit für sich. Bevor man sie reflektierend auf ihre Stichhaltigkeit überprüft (und ihre Fragwürdigkeit entdeckt), leuchtet sie insofern ein, als man sich keine Geschichtsschreibung denken kann, die nicht den Anspruch erhöbe, das, was sie erzähle, habe sich wenn nicht wirklich, dann zumindest wahrscheinlich so und nicht anders zugetragen. Eine Erzählung, die – sei es vom Autor beabsichtigt oder nicht – zeitliche Veränderungen so aussagt, daß sie als Erfindungen, als unwirkliche, als bloß mögliche, kurz als nicht stattgefundene verstanden (rezipiert) werden, dürfte denen, die sie so auffassen, wohl schwerlich als Geschichtsschreibung gelten.[261]

Problematisch ist dieses Kriterium (auch in seiner strengen Form als Forschungsbezug) deshalb, weil es den Punkt nicht genau trifft, um den es geht: eine Weise des Erzählens von allen anderen als diejenige abzugrenzen, die spezifisch ist für historische Sinnbildung. Zwar geschieht diese Sinnbildung immer so über (Zeit-)Erfahrungen, daß deren Wirklichkeit als solche thematisch bleibt, und sie ist dabei auf (Zeit-)Absichten wirklichen Handelns bezogen, aber *der sich bildende Sinn ist etwas, was diesseits der Unterscheidung zwischen Faktizität und Fiktionalität des Erzählens liegt.* Die *res factae* und die *res fictae* lassen sich nicht sauber auf die Bereiche: hie Geschichtsschreibung und da ›schöne‹ Literatur aufteilen. Unbestreitbar sind sie beide für beides wesentlich, da sich ›Sinn‹ als Orientierungsfaktor nur durch Bezug auf beide Bereiche bildet.[262]

Für die Identifikation des historischen Erzählens kommt es also darauf an, nicht bloß dessen Absicht auf die Tatsächlichkeit des Erzählens zu betonen, sondern genauer herauszuarbeiten, in welche Sinnzusammenhänge die Tatsachen eingerückt werden, wenn sie ›historisch‹ zur Sprache kommen.

Man mag die Theorietradition, die zwischen fiktionalem und nichtfiktionalem Erzählen unterscheidet und die Geschichtsschreibung generell dem letzteren zuordnet, für so historisch voraussetzungsvoll halten, daß mit ihr eine metahistorische Ausgrenzung des Typs ›historisches Erzählen‹ oder ›Historiographie‹ aus dem Gesamtbereich narrativer Sprachhandlungen nicht möglich ist. Faßt man nun die elementaren und allgemeinen Konstituentien des durch historisches Erzählen gebildeten spezifischen ›Sinnes‹ ins Auge, dann hintergeht man gleichsam diese traditionelle Unterscheidung, und man braucht dann auch nicht mehr von einer bestimmten inhaltlichen Vorstellung darüber auszugehen, was ›Geschichte‹ als Sinnkonstrukt des historischen Erzählens ist. *›Historisches Erzählen‹ wird vielmehr als eine Erzählhandlung definiert, durch die ein bestimmtes Zeitbewußtsein sich bildet,* – ein Zeitbewußtsein, dem deshalb eine metahistorische Qualität zugesprochen werden muß, weil ohne es intentionales Handeln menschlicher Subjekte im Lauf der Zeit nicht gedacht werden kann. Was ist für den historischen Charakter von Sinnbildung über Zeiterfahrung durch Erzählen maßgebend? Was heißt es, Naturzeit durch historisches Erzählen in humane Zeit zu transformieren? Ich möchte diese Frage durch drei Hinweise beantworten, – darauf, daß erstens, der Ort historischer Sinnbildung die Erinnerung ist, daß zweitens das für historisches Erzählen maßgebende Sinnbildungskriterium eine Vergangenheit, Gegenwart und Zukunft umgreifende Zeitverlaufsvorstellung ist und daß drittens, mit einer solchen Zeitverlaufsvorstellung sich Handlungssubjekte ihrer Identität vergewissern.

Erstens besteht die Eigenart des historischen Erzählens darin, daß es *Erinnerungen artikuliert.* (Da Erinnerungen sich stets auf etwas beziehen, was der Fall war, liegt in diesem Erinnerungsbezug auch das Faktizitätskriterium des historischen Erzählens beschlossen.) Damit ist bereits festgelegt, daß es die allem Erzählen eigene Deutungsabsicht auf

Zeiterfahrungen nicht direkt auf die zu deutenden, aktuellen Erfahrungen von Veränderungen des Menschen und seiner Welt richtet, sondern indirekt, indem es das im menschlichen Erinnerungsvermögen liegende Deutungspotential aktualisiert.

Jedes historische Erzählen geht (wie vermittelt auch immer) auf Gegenwartsinteressen zurück; es ist – in der Form einer historischen Frage – getragen von Orientierungsbedürfnissen, die zeitliche Verläufe im Kontext aktueller Handlungen betreffen. Aber es deutet die Zeiterfahrungen, über die es orientieren soll, indem es hinter sie zurückgeht in die Vergangenheit, die sich in der Erinnerung vergegenwärtigen läßt. Es nimmt die Herausforderung aktueller Zeiterfahrung so auf, daß es Erfahrungen von vergangenen zeitlichen Veränderungen erinnernd mobilisiert, d. h. Gegenwartserfahrungen gleichsam nach ›hinten‹ in die Vergangenheit hinein verlängert. Dadurch macht es die Gegenwartserfahrung allererst übersehbar. Es schließt sie rückwärts an die in der Erinnerung aufbewahrten und dort immer schon (wenn auch oft nur in Ansätzen) deutend bewältigten Erfahrungen der Vergangenheit an. Durch diesen Anschluß werden Gegenwartserfahrungen zeitlichen Verläufen zugerechnet, über die es bereits orientierendes Wissen gibt.

Eine solche Zuordnung durch Erzählen ist nicht das gleiche wie der normale, sich ganz unvermerkt vollziehende Vorgang der identifizierenden Zurechnung von aktuellen Erfahrungen durch Erinnerung zu schon gemachten. Sondern es bedarf einer ausdrücklichen *Mobilisierung* von Erinnerung. Die in ihr aufbewahrte Vergangenheit muß durch die Tätigkeit des Erzählens absichtsvoll so vergegenwärtigt werden, daß sie zu den Gegenwartserfahrungen paßt, von denen her die (historische) Frage an die Erinnerung gerichtet und auf die hin das historische Erzählen seine Antwort formuliert. Diese Mobilisierung ist nicht primär als Suche nach Vergessenem zu verstehen, sondern als Aktualisierung der in den Prozessen des Erinnerns (die immer auch Prozesse des Vergessens sind) wirksamen Deutungsmuster. In diese Deutungsmuster hinein wird eine Zeiterfahrung, die vergeht, erinnernd als bedeutsame gegenwärtig gehalten, oder sie wird durch diese Deutungsmuster hindurch als belanglos vergessen. Es kann die Folge einer solchen Aktualisierung sein, daß Vergessenes neu erinnert und die Erinnerung durch eigens ›ausgegrabene‹ Tatsachen der Vergangenheit bereichert wird.

Historisches Erzählen mobilisiert also die Erinnerung so, daß die in ihr aufbewahrten Erfahrungen der Vergangenheit diejenigen der Gegenwart verständlich machen. Dies geschieht, indem die Deutungen von Zeiterfahrungen in der und durch die Erinnerung neu durch den Akt des Erzählens vollzogen werden (und dabei natürlich auch modifiziert werden können). Durch das historische Erzählen wirft die Vergangenheit gleichsam das Licht der Erinnerung so auf die Gegenwart, daß die Schatten unverstandener Zeiterfahrungen verschwinden. Erinnerung durch historisches Erzählen heißt also, vergangene zeitliche Veränderungen so zu vergegenwärtigen, daß mit ihnen gegenwärtige Veränderungen verständlich gemacht werden können. Eben deshalb muß das in vergangenen Zeiten Gewesene so gut erzählt werden, als ob es in der eigenen Welt wäre.[263] Die von Hans-Ulrich Gumbrecht beschriebene anthropologische Grundform des historischen Erzählens, monothetisch präsente Vergangenheit polythetisch zu rekonstruieren, hat, so möchte ich trotz entgegenstehender Äußerungen von Gumbrecht[264] behaupten, primär die Funktion, das Deutungspotential der Erinnerung so zu mobilisieren und zu aktualisieren, daß mit ihm über handlungshemmende Zeiterfahrungen orientiert und mit Hilfe dieser Orientierung Handlungshemmungen aufgelöst werden können. Mit dieser Lösungswirkung, die das historische Erzählen erreicht, indem es aktuelle Zeiterfahrungen an erinnernd vergegenwärtigte und gedeutete Zeiterfahrungen der Vergangenheit zurückbindet, ist es auch auf die Zukunft bezogen. Es ermöglicht dort Ausblicke in die Zukunft, wo sie durch irritierende Gegenwartserfahrungen verstellt ist; es wirkt in dem Maße, in dem es Erinnerungen an die Vergangenheit mobilisiert, um Gegenwart verständlich zu machen, als Perspektivierung von Zukunft.

Zweitens realisiert dieser Zeitzusammenhang das historische Erzählen, indem es die erinnernd vergegenwärtigten zeitlichen Veränderungen der Vergangenheit als Zeitverläufe darstellt, die in die gegenwärtigen Veränderungserfahrungen hinein sich erstrecken, so daß diese als ihre Fortsetzung gedeutet und aus ihnen Zukunftsperspektiven entworfen werden können. Die hier maßgebliche Verlaufsvorstellung, die die Erinnerung der Vergangenheit, die Erfahrung der Gegenwart und die Erwartung der Zukunft umgreift, ist das entscheidende Sinnkriterium der Zeitdeutung durch historisches Erzählen. Sie läßt sich mit der Kategorie ›Kontinuität‹ bezeichnen.[265] Damit ist eine innere Kohärenz der drei Zeitdimensionen gemeint, also grundsätzlicheres und anderes als nur bruchlose Verläufe. Mit dieser übergreifenden Zeitverlaufsvorstellung wird Naturzeit in humane Zeit transzendiert; denn sie ordnet erfahrene Veränderungen des Menschen und seiner Welt so, daß in ihnen sich etwas durchhält, was auch als Bestimmungsgröße aktuellen Handelns gedacht werden kann (z.B. göttliche Absichten, geistige Triebkräfte kultureller Daseinsgestaltung, Entwicklung von Produktivkräften als Chancen einer freien Selbstaneignung des Menschen über die Aneignung der Natur usw.). Zeitliche Veränderungen erfahren mit dieser durch ihre erzählende Reproduktion entwickelten Vorstellung von Kontinuität ihre Einheit als Geschichte. Notwendige Voraussetzung dafür ist eine regulative Idee, die Zeit als Erfahrung und Zeit als Absicht generell und prinzipiell verbindet, so daß konkrete Erfahrungen auf konkrete Absichten bezogen, d.h. Geschichten genau die Erinnerungen mobilisieren können, die über Deutungen von Gegenwartserfahrungen Zukunftsperspektiven eröffnen. Das elaborierteste Beispiel für eine solche Idee ist diejenige der Freiheit in der idealistischen Geschichtsphilosophie.

Historisches Erzählen stiftet solche Ideen nicht, sondern macht Gebrauch von ihnen und gibt ihnen damit die Konturen, die sie haben müssen, um die Orientierungen leisten zu können, um derentwillen sie die menschliche Vernunft hervorbrachte. Es wäre also verfehlt, im historischen Erzählen den Vorgang zu sehen, in dem allgemeine, Weltdeutung und Handlungsbestimmung übergreifende Sinnkriterien gebildet werden; ebenso verfehlt aber wäre es auch, im historischen Erzählen lediglich ›Anwendungen‹ solcher Sinnkriterien zu sehen. Funktion und Eigenart des historischen Erzählens liegen zwischen beidem: Es stellt eine produktive Weiterbildung universeller Sinnkriterien dar. Geschichte als Sinntotalität läßt sich wohl denken (als regulative Idee einer allgemeinen Geschichte in praktischer Absicht), aber nicht erzählen. Die produktive Sinnbildungsfunktion des historischen Erzählens besteht darin, daß es aus allgemeinen (regulativen) Ideen, die Erinnerungen und Erwartungen in das einheitliche Gebilde eines handlungssteuernden zeitlichen Lebenszusammenhangs synthetisieren, Kontinuitätsvorstellungen über konkrete, erinnerte, erfahrene und beabsichtigte Veränderungen des Menschen und seiner Welt entwickelt. Solche Kontinuitätsvorstellungen sind – in der Sprache Max Webers – Weichenstellungen in der Richtungsbestimmung von Handlungsinteressen. Mit einer anderen, von Hartwig Floto übernommenen Metapher[266] ließe sich auch sagen, daß historische Erzählungen die regulativen Ideen der Erfahrungsdeutung und Handlungsnormierung mit dem ›Leib der Zeit‹ ausstatten, so daß sie dort lebendig werden können, wo Zeit in Form von konkreten Erfahrungen und konkreten Absichten Thema der menschlichen Lebensführung ist.[267]

Drittens sind die durch historisches Erzählen gebildeten Kontinuitätsvorstellungen Synthesen aus Erfahrungen zeitlicher Veränderungen des Menschen und seiner Welt und allgemeinen regulativen Ideen menschlicher Daseinsorientierung. Beide sind immer schon aufeinander bezogen: Erfahrungen zeitlicher Veränderungen werden in vorgegebene Deutungsmuster hinein gemacht, und in diesen Deutungsmustern werden sie so mit Erinnerungen an zeitliche Veränderungen zusammengebracht, daß sie (die jeweils neuen Erfahrungen) verstanden werden. Und wenn etwas geschieht und wahrgenommen wird, was in diese Deutungsmuster nicht hineinpaßt, wird es entweder gar nicht als Erfahrung rezipiert und schnell vergessen; wenn jedoch die neue Erfahrung handelnd bewältigt werden muß, weil kein Weg an ihr vorbeiführt, dann werden die Deutungsmuster so verändert, daß sie in ihnen als »zu behandelnde« erscheinen kann, als etwas also, von dem man weiß, wie man mit ihm umzugehen hat. Die allgemeinen regulativen Ideen menschlicher Daseinsorientierung andererseits sind stets auf die Erfahrungen bezogen, die handelnd bewältigt werden müssen; sie müssen erfahrungsoffen sein (und ständig so gehalten werden), sonst haben sie keine Orientierungskraft bzw. verlieren ihre Fähigkeit zur Daseinsorientierung.

Dennoch ergeben sich historische Kontinuitätsvorstellungen nicht schon einfach aus der wechselseitigen Ausrichtung ihrer beiden Bezugsgrößen aufeinander, sondern erst dann, wenn die *Identität* derjenigen, die durch historische Erzählungen angesprochen werden, als dritte Bezugsgröße eingeführt wird. Denn weder ist der Deutungsbezug von Zeiterfahrung so strikt, daß alle erfahrenen zeitlichen Veränderungen in der Erinnerung schon in der Ordnung kontinuierlicher Verläufe eingelagert wären und als solche Verläufe schon abgerufen werden könnten, noch ist der Erfahrungsbezug von Deutungsabsichten so eng, daß nur solche Erfahrungen als deutbare in den Erfahrungsvorrat der menschlichen Handlungsorientierung einströmen könnten, die sich in vorgegebene Muster kontinuierlicher Verläufe einpassen. Beides ist schon deshalb nicht der Fall, weil menschliches Leben prinzipiell durch eine Intentionalität bestimmt ist, mit der die Menschen (ob sie wollen oder nicht) durch ihr Handeln und Leiden die Umstände und Verhältnisse ihres Lebens überschreiten.

Deutungsabsichten sind daher in sich flexibel; sie beruhigen sich nicht in den Deutungsmustern von Zeiterfahrungen, die in die Erinnerung eingelagert sind: Sie sind kontingenzoffen und bedürfen daher zur Kontingenzverarbeitung stets neuer Aktualisierungen. Dem entspricht auf der Seite der Zeiterfahrungen, daß Veränderungen mit Deutungsunschärfen registriert werden, daß die Erinnerung mehr hergibt als Bestätigungen eingeschliffener Zeitverlaufsmuster. Das Deutungspotential der Erinnerung ist flexibel und offen für eine Reorganisation seiner Deutungsmuster, und nur deshalb ist es möglich, die Erinnerung zu mobilisieren und mit ihrer Hilfe Kontingenzerfahrungen in der aktuellen zeitlichen Veränderung des Menschen und seiner Welt in Handlungsorientierungen hinein zu verarbeiten.

Allgemeine Deutungshinsichten und besondere Zeiterfahrungen sind als Bezugsgrößen der Handlungsorientierungen grundsätzlich so aufeinander bezogen, daß sie einen erheblichen Kontingenzspielraum offen lassen. Dies ist zwar einerseits lebenswichtig, weil dieser Spielraum dem menschlichen Handeln die Transzendierungschancen von Lebensumständen eröffnet, die so etwas wie humane Zeit als Inbegriff von ›enttöteten‹ Lebensverhältnissen[268] überhaupt denken lassen, aber andererseits ist es auch bedrohlich, weil in diesem Kontingenzspielraum die Einheit von Erinnerung und Erwartung dauernd zu zerbrechen droht, deren Sicherung zu den notwendigen Voraussetzungen dafür gehört, daß Menschen handeln können.

Die Transzendierungschance des menschlichen Handelns kann nur genutzt werden, wenn es den Handelnden gelingt, mit einer Kontinuitätsvorstellung ihre Identität als konsistentes Verhältnis von Erinnerung und Erwartung dort zu sichern, wo erworbene und durch die Erinnerung lebendig gehaltene Selbstdeutungen über Absichten von Handlungen dem Fluß der Zeit überantwortet werden, eben don also, wo sich Zeit im Prozeß von Handeln als Veränderung von Mensch und Welt ereignet. Die Handlungssubjekte müssen sich durch historisches Erzählen genau der zeitlichen Konsistenz ihrer selbst versichern, die nicht schon vorgängig im allgemeinen Bezug ihrer Deutungsprinzipien auf Zeiterfahrungen gesichert ist.[269] Die durch das historische Erzählen über Zeiterfahrung gebildeten Kontinuitätsvorstellungen tragen noch nicht, wenn sie bloß vorgegebene Handlungsorientierungen durch Erinnerungen im Lichte weltanschaulicher Prinzipien bestätigen. Historisches Erzählen wird gerade dann notwendig, wenn solche Bestätigungen problematisch sind, wenn Gegenwartserfahrungen sich nicht zwanglos in die bereitstehenden Deutungsmuster einpassen, so daß diese eigens evoziert werden müssen, um erfahrungskonform zu werden, und die Erfahrungen eigens (im Medium der Erinnerung) reflektiert werden müssen, um deutungskonform zu werden.

Kriterium für beides ist die Konsistenz von Erinnerung und Erwartung nach Maßgabe der sich durchhaltenden Identität derjenigen, die mit der Gegenwartserfahrung fertig werden müssen. Um die Hemmung ihres Handelns durch eine nicht schon vorab gedeutete, also kontingente Erfahrung einer Veränderung ihrer Welt und ihrer selbst überwinden zu können, müssen sie diese Veränderung in die Vorstellung eines Zeitverlaufs integrieren, mit der sie wissen können, daß sie sie selbst bleiben, sich also nicht in dem, was sie (geworden) sind, verlieren, sondern gewinnen, wenn sie sich in ihrem Handeln auf die erfahrene Veränderung einlassen. Sie realisieren eine solche Vorstellung, wenn sie die in der Erinnerung gegenwärtigen Erfahrungen zeitlicher Veränderungen als Antwort auf die Frage deutend organisieren, wer sie selbst sind.[270] Historisch erzählte Geschichten geben solche Antworten, indem sie Zeiterfahrungen der Vergangenheit als kontinuierliche Verläufe der Identitätsbildung ihrer Adressaten erinnern und erinnernd deuten. Sie formulieren Identität als Dauer im Wandel der Zeit.

Historisches Erzählen bildet Kontinuitätsvorstellungen über Erfahrungen des zeitlichen Wandels. Es wird dabei getragen von dem Bedürfnis seiner Autoren und Adressaten, in einem solchen Wandel ihre Identität zu behaupten, sich selbst in ihm nicht zu verlieren, sondern zu gewinnen, sich in ihm durch ihr Handeln als Subjekte zur Geltung zu bringen. Identität als ent-tötendes Zeitverhältnis von Subjekten zu sich selbst ist das kontinuierende Moment in der Deutung von erinnerten Zeiterfahrungen, das über die Vergangenheit in Gegenwart und Zukunft hineinreicht. Es konstituiert den inneren Zusammenhang der drei Zeitdimensionen, in dem Geschichten als vergegenwärtigte Vergangenheit Gegenwart verständlich machen und Zukunftsperspektiven entwerfen.

Gedankenpoetisch ausgedrückt: Identität ist der Schimmer der Ewigkeit über dem Fluß der Zeit, der durch historisches Erzählen als Licht der Erinnerung auf die Gegenwart gerichtet wird, um in ihr Orientierungen zu ermöglichen, die Zukunftschancen des menschlichen Handelns erschließen.

Die Identität ihrer Adressaten ist also der Fluchtpunkt, auf den hin historische Geschichten erinnerte Erfahrungen von Veränderungen zu kontinuierlichen Zeitverläufen deutend organisieren. Und indem sie auf diese Weise Handlungssubjekten eine Vorstellung davon vermitteln, wer sie sind, wirken sie selber mit an den Prozessen der Identitätsbildung; denn diese Prozesse sind keine quasi-natürlichen Vorgänge, deren Resultat durch das historische Erzählen bloß bewußt gemacht, als feststehende Tatsache bloß registriert wird, sondern abhängig von den (bewußten oder unbewußten) Reflexionen, in denen sich Subjekte zu sich selbst verhalten. Historische Geschichten intervenieren in den Spielraum der menschlichen Identitätsbildung (sei es individuell oder kollektiv), in dem Absichten, jemand zu sein, an dem mitwirken, wer jemand ist.

Das historische Erzählen beteiligt sich also aktiv an den aktuellen Prozessen der Identitätsbildung. Indem es Erinnerungen zur Stabilisierung von Identität angesichts irritierender Kontingenzerfahrungen der Gegenwart mobilisiert, arbeitet es die Gegenwartserfahrungen (indirekt) in die Deutungsmuster zeitlicher Veränderungen ein, mit denen sich Handlungssubjekte im Umgang mit sich selbst und mit anderen darüber verständigen, wer sie selber und wer die anderen sind. Maßgebend für die Sinnbildung durch historisches Erzählen ist also der Gesichtspunkt, daß mit der erzählend entwickelten Kontinuität von Identität im Verlauf der Zeit die Gegenwartserfahrung so gedeutet, d.h. ihre Kontingenz dadurch aufgehoben werden kann, daß sich im handelnden Umgang mit ihr das Selbst oder das Ich bzw. Wir der Handelnden behaupten, wenn nicht gar stärken kann. Damit wird zugleich *Zukunft als Handlungsperspektive der Selbstgewinnung der Handlungssubjekte* eröffnet. Durch die Erinnerungsleistung des historischen Erzählens wird die Hoffnung auf eine Humanisierung der Zeit begründet, ohne die die Menschen angesichts der Erfahrung der Naturzeit keine Handlungsabsichten formulieren könnten und verzweifeln müßten, weil sie nicht wie die Tiere nicht zu sich selber ›ich‹ sagen können.

3. Die vier Weisen des historischen Erzählens

Das historische Erzählen kann seine Orientierungsfunktion durch Sinnbildung über Zeiterfahrung auf unterschiedliche Weise realisieren. Was jeweils als Kontinuitätsvorstellung über welche Erfahrungen der Vergangenheit gebildet wird und identitätsbildend in aktuelle Handlungsorientierungen eingeht, hängt von den Umständen, Verhältnissen und Absichten (Interessen) der Lebenspraxis ab, in der das historische Erzählen erfolgt. Seine Formenvielfalt muß deshalb aber nicht als eine regellose Menge unterschiedlicher Reaktionen auf unterschiedliche Situationen angesehen werden, sondern sie läßt sich auf eine begrenzte Anzahl von formgebenden Gesichtspunkten und ihre Kombinationsmöglichkeiten hin durchsichtig machen und strukturieren. Diese Gesichtspunkte ergeben sich aus den Bedingungen, die erfüllt sein müssen, damit Handlungen absichtsvoll im erfahrenen Zeitfluß durch Erinnerungen so situiert werden können, daß sie in ihm vollzogen werden können.

Praxisorientierungen können grundsätzlich nicht von einem Nullpunkt autonomer Sinnschöpfung aus erfolgen, sondern sie sind den Handelnden immer schon vorgegeben. Sie sind ihnen nicht eingeboren, sondern sie werden ihnen eingeboren. Wie immer sie sich den Orientierungsvorgaben ihres Handelns gegenüber verhalten mögen, ohne sie wären sie schlechterdings handlungsunfähig; sie hätten die Welt aus den Augen verloren, bevor sie in ihr handelnd etwas ausrichten (sie zum Beispiel verändern) könnten. So ist es auch mit der Erfahrung der Zeit; sie wird immer im Lichte vorgegebener Deutungsmuster gemacht, an die das historische Erzählen anknüpfen *muß,* wenn es seine Kontinuierungsleistungen aus der Erinnerung vollbringen will. Dieses notwendige Anknüpfen generiert eine Weise des historischen Erzählens, die sich in allen seinen Formen niederschlagen muß, insofern in die erzählend gebildeten Kontinuitätsvorstellungen Traditionen kontinuitätsbildend eingehen müssen: *das traditionale Erzählen.*

Historisches Erzählen knüpft aber nicht bloß an Traditionen an, in denen eine Zeit immer schon Sinn hat (genauer: Zeit *ist* als Tradition Sinn), sondern es bringt diese Traditionen auch in die Bewegung des Erzählens, aktualisiert (wie oben dargelegt) Traditionen als Deutungsmuster in der Erinnerung und bezieht sie dabei so auf Erfahrungen, die nicht schon vorab in sie passen, daß sie sich in sie einfügen. Dazu ist es notwendig, aus traditionalen Sinnvorgaben allgemeine Regeln (empirischer oder normativer Art) zu erheben, die es erlauben, unter sie zeitverschiedene Erfahrungen zu subsumieren. In diese Form verwandelt, lassen sich mit Traditionen auch die Kontingenzerfahrungen rezipieren und deuten, deren Kontingenz genau darin besteht, daß sie nicht schon vorab im Lichte traditionaler Deutungen erscheinen (können); denn Regeln als Sinnkriterien sind abstrakt und lassen einen (nicht beliebigen) Spielraum unterschiedlicher Anwendungen zu, in dem Gegenwartserfahrungen auf erinnerte Erfahrungen der Vergangenheit bezogen werden können. In dem damit möglichen Wechselspiel zwischen allgemeiner Handlungsregel und besonderer Zeiterfahrung entfaltet das historische Erzählen eine Fähigkeit, die man als historische Urteilskraft bezeichnen könnte.

Das historische Erzählen muß also, wenn es Kontinuitätsvorstellungen bildet, auf kontinuierende Handlungsregeln rekurrieren, um das Handeln dort an Zeiterfahrungen orientieren zu können, wo es sich regelgeleitet auf die Zeit einläßt. Die dieser Handlungsorientierung entsprechende historische Erzählweise ist das *exemplarische Erzählen.* Das historische Erzählen muß über diesen Regelbezug, den es mit der Erzählweise des Exemplarischen gewinnt, hinausgehen und die Art seiner Sinnbildung über Zeiterfahrungen qualitativ verändern, wenn seine Autoren und Adressaten vorherrschende Traditionen und aus ihnen gewonnene allgemeine Lebensregeln ändern oder außer Kraft setzen wollen. Dann geht das historische Erzählen auf Orientierungsbedürfnisse ein, die der allgemein-menschlichen Fähigkeit entspringen, nein zu identitätsdefinierenden Traditionen und Lebensregeln sagen zu können. Dieses Nein steckt in jedem Vorgang absichtsvoller Transzendierung gegebener Lebensumstände und -verhältnisse, so daß auch die ihm entsprechende Weise des historischen Erzählens, das *kritische Erzählen* universell ist. Es ist schon angelegt in der Verflüssigung von Traditionen zu gegenwartserfahrungsspezifischen Kontinuierungen erinnerter Veränderungen; denn hier bleibt ja die Tradition nicht eine bloße Vorgabe von Handlungsorientierung; sie wird durch das traditionale Erzählen bewußt ›behandelt‹, sozusagen zur ›Gabe‹ aktualisiert. Erst recht ist das kritische Erzählen im Exemplarischen angelegt; denn die erzählend am Material der Erinnerung mit historischer Urteilskraft konkretisierten Handlungsregeln legen falsch und richtig, gut und böse fest, und es bedarf nur eines Anstoßes im Erfahrungskontext der diesen Regeln Unterworfenen (etwa den, daß sie diese Regeln als einen Zwang erfahren, den sie aufheben wollen), dann tritt die Weise des kritischen Erzählens besonders hervor; sie tritt gleichsam in die Kraft der Erinnerung, um mit ihr diejenigen Erfahrungen zu artikulieren, die die kritisierten Traditionen und Regeln problematisieren und ihre Veränderung oder Aufhebung als möglich und sinnvoll erscheinen lassen.

Die Weise des kritischen Erzählens ist immer dann sachgeboten, wenn die Praxis, die durch historisches Erzählen in der Zeit orientiert wird, Veränderungsabsichten verfolgt, die den Veränderungsspielraum überschreiten, den natürlich auch Traditionen und Regeln lassen (weswegen die ihnen entsprechenden Erzählweisen immer auch eine kritische Komponente haben müssen). Diese durch kritisches Erzählen historisch plausibel gemachte Überschreitung hinterläßt aber ein Deutungsproblem, dessen Lösung das historische Erzählen von der kritischen Erzählweise in eine andere, in das *genetische Erzählen* übergehen läßt. Kritisches Erzählen lebt von dem, wogegen es sich richtet, weil die ihm eigentümliche Kontinuierungsleistung negativ ist; es bürstet die Kontinuitätsvorstellungen des traditionalen und exemplarischen Erzählens gegen den Strich. Seine dekomponierende Kraft führt es notwendig zu anderen Erzählweisen, die aus den kritisch dekomponierten Kontinuitätsvorstellungen neue aufbaut; auch das Handeln, dessen Absichten über vorgegebene Zeitorientierungen hinausführt, braucht nämlich eine Kontinuitätsvorstellung, um die Realisierungschancen dieser seiner Absichten zu sichern. Es muß sich sozusagen seinen Kontinuitätsreim auf die Zeitverläufe seines Erfahrungshorizontes machen können, in denen die bisher gültigen traditional und exemplarisch artikulierten Orientierungen (nicht zuletzt durch kritisches Erzählen) ihre Plausibilität verloren haben. Das historische Erzählen kann dann auf traditionale und exemplarische Erzählweisen regredieren, hat damit aber seine kritische Potenz verloren. Oder es führt zum genetischen Erzählen: Dann macht es die vom kritischen Erzählen geleistete Depotenzierung traditional und exemplarisch gebildeter Kontinuitätsvorstellungen zum Faktor von Kontinuitätsvorstellungen selber. In dieser Erzählweise werden Kontinuitäten über Veränderungen gebildet. Der Sinn der Veränderungen besteht nicht mehr darin, daß in ihr sich Traditionen und Handlungsregeln durchhalten, sondern in der Kontinuität des Veränderns selbst. In dieser durch das genetische Erzählen realisierten Kontinuitätsvorstellung ist die durch Kritik depotenzierte Kontinuität von Traditionen und Handlungsregeln in eine Richtung von Veränderungen aufgehoben. Damit werden Traditionen und Handlungsregeln, wenn auch relativiert auf eine jeweilige Zeitstelle in dieser Richtung, wieder in Kraft gesetzt, und die Kritik ist als Triebkraft der Veränderung anerkannt.

Die Unterscheidung dieser vier Erzählweisen bildet den systematischen Ausgangspunkt der im folgenden entwickelten Typologie des historischen Erzählens. Deren historiographie-theoretische Pointe besteht darin, daß die vier voneinander unterschiedenen und dann systematisch aufeinander bezogenen Erzählweisen sich wechselseitig so ergänzen, daß jede für sich eine notwendige und alle vier zusammen eine hinreichende Bedingung dafür darstellen, daß das historische Erzählen seine Funktion der Zeitorientierung erfüllen kann.

Erst wenn sich das Verhältnis der vier Erzählweisen zueinander so bestimmen läßt, ist der eingangs entwickelte Anspruch einer typologischen Charakterisierung der Geschichtsschreibung in geschichtstheoretischer und empirischer Hinsicht begründbar. Wenn sich mit den vier Erzählweisen wirklich der Umkreis des historischen Erzählens abschreiten läßt, dann muß sich auch die Wissenschaftsspezifik von Historiographie im Rahmen einer von ihnen ausgehenden Typologie des historischen Erzählens bestimmen lassen. Wissenschaft kann dann nicht als etwas verstanden werden, das zu den skizzierten Weisen des historischen Erzählens noch eigens hinzukäme, sondern muß als etwas ausgemacht werden, was in diesen Weisen selber schon beschlossen liegt.

Die empirische Brauchbarkeit einer auf der Unterscheidung der vier Erzählweisen beruhenden Typologie des historischen Erzählens läßt sich natürlich nicht vorab schon in der historiographie-theoretischen Begründung dieser Typologie belegen. Die erzähltheoretische Begründung einer typologisch entwickelten Matrix zur Bestimmung des Formenreichtums und der geschichtlichen Veränderungen von Historiographie kann eine empirische Untersuchung weder ersetzen noch deren Resultate vorwegnehmen. Wohl aber soll sie solche Untersuchungen ermöglichen, indem sie ihnen brauchbare theoretische und methodische Instrumentarien zur Verfügung stellt. Brauchbar für empirische Untersuchungen ist aber eine Typologie der Geschichtsschreibung dann, wenn man von ihr begründet sagen kann, daß sie den einschlägigen Bereich der historischen Erfahrung umgreift. Dies freilich ist keine Frage, die sich allein empirisch beantworten läßt, weil die Typologie ihrerseits den historiographietheoretischen Anspruch erhebt, den einschlägigen Bereich der Erfahrung mit den Sprachhandlungen des historischen Erzählens als ganzen in den Blick zu rücken und von anderen Sprachhandlungserfahrungen abzugrenzen. Die Theorie des historischen Erzählens ist gleichsam das Auge, das die Anschauung der empirischen Vielfalt des historischen Erzählens braucht, um nicht ohne Begriffe, d.h. blind, zu sein. Umgekehrt braucht natürlich auch die Typologie der Geschichtsschreibung die Anschauung der empirischen Mannigfaltigkeit des historischen Erzählens, um nicht leer, d.h. ein Spiel von Unterscheidungen und Beziehungen historischer Erzählweisen, zu sein, dem in der Praxis der Historiographen nichts entspricht.

Daß die vorgeschlagene Grundunterscheidung von vier Weisen des historischen Erzählens, mit der die im folgenden entwickelte Typologie der Geschichtsschreibung steht und fällt, nicht willkürlich ist, d.h. nicht ohne weiteres durch andere Erzählweisen ergänzt und verändert werden kann, ist natürlich keine Frage, die auf der Theorieebene allein entschieden werden kann. Schließlich muß es sich im Umgang mit historiographischen Texten erweisen, was sich mit den Mitteln einer erzähltheoretisch entwickelten Typologie der Geschichtsschreibung aus ihnen gewinnen läßt. Nichtsdestoweniger aber muß auf der Theorieebene vorab geklärt werden, ob und inwieweit die typenbildenden Grundunterscheidungen den einschlägigen Erfahrungsbereich erschließen.

Wenn also im folgenden typologische Bestimmungen der Geschichtsschreibung entwickelt werden, dann liegt ihnen ein *theoretischer Anspruch auf empirische Fruchtbarkeit* zugrunde. Dieser Anspruch läßt sich dadurch begründen, daß die vier Erzählweisen gleichsam flächendeckend systematisch entwickelt werden. Es muß plausibel gemacht werden können, daß sie den Gesamtbereich erfahrbarer Sprachhandlungen des historischen Erzählens (mindestens tendenziell) abdecken, daß es also keine Weise des historischen Erzählens gibt, die nicht mit den vier unterschiedenen charakterisiert werden kann.

Dies ist bereits implizit versucht worden, als die vier Weisen des historischen Erzählens entwickelt wurden. Denn sie wurden nicht einfach aufgezählt, sondern auseinander nach dem Gesichtspunkt entwickelt, welche Bedingungen erfüllt sein müssen, damit menschliches Handeln hinreichend durch historisches Erzählen in der Zeit orientiert werden kann. Prüfstein für die Vollständigkeit der getroffenen erzähltheoretischen Unterscheidungen ist die dargelegte allgemeine Funktion des historischen Erzählens. Ich möchte nun behaupten, daß die vier Erzählweisen im Verhältnis ihrer wechselseitigen notwendigen Ergänzung genau die mentalen Operationen darstellen, die erforderlich sind, um eine durch Kontinuitätsvorstellungen identitätsbildende historische Erinnerung zu realisieren, mit der sich handelnde und leidende Menschen in den zeitlichen Veränderungen ihrer selbst und ihrer Welt orientieren und eine tragfähige historische Identität entwickeln können.

Die vier Erzählweisen gehen auf Orientierungsgrößen im Verhältnis des Menschen zur zeitlichen Veränderung seiner selbst und seiner Welt zurück, die zusammengenommen als hinreichende Bedingungen für die Erfüllung der allgemeinen Funktion des historischen Erzählens gelten können: Rezeption traditionell vorgegebener Orientierungen, Generalisierung vorgegebener Orientierungen zu Regeln, Negation rezipierter und generalisierter Orientierungen zu Gunsten neuer und schließlich Vermittlung negierter und neu entworfener Orientierungen; – diese vier Leistungen des historischen Bewußtseins dürften genau den Spielraum markieren, den das historische Erzählen zur Erfüllung seiner Zeitorientierungsfunktion hat. Diese vier Leistungen stehen in einer logischen Abfolge, in der die eine die andere notwendig voraussetzt und die andere aus der einen notwendig folgt. So ist die traditionale Erzählweise die Voraussetzung aller anderen, und die anderen können sukzessive aus ihr heraus (wie oben versucht) entwickelt werden, wenn man sie unter dem Gesichtspunkt betrachtet, inwieweit mit ihr die Funktion des historischen Erzählens vollständig realisiert werden kann.

Die traditionale, exemplarische, kritische und genetische Erzählweise stehen also in einem Verhältnis zueinander, in dem die eine eine notwendige Ergänzung der anderen und sie alle zusammen eine hinreichende Bedingung für die Erfüllung der Funktion des historischen Erzählens darstellen. Sie alle stecken in nuce in jeder Form des historischen Erzählens. Dennoch lassen sie sich in dem Maße voneinander (abstrakt) unterscheiden und je für sich näher charakterisieren, in dem einzelne Faktoren der Zeitorientierung des menschlichen Daseins (Traditionsbildung, Konkretisierung von Handlungsregeln, Dekomposition von Orientierungsmustern, Richtungsbestimmung von Veränderungen) im Hinblick auf die Gesamtfunktion des historischen Erzählens betrachtet und voneinander abgegrenzt werden. Zugleich lassen sich die Erzählweisen in dem Maße systematisch aufeinander beziehen, in dem die einzelnen Faktoren in der Erfüllung der Funktion des historischen Erzählens miteinander zusammenhängen. Damit ist es möglich, mit der Konstellation, die die vier Erzählweisen jeweils in einer historischen Erzählung bilden, die Eigentümlichkeit dieser Erzählung typologisch zu beschreiben. Typologisch beschreiben soll heißen, daß auf allgemeine strukturbildende Prinzipien des historischen Erzählens zurückgegriffen wird, um die besondere Struktur einer historischen Erzählung in ihrer Eigentümlichkeit auszumachen.

Die vier Erzählweisen sollen also als typenbildende Sinnkriterien des historischen Erzählens dienen. Dazu müssen sie genauer dargelegt werden. Was es heißt, daß in der Weise des traditionalen, des exemplarischen, des kritischen oder genetischen Erzählens über Zeiterfahrungen Sinn gebildet wird, muß an den Eigenschaften von Geschichten verdeutlicht werden, in denen sich diese Erzählweisen dominant verkörpern. Da die geschilderten Erzählweisen freilich nie rein für sich allein auftreten, sondern in einem notwendigen Komplementaritätsverhältnis stehen, treten sie auch nicht rein in historischen Darstellungen auf. Sie lassen sich daher auch nur an Aspekten historischer Darstellungen beispielhaft erläutern, die allerdings hinreichend signifikant sein müssen, um die erzähltheoretisch getroffenen typenbildenden Grundunterscheidungen auch empirisch plausibel zu machen.

Die folgenden Beispiele sind (ziemlich willkürlich) aus unterschiedlichen Bereichen des historischen Erzählens gewählt worden, also nicht ausschließlich aus einer als ›wissenschaftlich‹ kanonisierten Geschichtsschreibung. Sie sollen auch unter Beweis stellen, daß die Zeitorientierungsfunktion des historischen Erzählens mehr Realisationen zuläßt als diejenigen, die von professionellen Historikern für ihre Historiographie beansprucht werden. Würde diese Historiographie allein im Blickfeld stehen, dann würden genau die Prozesse einer lebensweltlichen – also vor- und außerwissenschaftlichen Sinnbildung durch historisches Erzählen übersehen, die immer schon in die fachliche Historiographie eingewandert sind und die auch über Sinnerwartungen die Rezeptionschancen dieser Historiographie erheblich beeinflussen. Dann wäre es auch kaum noch möglich, genauer auszumachen, worin eigentlich der Rationalitätszuwachs zu einer verwissenschaftlichten Historiographie besteht, und zwar eben dort, wo diese Historiographie auch nichts anderes ist als diejenige, von der sie sich mit ihrem Wissenschaftsanspruch unterscheidet, nämlich Sinnbildung über Zeiterfahrung durch historisches Erzählen.

Ein besonderes typologisches Problem stellt die Chronographie dar.[271] Darunter verstehe ich eine nach der natürlichen Zeitfolge geordnete Sammlung von Informationen über Ereignisse von der Art, wie sie auch in der Geschichtsschreibung dargestellt werden. Annalen und Chroniken stellen ihre bekannteste (und auch heute noch übliche[272]) Form dar. Obwohl die Chronographie aufs engste mit der Historiographie verwandt ist, ja ohne sie gar nicht denkbar wäre, fällt sie mit ihren verschiedenen – natürlich auch idealtypisch beschreibbaren – Ausprägungen nicht unter eine Typologie des historischen Erzählens. Diese Abgrenzung ist deshalb sachgeboten, weil die Chronographie zwar auf eine mögliche Geschichtsschreibung bezogen ist, insofern sie das dort benötigte Datenmaterial verzeichnet – sie läßt sich gattungstheoretisch als ein solches ›Verzeichnis‹ definieren –, sie selbst aber ist keine Geschichtsschreibung, weil sie ihre Daten in einer nicht-narrativen Weise präsentiert.

Ein chronographischer Text ist keine Geschichte, sondern eine Proto-Geschichte, – eine Sammlung von Daten, die ihren narrativen Leitfaden, der sie zu einer Geschichte ordnet, noch außer sich hat, obwohl sie zumeist erkennbar auf ihn hin angelegt ist. Natürlich ist die Grenze zwischen Chronographie und Historiographie empirisch fließend, aber es läßt sich ein theoretisch eindeutiges und methodisch operationalisierbares Unterscheidungskriterium angeben: Gemeinsam haben sie den Sachgehalt der historischen Erinnerung, unterschieden sind sie dadurch, daß die Chronographie die narrative Deutung ihrer Daten außer sich hat, die sie um dieser Deutung willen verzeichnet, während die Historiographie diese Deutung in sich schließt. Die Chronographie hält zeitliche Veränderungen des Menschen und seiner Welt in der leitenden Absicht fest, sie für die historische Erinnerung, genauer: für die deutende Verwendung zur zeitlichen Daseinsorientierung aufzubewahren. Sie ist gleichsam ein Gedächtnis als Reservoir des Erinnernswerten, aber noch keine Erinnerung selbst, in der der ›Wert‹ des Erinnerten durch seine narrative Verknüpfung mit anderem Erinnerten schon deutlich wäre.

Der Unterschied zwischen Chronographie und Historiographie läßt sich auch in der oben zur Beschreibung der allgemeinen Funktion des Erzählens verwendeten Terminologie ausdrücken: Die Chronographie ist eine Erinnerungsleistung, die dem Leitfaden der Naturzeit folgt; die Historiographie erinnert grundsätzlich an das gleiche wie die Chronographie, nur folgt sie dem Leitfaden der humanen Zeit; die eine berichtet und erzählt (noch) nicht, die andere erzählt und berichtet nicht (mehr). Wie gesagt, die Grenzen zwischen beiden Präsentationsweisen der Vergangenheit sind empirisch fließend, sie lassen sich aber funktionstypologisch genau angeben: Sie unterscheidet auf der einen Seite eine nicht-narrative Präsentation von Daten der Vergangenheit, die den Zweck verfolgt, diese Daten für ihren Gebrauch in der zeitlichen Orientierung gegenwärtigen Handelns und Leidens aufzubewahren, und auf der anderen Seite eine narrative Sinnbildung über die in diesen Daten fixierten Erfahrungen zeitlicher Veränderungen des Menschen und seiner Welt, die den Zweck verfolgt, gegenwärtiges Handeln und Leiden in der Zeit zu orientieren.

Im folgenden möchte ich die vier Erzählweisen im einzelnen dadurch charakterisieren, daß ich sie als Strukturierung von Geschichten beschreibe und diese Strukturierung mit Beispielen belege.

a) Traditionales Erzählen

Traditionales Erzählen formiert sich in Geschichten, die den Ursprung von Lebensumständen und -Verhältnissen so erinnern, daß die von den Umständen und Verhältnissen Betroffenen, die Autoren und Adressaten der Geschichten, ihre aktuellen Zeiterfahrungen als Impulse zur Erneuerung dieses Ursprungs verarbeiten und demgemäß Zukunft als dessen Wiederkehr erwarten und absichtsvoll intendieren können. Solche Geschichten orientieren Handeln im Fluß der Zeit, indem sie den Ursprung der (institutionalisierten) Handlungsregelungen als Sinnstiftung erneuern und bekräftigen. Sie stellen Kontinuität als Dauer dieses Ursprungs vor. Sie realisieren damit ein Muster menschlicher Identitätsbildung, in dem das Selbstverständnis von Handlungssubjekten als ständig sich erneuerndes, als immer gleiches, als im Zeitfluß sich gleichsam unbewegt perpetuierendes tradiert wird.

Die Naturzeit wird hier also dadurch in humane Zeit verwandelt, daß dem wirklichen Zeitverlauf in der Erinnerung etwas Überdauerndes abgewonnen wird, das sich in den Veränderungserfahrungen der Gegenwart wiederfinden (erneuern, bestätigen) läßt, so daß es absichtsvoll gewollt und als Zukunft erwartet werden kann. Dieses Überdauernde wird als Wirklichkeitserfahrung der Vergangenheit erinnert, durch die Erinnerung in das Normensystem des in die gegenwärtigen Veränderungen verstrickten Handelns eingebracht und, über diese Verstrickung hinausführend, als Absicht und Erwartung von Zukunft vorentworfen. Es vereinigt daher alle drei Zeitdimensionen in einer übergeordneten Einheit. In dieser Einheit sind Vergangenheit und Zukunft zu einer Dauer von Lebensordnungen verschmolzen, die vom Fluß der Zeit getragen und der Vergänglichkeit enthoben sind. *Durch traditionelles Erzählen wird Zeit als Sinn verewigt.*

Diese Erzählweise dominiert in den meisten Historiographien, die den Zweck traditionaler Herrschaftslegitimation verfolgen (z. B. werden Könige von Göttern genealogisch abgeleitet); in Geschichten, in denen Religionsgemeinschaften ihre Stiftung gegenwärtig halten (wenn sie die Ursprungsgeschichte nicht im Modus kritischen Erzählens gegen eingeschliffene Traditionen kehren); in Geschichten, die aus Anlaß von Jubiläen erzählt oder auch niedergeschrieben werden; in Ursprungsmythen und in all den Formen des historischen Erzählens, die Tradition als kontinuitätsbildendes und identitätsstabilisierendes Sinnkriterium bevorzugen.

Der Sinnspruch ›Was Du ererbt von Deinen Vätern hast, erwirb es, um es zu besitzen‹ spricht die für das traditionale Erzählen kennzeichnende Rückbindung von Selbstverständigungen an traditionale Vorgaben aus. Um im Bereich der Sprüche zu bleiben, sei als eher kurioses Beispiel für diese Art des historischen Erzählens der Anfang einer populären Bismarck-Darstellung aus konservativer Feder zitiert, die im Jahre 1869 erschien.[273] Hier finden sich dem Text vorgeschaltet vier in symbolreiche Bilder eingefaßte und in bewußt altertümelnder Schrift geschriebene Gedichte. Schon die Form verrät, daß hier der Sinngehalt der folgenden Biographie Bismarcks in konzentrierter Form vorweggenommen wird. Als Beispiel sei das erste Gedicht zitiert:

Die Wiege

Schlicht u. tüchtig,
Fest, gewichtig
Steht das theure Haus d. Ahnen,
Schlicht und tüchtig
Kühn, umsichtig
Ging des Hauses Sohn d. Bahnen,
Die zu ew'gen Zielen leiten
Durch den wirren Streit d. Zeiten.

Hier – wie auch in den folgenden Gedichten[274] – wird als sinnbildendes Leitmotiv dieser historischen Erzählung vom Werdegang Bismarcks bis kurz vor seiner Ernennung zum preußischen Ministerpräsidenten die Ursprungstreue formuliert. Im Lichte dieses Leitmotivs erscheint das Leben Bismarcks als Garantie dafür, daß sein Handeln, das für alle Zeitgenossen sichtbar ganz erhebliche Veränderungen gezeitigt hatte und noch zu zeitigen versprach, in diesen Veränderungen letztlich nur bewährte Lebensformen auf Dauer stellt und eben deshalb Zustimmung und Unterstützung verdient. Bismarck wird als Identifikationsfigur für diejenigen angeboten, die in einer solchen Dauer ein Optimum ihrer eigenen Lebenschancen sehen.

b) Exemplarisches Erzählen

Exemplarisches Erzählen folgt der Devise *historia magistra vitae*.[275] Es formuliert sich in Geschichten, die zeitliche Veränderungen der Vergangenheit auf regelhafte Vorgänge hin durchsichtig machen; Gegenwartserfahrungen werden als vergleichbare Vorgänge verständlich und durch Rekurs auf solche zeitübergreifende Regeln behandelbar; die Zukunft wird dabei als regelbestätigende Erwartung von Handlungsfolgen erschlossen. Der Fluß der Zeit kontinuiert sich in der Vorstellung, daß die zeitliche Bewegung des menschlichen Handelns Vollzug überzeitlich geltender Handlungsregeln ist. Das exemplarische Erzählen aktualisiert Erinnerungen als empirische Konkretisierung solcher Regeln und befähigt seine Adressaten dazu, konkrete Gegenwartserfahrungen unter eben diese Regeln zu bringen und sie dem Zugriff ihres Handelns zu erschließen. Indem die historische Erinnerung Handlungsregeln konkretisiert, macht sie Zukunft absehbar; die Zukunft läßt sich als zeitlich erstreckte Summe vergleichbarer Konkretisierungen erwarten. Exemplarisches Erzählen stellt also den Zeitfluß von Veränderungserfahrungen auf die Dauer einer in ihrer Geltung alle Zeitdimensionen übergreifenden Handlungsregel.

Nicht – wie im traditionalen Erzählen – *in* den erinnerten, aktuell erfahrenen und erwarteten Veränderungen realisiert sich ein kontinuierlicher Ablauf als Dauer verpflichtender Lebensregelungen, die sich Handlungssubjekte als innere Zeitbestimmung ihres Ichs beziehungsweise Wir zu eigen machen können, sondern *über* diesen Veränderungen erstreckt sich ein Ensemble von Lebensregeln, für dessen Verwendung in je unterschiedlichen Kontexten die Handlungssubjekte durch das exemplarische Erzählen kompetent gemacht werden: *Regelkompetenz* angesichts der Variabilität von Handlungsumständen und -bedingungen ist das dominierende Sinnkriterium der Kontinuitätsbildung im exemplarischen Erzählen.

Traditional erzählte Geschichten stabilisieren das Ich beziehungsweise das Wir von Handlungssubjekten mit der Vorstellung der Dauer vorgegebener Handlungsorientierungen *in* den Lebensumständen und -verhältnissen; deren Veränderungen mobilisieren Erinnerungen als Erweis dessen, daß das, worauf es ankommt, bleiben, sich durchhalten oder wiederkehren wird: Zeit wird als Ewigkeit vorgängig gestifteter Handlungsorientierungen erzählend erinnert. Exemplarisch erzählte Geschichten stabilisieren das Ich beziehungsweise Wir von Handlungssubjekten mit der Vorstellung, daß sich ihre Regelkompetenz *über* den Wechsel oder die Veränderungen von (äußeren) Handlungsbedingungen erstreckt. Veränderungen werden nicht stillgestellt in der Dauer dessen, was in ihnen als handlungsorientierender Faktor gleichbleibt, sondern geradezu freigegeben in den Spielraum unterschiedlicher Anwendungen gleicher Handlungsregeln.

Dieses Erzählen zeigt, wie sich regelbewußtes Handeln auf unterschiedliche Kontexte einlassen kann: Es erschließt ihm den Spielraum von Veränderungen als Handlungschancen und hält zugleich an der Stetigkeit des Handelns in der Form einer überzeitlichen Geltung seiner Regeln fest. Damit wendet es sich an das Ich beziehungsweise Wir der Handelnden in ganz anderer Weise als das traditionale Erzählen, um seine Dauer im Wandel der Zeit zu sichern und es in diesem Wandel zur Geltung zu bringen: Es schützt das Ich beziehungsweise Wir nicht vor dem Wandel der Zeit durch eine Orientierung darüber, was in ihm gleich und unverändert bleibt, sondern es befähigt es dazu, sich im Bewußtsein einer zeitenthobenen Geltung seiner Handlungsregeln in die Vielfalt von äußeren Handlungsbedingungen hineinzubegeben und sich in ihr zur Geltung zu bringen. *Zeit wird durch exemplarisches Erzählen als Sinn verräumlicht* zu einer Reihe von Anwendungsfällen zeitlos geltender Handlungsregeln.

Die exemplarische Erzählweise dominiert in den Geschichten, die (wirkliche) Handlungen der Vergangenheit im Lichte von Prinzipien als positive oder negative Vorbilder erscheinen lassen und dadurch gegenwärtiges Handeln orientieren wollen. Es handelt sich um alle die Geschichten, die das tun, was der Prolog der *Primera Crônica General de Espana* so formuliert: »Sie schrieben auch die Taten der Fürsten auf, sowohl die, in denen sie gut handelten, als auch die, in denen sie schlecht handelten, damit jene, die nach ihnen kämen, aufgrund der guten sich bemühten, gut zu handeln, und aufgrund der schlechten sich davor hüteten, schlecht zu handeln, und damit dadurch der Lauf der Welt in allen Dingen in seine rechte Ordnung gebracht werde.«[276]

Lord Bolingbroke faßt das Prinzip des exemplarischen historischen Erzählens in die knappe Formel: »History is philosophy teaching by examples.«[277]

Diese Erzählweise dominiert in Geschichten, die. aus Erfahrungen der Vergangenheit, wie klug beziehungsweise unklug man damals war, allgemeine Erfahrungsregeln erheben, die Handlungssubjekte klug für immer machen, sie zumindest aber dazu befähigen, klug für den Fall im Rahmen ihrer Gegenwartserfahrung zu werden, auf den hin erzählend das Deutungspotential der Erinnerung mobilisiert wird. Machiavelli hat bekanntlich in dieser Art eines generalisierenden Praxisbezuges den Zweck aller Geschichtsschreibung gesehen.[278]

Die exemplarische Erzählweise ist immer dort anzutreffen, wo historische Analogien zwischen Gegenwart und Vergangenheit in praktischer Absicht hergestellt werden.[279] Daß dies auch von Historikern nicht verschmäht wird, für die sich der Topos von der Geschichte als Lehrmeisterin des Lebens längst ›im Horizont neuzeitlich bewegter Geschichten‹ aufgelöst hat[280], mag ein Beispiel zeigen. Ranke, in dem niemand einen Historiker vermuten würde, der die noch in der Aufklärung übliche exemplarische Erzählweise verwendet, bedient sich ihrer ganz ausdrücklich, um – im Rahmen seiner journalistischen Tätigkeit für die *Historisch-Politische Zeitschrift* – das Problem der Pressezensur zu diskutieren:

> »Nur allzuoft hegen wir in der gegenwärtigen Zeit die Einbildung, daß unsere Zustände neu und niemals dagewesen seien. Gern greifen wir zu dem, was unsere Nachbarn am heutigen Tage für gut halten; selten erinnern wir uns, welche Lehren die vergangenen Jahrhunderte geben, Lehren, die umso wichtiger sind, da die Folgen der Maßregeln, die man ergriff, vollständig vor uns liegen. Von den Wirkungen einer ungezügelten Freiheit der Presse und einer drükkenden Ausübung der Zensur haben wir zwei große Beispiele. Das

eine an dem Deutschland des 16. Jahrhunderts. Wenn man die Klagen, die über die Frechheit der Flugschriften damaliger Zeit erhoben wurden, vernimmt, so sollte man oft glauben, sie bezögen sich auf die Mißbräuche des heutigen Tages [...]. Niemand, der diese Dinge mit unbefangenem Auge betrachtet, wird leugnen können, daß die unglückliche Entwicklung, welche das Geschick unseres Vaterlandes damals genommen hat, großenteüs aus dem wilden Toben der theologischen Presse und der Entzweiung, die sie zur Folge hatte, entstanden ist. Diesem Beispiel gegenüber gibt es jedoch auch ein anderes. Während Deutschland sich in eine so zügellose Bewegung verlor, führte man in Italien die Zensur ein [...]. Und wie doch völlige Ungebundenheit und gewaltsame Beschränkung die nämliche Wirkung haben! Beide Nationen waren auf großen Pfaden der Entwicklung und Ausbildung; die Deutschen gerieten, weil sie denn gar nicht Maß hielten, und die herrschende Polemik alle Geister fesselte, in eine Art von Verwilderung; die Italiener, denen man die Gebiete verschloß, auf welchen sie sich frei zu bewegen die Neigung zeigten, fielen in eine einseitige Verbildung, in welcher vielleicht ein noch größeres Hindernis für die Zukunft lag. Nein! Sagt nicht, daß die Extreme jemals heilbringend geworden; immer waren sie verderblich.«[281]

Daß diese Erzählweise universale Bedeutung hat, geht nicht zuletzt daraus hervor, daß sie auch in klassischen Werken nicht-europäischer Historiographie dominiert, so z.B. im *Tzu-chih t'ung-chien (Umfassender Spiegel als Hilfe für die Regierung)* von Ssu-ma Kuang, des Historikers der Sung-Dynastie. Ihn Khaldun bringt den exemplarischen Modus seiner Geschichtsschreibung schon im Titel seines Hauptwerkes zum Ausdruck: *Kitab al-Ibar (Buch der Beispiele).*

c) Kritisches Erzählen

Kritisches Erzählen formiert sich in Geschichten, die historische Erfahrungen gegen Traditionen und (normative) Handlungsregeln richten, so daß diese ihre Kraft zur Handlungsorientierung verlieren und durch andere Orientierungen ersetzt werden müssen. Erinnert werden Zeiterfahrungen der Vergangenheit, die von denjenigen, die im Orientierungsrahmen der gegenwärtigen Praxis verarbeitet worden sind, so signifikant abweichen, daß der Orientierungsrahmen geändert werden muß, wenn er erfahrungskonform bleiben soll.

Diese Geschichten sind indes Gegengeschichten. Sie brechen bislang unangefochtene Kontinuitätsvorstellungen auf, indem sie ihnen widersprechende Zeiterfahrungen der Vergangenheit ins Gedächtnis rufen, und sie machen damit neue Handlungsabsichten, neue Zukunftsperspektiven und Konzepte personaler und sozialer Identität möglich. Dies geschieht nicht dadurch, daß sie einfach aufgrund neuer Gegenwartserfahrungen und Handlungsabsichten, die sich nicht mehr in alte Zeitverlaufsvorstellungen einbringen lassen, neue Zeitverlaufsvorstellungen entwickeln, sondern sie gehen den Schritt, der vorher getan werden muß: Sie ermöglichen die Bildung neuer Kontinuitätsvorstellungen durch Wegarbeiten der andern. Sie richten die Orientierungsprobleme, die sich aufgrund neuer Konstellationen von Absichten und Erfahrungen in der Gegenwart ergeben, als historische Fragen an die Vergangenheit und zeigen, daß man sie nicht mehr durch eine von den bisherigen Deutungsmustern geleistete Erinnerung triftig beantworten kann. Ihre leitende Absicht ist, das Erfahrungspotential der Erinnerung so zu aktualisieren, daß die Kontinuitätsvorstellungen dekomponiert werden, in denen es bisher gedeutet wurde; es wird aus den Deutungsmustern herausgelöst, denen es bisher eingelagert war, und damit allererst unter neuen leitenden Hinsichten deutbar.

Kritisches Erzählen ist eine Waffe im Kampf um die Erinnerung, die Herrschaft über Identitätszuweisungen regelt (die freilich auch – wenn auch nicht primär durch die Weise des kritischen Erzählens – Frieden durch wechselseitige Anerkennung von Selbstverständigungen in gemeinsamen Zeitverlaufsvorstellungen stiften kann). Diese Erzählweise bekräftigt Geltungsansprüche von Handlungssubjekten. Die von ihr geprägten Geschichten stellen durch deutendes Erinnern der Vergangenheit Handlungsorientierungen der Gegenwart in Frage und stellen damit ihren Adressaten deren *Kompetenz zur Normveränderung* vor. Durch kritisches Erzählen wehren Handlungssubjekte Definitionen ihrer Identität durch ihnen vorgegebene Zeitverlaufsvorstellungen ab. Sie bringen das, was sie sind, dadurch zum Ausdruck, daß sie das nicht sein wollen, was sie gewesen sein müssen, wenn sie bestimmten Deutungsmustern ihrer Zeiterfahrung folgen: *Durch kritisches Erzählen wird Zeit als Sinn beurteilbar.*

Diese Erzählweise dominiert in den Geschichten, die von der Frage geleitet werden, ob es wirklich so war, wie bisher behauptet wurde, oder auch von der Frage, ob man bestimmte Tatsachen der Vergangenheit wirklich so deuten kann, wie es bisher versucht wurde. Sie ist unerläßlich, wenn Orientierungsbedürfnisse der Gegenwart gegen Deutungsmuster der historischen Erfahrung gekehrt werden, die ihnen nicht mehr entsprechen, damit neue Muster an ihre Stelle treten können. Dafür gibt es natürlich zahlreiche Beispiele, weil eine solche kritische Wende von Geschichtsschreibung immer dann eintritt, wenn gesellschaftliche Gruppen ein neues Selbstverständnis gegen vorgegebene Positionszuweisungen historiographisch propagieren, durchsetzen oder absichern wollen. So signalisiert z. B. der Satz von Voltaire: »Wenn ein gesunder Kopf die Historie liest, ist es fast sein einziges Geschäft, sie zu widerlegen«[282] die Absicht der Aufklärung, bürgerliche Vorstellungen über die Legitimierbarkeit von Herrschaft gegen eingeschliffene traditionale Legitimationen durchzusetzen. Voltaire hat dieses Geschäft des Widerlegens selber bekanntlich sehr erfolgreich betrieben. Er mußte, um seine Deutung der geschichtlichen Erfahrung plausibel zu machen, erst die andere, vorgängige, die seinen Vorstellungen eines sinnvoll geregelten Zeitverlaufs nicht entsprach, als gar keine Deutung erscheinen lassen.

Das klingt dann, als Meinung seiner Freundin, der Marquise du Chatelet, so:

> »Diese philosophische Frau wurde von zwei Tatsachen in den meisten unserer historischen Kompilationen abgestoßen: von den langweiligen Details und den himmelschreienden Lügen; sie konnte ihren Abscheu nicht überwinden, den ihr die Anfänge unserer Monarchie einflößten: vor und nach Karl dem Großen erschien ihr alles klein und wild. Sie hatte vorgehabt, die Geschichte Frankreichs, Deutschlands, Spaniens, Italiens zu lesen, und war davon angewidert worden; sie hatte nur ein Chaos gefunden, einen Haufen unnützer Fakten, von denen die meisten falsch und schlecht verdaut waren, das sind [...] barbarische Handlungen unter barbarischen Namen, [...] keine Kenntnis der Sitten, weder der Regierung, noch der Gesetze, noch der Meinungen [...].«

oder in den Worten, die Voltaire seiner Freundin direkt in den Mund legt:

> »Ich konnte keine großartige Geschichte unserer modernen Nationen finden; ich sehe dort kaum mehr als Konfusionen, eine Menge von kleinen Ereignissen ohne Zusammenhang und Folge, tausend Schlachten, die nichts entschieden haben und von denen ich einzig und allein lernte, welcher Waffen man sich bediente, um sich umzubringen. Ich habe auf ein so trockenes wie uferloses Studium verzichtet, das den Geist überwältigt, ohne ihn aufzuklären.«

Mit dieser Kritik schuf sich Voltaire optimale Rezeptionsbedingungen seiner eigenen Geschichtsschreibung:

> »Der Gegenstand war die Geschichte des menschlichen Geistes und nicht die Details der fast immer entstellten Tatsachen; es handelte sich nicht darum, beispielsweise zu ermitteln, aus welcher Familie der Seigneur de Puiset oder der Seigneur de Montlhéry stammten, die gegen die Könige von Frankreich Krieg führten; sondern es ging darum zu sehen, durch welche Schritte man von der barbarischen Bäuerlichkeit dieser Zeiten zur feinen Lebensart der unsrigen gelangt ist.«[283]

Ein Beispiel dafür, daß sich die Geschichtsschreibung der (formal) gleichen kritischen Erzählweise bedienen muß, um die Unhaltbarkeit bürgerlicher Kontinuitätsvorstellungen als Legitimationsgründe für bestehende Verhältnisse zu erweisen, ist Franz Mehrings Lessing-Legende.[284] Hier reklamiert ein sozialdemokratischer Historiker den Repräsentanten der Aufklärung für die Tradition der Arbeiterbewegung. Dies kann er nur dadurch plausibel machen, daß er die Gegengeschichte zu der bürgerlichen schreibt, die Lessing zur kulturellen Bezugsgröße der politischen Identität des neuen deutschen Nationalstaates gemacht hatte. Die bürgerliche Geschichte wird als ›Legende‹ entlarvt, die einer ernsthaften Überprüfung der Tatsachen nicht standhalte. Mit seiner Gegengeschichte befreit Mehring Lessing sozusagen aus den Fängen einer falschen Kontinuität und kann ihn nun in anderen, der Realität seines Verhältnisses zum preußischen Staat gerechter werdenden historischen Interpretationen zur Bezugsgröße der politischen Identitätsbildung im Rahmen der Gegenkultur der Arbeiterbewegung machen.

Schließlich sei abschießend noch auf das Beispiel der Frauengeschichte verwiesen, wo kritisches Erzählen deshalb unübersehbar im Vordergrund steht, weil hier eingeschliffene kulturelle Deutungsmuster von Geschlechtsrollen aufgebrochen werden müssen, die weitreichende Auswirkungen auf die leitenden Gesichtspunkte der historischen Interpretation haben. Der Vorwurf, die Hälfte der Menschheit sei als Handlungssubjekt durch die Geschichtsschreibung stumm gemacht worden, und die Forderung, ihr nun die Sprache der Erinnerung zu verleihen, muß zwangsläufig erst zu weitreichenden und tiefgehenden Dekompositionen bisher üblicher Interpretationsmuster führen, ehe neue, wirklich umgreifende und erfahrungsgesättigte Zeitverlaufsvorstellungen entwickelt werden können.[285]

d) Genetisches Erzählen

Genetisches Erzählen formiert sich in Geschichten, die Strukturveränderungen eines Systems als notwendige Bedingung dafür verstehen, daß es sich im Zeitfluß auf Dauer stellen kann. Zeitliche Veränderungen werden als Modi der Kontinuierung selber interpretiert; der Schrecken, anders zu werden, wird als Chance sichtbar gemacht, der- oder diejenige zu werden, der oder die man immer schon gewesen sein wollte. Im Lichte dieser Erzählweise erscheinen erfahrene Veränderungen menschlicher Lebensumstände als Prozesse, in denen sie sich selbst transzendieren und eben dadurch auf Dauer stellen. Gegenwartserfahrungen von Veränderungen werden durch diese Art der historischen Erinnerung als Handlungsmöglichkeiten zur Kontinuierung solcher Selbsttranszendierungen verständlich gemacht: Zukunft wird als Überbietung von Herkunft erwartbar.

Das genetische Erzählen bindet Herkunft und Zukunft nicht zur Einheit veränderungsresistenter Traditionen und Handlungsregeln zusammen, sie hält sie aber auch nicht abstrakt auseinander wie das kritische Erzählen, sondern es markiert zwischen ihnen eine qualitative Differenz, die sie zugleich mit der Vorstellung eines kontinuierlichen Übergangs von der einen Qualität zur andern überbrückt. Genetisches Erzählen ist also ›dialektisch‹. Es erinnert die Vergangenheit als ein ›zwar schon, aber auch noch nicht‹ dessen, was das gegenwärtige Handeln als leitende Absicht in die aktuellen Veränderungen einbringt, in denen es sich vollzieht und die es vollzieht, und es eröffnet dem Handeln dadurch eine Zukunftsperspektive, in der es über die Vergangenheit hinausgelangt und doch nicht von ihr abgeschnitten wird.

Die Vergangenheit wird im genetischen Erzählen als Versprechen einer Zukunft interpretiert, das sie nicht schon erfüllen konnte (wie es die traditions- und ursprungsorientierte Erzählweise darlegt), sondern das durch handelnd zu realisierende Veränderungen der Lebensverhältnisse der Gegenwart eingelöst werden muß. Diese Erzählweise bringt also ein dynamisches Moment in die Deutungsmuster der Erinnerung, die zeitliche Veränderungen zu Verläufen kontinuieren: Die Kräfte der Veränderung werden als Faktoren der Kontinuierung gedeutet, die Unruhe der Zeit als Motor ihrer Stetigkeit vorgestellt. Veränderungen werden als prozeßhafte Verläufe vorgestellt, in denen Anderswerden und Gleichbleiben zwei Seiten ein und derselben Sache sind. Genetisches Erzählen ist sozusagen heraklitisch. Es stellt Kontinuität als eine Richtung von Veränderungen vor, die die drei Zeitdimensionen zur Einheit einer Handlungsorientierung zusammenschließt. Diese Richtung (z. B. diejenige von Emanzipation als Prozeß der Erweiterung von Freiheitschancen in der Organisierung von Herrschaft)[286] wird als Wirklichkeit in der Erfahrung der Vergangenheit so erinnert, daß sie in die (normative) Absicht von Handeln eingehen und ihm eine Zukunftsperspektive erschließen kann, in der diese seine Absicht als realisierbar erscheint.

Identität wird hier nun nicht mehr durch Aufhebung des Zeitflusses menschlicher Lebensgestaltung in die innerzeitliche Dauer von Tradition und Ursprung gebildet, auch nicht durch die Transformation von Zeiterfahrungen in die überzeitliche Dauer von Handlungsregeln, und auch nicht durch eine Distanzierung und Negation von Identitätsdefinitionen, wie sie in historischen Deutungen von Lebensverhältnissen vorgegeben sind; sie wird vielmehr durch eine Deutung von Zeiterfahrung gebildet, in der die zeitliche Bewegtheit menschlicher Subjektivität positiv als Chance und nicht als Bedrohung in das zeittranszendierende Selbstverhältnis von Handlungssubjekten eingeht: Genetisches Erzählen artikuliert Identität als Bildungsprozeß. *Zeit wird durch genetisches Erzählen als Sinn verzeitlicht.*

Sinnbildung durch genetisches Erzählen wird durch Geschichten repräsentiert, die Zeitverläufe als Fortschritt deuten. Das heißt aber nicht, daß diese Erzählweise zeitliche Veränderungen stets als Entwicklungsprozesse von der Art deutet, daß aktuelles Handeln in die Pflicht einer positiven Überbietung der Vergangenheit in die Zukunft hinein genommen wird. Durch genetisches Erzählen werden auch diejenigen Zeitverlaufsvorstellungen gebildet, in denen die Veränderungen von Mensch und Welt in der Vergangenheit als Verfall erscheinen und die daher Handeln nicht an Fortschritts-, sondern an Verhinderungs- oder Rettungsperspektiven orientieren. Aber auch dann wird durch die Erinnerung eine zeitliche Orientierung geleistet, die die Identität der angesprochenen Subjekte selber in eine zeitliche Bewegung bringt.

Das ist das Entscheidende: Durch genetisches Erzählen wird Identität als ein Selbstverhältnis des Menschen nicht wie im traditionalen Erzählen *in* der Zeit, nicht wie im exemplarischen Erzählen *über* der und auch nicht wie im kritischen Erzählen *gegen* die Zeit, sondern – wie man entsprechend sagen müßte – mit der Zeit mitgehend zur Sprache gebracht, also durch eine innere zeitliche Dynamisierung gebildet. Adam Ferguson hat den durch diese Erzählweise angesprochenen Menschen daher so charakterisiert: »Sein Sinnbild ist ein fließender Strom, nicht ein stehendes Gewässer.«[287] Wesentlich für die Sinnbildung über Zeiterfahrung durch das genetische Erzählen ist es, daß es zeitliche Veränderungen als gerichtete Prozesse deutet, auf die sich gegenwärtiges Handeln ausrichten muß, wenn seine Subjekte im Zeitfluß bestehen wollen; welche Wertigkeit diese Richtung bekommt, hängt von den jeweiligen Handlungserwartungen und -chancen ab, in denen und auf die hin erzählt wird.

Seitdem die Aufklärung von der kritischen Depotenzierung vorgegebener historischer Herrschaftslegitimationen und entsprechender Identitätsdefinitionen zur Ausführung eigener Zeitverlaufsvorstellungen übergegangen ist, prägt die genetische Erzählweise die Historiographie. Sie hegt also der Fortschrittsorientierung der bürgerlichen Gesellschaft durch eine Historiographie bestimmend zugrunde, die der Erfahrung des zeitlichen Wandels der menschlichen Gesellschaft den Sinn ihrer grenzenlosen Verbesserungsfähigkeit gibt. Diese Fortschrittsorientierung wird durch Condorcets *Entwurf einer historischen Darstellung der Fortschritte des menschlichen Geistes* geradezu paradigmatisch dargestellt. Die hier maßgebende Kontinuitätsvorstellung wird in folgender Formulierung deutlich, in der Condorcet die für den ›historischen‹ Charakter seiner ›Darstellung‹ maßgebenden Gesichtspunkte angibt:

> »Sie muß die Veränderungen in ihrer Gesetzmäßigkeit wiedergeben, den Einfluß eines jeden Augenblicks auf den folgenden darstellen und auf diese Weise an den Modifikationen, welche das Menschengeschlecht erfuhr, indem er sich inmitten der Unermeßlichkeit der Zeiträume unablässig erneuerte, den Weg dartun, dem es folgte, die Schritte zeigen, die es in Richtung auf die Wahrheit oder das Glück

tat. Die Betrachtung dessen, was der Mensch war, und dessen, was er heute ist, wird uns dann zu den Mitteln führen, die weiteren Fortschritte, die seine Natur ihn noch erhoffen läßt, zu sichern und zu beschleunigen.«[288]

Auch die historistische Geschichtsschreibung verkörpert die genetische Erzählweise, obwohl der Historismus das von Condorcet besonders klar vertretene Fortschrittskonzept als abstrakt kritisiert hatte, weil dieses Konzept zur Aufklärung der jeweils besonderen Situation aktuellen Handelns nicht hinreiche. Wie sehr der Historismus mit der Aufklärung im Sinnbildungsprinzip des genetischen Erzählens übereinstimmt, läßt sich besonders markant an Rankes Auseinandersetzung mit dem Fortschrittsbegriff der Aufklärung illustrieren. Ranke hat für seine Kritik die bekannte Formulierung gefunden: »Ich aber behaupte: Jede Epoche ist unmittelbar zu Gott [...].«[289] Dies hat ihn aber – eben weil für ihn die Sinnbildungsprinzipien des genetischen Erzählens ebenfalls gelten – nicht daran gehindert, die Kategorie des Fortschritts in der Formulierung zu verwenden, in der er den Leitgedanken seiner eigenen Historiographie zum Ausdruck bringt:

> »[...] In der Herbeiführung der verschiedenen Nationen und der Individuen zur Idee der Menschheit und der Kultur ist der Fortschritt ein unbedingter.«[290]

Dieses Sinnsubstrat des genetischen Erzählens – Ranke bezeichnet es auch mit einem historismusspezifischeren Terminus als ›allgemeine Entwicklung des menschlichen Geschlechts‹[291] – läßt sich als maßgebliche Geschichtsvorstellung durch alle Filiationen des Historismus[292] hindurch verfolgen. Droysen schildert es als ›Leben der Menschheit‹:

> »Naturgegeben wie sie ist, wird sie sofort erfaßt von der treibenden Unruhe des mitgeborenen Geistes; von Anbeginn ist da fort und fort Hader, ein Ringen ohne Rast, ein endloser Antäuskampf. Das ist ihre Geschichte; sie zerrt und bröckelt an jenem Natürlichen, geht daran, es zu zersetzen und aufzulösen; aber was sie selber so zerstörend schafft, Gedanken, Erkenntnisse, eine Idealwelt, wie der neugewordene Geist die wirkliche fordert, sofort senkt es sich hinab in die Masse, eint sich, annaturt sich ihr, wird ein neues, untrennbares Prädikat an jenem natürlich Gegebenen. Und aus den immer neuen Metamorphosen neue Impulse gewinnend, neue Verneinungen schärfend, neue Ideale schaffend, wirkt die Geschichte immer neues Streben, immer neue Verwandlungen.«[293]

Und Jacob Burckhardt legt seine Kontinuitätsvorstellung als Leitfaden seiner Geschichtsschreibung so dar:

> »Unser Gegenstand ist diejenige Vergangenheit, welche deutlich mit Gegenwart und Zukunft zusammenhängt. Unsere leitende Idee ist der Gang der Kultur, die Sukzession der Bildungsstufen bei den verschiedenen Völkern und innerhalb der einzelnen Völker selbst [...]. Das Continuum ist höchst großartig [...]. Durch langsame Entwicklung, wie durch Sprünge und durch Weckung der Gegensätze hängen wir geistig mit ihnen (den verschiedenen Völkern im Continuum des Abendlandes) zusammen. Es bedeutet ein hohes Glück, dieser aktiven Menschheit anzugehören.«[294]

Wie sehr das genetische Erzählen maßgebendes Sinnbildungskriterium des Historismus gewesen ist, läßt sich auch an einer seiner wichtigsten Programmschriften zeigen, an Humboldts Akademieabhandlung *Über die Aufgabe des Geschichtsschreibers* von 1821. Wenn es dort zusammenfassend heißt: »Das Geschäft des Geschichtsschreibers in seiner letzten, aber einfachsten Auflösung ist Darstellung des Strebens einer Idee, Dasein in der Wirklichkeit zu finden«,[295] dann ist dies nur als Anweisung zu verstehen, Geschichte genetisch zu schreiben, und entsprechend muß die Schrift Humboldts auch als Begründung für die Präferenz dieser Schreibweise gelesen werden. Schließlich ist auch die Geschichtsauffassung des Marxismus dem Sinnbildungsschema des genetischen Erzählens verpflichtet, sollte also als Beispiel für diese Erzählweise nicht fehlen. Marx selbst hat im Feuerbach-Kapitel der *Deutschen Ideologie*[296] sein genetisches Kontinuitätskonzept sowohl anthropologisch begründet (menschliches Handeln als ›geschichtliche Tat‹[297]), wie auch als Umriß einer Vergangenheit, Gegenwart und Zukunft umgreifenden geschichtlichen Entwicklung der Menschheit (Selbsttransformation der menschlichen Vergesellschaftung von zwangshaften Lebensverhältnissen in Vergangenheit und Gegenwart in zukünftige freie) dargelegt.[298]

4. Zur Typologisierung von Geschichtsdarstellungen

Geschichtsdarstellungen bedienen sich der vier Weisen des historischen Erzählens, indem sie sie zur Einheit eines einzigen Erzählduktus zusammenfügen, und ihre Eigenart besteht darin, wie sie diese Einheit jeweils realisieren. Die für eine Geschichtsdarstellung wesentliche Sinnbildungsleistung ergibt sich daher aus ihrer Verbindung der unterschiedlichen historischen Erzählweisen. Diese Verbindung legt fest, was als Geschichte darstellend in den Blick kommt, welche Formen der Darstellung verwendet werden und welche Orientierungsfunktionen die Darstellung wahrnehmen kann. Eine Typologie der Geschichtsschreibung, die auf die vier Typen des historischen Erzählens und ihre vielfältigen Kombinationsmöglichkeiten zurückgeht, bietet daher einen Bezugsrahmen zur Interpretation historischer Darstellungen an, der einerseits allgemein genug ist, um der Variationsbreite des historischen Erzählens gerecht zu werden, und der andererseits über genügend Differenzierungen verfügt, um konkrete Befunde innerhalb dieser Variationsbreite begrifflich genau bestimmbar zu machen.

Was die Extensität des Erfahrungsbezuges betrifft, so beruht er auf einer anthropologischen Universalie, ist also kaum überbietbar: Was immer als Realisation der dem Menschen als Gattungswesen zukommenden Fähigkeit zum historischen Erzählen angesehen werden kann, gilt als Darstellung von Geschichte oder Geschichtsschreibung im weitesten Sinne und fällt in Betracht. Damit wird ein erheblich umfangreicheres empirisches Material einbezogen als dort, wo das, was als Geschichtsschreibung angesprochen werden soll, durch kulturspezifische Normen oder durch eine inhaltlich bestimmte Geschichtsauffassung definiert wird.

Das Problem einer Typologie der Geschichtsschreibung mit einer solchen anthropologisch-universalistischen Ausrichtung auf die Erfahrung ist indes weniger eine Verengung des Blicks als vielmehr seine Überhöhung über die konkrete Vielfalt historischer Darstellungen in das abstrakte Einerlei einer in ihnen sich manifestierenden Fähigkeit des historischen Erzählens als Sinnbildung über Zeiterfahrungen. Diese Gefahr läßt sich aber dadurch vermeiden, daß die Feststellung, ob und inwieweit ein Text oder eine mündliche Rede als Geschichtsdarstellung interpretiert werden muß, nicht jenseits der Ausdifferenzierung des historischen Erzählens in seine vier Grundformen getroffen wird, sondern nur innerhalb ihrer. Denn was es heißt, daß diese Fähigkeit sich realisiert, das wird mit eben dieser Ausdifferenzierung zum Ausdruck gebracht, und wenn auf sie hin der weite Spielraum aller empirischen Manifestationen des historischen Erzählens bezogen wird, dann erschließt er sich gerade in seiner Mannigfaltigkeit. Die vom Erzählvorgang als Sinnbildungsprozeß und seiner Funktion der zeitlichen Orientierung ausgehende Typologie isoliert in ihrem differenzierten Zugriff innere Form und äußere Funktion des historischen Erzählens nicht voneinander, sondern macht sie im Blick auf konkrete Texte (womit auch die Artikulation mündlichen Erzählens gemeint ist[299]) als zwei Seiten ein und derselben Sache, also ihren untrennbaren Zusammenhang, sichtbar. Sie schärft den Blick dafür, daß historisches Wissen auf Grund seiner narrativen Verfassung nicht in behebige Verwendungskontexte eingerückt werden kann. Sie lenkt die Aufmerksamkeit darauf, daß der praktische Gebrauch, der vom historischen Wissen im Orientierungsrahmen von Praxis gedacht wird, keine ihm bloß äußerliche Angelegenheit ist, sondern daß es in seiner formalen Verfassung auf bestimmte Verwendungszusammenhänge hin entworfen ist; denn diese Verwendungszusammenhänge sind in Form konstitutiver Absichten in die für das historische Denken maßgebenden Sinnbildungsvorgänge eingegangen.

Geschichtsdarstellungen z. B., in denen das kritische Erzählen über das traditionale dominiert, sind schon durch ihre Form a priori unbrauchbar für traditionale Herrschaftslegitimation, wohl aber für charismatische und legale. Für welche von diesen beiden sie in Frage kommt, hängt davon ab, welchen Stellenwert die exemplarische, traditionale und genetische Erzählweise in ihrem Verhältnis zur dominierenden kritischen und zueinander haben. Natürlich läßt sich typologisch den Erzählformen einer Geschichtsdarstellung nicht absehen, wozu diese in konkreten Fällen der Handlungsorientierung praktisch gebraucht worden ist oder werden kann. Wohl aber lassen sich im Rahmen einer Typologie des historischen Erzählens allgemeine Affinitäten zwischen Darstellungsformen und praktischen Verwendungen feststellen, so daß mit einem Netz solcher Affinitäten empirische Befunde von konkreter Geschichtsschreibung und deren konkreter praktischer Verwendung bestimmbar und interpretierbar werden.

Wie wird nun ein historiographischer Text typologisch erschlossen? Die ihm bestimmend zugrundeliegende Struktur der historischen Sinnbildung ergibt sich aus einer Rekonstruktion des Verhältnisses, zu dem sich die vier Weisen des historischen Erzählens im Text formieren. Ein solches Verhältnis ergibt sich zwangsläufig aus den beschriebenen Prozessen der historischen Sinnbildung. Daß es sich um etwas handelt, was jedem historiographischen Text zugrundeliegt und seine spezifische Sinnbildung maßgeblich bestimmt, daß die vier historischen Erzählweisen sich einander (flexibel, in unterschiedlichen, variierenden Konstellationen) zuordnen müssen, wenn historisch erzählt wird, – dies wird deutlich, wenn man sich die Frage stellt, ob und inwieweit in der Sinnbildungsleistung der einen Erzählweise notwendig auf die der anderen Bezug genommen werden muß.

Diese Frage muß vorbehaltlos bejaht werden: Die vier Erzählweisen stehen in einem inneren Zusammenhang, der keine unberührt läßt, wenn eine in einer bestimmten Hinsicht verändert wird. So hat z. B. eine Verstärkung der kritischen Erzählweise in einer Geschichte zwangsläufig die Schwächung der traditionalen zur Folge (ohne daß diese ganz verschwinden könnte; denn in ihr werden ja die Deutungsmuster präsentiert, gegen die kritisch erzählt wird). Dieser Zusammenhang beruht darauf, daß jede Erzählweise die anderen prinzipiell impliziert. Die Erzählweisen sind in jeder Geschichte ineinander verschränkt, und nur aufgrund dieser Verschränkung können Geschichten, in denen sie (unterschiedlich) verwendet werden, Handlungssubjekte in der Zeit hinreichend orientieren; denn die von den einzelnen Erzählweisen realisierten Orientierungsgrößen: Tradition, Regel, Negation und Richtung sind je für sich notwendig und nur in ihrer systematischen Verknüpfung miteinander hinreichende Bedingungen der Orientierung von Handeln in der Zeit.[300] Dies möchte ich im einzelnen begründen und mit Hinweisen auf Beispiele erläutern.

Die *traditionale Erzählweise impliziert die exemplarische,* weil Traditionen Handlungsregeln enthalten und begründen. Dies illustrieren diejenigen Geschichten, die Traditionen als Geltungsgründe für Regelungen des gegenwärtigen Handelns in Erinnerung rufen, indem sie die Entstehung dieser Regelungen als ewig gültige Sinnstiftung vergegenwärtigen, und die dabei zugleich auch zur Nachahmung Beispiele für regelrechtes und zur Abschreckung für regelwidriges Handeln erzählen. Dies ist zum Beispiel in vielen Herrschergenealogien der Fall: Deren legitimatorische Kraft besteht immer auch darin, daß sich die Zugehörigkeit zu der genealogisch präsentierten Kette von Herrschern, die den Fluß der Zeit als Garant einer politischen Ordnung durchzieht, in ›guter‹ Herrschaft niederschlägt, die exemplarisch dargelegt werden kann. Es gibt auch Geschichten, in denen die Tradition selbst Exempel ist, so z. B. die Geschichte der Einsetzung des christlichen Abendmahls durch Jesus von Nazareth. Hier wird eine Handlung der Vergangenheit erzählend so in Erinnerung gebracht, daß ihre traditionelle Bedeutung als Sinnstiftung einer kultischen Handlung bewußt gemacht wird, und eben damit wird sie zugleich so erzählt, daß sie ein Exempel für den traditional vorgeschriebenen Vollzug dieser kultischen Handlung ist.

Die *traditionale Erzählweise impliziert die kritische,* weil sie Traditionen auf Herausforderungen der Gegenwart hin aktualisiert und weil sie dabei zwischen unterschiedlichen Auslegungsmöglichkeiten traditionaler Deutungsmuster differenzieren muß, um den herausfordernden Gegenwartserfahrungen gerecht werden zu können. In jeder erzählenden Aktualisierung von Traditionen steckt ein Stück partieller Negation, weil nicht alle Traditionsbestände zugleich und auch nicht in gleicher Intensität aktualisiert werden können. Dies illustrieren die Geschichten, die Ursprünge zur Klärung von Widersprüchen in den normativen Regelungen gegenwärtigen Handelns vergegenwärtigen; also z. B. Geschichten, die die Herkunft von Herrschern erzählen, um die Illegitimität von Konkurrenten um die Herrschaft zu erweisen. Eigentlich sind alle traditional legitimierenden Herrschergenealogien implizit kritisch, weil mit ihnen ja auch immer Kriterien formuliert werden, mit denen die Illegitimität abweichender Herrschaftsansprüche bewiesen werden kann. Eine andere Gruppe von Beispielen stellen die Geschichten dar, die die Tradition des Christentums vergegenwärtigen, um dogmatische Explikationen des auf dieser Tradition beruhenden Glaubens zu begründen und damit (implizit oder explizit) immer auch abweichende Explikationen im Hinblick auf deren Rechtfertigung durch die gleiche Tradition zu kritisieren.

Die traditionale Erzählweise impliziert schließlich auch die genetische. Denn der Zeitenabstand zwischen Gegenwart und Vergangenheit, dem das traditionale Erzählen durch seine partiellen Negationen in der Aktualisierung vorgegebener Deutungsmuster Rechnung trägt, muß als solcher überbrückt werden. Das traditionale Erzählen ist deshalb nötig, weil gegenwärtige Zeiterfahrungen nicht ohne weiteres und nicht restlos in die vorgegebenen traditionellen Deutungsmuster aufgehen; die Gegenwart hat immer auch den Ruch des ›Neuen‹, und es bedarf des besonderen Sinnbildungsvorgangs des traditionalen Erzählens, um dieses Neue so in das schon Bekannte und Vertraute zu integrieren, daß der Ruch des Neuen nicht zum irritierenden *haut goût* des Unerhörten wird. Diese vorgängigen Abweichungen gegenwärtiger Zeiterfahrungen von traditionalen Orientierungen können nicht einfach mit der Kontinuitätsvorstellung der Dauer überzeitlicher Sinnstiftungen im Zeitfluß überspielt, sondern müssen im Hinblick auf solche Dauer eigens auch narrativ erklärt werden: Mit der Kontinuitätsvorstellung einer als Dauer von Lebensordnungen verewigten Zeit müssen Veränderungen als solche interpretierbar werden, und dies setzt die genetische Erzählweise in Kraft, wenn traditional erzählt wird.

Auch diese Implikation der genetischen Erzählweise in der traditionalen läßt sich an der Gattung der herrschaftslegitimierenden Genealogien illustrieren. Nehmen wir an, das legitimierende Prinzip ist das der Geschlechtszugehörigkeit nach bestimmten Erbfolgeregeln, dann verewigt sich die Zeit in der Dauer des Geschlechts als Garant für die Stabilität einer politischen Ordnung, und mit der Vorstellung dieser Dauer läßt sich die Herrschaft einer bestimmten Person rechtfertigen. Zugleich aber impliziert diese Vorstellung auch den Vorgang eines – kontinuierlichen – Wechsels von Personen; hier ist die Zeit genetisch gleichsam ausgespannt zwischen Herkunft, Gegenwart und Zukunft. Dieser genetisch vorgestellte Zeitfluß trägt geradezu das Sinngebilde einer alle zeitlichen Veränderungen überdauernden Kontinuität geordneter Herrschaft.

Die exemplarische Erzählweise impliziert die traditionale; denn sie setzt die Geltung der durch sie exemplifizierten Handlungsregeln voraus, und ohne Rückgang auf Traditionen können diese Regeln nicht mit historischer Erfahrung begründet werden. Traditionen erschließen Bereiche historischer Erfahrung so, daß ihnen ›Fälle‹ für allgemeine Regeln als Bekräftigung für deren Geltung entnommen werden können. Die exemplifizierende Tätigkeit der historischen Urteilskraft ist nur unter traditionalen Deutungsvorgaben möglich. Solche Vorgaben lassen im Zeitfluß die Dauer von Lebensordnungen sichtbar werden, und nur wenn eine solche Dauer vorgegeben wird, können zeitdifferente Handlungen Fälle ein und derselben Regel sein. Die als überzeitlich geltend angenommene Regel muß im Bereich der erfahrenen zeitlichen Veränderungen ›greifen‹ können, und dazu bedarf es einer deutenden Zubereitung dieser Veränderungen, aufgrund deren sie für etwas in ihnen Konstantes überhaupt stehen können. Dies geschieht durch traditionales Erzählen. Anders gesagt: Exemplarisches Erzählen bezieht allgemeine Normen, um sie konkretisierend zu bekräftigen, auf Erfahrungen, und dies ist nur unter der Voraussetzung ihrer Beziehbarkeit möglich; Traditionen stellen diese

Voraussetzung dar, weil sie eine der Unterscheidung zwischen Erfahrung und Norm noch vorausliegende Einheit von beiden sind. Geschichte kann durch exemplarisches Erzählen nicht sinnvoll als Erfahrungsraum erschlossen, also Zeit nicht als Sinn verräumlicht werden, wenn nicht zugleich in diesem Erfahrungsraum Zeit als Dauer von Lebensordnung verewigt wäre.

Beispielhaft sei darauf hingewiesen, daß exemplarisch nur erzählt werden kann, was es heißt, ein guter oder schlechter Herrscher zu sein, und daß eine solche Erzählung nur dann allgemeine Normen über gute und schlechte Herrschaftsausübung durch Konkretisierung an historischen Erfahrungen bekräftigen kann, wenn die Erfahrung von Herrschaft im Wandel der Zeit schon auf die Dauer einer legitimierbaren Herrschaft hin traditional erschlossen ist. Ähnlich ist es mit den exemplarisch angelegten Heiligengeschichten in der älteren christlichen Geschichtsschreibung: Traditionen müssen ›geheiligtes‹ Leben als realen (also erfahrbaren) und zugleich vorbildlichen (also normativ verpflichtenden) Lebensvollzug definiert haben, damit es, in die Form von Regeln gebracht, an historischer Erfahrung lehrhaft illustriert und mit der historischen Erfahrung auch normativ angesonnen werden kann.

Die exemplarische Erzählweise impliziert die kritische; denn ohne (partielle) Negationen im Bereich traditionaler Deutungen von Zeiterfahrungen läßt sich die in diesen Deutungen erschlossene, zeitverewigende Dauer von Lebensordnungen nämlich nicht in die Form einer zeitüberhobenen Regel bringen, die an zeitdifferierenden Erfahrungen ausgewiesen werden kann. In Traditionen sind Handlungsregeln so mit Handlungsumständen verknüpft, daß die Geltung der Regel von der Dauer der Umstände abhängt. Exemplarisches Erzählen muß diese Abhängigkeit (mindestens implizit) negieren, um Handlungsregeln unter Absehung von Umständen (also allgemein) als gültig für Handlungen unter differierenden Umständen nachweisen zu können. Einfacher formuliert: Traditionen sind immer partikulare Handlungsorientierungen (daher auch ihr immanent kritisches Verhältnis zu anderen Traditionen); ihre Partikularität muß negiert werden, damit nichtpartikulare Orientierungen (allgemeine Regelungen) erzählend – nämlich exemplarisch – realisiert werden können. Solche Negationen geben der traditionell schon vorerschlossenen Zeiterfahrung die räumliche Weite, mit der das exemplarische Erzählen über die Grenzen der Tradition hinausgehend Zeiterfahrungen erschließt. So kritisieren beispielsweise Geschichten, die exemplarisch Herrschaftsausübung an allgemeine Regeln binden, (mindestens implizit) die Geschichten, in denen Herrschaft lediglich durch Traditionen legitimiert wird (z. B. Voltaires Geschichte Ludwigs XIV.).

Die exemplarische Erzählweise impliziert die genetische; denn auch sie hebt den Zeilenabstand zwischen erinnerter geschichtlicher Erfahrung und gegenwärtiger Handlungssituation nicht schlechthin auf: Die exemplarisch dargestellten Handlungsregeln müssen situationsbezogen konkretisiert werden, und deshalb können sie sich nicht über die Situierung der gegenwärtigen Praxis im Zeitfluß erheben, indem sie bloß auf die zeitüberhobene Geltung der für diese Praxis wichtigen Regeln verweisen. Sie müssen vielmehr die geschichtliche Erfahrung, mit der sie diese Regeln konkretisierend bekräftigen, situationsspezifisch darstellen, und dazu ist es notwendig, an der angesprochenen Erfahrung prinzipiell eine Zeitspezifik sichtbar zu machen; denn erst dann rückt die unterschiedliche Zeitspezifik der Gegenwartserfahrung in den Blick und kann in die exemplarische Präsentation der zu ihrer Bewältigung notwendigen Handlungsregeln gleichsam mit hineingenommen werden.

Exemplarisch kann nicht unter der Voraussetzung erzählt werden, daß erinnerte Vergangenheit und zu bewältigende Gegenwart in jeder Hinsicht gleich sind (denn dann gäbe es nichts mehr erinnernd zu bewältigen; das Erzählte würde mit dieser Voraussetzung schlicht die Herausforderung, die es nötig macht, also letztlich sich selbst beseitigen). Vielmehr müssen Vergangenheit und Gegenwart in ihrer Unterschiedenheit markiert bleiben; die Besonderheit der das Erzählen herausfordernden Gegenwartserfahrung darf nicht einfach verschwinden, weil die Tatsache, daß diese Erfahrung zeitspezifisch ist, also abweicht von den üblichen, vorab schon deutend verarbeiteten Erfahrungen, ja gerade bewältigt werden muß, wenn aus der Erinnerung deutend Beispiele (Exempla) dafür mobilisiert werden sollen, wie man solche Erfahrungen auf die geltenden Handlungsregeln beziehen kann.

Dies kann nun wiederum nicht heißen, daß die exemplifizierte Erfahrung der Vergangenheit und die mit ihr zu deutende Erfahrung der Gegenwart wegen ihrer Zeitspezifik unvergleichbar wären; – denn dann könnte nicht mehr exemplarisch erzählt werden. Der Zeitabstand muß vielmehr (mindestens implizit) als genetisch überbrückt angenommen werden, damit die durch Zeitspezifik differenten Erfahrungen unter die gleiche Regel gebracht werden können; genetisch deshalb, weil (wie oben gezeigt) die traditionale Verbindung von beiden genau in der Hinsicht nicht mehr reicht, in der das exemplarische Erzählen eine (partiell kritische) Überwindung von Traditionen zur notwendigen Voraussetzung hat.

Beispiele für die genetischen Implikationen des exemplarischen Erzählens ließen sich in der Gruppe der exemplarischen Geschichten finden, die im Rahmen der (genetisch entworfenen) christlichen Heilsgeschichte stehen und nur in diesem Rahmen ihre Exemplifizierungen durchführen können. Die exemplarische Zuordnung von Gegenwart und Vergangenheit ist nämlich hier immer schon ›typologisch‹ relativiert auf genetische Transzendierungen allgemeiner Handlungsumstände, ohne daß damit die Vergleichbarkeit als solche in Frage gestellt wäre. ›Typologisch‹ ist hier in dem Sinne gemeint, daß ein Sachverhalt in seiner Zeitspezifik als Typus symbolisch auf einen qualitativ anderen Zeithorizont verweist (z. B. ein Vorgang im Alten Testament auf einen im Neuen); die ›Typologie‹ dürfte ihre Vorstellung genetischer Kontinuität deshalb als Vorstellung einer geradezu räumlich geschichteten Zeit entfalten, um der Dominanz der exemplarischen über die genetische Erzählweise zu entsprechen, die solange gilt, wie die *historia noch vitae magistra* ist.[301]

Die kritische Erzählweise impliziert die drei anderen auf doppelte Weise: einmal insofern sie die von ihnen an bestimmten Inhalten und mit bestimmten Absichten realisierten Zeitverlaufsvorstellungen negiert (und damit notwendig als Bezugsgröße voraussetzen muß; sie lebt von dem, wogegen sie sich wendet), und außerdem, weil sie andere Zeitverlaufsvorstellungen ermöglichen will, die traditional, exemplarisch oder genetisch konzipiert sein müssen, da die kritische Erzählweise rein für sich keine neuen Zeitverlaufsvorstellungen positiv entwickeln kann, wohl aber das dafür notwendige Ferment der Dekomposition der alten darstellt. (Da sich die drei Erzählweisen, die dies können, gegenseitig implizieren, und dies im einzelnen begründet wurde, sei hier auf eine weitere Differenzierung ihrer je besonderen Implikation in der kritischen Erzählweise verzichtet.)

Diese Implikation kann leicht an dem bei der Darlegung der kritischen Erzählweise schon genannten Beispiel der Geschichtsschreibung von Voltaire erläutert werden: Diese Historiographie bezieht sich negativ auf die in der christlichen Tradition dominierenden und hier auch traditional, exemplarisch und genetisch realisierten Zeitverlaufsvorstellungen und entfaltet ihre intellektuelle und literarische Brillanz und ihr moralisches Pathos in der Dekomposition dieser Vorstellung, ohne sie schon durch eine andere von gleicher innerer Stringenz ersetzen zu können, wohl aber, um eine solche andere zu ermöglichen. Dies läßt sich am Vorwort seines historiograhischen Hauptwerkes, des *Essai sur les mœurs et l'esprit des nations* demonstrieren, in dem er sich zum ›plan de cet ouvrage‹ äußert. Es geht ihm generell um eine Dekomposition der christlichen Heilsgeschichte als Herrschaftslegitimation. Dies spricht er natürlich nicht offen aus, um nicht gegen die absolutistisch-monarchische Grundordnung Frankreichs zu verstoßen; aber in der Art und Weise, wie er sich auf die zu seiner Zeit klassische Darstellung dieser Heilsgeschichte in Bossuets *Discours sur l'histoire universelle* bezieht, die er maliziös »discours sur une partie de l'histoire universelle« nennt, macht deutlich, daß er die in seiner Zeit traditionelle heilsgeschichtliche Vorstellung eines allgemeinen Sinnzusammenhangs zeitlicher Veränderungen in ihrer Plausibilität bestreiten und durch eine andere (schon angedeutete, aber selbst noch nicht stringent ausgeführte) Vorstellung ersetzen will:

> »Von den Arabern, die ein mächtiges Reich und eine einflußreiche Religion begründeten, spricht Bossuet nur wie von einem Heer von Barbaren. Überhaupt scheint er durch seine Geschichtsdarstellung den Beweis geben zu wollen, daß alles in der Welt nur im Interesse des jüdischen Volkes geschehe [...] Zu wünschen wäre übrigens, daß er die alten Völker des Orients nicht gänzlich mit Stillschweigen übergangen hätte, wie z.B. die Inder und Chinesen, die schon von hoher Bedeutung waren, ehe sich die anderen Völker nur gebildet hatten. Wir haben wahrlich kein Recht, die Bekanntschaft mit diesen beiden Nationen zu versäumen. Die Produkte ihrer Länder dienen zu unserer Nahrung, ihre Stoffe zu unserer Kleidung; wir unterhalten uns mit den Spielen, die sie erfanden; ihre alten Sagen trugen zu unserer sittlichen Bildung bei, und die Handeltreibenden Europas haben sie aufgesucht, seitdem der Weg zu ihnen bekannt geworden ist.«[302]

Voltaire schrieb seine Geschichte als (implizite) Widerlegung einer anderen; der dabei schon angedeutete neue Leitfaden einer narrativen Sinnbildung über Zeiterfahrungen wurde dann bald zu einem expliziten Bezugsrahmen einer Historiographie ausgearbeitet, die es nicht mehr nötig hatte, sich an der Tradition der Heilsgeschichte kritisch abzuarbeiten.

Die genetische Erzählweise impliziert die traditionale und exemplarische, weil sich Vorstellungen, in denen die Dauer von Systemen von der Bedingung ihrer Veränderung abhängig gemacht wird, nicht ohne den Rekurs auf Traditionen und allgemeine Handlungsregeln entwickeln lassen. Traditionen und Handlungsregeln umgreifen die jeweiligen Veränderungen so, daß sie grundsätzlich mit der Sinnvermutung von Dauer konfrontiert werden können. Genesen sind immer auch potenzierte Traditionen und Handlungsregeln. Traditionen und Handlungsregeln machen Dauer vor aller Veränderung erzählbar, und diese Dauer muß schon erzählt sein, damit sie in den Veränderungen selbst, die sie ja *prima vista* als Veränderungen gar nicht zeigen, aufgesucht, festgestellt und dargestellt werden kann.

Hinsichtlich der Implikation der traditionalen Erzählweise illustrieren dies alle Geschichten, die Traditionen in der Form von Entwicklungen präsentieren, z.B. die Nationalgeschichten der meisten bürgerlichen Historiker des 19. Jahrhunderts. Was gemeint ist, zeigt schlaglichtartig der zweite Absatz der Vorrede von Rankes *Deutsche Geschichte im Zeitalter der Reformation:*

> »Lange war die Zeit vorüber, wo ein allwaltender Wille unsere allgemeinen Angelegenheiten leitete; noch hatte sich jedoch das politische Leben auch nicht, wie es später geschehen ist, zum größeren Teile in die einzelnen Landschaften zurückgezogen; die Reichsversammlungen übten, wenngleich nicht vollkommen festbestimmte,

> aber überaus tiefgreifende Rechte einer höchsten Regierung aus [...] Die Einheit der Nation fand in diesen Versammlungen ihren lebendigen Ausdruck. In den Grenzen des Reiches konnte nichts Bedeutendes vorkommen, was man nicht hier in Erwägung genommen, nichts Neues sich erheben, was sich nicht hier hätte durchsetzen müssen.«[303]

Hier wird die politische Veränderung zwischen dem ›lange vorüber‹ (der mittelalterlichen Kaiserzeit) und dem ›noch nicht‹ (der neuzeitlichen absolutistischen Territorialstaatlichkeit) als Inhalt der folgenden Geschichte umrissen, und zugleich wird mit der ›Einheit der Nation‹ die traditionale Vorgabe angedeutet, von der her die thematisierte Veränderung dann als Entwicklung präsentiert werden kann: Nationalität wird als Sinnkriterium kollektiver Identitätsbildung durch genetisches Erzählen zeitlich dynamisiert, und eben dadurch wird sie auch als Tradition anerkannt.

Die Implikation der exemplarischen Erzählweise in der genetischen illustrieren alle Geschichten, die Veränderungen von Lebensordnungen im Hinblick auf die in ihnen vorherrschenden Handlungsregeln (empirischer und normativer Art) darstellen. So z. B. die marxistische Geschichtsschreibung, die Transformationen von Gesellschaftsformen genetisch rekonstruiert und dabei auf Gesetze der Vergesellschaftung rekurriert (z. B.: ›Die Geschichte aller bisherigen Gesellschaft ist die Geschichte von Klassenkämpfen‹.[304] Diese Gesetze umgreifen die jeweils in den Blick genommenen Transformationen, und sie sind eine notwendige (keine hinreichende!) Bedingung dafür, daß sie überhaupt als gerichtete Bewegung, als Transformation oder Entwicklung (wie man in der Sprache des Historismus auch sagen könnte) erzählt werden können und nicht bloß als naturzeitlich ablaufendes Anderswerden menschlicher Vergesellschaftung. Was hier mit dem Exemplarischen gemeint ist, läßt sich mit dem bekannten Diktum erläutern, mit dem Marx seine genetische Betrachtungsweise charakterisiert:

> »Die bürgerliche Gesellschaft ist die entwickeltste und mannigfaltigste historische Organisation der Produktion. Die Kategorien, die ihre Verhältnisse ausdrücken, das Verständnis ihrer Gliederung, gewähren daher zugleich Einsicht in die Gliederung und die Produktionsverhältnisse aller der untergegangenen Gesellschaftsformen, mit deren Trümmern und Elementen sie sich aufgebaut, von denen teils noch unüberwundene Reste sich in ihr fortschleppen, bloße Andeutungen sich zu ausgebildeten Bedeutungen entwickelt haben etc. *In der Anatomie des Menschen ist ein Schlüssel zur Anatomie des Affen.* Die Andeutungen auf Höheres in den untergeordneten Tierarten können dagegen nur verstanden werden, wenn das Höhere selbst schon bekannt ist. Die bürgerliche Ökonomie liefert so den Schlüssel

> zur antiken etc. Keineswegs aber in der Art der Ökonomen, die alle historischen Unterschiede verwischen und in allen Gesellschaftsformen die bürgerlichen sehen.«[305]

Was hier als Anatomie angesprochen wird, auf die hin überhaupt das Spätere zum Schlüssel für das Frühere (und Andere) werden kann, dies steht für die übergreifende Regel des Exemplarischen. Beispiel für eine solche Implikation in der nichtmarxistischen Historiographie ist Gervinus' *Geschichte des 19. Jahrhunderts*. In der Vorrede, die – in einer für die politische Kultur der Deutschen durchaus exemplarischen Weise – zum Gegenstand eines Strafprozesses wegen Verstoßes gegen die obrigkeitlich erheischte Staatsgesinnung bei Angehörigen des öffentlichen Dienstes geworden war,[306] in dieser Vorrede legt Gervinus als Bildungsprinzip dieses seines historiographischen Werkes folgendes dar:

> »Wenn wir uns aus dieser einleitenden Betrachtung überzeugen, daß in drei bis vier zusammenhängenden Jahrhunderten die Geschichte sich nach einem innewohnenden Geist und Gesetze in einer einzigen Richtung, trotz allen Hemmungen und Abbeugungen, stetig bewegt, so werden wir leicht voraussetzen, daß auch die wenigen Jahrzehnte, die wir zuletzt durchlebt, derselben Richtung unterworfen sind. Und es wird dann nicht vermessen scheinen, aus eben der Stetigkeit dieser Richtung ihr Ziel erkennen, aus der verbundenen Betrachtung der Gegenwart und der Vergangenheit die Bedeutung unserer Zeit und den Geist ihrer Geschichte – was wir den Zweck unseres Geschichtswerkes nannten – ermitteln zu wollen [...]. Die Geschichte der europäischen Staaten christlicher Zeit bildet ein gemeinsames Ganzes wie im Altertume die Geschichte der Staatengruppe der griechischen Halbinsel und ihrer Pflanzstädte. In beiden Zeiten offenbart sich in dem Verlaufe der inneren Entwicklung der Staaten einerlei Ordnung und gleiches Gesetz. Und dieses Gesetz ist dasselbe, das sich wieder ganz im großen in der Geschichte der Menschheit selber beobachten läßt. Von den despotischen Staatsordnungen des Orients zu den aristokratischen, auf Sklaverei und Leibeigenschaft gegründeten Staaten des Altertums und des Mittelalters, und von da zu der neueren noch im Gang begriffenen Staatenbildung ist ein regelmäßiger Fortschritt zu gewahren von der geistigen und bürgerlichen Freiheit der Einzelnen zu der der Mehreren und der Vielen. Wo aber die Staaten ihren Lebenslauf ganz vollendet haben, da beobachtet man dann wieder, von dem Höhepunkte dieser aufsteigenden Linie der Entwicklung abwärts, ein Zurückgehen der Bildung, der Freiheit und Macht von den Vielen zu den Wenigen und Einzelnen. Dieses Gesetz ist es, das sich in jedem Teile der Geschichte, in jedem vollkommeneren Einzelstaate vorfindet, und so auch in den zusammengesetzten Gruppen, die wir bezeichnet haben.«[307]

Hier ist das Sinnbildungsprinzip des Exemplarischen, das auf gleiche Handlungsregeln in zeitlich differenten Handlungskontexten und unterschiedenen (zeitspezifischen) Handlungsumständen rekurriert, geradezu überdeutlich als notwendige Voraussetzung für eine genetische Erzählung bezeichnet.

Damit gesellschaftliche Veränderungen im Lichte einer durch genetisches Erzählen vollzogenen Erinnerung eine Richtung erhalten können, die die Absichten aktueller Praxis in eine Zukunftsperspektive lenken (Absichten, die ohne eine solche Richtungsbestimmung im Zeitfluß ziellos wären), muß die Gerichtetheit von Handeln überhaupt vorausgesetzt und exemplarisch an der geschichtlichen Erfahrung konkretisierend ausgewiesen werden können. In Gervinus' Argumentation: Die Regel, daß es in allem Handeln um die Sicherung und Ausdehnung von Freiheitsspielräumen (Chancen autonomer Zwecksetzungen) geht, muß sich exemplarisch konkretisieren lassen, da sonst konkrete Veränderungen in Art und Ausmaß solcher Freiheitsspielräume nicht als gerichtete Bewegung, als Kontinuität von Freiheit in der dynamischen Form ihrer steten Zunahme (oder Abnahme), historisch interpretiert werden können.[308]

Die genetische Erzählweise impliziert die kritische, da ohne sie traditionale und exemplarische Kontinuitätsvorstellungen (als notwendige Voraussetzung des genetischen Erzählens) zeitlich überhaupt nicht dynamisiert werden können. Die kritische Erzählweise dekomponiert die durch traditionales und exemplarisches Erzählen realisierte Vorstellung von Kontinuität als Dauer von Lebensordnungen, und sie macht dadurch Kontinuität überhaupt erst zeitlich dynamisierbar, d.h. als Dauer in und durch Veränderung, als Entwicklung, als gerichteten Veränderungsprozeß vorstellbar. Kritisches Erzählen muß Traditionen und Handlungsregeln so gegen ihren Strich bürsten, daß sie potenzierungsbedürftig werden.

Rankes bekannter Satz

> »Man hat der Historie das Amt, die Vergangenheit zu richten, die Mitwelt zum Nutzen künftiger Jahre zu belehren, beigemessen: So hoher Ämter unterwindet sich gegenwärtiger Versuch nicht: Er will bloß zeigen, wie es eigentlich gewesen.«[309]

läßt sich als Beleg für diese These zitieren; er belegt sie mit den Worten ›nicht‹ und ›bloß‹. Positiv kommt bei Ranke die Kritik weniger als Erzählweise, sondern als methodisches Verfahren der Quellenkritik vor. Es sollte aber nicht übersehen werden, daß dieses Verfahren hier grundsätzlich auf (mögliches) Erzählen bezogen ist; denn ohne eine interpretierende narrative Anordnung der Quelleninformationen käme es zu keiner historischen Erkenntnis, in der diese Informationen einen zentralen Stellenwert hätten (und nur wegen dieses Stellenwertes wird die Quellenkritik als Forschungsverfahren angewandt). Rankes Schrift *Zur Kritik neuerer Geschichtsschreiber,* die damals als epochemachender Schritt zu einer Verwissenschaftlichung der Neueren Geschichte angesehen wurde und die ihm auch (neben anderem) die Berliner Professur eingebracht hatte[310], muß als zweiter Teil, als Anhang seines Erstlingswerkes, der *Geschichten der romanischen und germanischen Völker von 1494 bis 1514,* gelesen werden. Auch in der Form einer verselbständigten Abhandlung hat dieser Text seinen Sinn im Bezug auf einen anderen, auf den nämlich, der die Erzählung realisiert, die durch kritische Überprüfung der bisherigen Geschichtsschreibung über diese Zeit ermöglicht wurde. Dieser zweite Teil stellt also eine wissenschaftsgeschichtlich besonders wirksame Ausprägung des strukturbildenden Sachverhalts im historischen Erzählen dar, daß die genetische Erzählweise die kritische voraussetzt. (In Rankes *Geschichte* dominiert, für den Historismus typisch, das genetische Erzählprinzip.)

> »Bei gegenwärtiger Schrift habe ich drei Absichten: eine, die Art und Weise zu rechtfertigen, auf welche in meinem Versuche romanischer und germanischer Geschichten die Quellen benutzt worden sind; die zweite, denen, welche sich über die Anfänge der neueren Historie gründlich unterrichten wollen, anzuzeigen, aus welchen Büchern sie dies können und aus welchen nicht; eine dritte, die vornehmste und rein wissenschafdiche, zur Sammlung eines unverfälschten Stoffes für die neuere Geschichte zu einem gründlichen Urteil über Natur und Wert der über dieselbe vorhandenen urkundlicheren Schriften, soviel ich vermag, beizutragen.«[311]

Hier hat sich die kritische Erzählweise in ein methodisches Instrumentarium der Quellenkritik verwandelt, mit der der Erfahrungsgehalt genetisch erzählter Geschichten gesichert wird. Daß geschichtliche Erfahrung die Form eines unverfälschten Stoffes‹ annimmt, setzt eine Dekomposition der in der Erinnerung dominierenden Deutungsmuster voraus, die sich diesen ›Stoff‹ immer schon einverleibt und ihm dadurch auch die Form einer *geschichtlichen* Erfahrung gegeben haben (als reiner ›Stoff‹ ist Geschichte ja nie gegeben). Und da solche Erzählmuster nur erzählend dekomponiert werden können, muß die Quellenkritik, die Ranke betreibt, als Modus des kritischen Erzählens angesehen werden.

Was ist nun mit dem Nachweis des systematischen Implikationszusammenhangs der vier Erzählweisen gewonnen? Dieser Implikationszusammenhang stellt eine Struktur des historischen Erzählens dar, von der man ausgehen kann, wenn man einzelne historiographische Werke oder Werkgruppen (auch alltägliches historisches Erzählen und alle die Formen von Geschichtsdarstellungen, denen man nicht das literarische Gewicht eines ›Werkes‹ beimessen will) in ihrer Eigenart erschließen und mit anderen Geschichtsdarstellungen oder Gruppen von solchen vergleichen kann.

Die Typologie der systematisch verschränkten vier historischen Erzählweisen stellt ein theoretisches Instrumentarium für die Bestimmung der Eigenart von Geschichtsdarstellungen dar. Sie kann also als Organon einer methodisch geregelten und daher überprüfbaren Charakterisierung einzelner historiographischer Texte oder Textäquivalente (des mündlichen oder des nichtverbalen Erzählens), auch ganzer Textgruppen und Gattungen und Stilrichtungen verwendet werden. Methodologisch ausdifferenziert (nach dem klassischen Gliederungsschema der historischen Methode: Heuristik, Kritik, Interpretation), heißt dies im einzelnen: Sie legt die Hinsicht fest, oder besser: sie eröffnet *heuristisch* die Perspektive, in der die Eigenart einer Geschichtsdarstellung als besondere Realisation eines allgemeinen Musters historischer Sinnbildung erscheint. Sie löst *kritisch* die Einheit der Darstellung in die Vielfalt der ihre Eigenart bestimmenden Sinnkriterien auf und macht so die je unterschiedliche Verwendung dieser Kriterien in ihrem inneren Zusammenhang bestimmbar. Sie ermöglicht damit *interpretatorisch* eine Rekonstruktion der besonderen Form, zu der sich diese Kriterien regelhaft synthetisieren – eine Rekonstruktion der besonderen Struktur der historischen Sinnbildung, in der die Einheit und Eigenart einer historischen Darstellung beschlossen liegt.

Das sei an einigen – lediglich illustrativ herausgegriffenen – Zügen schon erwähnter Geschichtsdarstellungen erläutert.

An Rankes Erstlingswerk, den *Geschichten der romanischen und germanischen Völker,* läßt sich ein eigentümlich gebrochenes Verhältnis zwischen genetischem und exemplarischem Erzählen als nicht unwichtiges Merkmal der für dieses Werk charakteristischen historischen Sinnbildung typologisch identifizieren. Obwohl sich Ranke ausdrücklich von der exemplarischen Darstellungsweise der Aufklärung distanziert, die sich das »Amt, die Vergangenheit zu richten, die Mitwelt zum Nutzen zukünftiger Jahre zu belehren, beigemessen« habe, und obwohl er den Entwicklungsgedanken in seiner Darstellung besonders betont und damit (gut historistisch) die genetische Erzählweise dominant werden läßt, gelingt es ihm nicht, die exemplarische Erzählweise der genetischen restlos unterzuordnen. Unübersehbar (für den typologisch geschärften Blick) zerbricht die Einheit seiner historischen Sinnbildung unter dem Primat des genetischen Sinnkriteriums, wenn er folgende ›moralische Betrachtung‹ anstellt:

> »[...] Man muß bekennen, daß es für Italien sehr schwer war, von den fremden Nationen wieder unabhängig zu werden. Es liegt fem von mir, über die Gesinnung eines großen Volkes urteilen zu wollen, von welchem damals Belehrung und Antrieb über ganz Europa ausging; niemand kann sagen, daß es unheilbar krank gewesen; aber es ist gewiß, daß es an großen Gebrechen litt. Grund und Boden aller

> Lebenskraft ward von der Knabenschändung angegriffen, die sich bis auf die Jünglinge, die bereits im Heer dienten, erstreckte [...]. Ein entsetzlicher Nebenbuhler der Päderastie war das französische Übel, das alle Klassen wie eine Pest ergriffen. Wie oft findet sich, daß Feldherrn dadurch zum Dienst unfähig geworden [...]. Indessen ist es schwer, das Verderben, welches alle Zeit und überall vorhanden ist, obwohl es, und mit Recht, von den Sittenpredigern als immer noch neu angeklagt wird, von dem eigentümlichen Charakter einer Zeit und einer Nation zu unterscheiden. Nicht ohne Widerspruch wird man behaupten, [...] diese ganze formale Bildung, nach der auch Frauen strebten, die wir zur Lyra lateinische Verse improvisieren finden, sei Luxus und einer Nation als solcher nicht heilsam. Niemand aber kann bezweifeln, daß es Schwäche sei, wenn diejenigen, welche sich für Meister des Lebens ausgeben, statt Mannheit, Keuschheit, rücksichtsloser Selbstbestimmung, nur Klugheit und den Schein jener Tugenden empfehlen. Überdem gab es Jünglinge, welche lieber auf dem Maultier als zu Pferd saßen, Männer, welche sich das Haar kräuselten, die Augenbrauen abhärten, mit Vornehmeren so sanft sprachen, als gehe ihnen der Geist aus, welche ihren Kopf nicht bewegten, um ihr Haar nicht in Unordnung zu bringen, unter ihrem Barrett einen Spiegel, im Armel einen Kamm trugen. Viele hielten es für ein großes Lob, im Kreis der Damen, die Viola in der Hand, schön singen zu können. Der Grund der Nachahmung ist allezeit die Schwäche; fremde Sitten nahmen mit Macht überhand. Das Unglück war, daß zwei Nationen um die Oberhand stritten [.. .].«[312]

Prüft man den systematischen Zusammenhang der vier Erzählweisen, wie er in Rankes Darstellung auftritt, im einzelnen nach, dann läßt sich zeigen, daß diese exemplarische Darstellung in einem dysfunktionalen Verhältnis zur genetischen und der ihr nachgeordneten traditionalen Erzählweise steht. (Wie schon ausgeführt, hat sich die kritische Erzählweise, als explizit vollzogene, hauptsächlich zur ›Kritik neuerer Geschichtsschreiber‹, zum quellenkritischen Anhang der historischen Darstellung, und in die Anmerkungen hinein verselbständigt; Ranke verstärkt damit indirekt das Gewicht der traditionalen Erzählweise in seiner Darstellung.) Dieser typologische Befund dürfte ein nicht unwichtiges Merkmal zur Charakterisierung der historiographischen Eigenart der Rankeschen *Geschichten* abgeben (ein Befund, der übrigens historisch erklärt werden könnte, – wozu, wie noch zu zeigen sein wird, ebenfalls das typologische Instrumentarium verwendet werden kann).

Es wäre allerdings nicht richtig, diesen – die Eigenart von Rankes *Geschichten* bezeichnenden – erzähltypologischen Befund zu der These zu generalisieren, die exemplarische Erzählweise sei bei ihm generell dysfunktional, also überhaupt nicht mit der dominierenden genetischen integriert. Es lassen sich durchaus auch Passagen finden, in denen exemplarisch so erzählt wird, daß der genetische Sinnzusammenhang der erzählten Begebenheiten nicht gestört, sondern geradezu in sein Recht gesetzt wird. (In den Geschichten handelt es sich um die genetische Kontinuitätsvorstellung zunehmender kultureller und politischer Differenzierungen innerhalb der – traditional bestimmten – Einheit der romanischen und germanischen Völker.) Als Beispiel sei verwiesen auf folgende Stelle:

> (Zur Ausgangslage in Italien:) »Nirgends war wirkliche Freiheit. Woher entspringt nun die lebendige Erregung zu allem Schönen, durch welche dies Volk zu dieser Zeit ein Anstoß und Muster für alle späteren geworden ist, woher der Schein, ja die Wirkung der Freiheit? Sie kommt besonders aus dem Gegenstreben der dunkel oder offen immerfort vorhandenen Parteien, aus dem Wachsein aller menschlicher Kräfte im Kampf, aus der allgemeinen Eifersucht, die sich auf Kunst, lebendige Tätigkeit, Wissenschaft und Altertum geworfen, aus der Verehrung, in der darum die Kundigen stehen.«[313]

Daß mit typologischen Argumenten auch Gegensätze zwischen historischen Interpretationen relativiert werden können, mag ein Blick auf Mehrings *Lessing-Legende* zeigen. Dieses Buch könnte aufgrund der Dominanz der kritischen Erzählweise als ein Versuch verstanden werden, Lessing in historische Zusammenhänge einzuordnen, die denen schlechthin diametral entgegengesetzt sind, die Mehring als ›Legende‹ entlarvt. Dieser Eindruck trügt, wenn man typologisch differenziert. Mehrings Kritik dekomponiert wohl die genetische Sinnbildung in der bürgerlichen Historiographie seiner Zeit, indem er ihre empirische Triftigkeit wohlbegründetem Zweifel aussetzt. Nichtsdestoweniger aber teilt er mit seinen Kontrahenten die traditionale und exemplarische Deutung Lessings als Repräsentanten des deutschen Geistes und als Exempel für die Bedeutung kultureller Innovationen für den Fortschritt einer Gesellschaft. Eben dies dürfte nicht unwichtig sein, wenn man wissen will, worin die historiographische Eigenart dieser Darstellung besteht.

Die Typologie der systematisch verschränkten vier historischen Erzählweisen stellt ein theoretisches Instrumentarium dafür dar, unterschiedliche Geschichtsdarstellungen hinsichtlich ihrer strukturellen Gemeinsamkeiten und Unterschiede systematisch miteinander zu vergleichen. Sie kann also als Organon eines methodisch geregelten und daher überprüfbaren Vergleichs zwischen historiographischen Texten (und Textäquivalenten), Textgruppen, Gattungen und Stilrichtungen verwendet werden. Methodologisch differenziert heißt dies im einzelnen: Die Typologie legt *heuristisch* die Vergleichbarkeit fest, da sie in jeder Geschichtsdarstellung eine gemeinsame Sinnbildungsstruktur erblicken läßt; sie läßt *kritisch* die jeweils unterschiedliche Realisation dieser Struktur (im systematischen Zusammenhang ihrer einzelnen Elemente) feststellen; schließlich läßt sie *interpretatorisch* aus den kritisch festgestellten unterschiedlichen Realisationen Gemeinsamkeiten, Abweichungen, Gegensätze, Ähnlichkeiten usw. rekonstruieren.

Auch dies sei mit einigen Hinweisen auf Aspekte im Vergleich zwischen verschiedenen Weisen der historischen Darstellung illustriert. Ein Vergleich zwischen den maßgebenden Sinnbildungsstrukturen der historischen Erkenntnis bei Marx und bei Ranke z. B. würde zunächst ihre grundsätzliche Übereinstimmung in der Dominanz der genetischen Erzählweise über die anderen ergeben. Als entscheidende Differenz ihrer historischen Sinnbildung würde sich ergeben, daß dem Stellenwert im systematischen Zusammenhang der vier Erzählweisen, den bei Ranke das Sinnbildungsprinzip des traditionalen Erzählens hat, derjenige bei Marx entspricht, den das kritische Erzählen als (hierarchisch gesehen) zweite Erzählweise nach der genetischen hat. Strukturell betrachtet, dürfte das exemplarische Erzählprinzip bei beiden (abgesehen von seiner dysfunktionalen Ausprägung bei Ranke[314] und der ungeklärten Rolle historischer Gesetze bei Marx[315]) etwa die gleiche Funktion innerhalb des Prozesses der historischen Sinnbildung haben. (Es wurde oben schon darauf hingewiesen, daß es bei Ranke auch eine in der Sinnbildungsstruktur seiner Geschichtsschreibung funktionale Ausprägung der exemplarischen Erzählweise gibt[316] und daß es bei Marx eine seiner ›Anatomie‹-Metapher entsprechende, in die narrative Struktur des historischen Denkens sich einfügende Konzeption von Gesetzmäßigkeit gibt.[317]

Daß der gegensätzliche Stellenwert traditionalen und kritischen Erzählens Folgen für die gesamte (genetische) Geschichtsauffassung hat, liegt auf der Hand. Die stärkere Theoretisierung der Marxschen Geschichtsauffassung wird (u. a.) dadurch im Rahmen der narrativen Sinnbildung der historischen Erkenntnis ermöglicht. Dies könnte ein Vergleich zwischen Ranke und Gervinus belegen. Es ist schon beobachtet worden, daß Gervinus der Aufklärung erheblich näher steht als viele seiner zeitgenössischen Fachkollegen,[318] und da in der Aufklärungshistorie das kritische dem traditionalen Erzählprinzip übergeordnet wird, läßt sich die Eigenart der Geschichtskonzeption von Gervinus im Vergleich mit Aufklärung und Historismus etwa folgendermaßen bestimmen: Ordnet die Aufklärungshistorie zumeist die exemplarische Erzählweise der kritischen über, so bevorzugt Gervinus die genetische vor der kritischen; er teilt also mit vielen Historikern der Aufklärung die Auffassung, daß die kritische Erzählweise in der Hierarchie der Sinnbildungsprinzipien die zweite Stelle einnimmt, mit dem Historismus hingegen teilt er die Auffassung, daß die genetische Erzählweise dominant sei. Die im Vergleich mit vielen Formen der historistischen Geschichtsschreibung höhere Theoretisierung seiner Geschichtsschreibung teilt Gervinus wiederum mit der Aufklärungshistorie, – diese Theoretisierung hängt also hinsichtlich der Struktur narrativer Sinnbildung vom hohen Stellenwert der kritischen

Erzählweise ab. (Die nicht unwichtige Rolle der exemplarischen Erzählweise für die Theoretisierung der Geschichtsschreibung müßte noch gesondert untersucht werden; auf die Bedeutung des Exemplarischen für das genetische Sinnbildungsprinzip bei Gervinus hatte ich bereits hingewiesen.[319]) Dies wiederum läßt Gervinus näher zu Marx als zu Ranke rücken, während er sich von Marx durch eine höhere Gewichtung des Traditionalen unterscheidet.

Die Typologie der vier Erzählweisen ist also ein methodisches Organon zur Heuristik, Kritik und Interpretation einzelner Geschichtsdarstellungen und ihres Vergleiches miteinander. Damit ist zunächst nicht mehr gesagt, als daß mit ihr die Faktoren in den Blick gebracht und ihr systematischer Zusammenhang rekonstruiert werden können, die den spezifisch *historischen Charakter* narrativer Sinnbildung in Geschichtsdarstellungen ausmachen. Unbestritten bleibt dabei, daß sich die gleichen Darstellungen auch in ihrer literarischen Struktur und Eigenart typologisch rekonstruieren lassen, ja: eine solche Rekonstruktion wäre eine wesentliche Ergänzung derjenigen, die auf die Struktur der historischen Sinnbildung abhebt. Denn in der Sinnbildung durch Erzählen wird immer Gebrauch von Sprachmustern (Schemata von Sprachhandlungen) gemacht, in die hinein durch die Einbildungskraft Erfahrungen gezogen und in ihnen gedeutet, Welt also erschlossen und Handeln durch Bewußtsein ermöglicht wird. Nur sind diese Muster zu weit, als daß mit ihnen die spezifisch historische Sinnbildung eingefangen werden könnte.

Ist dies aber mit der typologischen Rekonstruktion des historisch sinnbildenden Zusammenhangs der traditionalen, exemplarischen, kritischen und genetischen Erzählweise geschehen, dann können die übergreifenden Typologien sprachlicher Sinnbildung zur weiteren Charakterisierung historischer Darstellungen dienen, indem die literarischen Formen, die sie mit anderen, nicht primär historischen Darstellungen teilen, an ihnen aufgewiesen, also die mehr oder weniger prächtigen ›Gewänder‹ in den Blick gebracht werden, in denen die historischen Sinngebilde als Erzählungen (literarisch, mündlich oder bildlich) auftreten. Dies soll freilich nicht heißen, daß literarische Formen den historiographischen Texten bloß äußerlich wären, so daß sie ihnen gleichsam abgezogen (als Gewänder: ausgezogen) werden könnten, um das eigentlich Historische (den nackten Leib der historischen Erkenntnis) in den Blick zu bekommen. Solche Vorstellungen könnten verlockend sein, nicht nur wegen ihrer erotisierenden Metaphorik, sondern zugleich auch wegen ihrer enterotisierenden Unterscheidung zwischen historischer Erkenntnis (letztlich Angelegenheit der Wissenschaft) auf der einen Seite und historischer Darstellung (letztlich Angelegenheit der Kunst) auf der anderen. Solche Vorstellungen verstellen aber den Blick darauf, daß sich literarische Formung und historische Sinnbildung auf der gleichen Konstitutionsebene bewegen, auf der im Prozeß des Erzählens aus Geschäften Geschichte wird, daß sie also nicht als Außen und Innen, Schein und Wesen, unterschieden werden können.

Das als literarische Form‹ angesehene Sinngebilde läßt sich in einer anderen Perspektive als historische Deutungsleistung betrachten; es handelt sich aber dabei um ein und denselben Sachverhalt (›Text‹ im weitesten Sinne). Die verschiedenen Ansichten stehen nicht im Widerspruch zueinander, sondern die eine läßt sich zur Präzisierung der anderen verwenden. Hayden Whites Typologie z. B. ergänzt die hier entwickelte, und sie kann dazu dienen, stilbildende Prinzipien historiographischer Texte zu identifizieren und mit ihnen diese Texte zu charakterisieren. Auch Jauss' Vorschläge zur Funktionsbestimmung des Fiktionalen in der Historiographie[320] können dazu dienen, innerhalb der Sinnbildungsprozesse, die für das spezifisch historische Erzählen maßgebend sind, wirksame Faktoren und Elemente der Fiktionalisierung von Erfahrung aufzuweisen. Es hängt letztlich von der an die historisch erzählenden Texte gestellten Frage ab, ob die Analyse ihrer spezifisch historischen Sinnbildungsprozesse zur Erläuterung ihres literarischen Charakters dient oder umgekehrt. Die eine könnte eher beim Literaturwissenschaftler auftreten, der die Geschichtsschreibung in die Geschichte der Literatur integriert, die andere eher beim Historiker, der in der Geschichte der Geschichtsschreibung nicht vergißt, daß er es immer auch mit Literatur zu tun hat.

5. Zur Typologisierung historischer Perspektiven der Geschichtsschreibung

Die systematische Verknüpfung der vier Erzählweisen zu einer allgemeinen Struktur der historischen Sinnbildung führt nicht zu einer statischen Typenbildung. Sie entwirft keine ›natürliche‹ Zuordnung der Erzählweisen, die in besonders guten Geschichten realisiert wäre und auf die die Geschichtsschreiber verpflichtet werden könnten. Das Gegenteil ist der Fall: Die formal als wechselseitige Implikation der vier Erzählweisen entworfene allgemeine Struktur historischer Sinnbildung realisiert sich – dies läßt sich als Fazit der bisherigen Überlegungen festhalten – in unterschiedlicher Weise. Sie verwirklicht sich zwar in begrifflich genau (eben typologisch) zu bezeichnenden, in ihrer Eigenart identifizierbaren und miteinander vergleichbaren historischen Erzählungen (historiographischen Texten), – aber eben in einer Vielfalt, die Veränderungen, Umkehrungen, Wiederholungen, fließende Grenzen, Inkonsistenzen, Widersprüche, – kurz all das kennt, was den Formenreichtum des geschichtlichen Lebens ausmacht und was den Empiriker so mißtrauisch gegenüber typologisch argumentierenden Theoretikern sein läßt.

Damit ist bereits angedeutet, daß auch die geschichtliche Dimension der Sinnbildung über Zeiterfahrung durch historisches Erzählen mit der Typologie der vier historischen Erzählweisen erschlossen werden kann. Dies ist deshalb der Fall, weil das Implikationsverhältnis der einzelnen Erzählweisen zugleich ein Spannungsverhältnis ist, das ihren systematischen Zusammenhang von vornherein in die Bewegung einer Veränderung bringt. Ihre wechselseitige Implikation läßt sich so denken, als ob sie der Weisung des Sprichwortes folgten, daß sie sich, weil sie sich lieben, auch necken, oder, in akademischer Terminologie: *Der systematische Zusammenhang der vier Erzählweisen läßt sich als dialektischer denken, und deshalb kann mit ihm die historische Dimension der Sinnbildung über Zeiterfahrung durch historisches Erzählen erschlossen werden.* Es läßt sich zeigen, daß die Erzählweisen, indem sie einander implizieren, sich zugleich auch wechselseitig modifizieren; in ihrem Verhältnis liegt ein Veränderungspotential, mit dem sie von innen die Veränderungen ihres Kontextes mitvollziehen, auf den sie funktional bezogen sind.

Dies wird in einer noch vordergründigen Weise daran deutlich, daß die Typologie der vier historischen Erzählweisen natürlich auch für die historische Rekonstruktion von Veränderungen des historischen Erzählens, der Geschichtsschreibung, gilt. Solche Veränderungen werden als Geschichten erzählt, und dabei greifen die vier Sinnbildungsprinzipien und ihr (realisationsoffener) systematischer Zusammenhang. Von diesen Prinzipien muß Gebrauch gemacht werden, wenn über erfahrenen zeitlichen Veränderungen Sinn gebildet wird, wenn sie aus Geschäften zu Geschichten formiert werden. Damit ist aber noch nichts Näheres über das Verhältnis gesagt, in dem diese Prinzipien zu den Veränderungen stehen, die sie selbst in der Realisation ihres systematischen Zusammenhangs vollziehen, in die sie gleichsam ›geschäftlich‹ verwickelt sind. Wie lassen sie sich sinnbildend auf sich selbst als Erfahrungsinhalt von Veränderungen beziehen? Was erbringen sie, mit denen historisches Erzählen begriffen werden soll, für das historische Erzählen selber?

Diese Frage kann nur beantwortet und damit die Möglichkeit ausgelotet werden, aus der Typologie der vier Weisen des historischen Erzählens historische Perspektiven zu gewinnen, wenn das Verhältnis der vier Erzählweisen zueinander nicht mehr als abstrakte Implikation, sondern als eine auf Veränderung tendierende Spannung beschrieben und analysiert wird. Läßt sich das Verhältnis der Erzählweisen zueinander als das eines tendenziellen Übergangs ineinander bestimmen?

Dann wären sie in sich schon auf Veränderung angelegt. Mit einer positiven Antwort auf diese Frage könnte zugleich gezeigt werden, daß die Funktionen, von denen her die vier historischen Erzählweisen entwickelt wurden, nicht ahistorisch in den Blick genommen worden waren. Dies hätte insofern nahegelegen, als zur Identifikation des historischen Erzählens mit anthropologischen Universalien operiert worden war und es eine offene Frage ist, ob damit der Zugang zur Geschichte eröffnet oder verschlossen wurde. Man kann die Geschichte anthropologisch zum Stillstand oder in Bewegung bringen, je nachdem, ob man dem Menschen gattungsspezifische Eigenschaften zuspricht, die in sich schon die Notwendigkeit einer in die Zeit hinein erstreckten dynamischen Veränderung seines Lebens birgt, oder Eigenschaften, die sein Leben als immer gleiches erscheinen lassen.

Eine dynamische Veränderung des historischen Erzählens wird von der (anthropologisch begründeten) Struktur der historischen Sinnbildung über Zeiterfahrung insofern nahegelegt, als die vier Erzählweisen unter bestimmten Bedingungen in einer nicht willkürlichen Weise ineinander übergehen. *Daß* sie ineinander übergehen können, ja müssen, folgt schon aus ihrem strukturellen Implikationsverhältnis; *wie* sie ineinander übergehen, die Vorgänge des Übergangs selber also, natürlich nicht. Diese Vorgänge lassen sich dort aufweisen, wo sich der historisch sinnbildende strukturelle Zusammenhang der vier Erzählweisen jeweils in bestimmten Handlungssituationen (genauer: Erzählsituationen als Handlungsorientierungssituationen) realisiert. Sie werden dann sichtbar, wenn die Situationen nicht als feste Gegebenheiten, sondern als etwas sich Veränderndes berücksichtigt werden. ›Übergehen‹ heißt natürlich nicht, daß eine Erzählweise zugunsten einer anderen verschwindet, sozusagen ihren Geist (sprich: ihre Sinnbildungsfähigkeit) in den der anderen hinein aufgibt. Gemeint ist ein Vorgang der Akzentverschiebung im Verhältnis der Erzählweisen zueinander, der sich auf ganz unterschiedliche Weise vollziehen kann, z.B. als Explizitwerden einer Erzählweise, die bisher eher implizit geblieben war, und entsprechend als Zurücknahme einer bisher expliziten Erzählweise in die bloße Implikation einer anderen – oder aber auch als Veränderung in der Hierarchie der Erzählweisen.

Bei diesen ins Auge zu fassenden Übergängen handelt es sich insofern um ein systematisch geschlossenes Ganzes, als in ihnen die formale Struktur der historischen Sinnbildung stets gewahrt wird. Es ließen sich auch grundsätzlich die (rein rechnerisch) begrenzten Möglichkeiten, welche Erzählweise in welche übergehen kann, im einzelnen ausführen. Nur ergäbe dies noch keine historischen Perspektiven, sondern lediglich Ausblicke auf ein Potential von Veränderungen, das dann erst noch im Hinblick auf reale Vorgänge in der zeitlichen Aufeinanderfolge unterschiedlich erzählter Geschichten unter einen Aspekt gebracht werden müßte, in der diese Vorgänge als Geschichte sinnvoll gedeutet werden könnte.

Ich möchte also im folgenden die Übergänge beschreiben, auf die vor allem rekurriert werden muß, wenn Veränderungen des historischen Erzählens als geschichtliche Vorgänge gedeutet werden sollen. Ich möchte mich also auf diejenigen Transformationen einer Erzählweise in eine andere konzentrieren, die als besonders ›sinnträchtig‹ angesehen werden müssen. Dabei gehe ich davon aus, daß heute Geschichten nur dann noch als sinnvoll erzählt betrachtet werden können, wenn sie einer Hierarchie der vier Erzählweisen entsprechen (zumindest aber: nicht widersprechen), in der die genetische allen anderen übergeordnet ist. Ich möchte damit weder behaupten, daß alle Geschichten genetisch erzählt werden müssen, noch daß die genetische Erzählweise den anderen prinzipiell, etwa aus Gründen der ›Natur‹ des Erzählens, übergeordnet ist. Ich möchte lediglich behaupten, daß unter den Lebensbedingungen unserer Zeit eine hinreichende Handlungsorientierung in der Zeit nur von Geschichten geleistet werden kann, deren Sinnbildungsstruktur durch eine Dominanz der genetischen Erzählweise über die anderen geprägt ist. Ich will nicht verhehlen, daß die Erfahrung der ökologischen Krise und die damit verbundene Erfahrung der ›Grenzen des Wachstums« schon mittelfristig zu einer epochalen Veränderung in der historischen Sinnbildung führen können: Wird diese Krisenerfahrung lebensweltlich dominant, dann müßte entsprechend die kritische Erzählweise in der Geschichtsschreibung dominant werden, – in der wissenschaftlichen Geschichtsschreibung vermutlich mit der Verspätung, mit der lebensweltliche Orientierungsprobleme in fachspezifische Interpretationshinsichten üblicherweise umgesetzt werden. Mit dieser Strukturveränderung des historischen Erzählens würde dann die seit dem 18. Jahrhundert entwickelte Geschichtsauffassung, in der das genetische Sinnbildungskriterium dominant gesetzt wurde, dekomponiert und depotenziert. Erst dann könnte man von einem Ende des Historismus sprechen, wenn man unter Historismus erzähltheoretisch das Übergewicht der genetischen Erzählweise über die anderen versteht.[321]

Wenn man also davon ausgeht, daß in der aktuellen Geschichtsschreibung die genetische Erzählweise die anderen dominiert, dann bekommt die bisher gewählte Reihenfolge in der typologischen Analyse der Erzählweisen und ihres Zusammenhangs eine neue Begründung. Zunächst ergab sich diese Reihenfolge aus derjenigen der Bedingungen, die erfüllt sein müssen, damit ein Handeln sich in der Zeit durch eine erzählende Aktualisierung von Erinnerungen orientieren kann.[322] Dabei wurde die zweite aus der ersten, die dritte aus der zweiten usw. entwickelt, weil die vorgegebene zwar jeweils als notwendig, nicht jedoch als hinreichend erschien und die nachfolgende nur dann als möglich erschien, wenn die vorherige gegeben war. Diese eher (transzendental-)logische Reihung erhält nun ein historisches Gesicht (auch ein Beitrag zur Philosophie des Zusammenhangs von Logischem und Historischem): *Die Abfolge des traditionellen, exemplarischen, kritischen und genetischen Erzählens stellt einen genetischen Zusammenhang dar, der die Veränderungen des historischen Erzählens in eine allgemeine geschichtliche Perspektive rückt.*

In dieser Perspektive markiert die Dominanz des traditionalen Erzählens den Ausgangspunkt geschichtlicher Entwicklungen. Mit dem *Übergang vom traditionalen zum exemplarischen Erzählen* wird diese Entwicklung in Gang gesetzt. Sie erfolgt immer dann, wenn traditionale Handlungsorientierungen auf neue Erfahrungen und Erfahrungsbereiche ausgedehnt und zugleich die jeweils orientierenden Traditionen als solche in Frage gestellt werden. In den Lebenssituationen, in denen erzählt wird, gibt es einen dauernden Erfahrungszuwachs, weil sich diese Lebenssituationen ständig ändern. Wenn dieser Erfahrungszuwachs mit dem Deutungspotential vorgegebener Traditionen nicht mehr verarbeitet werden kann, dann geht das traditionale Erzählen ins exemplarische über. Mit diesem Übergang wird die Relativierung der als verpflichtende Tradition erinnerten Lebensordnung verhindert, die immer dann droht, wenn der Erfahrungshorizont der Gegenwart sich über denjenigen hinaus erweitert, der in Tradition als Orientierungsfaktor von Handeln eingegangen ist.

Es ist eine alltägliche Erfahrung, daß es verschiedene, abweichende, ja widersprüchliche Traditionen gibt. Soll nun dieser Erfahrung Rechnung getragen werden, wenn Traditionen als Handlungsnormen erinnernd vergegenwärtigt werden, und soll zugleich mit dieser Erfahrung die Geltung der jeweiligen Handlungsnormen nicht in Frage gestellt, sondern vielmehr sogar begründet werden, dann muß das historische Erzählen neue Formen realisieren, in denen sich die exemplarische Erzählweise gegenüber der traditionalen als dominierende durchsetzt. Denn dann erweitern sich die Traditionen zu allgemeinen Handlungsregeln bzw. zu Systemen solcher Regeln, und diesen Regeln können exemplarisch Zeiterfahrungen zugeordnet werden, die sich in die traditionalen Deutungsmuster der historischen Erinnerung nicht ohne weiteres einfügen lassen. Das historische Erzählen verändert sich damit so, daß in traditionale Handlungsorientierungen durch Generalisierung der in ihnen maßgebenden Normen ein dauernder Erfahrungszuwachs verarbeitet werden kann.

Eine solche Veränderung der historischen Erzählweise läßt sich als Reaktion auf folgende Vorgänge im Lebenszusammenhang des Erzählens beobachten: Wenn unterschiedliche Traditionsstränge zu einer in sich homogenen Handlungsorientierung synthetisiert werden müssen, wenn also Gesellschaften Universalisierungen ihres Normensystems brauchen, um heterogene Traditionen ihrer Subsysteme zu überspielen oder um ihre Ausdehnung über oder Verschmelzung mit sozialen Systemen unterschiedlicher Herkunft und entsprechend unterschiedlicher Traditionsbildung kulturell zu bewältigen. Dies ließe sich historisch konkretisieren an den Vorgängen, in denen sich der Topos *historia magistra vitae* zur Kennzeichnung dafür herausbildet, daß sich traditionsauflösende zeitliche Bewegungen in die überzeitliche Geltung von Handlungsorientierungen stillstellen lassen.[323]

Der Übergang vom exemplarischen zum genetischen Erzählen setzt diese Bewegung der Erfahrungszuwachsverarbeitung fort. Er erfolgt immer dann, wenn der Erfahrungszuwachs nicht mehr durch Generalisierung von Handlungsorientierungen zu Regeln, sondern nur noch durch Veränderungen dieser Regeln abgefangen werden kann, und wenn zugleich die erzählend entworfenen Zeitverlaufs- oder Kontinuitätsvorstellungen diese Veränderungen selber noch übergreifen, d.h. wenn diese Veränderungen als ›Rettung‹ des Veränderten gelten sollen. Dieser Übergang wird dann unvermeidlich, wenn der Erfahrungszuwachs die Allgemeingültigkeit der Handlungsmuster zu problematisieren beginnt, in die hinein er integriert werden soll. Man könnte auch sagen: Wenn die Quantität von Erfahrung, die generalisierte Handlungsmuster verkraften, in die Qualität umschlägt, die sie auflösen. Wenn diese Auflösung nicht die Identität derjenigen zerstören soll, die ihr Leben in der Tat nach diesen Mustern organisieren, dann muß die Auflösung selber als Bedingung ihrer weiteren Geltung interpretiert werden, und dann organisiert sich das historische Erzählen so um, daß sein genetisches Moment dominant wird. Dieser Vorgang kennzeichnet die grundlegende geschichtliche Veränderung, die unter dem Titel der ›Entstehung des Historismus‹ diskutiert wurde und heute als ›Sattelzeit‹ im Zentrum der historischen Semantik steht.[324]

Das kritische Erzählen ist ein Medium des Übergangs selbst, daher macht der Übergang zu ihm zwar Epoche in der Geschichte des historischen Erzählens, ist aber keine Epoche in dem Sinne, daß die Dominanz des kritischen Erzählens die kulturelle Begleiterscheinung einer langfristigen Organisation des gesellschaftlichen Lebens wäre, wie bei der Dominanz der anderen Erzählweisen. Wohl aber verhilft die kritische Erzählweise den anderen zur Dominanz, indem es für sie durch depotenzierende Abarbeitung der veraltenden Erzählformen Platz für die neue an der Spitze der Hierarchie der Erzählweisen schafft.

Das nahehegende Beispiel dafür ist die Aufklärung, deren kritisches Erzählen zu den wichtigsten Voraussetzungen für das Dominantwerden des genetischen Erzählens gehört, mit dem das historische Erzählen auf seine Weise den Modernisierungsprozeß betreibt, der in die Gegenwart führt.

Aus den skizzierten zwei Übergängen und der Funktion des kritischen Erzählens in ihnen ergibt sich nun eine historische Perspektive, in die sich alle Veränderungen des historischen Denkens einbringen lassen. Denn die Übergänge vom genetischen Erzählen zum exemplarischen und vom exemplarischen zum traditionalen können als gegenläufige Bewegungen zu den behaupteten Übergängen angesprochen und diesen entsprechend, d.h. mit umgekehrten Vorzeichen, interpretiert werden, und auch ein Übergang vom traditionalen zum genetischen Erzählen macht keine grundsätzlich andere Perspektivierung notwendig, weil er zwar die genannte Perspektive um einen Aspekt verkürzt – die Entwicklungsstufe des exemplarischen bleibt hier unentfaltet oder wird überlagert –, aber grundsätzlich in keine andere Richtung weist. Ein solcher Übergang gehört in den Bereich von Veränderungen unterhalb oder innerhalb der genannten epochalen Entwicklungen, und auch solche Veränderungen lassen sich typologisch erschließen.

Grundsätzlich können alle Implikationsverhältnisse der vier Erzählweisen als zeitlich erstreckte Übergänge in doppelter Richtung von der einen Bezugsgröße zur andern und umgekehrt verstanden werden, wenn man die zeitlichen Veränderungen ins Auge faßt, in denen sich die Sinnbildungsstruktur des historischen Erzählens realisiert. Da aufgrund der Implikationsketten in der Sinnbildungsstruktur des historischen Erzählens jeweils mehrere Übergänge zusammenhängen, ergibt sich unter der leitenden Perspektive ›oberster‹ Übergänge ein engmaschiges Netz von Mikrostrukturen zeitlicher Veränderungen des historischen Erzählens. Mit diesem typologischen Netz kann dann der Bereich der geschichtlichen Erfahrung von solchen Veränderungen in den Texten selbst erschlossen werden.

So läßt sich z.B. der epochemachende Übergang von der Aufklärungshistorie zum Historismus als Schritt von der Dominanz der exemplarischen Erzählweise zu derjenigen der genetischen beschreiben.[325] Dieser Schritt läßt sich nun so untergliedern, daß Spätaufklärung und Frühhistorismus als Phasen definierbar werden: Die eine durch eine Sinnbildungsstruktur, in der die kritische Erzählweise zugunsten der genetischen zurücktritt und sich der traditionalen annähert, und die andere durch eine Sinnbildungsstruktur, in der die (dominierende) genetische Erzählweise noch sehr eng an die exemplarische gebunden ist.

Mit solchen typologischen Konkretisierungen lassen sich dann Geschichtsdarstellungen genetisch einordnen. Diese Einordnung folgt nicht mehr blind einer Chronologie von Erscheinungsjahren, sondern läßt die Ungleichzeitigkeit von Gleichzeitigem und die Gleichzeitigkeit von Ungleichzeitigem begrifflich und empirisch präzise feststellen. So können z.B. Ranke, Droysen und Mommsen auf der einen Seite, und Rotteck, Schlosser und Gervinus auf der anderen unterschiedlichen und doch gleichzeitigen Entwicklungslinien des historischen Denkens zugeordnet werden; und innerhalb dieser Entwicklungslinien lassen sich wiederum Differenzierungen vornehmen, die nicht so sehr nach historiographie-externen Merkmalen, als vielmehr nach Merkmalen der Historiographie selber erfolgen. Man kann z.B. Ranke und Droysen wissenschaftsgeschichtlich dadurch einordnen, daß man sie aufgrund ihrer unterschiedlichen politischen Standorte jeweils verschiedenen politischen Richtungen in der Geschichtswissenschaft des 19. Jahrhunderts zuweist. Damit aber werden sie gar nicht so sehr als Historiker zur Geltung gebracht. Dies wäre erst dann der Fall, wenn man zeigen könnte, wie sich ihr unterschiedlicher politischer Standort in unterschiedlichen Erzählweisen manifestiert. Dies ist in der Tat der Fall, nämlich in der Form unterschiedlicher Gewichtungen im Verhältnis der traditionalen und kritischen Erzählweise zueinander. (Damit wird nicht behauptet, daß sich unterschiedliche politische Standpunkte notwendig und immer in unterschiedlichen Erzählweisen manifestieren müssen, sondern daß von unterschiedlichen Erzählweisen entsprechend auch zurückgeschlossen werden könnte.)

6. Vernunftchancen des historischen Erzählens

Die bisher erörterten Möglichkeiten, historische Darstellungen im Hinblick auf die für sie maßgebende Struktur der Sinnbildung durch Erzählen typologisch zu charakterisieren, reichen nicht aus, auch die *Wissenschaftsspezifik historischer Darstellungen* zu bestimmen. Was bedeutet die fachwissenschaftliche Regelung der Prozesse, in denen historische Erkenntnisse gewonnen werden, für die Typologie der Geschichtsschreibung?

Mit dieser Frage knüpfe ich an die Tradition der Historik wieder an, in der die Geschichtsschreibung unter der Leitfrage ihres Forschungsbezuges behandelt worden war. Zwar hat diese Leitfrage den Blick auf die konstitutive Sinnbildungsfunktion des historischen Erzählens verstellt, aber eine Untersuchung dieser Sinnbildungsfunktion bliebe ihrerseits unbefriedigend (mindestens für die Belange einer Historik, die die Grundlagen der fachlich verfaßten Geschichtswissenschaft thematisiert), wenn sie nicht die alte Frage nach dem Forschungsbezug aufgriffe und die Verwissenschaftlichung der Geschichtsschreibung als Problem ihrer fundamentalen Sinnbildungsleistung behandelte. (Der Mangel einer solchen Problemstellung wurde ja oben an der Typologie Hayden Whites kritisiert.)

Man könnte versuchen, die Verwissenschaftlichung des historischen Erzählens typologisch dadurch in den Griff zu bekommen, daß man eine neue – eine fünfte – Erzählweise einführte und sie für die Wissenschaftsspezifik einer historischen Darstellung verantwortlich machte. Damit würde die Wissenschaftlichkeit des historischen Erzählens auf der Ebene angesiedelt, wo sich Geschichte in fundamentalen Sinnbildungsprozessen als Erkenntnisgegenstand konstituiert. Ein solcher Vorschlag könnte die Zustimmung derjenigen finden, die die Wissenschaftlichkeit einer historischen Darstellung am Ausmaß ihrer Distanz zu den Orientierungsbedürfnissen in ihrem gesellschaftlichen Kontext festmachen. Denn da die bisher behandelten vier Erzählweisen in ihrem systematischen Zusammenhang das historische Erzählen so organisieren, daß es praxisrelevanten Orientierungsbedürfnissen entsprechen kann, müßte die fünfte – wissenschaftsspezifische – Erzählweise dann diejenige sein, durch die im Prozeß des Erzählens eine Distanzierung von diesen Bedürfnissen und ihrer funktionalen Entsprechung durch das historische Erzählen erreicht würde. Diese Erzählweise müßte das historische Erzählen so organisieren, daß es durch sich selbst seine praxisrelevanten Orientierungsfunktionen einklammerte. Dies aber wäre widersinnig. Denn es hieße nichts anderes, als daß die Realisation einer solchen Erzählweise identisch wäre mit der Selbstaufhebung des historischen Erzählens. Würde man eine wissenschaftsspezifische Erzählweise so definieren, daß sie die Orientierungsfunktion des historischen Erzählens einklammert, dann handelte es sich schlicht um ein unsinniges Erzählen, da ja der Sinn einer Geschichte genau darin besteht, daß sie die Funktion erfüllt, um derentwillen sie erzählt wird.

Es liegt nahe, hier an Droysens Metapher vom ›eunuchischen‹ Charakter dieser Wissenschaftsauffassung zu denken.[326] Dieses Wissenschaftsverständnis rückt die historische Erkenntnis aus der Kommunikationssituation des historischen Erzählens hinaus und beraubt sie dadurch einer Orientierungsfunktion in der menschlichen Lebenspraxis zugunsten eines vermeintlichen Ewigkeitswertes ihrer Vergegenwärtigung der Vergangenheit (vermeintlich deshalb, weil diese Ewigkeit ja gerade durch Ausklammerung der Gegenwart erreicht werden soll, so daß ›Vergegenwärtigung‹ der Vergangenheit eigentlich nur noch scheinbar oder gegen diese Wissenschaftsabsicht erfolgt). Es ist nicht einzusehen, wie Geschichte anders als traditional, exemplarisch, kritisch und genetisch soll erzählt werden können. Läßt sich keine fünfte Erzählweise als wissenschaftsspezifische ausmachen, dann liegt es nahe, die Wissenschaftlichkeit einer Geschichtsdarstellung erzähltheoretisch und typologisch in jenen Arrangements zu suchen, zu denen sich die vier Erzählweisen sinnbildend zusammenfügen. Dabei drängt sich die Vermutung auf, eine Dominanz der kritischen Erzählweise über die anderen oder zumindest eine starke Position dieser Erzählweise in der Sinnbildungsstruktur historischer Darstellungen sei wissenschaftsspezifisch.

Diese Vermutung trägt der Tatsache Rechnung, daß ein kritischer Umgang mit den daseinsorientierend wirksamen Deutungsmustern der Erinnerung und der in ihnen aufbewahrten Erfahrungen von vergangenen zeitlichen Veränderungen des Menschen und seiner Welt für alle diejenigen selbstverständlich sind, die sich wissenschaftlicher Erkenntnisverfahren in der historischen Vergegenwärtigung der Vergangenheit bedienen. Dieser kritische Umgang ist nichts anderes als eine Distanzierung von praktisch wirksamen und dem Historiker in der Form von Legitimationserwartungen angesonnenen Deutungsmustern der (kollektiven) Erinnerung – also eben diejenige Distanzierung, die den Anschein erzeugen kann, Geschichte als Wissenschaft sei kein Geschäft der Sinnbildung, sondern produziere eine ›reine‹, d.h. nicht vom Praxisbezug einer Orientierungsfunktion befleckte historische Erkenntnis. In der Tat leistet die kritische Erzählweise eine solche Distanzierung, indem sie vorgegebene Deutungsmuster (Kontinuitätsvorstellungen) dekomponiert und depotenziert. Dennoch ist es problematisch, in ihrer Dominanz über die anderen Erzählweisen oder in ihrer besonderen Berücksichtigung im strukturellen Zusammenhang mit den anderen Erzählweisen die Wissenschaftsspezifik des historischen Erzählens zu sehen – und zwar aus zwei Gründen, aus einem theoretischen und einem empirischen.

Erzähltheoretisch gesehen bedeutete eine exklusive Herleitung der Wissenschaftlichkeit einer Geschichtsdarstellung von der kritischen Erzählweise, daß eine wissenschaftlich geschriebene Geschichte eigentlich keine neuen Deutungen der Vergangenheit enthält, sondern nur Widerlegungen alter, daß sie also nur den Weg zu Darstellungen bereitet, die in dem Maße nicht mehr wissenschaftlich sind, wie sie die anderen Erzählweisen stärker als die kritische in ihrer Sinnbildungsstruktur zur Geltung bringen. Sicher sind wissenschaftlich geschriebene Geschichten immer auch Gegen-Geschichten, da sie bestrebt sind, bis dahin übliche Interpretationen zu überholen und an ihre Stelle bessere zu setzen; es wäre aber widersinnig, die erzählende Ausführung dieser besseren Interpretationen als wissenschaftstranszendent anzunehmen. Dann erniedrigte sich die Geschichte als Wissenschaft dazu, durch Dekomposition bisheriger historischer Interpretationen neue zu ermöglichen, ohne von dieser Möglichkeit selber noch als Wissenschaft Gebrauch machen zu können. Der Historiker wäre also als Wissenschaftler der Bürde entledigt, ein Prophet (Sinnstifter) zu sein, nur wäre er die Prophetie nicht los, sondern bereitete ihr den Weg.

Der Versuch, die Wissenschaftlichkeit des historischen Erzählens an der kritischen Erzählweise festzumachen, führt auch in empirischer Hinsicht in die Irre. Denn die historischen Darstellungen, in denen die kritische Erzählweise über die anderen dominiert, entsprechen keineswegs den Standards der Wissenschaftlichkeit (auch und gerade denen, in denen die Distanzierung der Geschichte als Wissenschaft von der Lebenswelt betont wird) in höherem Maße als diejenigen historischen Darstellungen, in denen der kritischen Erzählweise andere übergeordnet werden. Voltaires Historiographie z.B. müßte dann als wissenschaftlicher qualifiziert werden als diejenige Rankes. Diesem Urteil dürften auch diejenigen kaum zustimmen, die in ihrer eigenen Konzeption von Geschichte als Wissenschaft die Aufklärungstradition erneuern und kritisch gegen die an Ranke exemplifizierbare Wissenschaftstradition des Historismus kehren wollen. In dieser traditionskritischen Wendung der Geschichtswissenschaft dürfte wohl niemand die Kritik untergehen lassen wollen, die schon die deutschen Aufklärungshistoriker an der Voltaireschen ›Schönschreiberei‹ übten, indem sie sich auf die Quellenkritik als unverzichtbares Instrumentarium der Geschichtsschreibung beriefen, die sich von der Dichtung durch eine methodische Sicherung ihres Tatsachengehaltes unterscheiden will.[327]

Generell läßt sich sagen, daß die Verwissenschaftlichung der Geschichtsschreibung als historischer Prozeß zwar mit einer grundsätzlichen Aufwertung von Kritik als Prinzip der historischen Sinnbildung verbunden ist, – in Schlözers Worten, daß »[...] der Geschichtsschreiber, falls er nicht Romanschreiber gescholten werden will, in den Fesseln schwerer Wahrheit einherkeucht; da er für jeden Strich, den er in seinem Gemälde anbringt, wie der Landkartenmacher, vor der Kritik ad Protocollum stehen muß [...].«[328] Und alle Rationalisierungsschübe innerhalb der schon grundsätzlich als Fachdisziplin verfaßten Historie beginnen mit einer kritischen Dekomposition bisher üblicher Interpretationsmuster; so beginnt zum Beispiel Jürgen Kockas Plädoyer für eine moderne Sozialgeschichte mit einer Kritik an der traditionellen historistischen Wissenschaftstradition.[329] Die Verwissenschaftlichung der Geschichtsschreibung vollzog sich aber beschleunigt in einer Entwicklungsphase des historischen Denkens, in der nicht die kritische, sondern die genetische Erzählweise dominant wurde, und an dieser Dominanz änderten die innerfachlichen Fortschritte in der theoretischen und methodischen Stringenz der historischen Forschung nichts; im Gegenteil: In ihnen wurde die genetische Erzählweise selber und ihre Dominanz über die anderen stringenter. So kam zum Beispiel Max Webers Rationalisierung der historischen Erkenntnis durch die Einführung von Idealtypen der genetischen Erzählweise zugute: Mit den Idealtypen wird dieses Erzählen auf die ihm gemäßen Begriffe gebracht; denn Idealtypen sind nach Weber nichts anderes als ›genetische Begriffe‹.[330] Das genetische Erzählen wird den methodischen Verfahren einer präzisen Begriffs- und Theorienkonstruktion geöffnet, und dadurch wird seine Dominanz über die anderen Erzählweisen (insbesondere über die exemplarische) bestätigt und wissenschaftsspezifisch – nämlich methodologisch – gerechtfertigt.

Läßt sich also auch die These nicht aufrechterhalten, daß sich die Wissenschaftsspezifik des historischen Erzählens exklusiv aus dem Verhältnis der kritischen Erzählweise zu den anderen herleiten läßt, dann könnte man versuchen, diese Wissenschaftsspezifik nicht mehr auf der Ebene der historischen Sinnbildung durch Erzählen, sondern jenseits ihrer auszumachen. Sie läge dann dort, wo es darum geht, Deutungsmuster empirisch dingfest zu machen. Die Wissenschaftlichkeit der Geschichtsschreibung bestünde dann in der Art und Weise, wie vorgegebene (d.h. wissenschaftsextern gebildete) Sinnzusammenhänge in der zeitlichen Veränderung des Menschen und seiner Welt am empirischen Material realisiert werden: nämlich in der Form einer methodischen Regelung, die den Historiker anweist, allgemeine Deutungsschemata von Zeiterfahrungen in empirisch gehaltvolle Geschichten zu überführen.

Die Wissenschaftlichkeit der Geschichtsschreibung bestünde dann in einer methodisch geregelten Ausführung von Sinnbildungen derart, daß sie empirisch plausibel gemacht werden. Geschichte als Wissenschaft nähme in dieser Bestimmung (funktional gesehen) genau die Stelle ein, wo vor der Verwissenschaftlichung der Geschichtsschreibung die Kunst des guten Redens dazu herhalten mußte, die Sinnzumutungen des historischen Erzählens plausibel zu machen, d.h. die Rezeptionschancen von Geschichten zu steigern. Geschichte wäre als Wissenschaft die Fortsetzung der Rhetorik mit den Mitteln der empirischen Forschung. Sie wäre Erfüllungsgehilfin bei der Umsetzung von Sinnbildungskriterien in historischen Darstellungen. Sie hätte also dort, wo mit diesen Kriterien Sinnzusammenhänge in zeitlichen Veränderungen des Menschen und seiner Welt deutend ermittelt werden, nichts zu suchen. Sie wäre blind für jede ideologische Zumutung an die Geschichtsschreibung.

Man kann dieses Wissenschaftsverständnis auch so (dem landläufigen Verständnis von ›Positivismus‹ entsprechend) ausdrücken, daß man den wissenschaftlich ermittelten Tatsachen der Vergangenheit einen neuen Status in den Sinnbildungsleistungen des historischen Erzählens zubilligt, einen Status, der aus der Art ihrer Ermittlung, nämlich durch ›wertneutrale‹ Forschung, resultiert. Die Wissenschaft liefere Erkenntnisse darüber, was in der Vergangenheit der Fall war, und die Verwendung dieser Erkenntnisse in den Sinngebilden der menschlichen Zeiterfahrung sei wissenschaftsextern.

In beiden Fällen wird die Wissenschaftlichkeit der Geschichtsschreibung als Geltungssicherung von Geschichten hinsichtlich ihres empirischen Gehaltes bestimmt. Dies dürfte dem Selbstverständnis der meisten Fachhistoriker kaum widersprechen. Problematisch ist diese Bestimmung aber insofern, als sie den Wissenschaftsanspruch der Geschichtsschreibung nicht mehr dort als wirksam ansieht, wo eine Erkenntnis der menschlichen Vergangenheit als genuin historisch konzipiert wird, eben in der Sinnbildung durch Erzählen. Die empirische Absicherung historischer Aussagen kann aber nicht jenseits der Deutungsmuster erfolgen, in denen Erfahrungen von zeitlichen Veränderungen des Menschen und seiner Welt in der Vergangenheit überhaupt erst als historische im Orientierungsrahmen gegenwärtiger Lebenspraxis formuliert werden; es sei denn, eine solche Absicherung wird um den Preis in Kauf genommen, daß die forschend ermittelten Tatsachen der Vergangenheit und ihr zeitlicher Zusammenhang grundsätzlich sinnlos sind. Welcher Geltungsanspruch wird dann aber noch empirisch abgesichert? Geschichten sollen doch, wenn sie mit Wissenschaftsanspruch geschrieben werden, wahr sein, und zwar dort, wo sie Geschichten sind, und nicht deshalb, weil man ihren empirischen Gehalt als sinnlose Agglomeration von Tatsachen denken kann.

›Wissenschaft‹ als Geltungssicherung von Erkenntnis läßt sich hinsichtlich der Geschichtsschreibung nicht von den Vorgängen der Sinnbildung unterscheiden, in denen eine Erkenntnis sich als historische konstituiert. Der Wissenschaftsanspruch einer historischen Darstellung betrifft nämlich immer die Geltung der in ihr erzählend realisierten Deutung der Vergangenheit. Was immer Geschichte als Wissenschaft im einzelnen sein mag, – alle diejenigen, die diesem Geschäft obliegen, dürften darin übereinstimmen, daß es sich darum handelt, durch Befolgung bestimmter Regeln den Geltungsanspruch der historischen Erkenntnis zu sichern. Es wäre widersinnig, diesen Geltungsanspruch nicht dort zu erheben, wo die historische Erkenntnis wirklich *historisch* ist; er betrifft also genau die Vorgänge der Sinnbildung, die als Erzählung den historischen Charakter einer Erkenntnis von der menschlichen Vergangenheit ausmachen. Und da sich dieser Charakter im systematischen Zusammenhang der vier Erzählweisen realisiert, läßt sich die Frage nach der Wissenschaftsspezifik des historischen Erzählens folgendermaßen beantworten: *Die Wissenschaftlichkeit einer Geschichtsdarstellung besteht in der Sicherung der Geltungsansprüche, die Geschichten erheben, insofern sie im systematischen Zusammenhang der vier Erzählweisen Sinn über Zeiterfahrung bilden und dadurch historische Erkenntnisse formulieren.*

Die Frage, was es heißt, eine Geschichte wissenschaftsspezifisch zu erzählen, läßt sich jetzt präzisieren zu der Frage, wie sich durch das historische Erzählen die Geltungsansprüche der erzählten Geschichte sichern lassen. Und da die für die Geschichte als Wissenschaft maßgebenden Prinzipien der Geltungssicherung methodische Regeln sind, *zielt die Frage nach der Wissenschaftsspezifik des historischen Erzählens darauf, ob sich Regeln des historischen Erzählens angeben lassen, deren Befolgung den Geltungsanspruch der erzählten Geschichten sichert.* Wissenschaftlichkeit ist also weder die Angelegenheit einer besonderen Erzählweise, sie ist auch nicht etwas, was mit der Sinnbildung durch die historischen Erzählweisen nichts zu tun hätte, sondern sie ist eine Weise des Vollzuges dieser historischen Erzählweisen selber. Wissenschaft ist eine Weise des historischen Erzählens, die in den typologisch beschriebenen historischen Erzählweisen selber beschlossen Hegt und weder über sie hinaus noch hinter sie zurückführt, sondern in sie hinein. Wissenschaftsspezifisch sind traditional, exemplarisch, kritisch und genetisch erzählte Geschichten dann, wenn sie durch die Art, wie sie erzählt werden, signalisieren, daß ihr Geltungsanspruch, den sie als Geschichten in der Zeitorientierung des menschlichen Daseins erheben, auf eine bestimmte Weise gesichert ist, nämlich dadurch, daß das historische Erzählen in der Sinnbildung Regeln folgt, aufgrund deren der gebildete Sinn (konkret: die historische Erkenntnis) rational überprüfbar ist.

Geschichte als Wissenschaft beruht also auf einer Regelung des historischen Erzählens in seiner typologisch beschreibbaren Sinnbildungsstruktur, aufgrund deren der Geltungsanspruch der erzählten Geschichten, den sie *als Geschichten* erheben, methodisch gesichert wird.

Um diese wissenschaftsspezifische Regelung des historischen Erzählens in den Blick zu bekommen, ist zunächst einmal zu fragen, worauf sich denn der Geltungsanspruch von Geschichten überhaupt erstreckt und wie er überhaupt methodisch begründet werden kann.

Da die Wissenschaftsspezifik des historischen Erzählens weder auf eine besondere Erzählweise zurückgeht, noch jenseits der Sinnbildung durch Erzählen erreicht wird, kann sie nur als eine Systematisierung und Steigerung der Geltungssicherungen verstanden werden, von denen alles historische Erzählen Gebrauch macht, wenn die erzählten Geschichten bezweifelt werden. Ein solcher Zweifel an der Geltung von Geschichten richtet sich, wenn er sie im Kern betrifft, auf den von ihnen formulierten Sinn von Zeiterfahrungen, also auf ihre identitätsbildenden Zeitverlaufs- oder Kontinuitätsvorstellungen, mit denen Erfahrungen von Veränderungen des Menschen und seiner Welt in der Vergangenheit so erinnernd vergegenwärtigt werden, daß mit ihnen die Zeiterfahrungen der Gegenwart verstanden und Zukunft als Daseinsperspektive erschlossen werden kann. Um solche Zweifel (die wegen der grundsätzlichen praktischen Relevanz des historischen Denkens immer wieder erhoben werden) auszuräumen, müssen Begründungen dafür angegeben werden können, warum den bezweifelten Geschichten zugestimmt werden kann und muß. Die dabei vorausgesetzte *Begründungsfähigkeit einer Geschichte* ließe sich als ihre *Vernunftchance* bezeichnen.

Worauf wird begründend verwiesen, wenn Geschichten in ihrem Geltungsanspruch angezweifelt werden, wenn also die Sinnbildung über Zeiterfahrungen durch historisches Erzählen in Frage steht? Wie läßt sich der Anspruch des historischen Erzählens auf Daseinsorientierung rechtfertigen? Wodurch wird eine Geschichte in ihren Orientierungsleistungen plausibel? Worauf muß man sich berufen, um den Sinn einer Geschichte, mit dem sie ihre Orientierungsleistungen vollbringt, zu verteidigen?

Um diese Fragen beantworten zu können,[331] ist es notwendig, den durch Erzählen gebildeten Sinn einer Geschichte genauer zu betrachten. Er stellt das Resultat eines Erzählprozesses dar, durch den – wie oben ausführlich dargelegt[332] – Naturzeit in humane Zeit transformiert wird. Hier sind bereits die beiden Komponenten angegeben, die durch Erzählen zu dem verbunden werden, was man den Sinn einer Geschichte nennt: Zeit als Erfahrungsinhalt und Zeit als ideelle Lebensintention. Die eine Komponente ist empirisch: Es handelt sich um die Erinnerung von zeitlichen Veränderungen des Menschen und seiner Welt in der Vergangenheit. Die andere Komponente ist normativ: Es handelt sich um die Absicht auf zeitliche Veränderungen des Menschen und seiner Welt in der Zukunft. Beides interferiert in der Daseinsorientierung der Gegenwart. Hier wird durch Erzählen die in der Erinnerung gegenwärtige Erfahrung der Vergangenheit so auf die in der Erwartung gegenwärtige

Absicht auf die Zukunft bezogen, daß zwischen beidem ein konsistentes Verhältnis hergestellt wird; es erhält dabei die Form einer übergreifenden Kontinuitätsvorstellung, mit der sich handelnde und leidende Menschen in den praktisch vollzogenen und widerfahrenen Veränderungen ihrer Welt und ihrer selbst orientieren und als Subjekte auf Dauer stellen und zur Geltung bringen.

Mit diesem empirischen Rückbezug auf tatsächlich erfahrene (erinnerte) Zeitverläufe, mit diesem Vorentwurf eines normativ-absichtsvoll gewollten Zeitverlaufs und mit der Verbindung des Rückbezuges mit dem Vorentwurf zur Einheit einer daseinsorientierenden Zeitvorstellung sind die drei Komponenten des historischen Erzählens bezeichnet, in denen dessen Vernunftchancen liegen. Geschichten, deren Sinn, also ihre Orientierungsfähigkeit durch ihre identitätsbildende Kontinuitätsvorstellung, bezweifelt wird, können in drei Hinsichten begründet werden: einmal hinsichtlich ihres *Erfahrungsgehaltes,* sie sind plausibel, wenn sich zeigen läßt, daß es wirklich so war, wie sie sagen, daß es gewesen sei. Zweitens hinsichtlich ihres *Bedeutungsgehaltes;* sie sind plausibel, wenn sich zeigen läßt, daß das, was sie erinnernd von der Vergangenheit vergegenwärtigen, eine Bedeutung für die Konzipierung von Absichten in die Zukunft hat. Drittens schließlich hinsichtlich ihres *Sinngehaltes;* sie sind plausibel, wenn sich zeigen läßt, daß sie die Erfahrung und die Bedeutung dessen, was sie vergegenwärtigen, durch die Art ihres Erzählens zu einer konsistenten Kontinuitätsvorstellung synthetisieren, die identitätsbildend wirken kann. Die Vernunftchancen von Geschichten beziehen sich darauf, *was* erzählt wird: Geschichten können mit dem *Kriterium ihrer empirischen Triftigkeit* begründet werden; sie beziehen sich außerdem darauf, *woraufhin* erzählt wird: Geschichten können mit dem *Kriterium ihrer normativen Triftigkeit* begründet werden; sie beziehen sich schließlich darauf, *wie* erzählt wird: Geschichten können mit dem *Kriterium ihrer narrativen Triftigkeit* begründet werden.

Diese drei Dimensionen, in denen unterschiedliche Vernunftchancen des historischen Erzählens sichtbar werden und in denen die ihnen entsprechenden Plausibilitätskriterien identifiziert werden können, stehen nicht additiv nebeneinander, sondern in einem ›dialektischen‹ Verhältnis zueinander: Die dritte ist die Vermittlung der beiden anderen, die insofern in einem (natürlich nicht logischen) »Widerspruch« zueinander stehen, als Erfahrung und Norm und auch Vergangenheit und Zukunft etwas Grundverschiedenes sind. Der Sinn einer Geschichte läßt sich also zerlegen in eine empirische und eine normative Komponente, diese wiederum lassen sich je für sich (durch Rekurs auf Erfahrungen und auf Normen) begründen. Nur ist es mit solchen Begründungen allein noch nicht getan; denn erst die narrative Synthesis dieser beiden Komponenten ermöglicht die spezifisch *historische* Daseinsorientierung, deren Geltung mit dem Sinn einer Geschichte in Frage steht.

Für sich allein genommen, ist der Erfahrungsgehalt einer Geschichte nicht historisch; als Ensemble von ›Geschäften‹ in der Vergangenheit kann er ohne weiteres zum Gegenstandsbereich nicht-historischer, z.B. nomologischer Wissenschaften werden. Erst wenn er in den Fluß einer Erzählung gebracht und dabei so gedeutet wird, daß mit ihm normengeregelte Zukunftsabsichten erfahrungskonform gemacht werden können, wenn er also zur empirischen Probe der Vergangenheit aufs normative Exempel der Zukunft wird, erst dann wird er zur »Geschichte«. Ebenso ist es mit dem normativen Gehalt einer Geschichte. Er kann trotz einer verbreiteten empiristischen Einstellung bei Berufshistorikern (eine fast zwangsläufige Folge der professionalisierenden Forschungskompetenz) auch von denen nicht geleugnet werden, die das Postulat der Wertfreiheit vertreten. Denn ›Geschichte› wird als Inbegriff des historisch Erkennbaren erst durch eine normengeleitete Einstellung gegenwärtig Handelnder und Leidender zur Vergangenheit konstituiert. Dies hat Max Weber, der ja die Wertfreiheit der historischen Erkenntnis nachdrücklich vertritt, ebenso nachdrücklich hervorgehoben (und dabei in einer bis heute noch nicht hinreichend rezipierten komplexen Argumentation darlegt, daß Wertfreiheit und Wertgebundenheit zwei verschiedene Seiten ein und derselben historischen Erkenntnis darstellen)[333]:

> »Transzendentale Voraussetzung jeder Kulturwissenschaft ist nicht etwa, daß wir eine bestimmte oder überhaupt irgendeine ›Kultur‹ wertvoll finden, sondern daß wir Kulturmenschen sind, begabt mit der Fähigkeit und dem Willen, bewußt zur Welt Stellung zu nehmen, und ihr einen Sinn zu verleihen. Welches immer dieser Sinn sein mag, er wird dazu führen, daß wir im Leben bestimmte Erscheinungen des menschlichen Zusammenseins aus ihm heraus beurteilen, zu ihnen als bedeutsam (positiv oder negativ) Stellung nehmen. Welches immer der Inhalt dieser Stellungnahme sei – diese Erscheinungen haben für uns Kulturbedeutung, auf dieser Bedeutung beruht allein ihr wissenschaftliches Interesse.«[334]

Kultur – Inbegriff des historisch Erzählten und daher gleichbedeutend mit »Geschichte« als Inbegriff des historisch Erkennbaren – Kultur ist daher auch für Max Weber das Produkt einer »Sinnverleihung«:

> »Der Begriff der Kultur ist ein Wertbegriff. Die empirische Wirklichkeit ist für uns »Kultur«, weil und sofern wir sie mit Wertideen in Beziehung setzen, sie umfaßt diejenigen Bestandteile der Wirklichkeit, welche durch jene Beziehung für uns bedeutsam werden, und nur diese.«[335]
>
> Und: »›Kultur‹ ist ein vom Standpunkt des Menschen aus mit Sinn und Bedeutung bedachter endlicher Ausschnitt aus der sinnlosen Unendlichkeit des Weltgeschehens.«[336]

Der Bedeutungsgehalt einer Geschichte beruht auf den konstituierend wirksamen normativen Gesichtspunkten aktueller Daseinsorientierung, auf die hin die Erfahrungen der Vergangenheit bezogen werden müssen, um als Geschichte erinnert werden zu können. (Max Weber bezeichnete dies mit dem Terminus des Neukantianers Heinrich Rickert ›Wertbeziehung‹; die Narrativitäts-Theorie hat inzwischen im Erzählen genau den elementaren und allgemeinen Vorgang der Konstitution von Kultur als Geschichte ausgemacht und beschrieben.[337]) Diese normativen Gesichtspunkte sind aber, wenn man sie rein für sich als Orientierungspunkte von Handeln außerhalb des Erzählens nimmt, nicht historisch. Sie können ohne weiteres auch zum Gegenstandsbereich nicht-historischer, z. B. normativer oder deontischer Wissenschaften werden. Erst im Fluß einer Erzählung, wenn sie aus der Zukunftsrichtung normengeleiteten Handelns auf die Vergangenheit zu Deutungszwecken zurückgebogen werden, dann erst werden sie eigentlich historisch.

Man kann zusammenfassend sagen: Erfahrungen der Vergangenheit sind ohne normative Absichten auf Zukunft historisch blind; normative Absichten auf Zukunft sind ohne Erfahrungen der Vergangenheit historisch leer. Erst durch ihre Vermittlung im Prozeß des Erzählens, der die Erfahrung der Vergangenheit erinnernd vergegenwärtigt und die Zukunftsabsichten auf diese Vergegenwärtigung zurückwendet, werden beide historisch. Erst dann werden sie fähig, gegenwärtig handelnde und leidende Menschen im Fluß der Zeit zu orientieren.

Das historische Erzählen kann seine Vernunftchancen in ganz unterschiedlicher Weise nutzen, je nachdem, in welchem Verhältnis zueinander die vier Erzählweisen sinnbildend wirken. Eine typologische Aufschlüsselung der historischen Sinnbildung durch Erzählen (in vergleichender und historischer Absicht) ist auch hinsichtlich der in sie eingebauten Vernunftchancen möglich. Eine solche Aufschlüsselung bestünde darin, daß die vier Erzählweisen – je für sich und in ihrem systematischen und historischen Zusammenhang – auf die in allem historischen Erzählen liegenden drei Arten von Vernunftchancen hin untersucht und dargestellt werden.

Die Vernunftchancen des historischen Erzählens hegen hinsichtlich ihrer Ausrichtung auf die drei unterschiedlichen Plausibilitätskriterien (empirische, normative und narrative Triftigkeit) quer zur Unterscheidung zwischen den vier Erzählweisen. Es ist nicht so, daß die eine Erzählweise im Unterschied zur andern prinzipiell mehr oder weniger Gebrauch von der einen oder anderen Vernunftchance des historisehen Erzählens machen kann. Dies ist schon aus theoretischen Gründen ausgeschlossen, weil ja die drei Plausibilitätskriterien gar nicht unabhängig voneinander zur Begründung von Geltungsansprüchen verwendet werden können.

Auf der anderen Seite werden aber die Vernunftchancen des historischen Erzählens typenspezifisch realisiert; sie treten nicht als starre Begründungsmuster in der Vielfalt des historischen Erzählens auf, sondern als Momente dieser Vielfalt selber. Unerläßlich ist eine (hier nur als Möglichkeit angedeutete) typologische Aufschlüsselung der Vernunftchancen des historischen Erzählens dann, wenn historische Darstellungen im Hinblick auf die heute geltenden Wissenschaftsstandards interpretiert werden sollen. In diesem Falle hätte ein Ansatz bei den typologisch zu identifizierenden und zu charakterisierenden Vernunftchancen des historischen Erzählens den Vorteil, daß die zu interpretierenden historischen Darstellungen mit keiner ihnen externen Rationalitätsnorm konfrontiert, sondern auf etwas bezogen würden, was in ihnen mindestens angelegt ist. Überdies würde eine solche Interpretation auch die verwendeten Wissenschaftlichkeitsnormen nicht unberührt lassen, insofern sie konkreten historiographischen Arbeiten der Gegenwart entnommen werden: Der Blick auf die typologisch erschlossene Vielfalt historischen Erzählens kann auch zu Einsichten in Rationalitätsleistungen, aber auch in Rationalitätsdefizite derjenigen Historiographie führen, deren Wissenschaftsbezug außer Zweifel steht.

VII. Historische Aufklärung im Angesicht der Post-Moderne: Geschichte im Zeitalter der ›neuen Unübersichtlichkeit‹

El sueño de la razon produce monstruos.
Goya

1. Die Post-Moderne als Herausforderung an die Geschichtswissenschaft

Wie immer man das im einzelnen definieren mag, was als ›Post-Moderne‹ die intellektuellen Gemüter gegenwärtig [1988] erregt[338], – allemal fordert es die Geschichtswissenschaft heraus. Denn in dem Präfix ›Post‹ steckt ein Unbehagen an denjenigen kulturellen Deutungsmustern, die die gegenwärtigen Lebensverhältnisse als ›Moderne‹ qualifizieren. Die Qualitäten des Modernen sind fragwürdig geworden. Die Rede von der Post-Moderne signalisiert einen neuen historischen Orientierungsbedarf.

Diesem Orientierungsbedarf liegen Erfahrungen mit den gegenwärtigen Lebensverhältnissen zugrunde, die die bisherigen Gesichtspunkte von Weltdeutung und Selbstverständigung, die der Begriff der Modernität bezeichnet, radikal in Frage stellen. In den tiefsitzenden kulturellen Deutungsmustern moderner Gesellschaften wird das, was an diesen Gesellschaften spezifisch ›modern‹ ist, sie also von älteren Lebensformen qualitativ unterscheidet, durchgängig positiv besetzt. Dafür steht die Fortschrittskategorie als historischer Fundamentalbegriff des modernen Geschichtsbewußtseins.[339] Diese Kategorie läßt die historischen Genesen moderner Gesellschaften als zustimmungsfähige Entwicklungen begreifen, an die tätig angeknüpft werden kann und soll. Die Zukunft erscheint im Lichte dieser historischen Orientierung als eine Überbietung bisher schon erreichter Lebensqualität durch Naturbeherrschung, ökonomischen Reichtum, politische Partizipation und kulturelle Aufklärung. Gegen diese Qualifikation des Modernisierungsprozesses sprechen inzwischen Erfahrungen mit seinen Folgewirkungen, die ihn in einem anderen Licht erscheinen lassen: Es wachsen die Zerstörungspotentiale und Risiken kollektiver Selbstvernichtung der Menschheit; die natürlichen Ressourcen der menschlichen Lebensfristung werden durch Beherrschung und Ausbeutung der Natur in Wissenschaft, Technik und Industrie zerstört; die kulturellen Sinnpotentiale, die den Menschen mit den Bedingungen seines Lebens versöhnen, werden durch Rationalisierung und Entzauberung, die einst im Namen der Aufklärung den Menschen ein freies und glückendes Verhältnis zu sich selbst in humanisierten Lebensverhältnissen versprochen haben, ausgetrocknet. Das Versprechen der Aufklärung, durch einen freien Gebrauch der menschlichen Verstandeskräfte jenseits ihrer Restriktionen durch Aberglaube, Despotismus, ständische Ungleichheit und ökonomische Rückständigkeit humane Lebensverhältnisse zu bewirken, gilt nicht nur als nicht eingelöst, sondern geradezu ins Gegenteil verkehrt. Der von traditionalistischen Grenzen seines Gebrauchs freigesetzte Verstand hat neue Herrschaftsmechanismen, neue soziale Ungleichheit, neue ökonomische Abhängigkeiten und schließlich auch zu neuen Sinnlosigkeitserfahrungen geführt. Die Aufklärung als Signatur von Modernität und als Inspiration der Modernisierung wird als gescheitert erklärt: »Der oberste Sinn der Zivilisation mutierte zum obersten Wahnsinn.«[340]

Modernität als Bedrohung: Diese Erfahrung verrückt die historischen Deutungsmuster, in denen unsere Lebensform sich selbst erklärt und sich in ein Verhältnis zur Erfahrung der Vergangenheit setzt, in dem Zukunft sinnvoll perspektiviert und aktuelles Handeln zeitlich orientiert werden kann.

Wenn ›Modernität‹ keine zustimmungsfähige Größe der kulturellen Selbstdeutung hochindustrialisierter Gesellschaften mehr ist, dann verliert, so scheint es, auch die Geschichte als Möglichkeit dieser Gesellschaften, sich über Erinnerungen ein Bild von sich selbst zu machen und ihre Zukunft handlungsstimulierend zu entwerfen, entschieden an Bedeutung. Sie droht mit dem kulturellen Prestigeverlust von Modernität selber sinnlos zu werden. An ihre Stelle treten andere Möglichkeiten, den zeitlichen Orientierungsbedarf der menschlichen Lebenspraxis mit Sinnbildungen über Zeiterfahrungen zu befriedigen. Dafür bietet sich mythisches oder mythosnahes Denken an.

Ausdruck dieses Verlustes von handlungsleitenden Geschichtsvorstellungen im kulturellen Orientierungsrahmen gegenwärtiger gesellschaftlicher Praxis ist die Konjunktur, die die Vorstellung der ›Post- Histoire« wieder einmal hat.[341] Der Gedanke der Post-Histoire steht in einem sehr engen Zusammenhang mit der Rede von der Post-Moderne. Er besagt, daß der gegenwärtige Lebenszusammenhang nicht nur aus tragfähigen historischen Orientierungen herausgefallen ist, sondern so etwas wie ›Geschichte‹ überhaupt keine Orientierung mehr abgibt. Der zeitliche Status der eigenen Lebenspraxis erscheint als unvereinbar mit denjenigen Vorstellungen von Zeitverläufen, die so etwas wie sinn- und bedeutungsvolle Geschichten tragen und möglich machen.

Der Gedanke der Post-Histoire ist ein Ausdruck post-modernen Denkens; er treibt die zeitliche Qualifikation der Gegenwart als post-modern auf die Spitze. Mit der Verlagerung der Gegenwart aus den Horizonten der Modernität und deren zeitlichen Richtungsbestimmungen der Lebenspraxis erlischt auch die Orientierungskraft eines historischen Denkens, das in der die Vergangenheit, Gegenwart und Zukunft übergreifenden Richtungsbestimmung zeitlicher Veränderungen des Menschen und seiner Welt eine wesentliche Bestimmungsgröße handlungsleitender Absichten und identitätsbildender Selbstverständigungen sah. Post-Histoire ist ein geschichtsspezifisches Dementi von Modernität. Es statuiert ein Verenden der Entwicklungen, in denen sich die Vergangenheit als sinn- und bedeutungsvolle Geschichte präsentieren ließ und Zukunft als eine Perspektive sinnvollen, Neues bewirkenden Handelns entworfen werden konnte.

Der Sinnparameter von Geschichte, gegen den die Post-Histoire ihre Plausibilität gewinnt, ist derjenige der Veränderung. Dagegen wird die Behauptung gesetzt, daß Veränderung als geschichtsträchtiger Bewegungsbegriff der menschlichen Lebenspraxis längst zur Katastrophe oder zur Hülle eines umtriebigen Stillstandes geworden ist, in dem sich alles bewegt, aber nichts mehr sinnträchtig verändert. Post-Histoire unterstellt, daß die qualitativ Neues und Erstrebenswertes konstituierenden Kräfte des menschlichen Geistes in der Selbstbewegung zweckrationaler Systeme keine Rolle mehr spielen, da sie erlahmt oder schlicht wirkungslos und überflüssig geworden sind.

Die Post-Histoire ist das skeptische Gegenbild zu den revolutionären oder evolutionären Visionen des Fortschrittsdenkens, das in unterschiedlicher Weise letzte Befreiungen des Menschen durch Umgestaltung der Welt erhofft. An die Stelle der Dynamik des Fortschritts ist im Denken der Post-Histoire die kristalline Form einer Kultur getreten, die die Schubkräfte freiheitssüchtiger Subjektivität nicht nur als überflüssig erscheinen läßt, sondern auch durch die strukturelle Gewalt verfestigter Institutionen niederhält oder austreibt oder sich in belanglosen kompensatorischen Ausschweifungen ins Imaginäre ausleben läßt. Post-Histoire ist der Begriff, mit dem sich Intellektuelle ihre Desillusion über die Möglichkeiten der Weltverbesserung durch die Faktoren der Modernisierung eingestehen und sich von Fortschrittsgedanken verabschieden. Da dieses Denken immer die gesamte Geschichte bemüht hatte, um die Möglichkeit einer Weltverbesserung durch absichtsvolles Handeln der Subjekte plausibel zu machen, kann das Ausbleiben der erwünschten Handlungsfolgen nur mit dem Ende von Geschichte schlechthin gleichgesetzt werden. Der Traum vom Reich der Freiheit verwandelt sich in den Alptraum einer nomadischen Lebensform der illusionslos Einsichtigen in der wachsenden Wüste verzehrter Sinnpotentiale der Rationalisierung und Entzauberung[342]

Die Geschichtswissenschaft wäre schlecht beraten, wenn sie diese Vorgänge in der intellektuellen Kultur der Gegenwart mit einem Achselzucken als Modetorheiten betrachtete, anstatt sie als Herausforderung an ihre eigene Erkenntnisarbeit ernst zu nehmen. Schließlich wachsen dieser Erkenntnisarbeit die maßgeblichen Impulse über Fragestellungen zu, die aus Orientierungsproblemen der Gegenwart entstehen und die nur mit sensibler Zeitgenossenschaft ingeniös aufgeworfen werden können. Große Geschichtsschreibung kommt ja nicht durch Forschungsroutine zustande, sondern durch neue Fragen an die Erfahrung der Vergangenheit, Fragen, die der Gegenwart und ihrer irritierenden Zeiterfahrung entspringen; allerdings hängt die Plausibilität der historischen Antwort dann von der Rationalität der historischen Forschung ab.

Die Konzepte der Post-Moderne und der Post-Histoire fordern das historische Denken radikal heraus: Mit seiner Modernität geht es um wesentliche Kategorien der historischen Erkenntnis wie Fortschritt, Entwicklung, Evolution und natürlich den Wissenschaftlichkeitsanspruch der Geschichtswissenschaft, die Rolle methodischer Rationalität in den narrativen Sinnbildungsoperationen des Geschichtsbewußtseins. Und schließlich wird mit dem Konzept der Post-Histoire das historische Denken als Prinzip der Daseinsorientierung schlechthin in Frage gestellt: Hat es noch eine Berechtigung (die über die Rekonstruktion der Genese seiner eigenen Abschaffung hinausginge)? Oder konkreter: Welche tragfähige Zukunftsperspektive kann die von der Geschichte als Wissenschaft verwaltete historische Erinnerung eigentlich noch eröffnen?

Herausforderungen an Modernität und Historizität in der zeitlichen Orientierung der gegenwärtigen Lebenspraxis sind nicht neu. Der Modernisierungsprozeß ist vielmehr von Anfang an von Orientierungskrisen begleitet gewesen, in denen auf jeweils unterschiedliche, aber durchaus vergleichbare Weise die Gegenrechnung zu den emanzipatorischen Versprechungen aufgemacht wurden, die ihn kulturell begleitet und (sofern ihnen geglaubt wurde) auch selber vorangetrieben haben. Schon die Romantik war eine solche Gegenrechnung in der Formationsperiode des Modernisierungsprozesses. Ein anderes historisch prägnantes Beispiel ist die verbreitete Kritik an Kapitalismus, Liberalismus und Marxismus bei den bürgerlichen Intellektuellen um die Wende vom 19. zum 20. Jahrhundert; hier liegen geistesgeschichtliche Hauptwurzeln des europäischen Faschismus.[343] Es läßt sich eine Reihe weiterer kultureller Phänomene auflisten, die sich als Versuche charakterisieren lassen, die Sinndefizite, die die Durchsetzung technisch-wissenschaftlicher Rationalität als dominante kulturelle Orientierungsgröße in vielen Lebensbereichen zurückgelassen hat, kompensatorisch aufzufüllen.[344] Solche Kompensationsversuche waren und sind immer dann und immer dort besonders erfolgreich, wo Rationalitätsfortschritte nicht mehr als Hoffnung auf eine bessere Zukunft vor dem Hintergrund einer als bedrükkend empfundenen Vergangenheit der eigenen Lebensformen plausibel gemacht werden konnten, sondern im Gegenteil als Verlust einer identitätsträchtigen Lebensform erfahren werden.

Die Geschichtswissenschaft kann mit solchen historischen Filiationen Eigenart und Attraktivität der Konzeptionen von Post-Moderne und

Post-Histoire beschreiben und erklären, sich aber dadurch nicht schon ihrer Herausforderung gegenüber aus der Affäre ziehen. Sie kann die Post-Moderne nicht auf der Objektebene der historischen Erkenntnis belassen, weil sie Prinzipien dieser Erkenntnis selber anspricht und problematisiert. Die Geschichtswissenschaft begegnet sich in einer Geschichte der Post-Moderne selber; sie wird also schon durch eine historische Betrachtung zu einer Reflexion ihrer aktuellen Gesichtspunkte und Strategien der historischen Erinnerung herausgefordert. Sie kann sich im Spiegel ihrer eigenen Geschichte zumindest mit einigen Problemen vertraut machen, die heute wieder auf sie zukommen, wenn die Überzeugungskraft moderner historischer Orientierungen nachläßt.

Ernst Troeltsch hat die bekannten Arbeiten über den Historismus als Reaktion auf eine solche Herausforderung konzipiert. Wie in einem Brennspiegel kann man bei ihm die Stoßrichtung der Post-Moderne hinsichtlich der Traditionen des historischen Denkens nachlesen und die Möglichkeiten für dieses Denken, diese Anstöße aufzugreifen, erörtert finden:

> »Die Vernichtung der historischen Bildung und des historischen Wissens selbst wäre nur zu begreifen als ein Entschluß zur Barbarei und nur durchführbar bei der Rückkehr zur Barbarei auch auf allen anderen Lebensgebieten. So etwas kann man aber überhaupt gar nicht einfach wollen und sich vornehmen [...]. Sie ist das trübselige, unendlich lang sich hinziehende Erbe überalteter Kulturen, nicht fröhliche Erlösung zu Kraft und Frische. Wir müssen schon unser Bündel weitertragen. Wir können es sichten und auf die Schulter nehmen. Aber da unsere ganze Habe und alle Werkzeuge unseres Lebens darin sind, können wir es nicht einfach wegwerfen.«[345]

Sich der Orientierungskrise zu stellen, die die Ausgriffe der Zeitorientierung in die Post-Moderne und in die Post-Histoire anzeigen, bedeutet also für die Geschichtswissenschaft, zunächst einmal zu prüfen, mit welchen Mitteln sie bisher die Zeitorientierungen geleistet hat, die heute radikal in Frage gestellt werden. Erst in dem Moment, in dem die Errungenschaften des historischen Denkens im Prozeß modernisierender Verwissenschaftlichung zurückgewiesen, ja wenn historisches Denken überhaupt als Faktor im kulturellen Orientierungsrahmen der Lebenspraxis abgelehnt wird, kann deutlich werden, worin die Orientierungsdefizite liegen, denen das historische Denken begegnet.

Solche kritischen Selbstprüfungen sind nicht neu. Sie kommen immer wieder vor, und je nach Schwere und Plausibilität der Einwände gegen die jeweils vorherrschende Routine in der von der Geschichtswissenschaft geleisteten Erinnerungsarbeit führen sie zu mehr oder weniger erheblichen Veränderungen in den Erkenntnisprozeduren der Geschichtswissenschaft.

Gehört der Historikerstreit zu einer solchen Veränderung? Er zieht alle Aufmerksamkeit der historisch Interessierten auf sich und unterstreicht damit die Bedeutung, die der Geschichtswissenschaft in der Geschichtskultur der Gegenwart nach wie vor zugebilligt wird (offensichtlich ganz unberührt von den Relativierungen ihrer Orientierungsfunktion, die die Sozialwissenschaften eine Zeitlang ganz erfolgreich betrieben hatten). Es könnte angesichts der Resonanz und der Heftigkeit dieses Streits scheinen, als sammelten sich hier im Brennpunkt eines für die Deutschen zentralen historischen Orientierungsproblems, nämlich ihres Verhältnisses zum Nationalsozialismus, die Probleme, die die Post-Moderne und ihre Zuspitzung in der Post- Histoire für eine historische Orientierung der Gegenwart aufwerfen. Das ist aber überhaupt nicht der Fall. Die Frontlinien des Historikerstreits liegen alle diesseits der Einsprüche und Widersprüche, die die Geschichtswissenschaft hinsichtlich des Schicksals ihrer Modernität erfährt. Der Historikerstreit liegt noch ganz innerhalb dieser Modernität; in ihm wirken sich die Beunruhigungen, wenn überhaupt, so nur höchst indirekt und ganz schwach aus, die das post-moderne Denken von verbreiteten Krisenerfahrungen der Gegenwart aufnimmt und zur Destruktion eingeschliffener historischer Denkformen verwendet. Der Historikerstreit mag diese Denkformen strapazieren, wenn in ihm unterschiedliche Auffassungen von Wissenschaftlichkeit und vom Verhältnis von Geschichtswissenschaft und Politik aufeinanderprallen und das wissenschaftskonstitutive Prinzip rationalen Argumentierens eigentümliche Schwächen zeigt, – überschritten werden sie nicht, schon gar nicht in den Absichten der Kontrahenten. Eine neue Unübersichtlichkeit bietet indes der Historikerstreit im Bereich der Geschichtskultur der Bundesrepublik insofern nicht, als seine Argumentationsstrategien in den bisher entwickelten Paradigmen der Geschichtswissenschaft aufgehen. Die Fronten sind klar, die jeweiligen Positionen lassen sich eindeutig wissenschaftshistorisch verorten und charakterisieren.[346]

2. Die Modernität der Geschichtswissenschaft

Um die Herausforderungen, die das post-moderne Denken für die Geschichtswissenschaft bedeutet, zu verstehen und ihnen begegnen zu können, muß vorab geklärt werden, was die Geschichtswissenschaft unter Modernität versteht. Welche Deutungspotentiale von Zeiterfahrung hat sich das historische Denken im Prozeß der Modernisierung erschlossen? Lassen sich Grenzen dieser Potentiale aufweisen, die angesichts der aktuellen Orientierungskrise im Modernisierungsprozeß überschritten werden müssen?

Überblickt man den Entwicklungsprozeß, den das historische Denken seit dem Beginn des 18. Jahrhunderts durchgemacht hat, dann kann man drei Modernisierungsschübe unterscheiden: Der erste wurde von der Aufklärung vollzogen.[347] Sie rückte die Vernunftfähigkeit des Menschen ins Zentrum des historischen Denkens, indem sie auf der Subjektseite der historischen Erkenntnis Vernunft zum Maßstab der historischen Urteilsbildung machte und auf der Objektseite die dem Menschen durch seine Vernunft möglichen Kulturleistungen in den Mittelpunkt der Betrachtungen stellte. Der zweite Modernisierungsschub wurde von der Spätaufklärung begonnen und im Historismus in aller Breite vollzogen.[348] Das bis dahin vorherrschende Sinnbildungsmuster des historischen Denkens, welches der Devise ›historia vitae magistra‹ folgte, wurde durch ein anderes ersetzt, durch genetisches Denken. Gegenüber allen Versuchen, zeitliche Prozesse auf in ihnen sich durchhaltende Elemente der Dauer oder sie umgreifende Prinzipien überzeitlicher Geltung zurückzuführen, rückte dieses neue Sinnbildungsmuster das Moment der Veränderung in den Vordergrund und machte in ihm das eigentlich Sinnhafte und für die menschliche Handlungsorientierung Belangvolle aus. In diesem Modernisierungsschub wird also exemplarisches durch genetisches historisches Denken ersetzt. Der dritte Modernisierungsschub, dessen Beginn sich auf das Ende des 19. Jahrhunderts datieren läßt, wird durch eine Entwicklung des historischen Denkens vollzogen, für den paradigmatisch der Marxismus, die Annales-Schule und die Struktur- und Gesellschaftsgeschichte stehen.[349] In ihm erschließt sich dem historischen Denken eine neue soziale Tiefendimension der historischen Erfahrung. Der historische Blick rückt von den durch absichtsvolles menschliches Handeln bewegten historischen Ereignissen weg und richtet sich auf Konstellationen von Handlungsbedingungen und auf deren systematische Zusammenhänge, wie sie sich im Laufe der Zeit verändern.

Alle drei Entwicklungsschübe stellen Epochen einer Rationalisierung des historischen Denkens dar, durch die es die Gestalt, das Selbstverständnis und natürlich auch das kulturelle Prestige einer Wissenschaft gewinnt. Geschichte, als Fachwissenschaft mit eigenen Methoden und disziplinärem Selbstverständnis und mit der entsprechenden Institutionalisierung als eigenständige Wissenschaft, bildete sich von der Spätaufklärung an und dann entschieden in der Epoche des Historismus heraus.

Der Entwicklungsprozeß dieser Modernisierungsschübe ließ sich bis vor kurzem noch als Fortschritt plausibel interpretieren: Das historische Denken gewann seinen Status als Wissenschaft, und in ihm entwickelte es Rationalitätsstandards, die sich in den einzelnen Schüben jeweils überboten, sich also als aufsteigende Linie einer durchgehenden Vertiefung und Erweiterung methodischer Rationalität der historischen Forschung verstehen ließen. Zugespitzt formuliert, besteht dieser Fortschritt an historischer Rationalität im ersten Entwicklungsschub in der

Durchsetzung säkularer Maßstäbe der historischen Urteilsbildung, im zweiten in der Etablierung der historischen Forschung als eines methodisch geregelten Erkenntnisverfahrens und im dritten Schub in der Entwicklung geschichtsspezifischer theoretischer Konstrukte der historischen Interpretation.

Dieser Fortschritt hatte seine inneren Brüche und Verwerfungen. Jeder Rationalisierungsschub beruhte auf Defiziten der historischen Sinnbildung im vorhergehenden, und er produzierte jeweils neue Defizite. Ein Blick auf diese Defizite kann das moderne historische Denken der postmodernen Kritik an seinen Rationalitätsstandards öffnen und deutlich machen, ob und wie es dieser Kritik begegnen kann.

Spätaufklärung und Historismus reklamierten am Vernunftkriterium der Aufklärung Defizite von Zeitlichkeit: Die Vielfalt und Heterogenität der kulturellen Hervorbringungen des Menschengeistes ließ sich nur unvollkommen mit dem Gesichtspunkt einer quasi-natürlichen Vernunft historisch interpretieren. Der Historismus überwand dieses Defizit mit seinen Kategorien der Entwicklung und der Individualität, hinterließ aber ein Erfahrungsdefizit hinsichtlich der ökonomischen und sozialen Bedingungsfaktoren absichtsgeleiteten menschlichen Handelns. Der letzte Modernisierungsschub des historischen Denkens schließlich hinterließ ein Defizit an Subjektivität hinsichtlich der neu erschlossenen sozialen Tiefendimension der historischen Erfahrung.

Die Fortschrittsgeschichte der Modernisierung des historischen Denkens läßt sich also auch als Defizit- oder Verlustgeschichte konzipieren: Der Modernisierungsprozeß im historischen Denken produziert mit den Rationalisierungsschüben den jeweils erreichten Rationalitätsstandards korrespondierende Sinndefizite. Die bisherige Entwicklung des historischen Denkens zeigt, daß diese Defizite in neuen Entwicklungsprozessen des historischen Denkens beseitigt wurden, die sich als Fortsetzung und Steigerung von Modernisierung interpretieren lassen. Gilt dies auch heute? Dies ist insofern mehr als nur eine rhetorische Frage, als das vom post-modernen Denken reklamierte Sinndefizit ein in den Modernisierungsschüben des historischen Denkens sich durchhaltendes Prinzip betrifft. Es geht um das Prinzip der modernisierenden Rationalität des historischen Denkens, um seinen mit der Verwissenschaftlichung verbundenen Aufklärungs- und Vernunftanspruch. Es ist diese, die Geschichte als Wissenschaft konstituierende methodische Rationalität, die ganz unabhängig von ihren unterschiedlichen Spielarten grundsätzlich auf dem Spiele steht. Denn sie soll es sein, die als Prinzip kultureller Orientierung der menschlichen Lebenspraxis zu Zuständen dieser Lebenspraxis geführt hat, die mit ihr weder begriffen noch bewältigt werden können.

Diese Situation läßt sich mit dem Capricho von Francisco Goya illustrieren, das den bezeichnenden Titel trägt: *Der Traum der Vernunft erzeugt Ungeheuer*[350] Ist die modernisierende Vernunftkonzeption methodischer Rationalität, die auch die Geschichtswissenschaft im Prozeß ihrer Entstehung und Ausbildung als Wissenschaft in ihren Bann geschlagen hat, letztlich ein Ungeheuer, dem wir angesichts der Katastrophenerfahrungen der Gegenwart entrinnen müssen, um auch im historischen Denken unserer Selbstzerstörung entgehen und überleben zu können? Auf diese Frage läßt sich die Herausforderung der Post-Moderne an die Geschichtswissenschaft zuspitzen. Ist der Traum der Vernunft, den das menschliche Geschichtsbewußtsein spätestens seit der Aufklärung zu träumen begonnen und in dem es moderne Geschichtswissenschaft ausgebildet hat, ausgeträumt? Ist es ein Alptraum, in dem die Zwänge eines Fortschrittsdenkens die Menschen in ihren Bann schlagen und in eine Situation führen, wo die unbedenkliche Fortführung bisheriger Fortschritte nur in einer Katastrophe enden kann? Ist dieser Traum zerstoben, und müssen wir in neuen, post-modernen Formen des historischen Denkens erwachen, um uns selbst in der zeitlichen Bewegtheit unserer Welt nicht mehr katastrophisch, sondern überlebensfähig verstehen zu können?

3. Modernitätskritik und post-modernes Denken in der Geschichtswissenschaft

Die Geschichtswissenschaft hat sich bislang auf unterschiedliche Weise den Herausforderungen der Post-Moderne gestellt. Zwei Reaktionsweisen auf die neuen Zeiterfahrungen und auf die ihnen entsprechenden Denkmuster lassen sich unterscheiden: Einmal weicht sie ihnen durch einen Traditionalismus aus, der vermeintlich bewährte historische Deutungsmuster zur Lösung der aktuellen Orientierungskrise anbietet: Sie sucht nach »Ankerplätzen in den Katarakten des Fortschritts« (Michael Stürmer[351]). Angeboten werden historische Orientierungen, die im Prozeß der Modernisierung ausgebildet worden sind, sich in ihm bewährt haben und seine krisenhaften Entwicklungen auffangen und kanalisieren sollen. Als eine solche Orientierung bietet sich die historische Kategorie der Nation an und mit ihr ein historisches Denken, das in der nationalen Identität die einzig stabile Form historischer Selbstvergewisserung sieht, die den Orientierungsbedarf der gegenwärtigen Lebenspraxis erfüllt. Die zeitliche Unruhe der Gegenwart soll mit dem Blick auf langfristige nationale Traditionen beruhigt, die von der Post-Moderne signalisierten Sinndefizite mit dem Angebot einer mindestens tausendjährigen Kultur der nationalen Eigenart abgedeckt, die nervöse Intellektualität zeitkritischer Strömungen durch das Sedativ eines langen Atems kultureller Traditionen beruhigt werden. Der Zeitbruch zwischen Moderne und Post-Moderne wird zurückgenommen in die stille Dauer der langfristigen historischen Entwicklungen, die zu bewahrenswerten Traditionen der eigenen Kultur geführt haben.

In Katarakten aber läßt sich nicht ankern, und die historische Kategorie der Nation ist längst im Vorgang politischer Entwicklungen zerbrochen, die neue Formen kollektiver historischer Identität über den Rahmen des Nationalen hinaus notwendig machen, wenn die sich in übernationalen Formen etablierende politische Herrschaft noch ihr kulturelles Widerlager in der Subjektivität der Beherrschten finden, sich also nicht auf einen bloß bürokratischen Mechanismus mit entsprechenden Legitimitätsdefiziten beschränken soll. Die Verlockung einer traditionalistischen Ruhe vor dem Sturm der Post-Moderne ist also trügerisch.

Das historische Denken ist aber auch andere Wege gegangen. Es hat nicht nur nach Ruhepunkten in der Beschleunigungsbewegung der Modernisierung gesucht, sondern diese Bewegung selber kritisch gegen den Strich ihrer eigenen Fortschrittsideologie gebürstet. Es hat den Widerspruch zwischen Versprechen und Resultat der Modernisierung in einer historischen Kritik ausgetragen, die die Kosten und Opfer des Entwicklungsprozesses zu den gegenwärtigen Lebensformen darlegt. Mit einer solchen historischen Gegenrechnung setzt es die Orientierungskrise der Gegenwart in ihr historisches Recht: Es zeigt auf, daß und wie das traditionelle Entwicklungs- und Fortschrittskonzept durch abweichende historische Erfahrungen problematisiert werden kann und muß. Was aber kann dieses von den traditionellen Deutungsmustern abweichende historische Denken an die Stelle des kritisierten Konzepts von Fortschritt und Entwicklung setzen, das gegenüber den aufgewiesenen Kosten und Opfern blind war? Erst auf dieser Ebene, wo neue historische Erfahrungen in eine Vorstellung übergreifender zeitlicher Verläufe verarbeitet werden, auf der Ebene der für die historische Orientierung der Gegenwart maßgeblichen historischen Deutungsmuster, entscheidet sich die Frage, ob und wie das historische Denken selber einen Schritt in die Post-Moderne getan hat oder tun kann.

Die Befunde sind nicht eindeutig. Fortschrittskritik kann zu einer Flucht der historischen Erinnerung vor den Orientierungsproblemen der Gegenwart in mehr oder weniger elaborierte historische Gegenbilder führen. Dann wird der Schritt ins Post-Moderne durch einen (Rück-)Schritt ins Prämoderne vermieden oder nur vorgetäuscht. Im zeitlichen Ursprung der Entwicklungen, die zu den gegenwärtigen Lebensverhältnissen geführt haben, im Mittelalter und der frühen Neuzeit also, werden Lebensformen ausgemacht und historiographisch beschrieben, die sich kompensatorisch zur Krisenerfahrung der Gegenwart verhalten. So wird uns z. B. das Pyrenäendorf Montaillou wie ein Rousseausches Gegenbild zur eigenen Zeit präsentiert.[352] Mit ihm entfremdet sich der historische Blick von der Genese der Gegenwart und verweilt fasziniert auf der Vergangenheit als Alternative. Ähnliches läßt sich zu historiographischen

Darstellungen sagen, die uns eine vor-moderne Volkskultur zur historischen Identifikation anbietet, der gegenüber die eigenen Lebensformen als die entfremdeten erscheinen. Im Müller Menocchio gerinnt die intellektuelle Enttäuschung über den Ausgang der 68er Bewegung zu einer historischen Gestalt, in der die erhoffte und nicht eingetretene Zukunft zur entdeckten Vergangenheit wird.[353] Ähnliches gilt für feministische Interpretationen der Hexen, die am Beginn der Neuzeit die Menschlichkeit repräsentieren sollen, die in der Durchsetzung modernisierender Rationalität in die unmenschlichen Herrschaftsstrukturen des modernen Patriarchats sukzessive verlorengegangen sei.

Mit dieser Strategie der Gegenbilder bekräftigt das historische Denken die Orientierungskrise der Gegenwart, ohne sie im Ernst lösen zu können. Die andere Vergangenheit wird als die eigentlich eigene Zeit erinnert, so daß die Gegenwart als Entfremdung, als enteignete Zeit erscheint. Diese historischen Gegenbilder orientieren über die eigene Gegenwart nur negativ. Sie erschließen keine handlungsleitenden Zukunftsperspektiven. Sie kompensieren das Sinndefizit modernen historischen Denkens gegenüber den Gegenwartserfahrungen der Modernisierungsfolgen, sie beheben es aber nicht. Mit ihnen kann eher der Schwere dieser Gegenwartserfahrung ausgewichen werden: Da es keinen Weg zurück zur faszinierenden historischen Alternative gibt, legt sich deren historiographisches Bild wie ein Schleier auf die Gegenwartsverhältnisse und läßt sie verschwimmen.

Solange diese historiographische Strategie prämoderner Gegenbilder zur Gegenwart in der Antithetik von damals und heute verharrt, ist sie (noch) nicht post-modern. Sie klammert die genetische Denkweise modernen historischen Denkens nur ein, ersetzt sie aber nicht durch ein anderes Konzept des Zeitzusammenhangs von Vergangenheit, Gegenwart und Zukunft. Gibt es schon solche Konzepte, die dem Bann des modernen Fortschritts und Entwicklungsdenkens post-modern entrinnen? Gibt es schon Denkformen, die die Gegenwart auf ganz andere Weise in die Vorstellung eines historischen Zusammenhangs einholen, als in der Form einer Richtung von Veränderung?

Ein einheitliches und einfach zu identifizierendes Gedankengebilde dieser Art liegt noch nicht vor. Wohl gibt es Ansätze dazu. Die Alltagsgeschichte, die historische Anthropologie und die Mikrohistorie repräsentieren neue Formen des historischen Denkens, die einige ausgesprochen post-moderne Züge aufweisen. Ihnen ist gemeinsam, daß sie nicht mehr mit genetischen Zeitkategorien arbeiten, sondern sie durch einen anderen historischen Blick ersetzen wollen. Mit der Kategorie des *Alltags* gewinnt die Selbsterfahrung der von historischen Veränderungen betroffenen Subjekte einen höheren Stellenwert für die historische Interpretation als die analytischen Konstrukte, mit denen die jeweiligen Veränderungen vom Blickpunkt des gegenwärtigen Betrachters aus rekonstruiert werden. Die Entwicklungslinien objektiver Lebensumstände schürzen sich zum Knoten einer subjektiven Betroffenheit. Von ihr her, von der *Erfahrung* derjenigen, die die Genese der gegenwärtigen Lebensverhältnisse handelnd und leidend vollzogen haben, wird diese Genese erinnert. In ihr verliert sie den Charakter einer objektiven Zeitrichtung und wird zu einer subjektiven Befindlichkeit. Für deren Explikation sind die analytischen Verfahren ungeeignet, an denen sich der Rationalitätsstandard moderner Geschichtswissenschaft ablesen ließ.

Bemaß sich noch der Rationalitätsfortschritt der Geschichtswissenschaft im dritten Schub ihrer Modernisierung an der Nähe ihrer Forschungsverfahren zu den Sozialwissenschaften, die die Triebkräfte der Modernisierung thematisieren und durch ihre Thematisierung auch befördern, also an Ökonomie, Soziologie und Politik, so sind es nun Anthropologie und Ethnologie, an deren Denkformen sich die Historie ausrichtet. Diesen Wissenschaften geht es um diejenigen Zeiten und Räume des menschlichen Lebens, die sich nicht unter eine genetische Vorstellung von der Entstehung moderner Gesellschaften subsumieren lassen. Ihre Methoden sind daher vorzüglich dafür geeignet, den historischen Blick auf die Genesen der modernen Welt systematisch zu verfremden.[354] Sie bringen das zum Vorschein, was an den Phänomenen, die bislang im Lichte der Fortschritts- und Entwicklungskategorie interpretiert worden waren, diesen Kategorien entgeht, ihren zeitlichen Eigensinn also, mit dem sie sich gegen ihre Einordnung in die Vorgeschichte der Gegenwart sperren.

Mikrohistorische Untersuchungsmethoden und Darstellungsformen bieten sich für eine solche historische Denkweise an. Sie rücken die Phänomene aus dem Zusammenhang einer umgreifenden Zeitrichtung progressiver Veränderung und lassen ihr Eigensein, den Eigensinn, den sie im kulturellen Horizont der jeweils handelnd tätigen und leidend Betroffenen hatten, gegen den Richtungssinn deutlich werden, den sie als Teil eines übergreifenden epochalen Entwicklungsprozesses haben.

Die Rettung solchen Eigensinns hat freilich ihren Preis: Sie wird nicht selten mit dem Verzicht auf theoretisches Denken in der historischen Interpretation erkauft. Die makrohistorischen Bedingungen der ins Zentrum rückenden einzelnen historischen Phänomene werden auf diese Weise ausgeblendet. Die Arbeit mit theorieförmigen Bezugsrahmen der historischen Interpretation hatte die Geschichtswissenschaft zu den Errungenschaften ihrer Modernisierung gerechnet; solche Konstrukte waren es auch, die die umgreifenden zeitlichen Prozesse begreifbar machen sollten, die sich durch die einzelnen historischen Phänomene in der Entstehung der modernen Welt hindurchzogen. In ihnen wurden eben diese makrohistorischen Bedingungen konzipiert, die nun in den Schatten eines historischen Denkens rücken, das die Phänomene nicht mehr auf solche Entwicklungsrichtungen und -linien hin mediatisieren will. Mit der Plausibilität theorieförmiger Konstrukte langfristiger historischer Prozesse verlieren die in solchen Konstrukten angesprochenen historischen Sachverhalte freilich nicht ihre Wirklichkeit oder Wirksamkeit. Sie drohen stattdessen zum unbegriffenen Hintergrund historischer Einsichten zu werden, die ohne ihn zu falschen Vorstellungen, zu einem Verlust an historischer Erfahrung führen.

Die post-moderne Wendung in der Geschichtswissenschaft hat also ihre Gewinn- und ihre Verlustseite. Auf der Gewinnseite ist ein Zuwachs an historischem Eigensinn der Vergangenheit zu verbuchen. Was steht auf der Verlustseite?

4. Orientierungsdefizite des post-modernen historischen Denkens – oder: Worauf können wir nicht verzichten?

Es sind im Wesentlichen drei Defizite, die die post-moderne Wendung der Geschichtswissenschaft zur Alltagsgeschichte, zur Mikrohistorie und zur historischen Anthropologie hinterläßt: Defizite an Modernisierungserfahrung, an aufklärender Rationalität und an methodischer Theoretisierung. Diese Defizite treten in unterschiedlichen Realisationsgraden auf; sie ergeben sich jedoch grundsätzlich aus der post- modernen Wendung gegen Theorie und für ein neues Verstehen und gegen eine makrohistorische Mediatisierung historischer Phänomene auf globale Zeitrichtungen in die gegenwärtigen Lebensverhältnisse.

Gegenüber der Mikrohistorie kann das historische Denken nicht auf die Modernisierungserfahrung und die ihr eigene zeitliche Dynamik verzichten. Würde ein historisches Selbstverständnis der Gegenwart jenseits der Zwänge angesiedelt, die im Entwicklungsprozeß der modernen Lebensformen makrohistorisch aufgewiesen werden können, dann würden wesentliche Dimensionen der Geschichte, die in den gegenwärtigen Lebensverhältnissen geronnen sind, aus dem historischen Selbstverständnis ausgeblendet. Technischer Fortschritt, ökonomische Naturausbeutung, militärische Rüstung, Perfektionierung von Herrschaft durch Verwaltung und reine zweckrationale Interpretation der menschlichen Lebensverhältnisse würden in einen naturwüchsigen Zustand verwiesen, in dem sie gefeit vor Kritik und Widerstand sich um so ungehemmter weiter entfalten könnten. Die Punktualisierung des historischen Blicks in der Mikrohistorie intensiviert die Erfahrungstiefe der historischen Alterität. Es ist aber nicht von der Hand zu weisen, daß diese Intensivierung auf Kosten einer Extensität der historischen Erfahrung geht, die den Zeitzusammenhang der Gegenwart mit der Vergangenheit im ganzen betrifft.

Die Faszination mikrohistorisch, alltagsgeschichtlich und kulturanthropologisch intensivierter Alteritätserfahrung in den post-modernen Tendenzen der Geschichtswissenschaft kann sich mit einer ins Irrationale ausgreifenden historischen Gefühlskultur und ihr verwandter mythisierender Sinnbildungsstrategien verschwistern. Die Kälte-Metapher, der sich die Kritik am forschenden Gebrauch historischer Theorien bedient, weist in diese Richtung. Gegenüber solchen Tendenzen kann die Geschichtswissenschaft auf das Medium argumentativer und diskursiver Vernunft nicht verzichten. Welches andere Medium käme denn infrage, wenn sie sich der Aufgabe stellt, im umspannenden Kommunikationsnetz einer sich bildenden Weltgesellschaft für interkulturelle und intrakulturelle Verständigung über die Vielfalt historischer Identitäten zu sorgen? Die ›Kälte‹ modernen historischen Denkens besteht letztlich im nüchternen Tatsachenblick, der die sehnsuchtgeleitete Suche nach einer historisch heilen Welt als Irrweg der historischen Orientierung problematisiert. Die Historie, die nicht bereit ist, ihren methodischen Verstand für die Herzwärme rousseauistischer Gegenbilder zur Krisenerfahrung der Gegenwart zu opfern, bleibt Ernüchterungsinstanz gegenüber dem feuilletonistischen Überschwang der Sinnsucher im Schatten der Aufklärung.

Gegenüber der Fragmentarisierung der historischen Erfahrung in mikrohistorisch aufbereiteten Einzelbildern der Vergangenheit kann die Geschichtswissenschaft nicht auf die theoretische Arbeit an der kategorialen Erschließung der historischen Erfahrung im Ganzen verzichten. Statt die Geschichte von unten gegen die von oben, die kleine gegen die große, die fremde gegen die eigene auszuspielen, sollte der Zusammenhang dieser Aspekte nicht übersehen, die Arbeit an umgreifenden Synthesen nicht aufgegeben werden. Zu dieser kategorialen Erschließung und historischen Synthesebildung gehört auch ein historischer Gegenwartsbezug, der mehr ist als eine abstrakte Entgegensetzung zwischen gegenwärtigen Lebensverhältnissen und erinnerten Alternativen. Die krisenhaften Orientierungsprobleme der Gegenwart können nur gelöst werden, wenn die Gegenwart in erfahrungsgesättigte zeitliche Zusammenhänge mit derjenigen Vergangenheit ein-rückt, die in modernitätskritischen Hinsichten eine neue historische Bedeutung gewinnen soll. Das Defizit von solchen Zusammenhangsvorstellungen ist mit Recht gegen die Annales-Schule eingewendet worden, und es gilt unvermindert als Argument auch gegen die postmoderne Wendung innerhalb dieser Schule.

Die erwähnten Verfahrensweisen und Gesichtspunkte des historischen Denkens, die dessen post-moderner Wendung nicht zum Opfer fallen sollten, gehören zum spezifisch modernen Organon der Geschichtswissenschaft. Reicht dieses Organon jedoch aus, um auch diejenigen Orientierungsdefizite zu beseitigen, die aus der Erfahrung negativer Modernisierungsfolgen rühren? Reicht das bisherige Instrumentarium der historischen Aufklärung? Im Blick auf die neuen Möglichkeiten historischen Denkens, die die skizzierten Wendungen der Geschichtswissenschaft in post-moderne Denkformen erschlossen hat, liegt eine negative

Antwort auf diese Frage nahe. Unbestreitbar hat die historische Deutungskultur, die den Rationalitätsstandards der modernen Geschichtswissenschaft verpflichtet ist, ihre Grenzen an den Gegenwartserfahrungen gefunden, an denen sich die Post- Moderne entzündet. Wie kann sie diese Grenzen übersteigen? Ein Verzicht auf die im Modernisierungsprozeß errungenen Rationalitätsstandards kommt ebensowenig infrage wie eine Restriktion auf ihre Möglichkeiten. Wenn diese beiden Alternativen vermieden werden sollen, dann ist die Frage unvermeidbar, ob sich ein unabgegoltenes Entwicklungspotential der in den Modernisierungsschüben der Geschichtswissenschaft ausgebildeten Vernunftpotentiale der historischen Deutungskultur ausmachen läßt. Wie steht es um die Zukunftsfähigkeit der historischen Vernunft, die dem Programm der Moderne zugrundeliegt, gegenwärtige Lebensverhältnisse durch historische Erinnerung aufzuklären? Das schon erwähnte Capricho von Goya läßt sich als eine solche Frage betrachten: Ist die Vernunft nur ein Schlaf, der Ungeheuer produziert, oder schläft sie nur und sollte aufwachen? Ich möchte mit den abschließenden Überlegungen dafür plädieren, es mit dem Aufwachen zu versuchen.

5. Das Erwachen der historischen Vernunft

Um mich nicht im Spiel der Metaphern zu verlieren, das Goyas Bild als Symbol einer Orientierungskrise auslösen kann, möchte ich in drei Schritten systematisch argumentieren. Wenn historische Vernunft ›erwachen‹ soll, dann muß zunächst geklärt werden, was überhaupt ›Vernunft« im historischen Denken ist (1.); außerdem müßte deutlich gemacht werden, was ihr ›Schlaf‹, also ihre Restriktionen im historischen Denken ausmachen (2.); und es müßte plausibel gemacht werden, wie diese Restriktionen überwunden werden können (3.).

Was ist gemeint, wenn erstens Vorgänge der historischen Deutung in der Sinnbildungsarbeit des Geschichtsbewußtseins ›vernünftig‹ genannt werden? ›Vernunft‹ bezieht sich auf das Denken in der Erinnerungsarbeit des Geschichtsbewußtseins und meint formale, inhaltliche und funktionale Momente des historischen Denkens.

Formal ist historisches Denken dann vernünftig, wenn es in einem bestimmten Modus von Sprache und Kommunikation vollzogen wird: wenn es begrifflich, erfahrungsbezogen, methodisch geregelt und konsensorientiert erfolgt. ›Vernunft‹ meint hier den argumentativen Charakter des historischen Denkens, der untrennbar mit seinem Wissenschaftsanspruch verbunden ist. *Inhaltlich* ist ein historisches Denken dann vernünftig, wenn es an Prozesse und Vorgänge der Humanisierung in der Vergangenheit erinnert, an die Abschaffung von Not, Elend, Leid, Unterdrückung und Ausbeutung und an die Befreiung von vorgegebenen oder fremdgesetzten Zwängen der Lebensführung zu Selbstbestimmtheit und Partizipation. *Funktional* oder *pragmatisch* ist historisches Denken vernünftig, wenn es in seinem Gegenwartsbezug als Orientierungsgröße die Lebenspraxis und die Identitätsbildung ihrer Subjekte betrifft, wenn historische Erinnerung handlungsermöglichend und identitätsbildend wirken kann.

Diese Vernunftmöglichkeiten des historischen Denkens haben sich zweitens in den Modernisierungsschüben der Geschichtswissenschaft zumeist nur in restringierter (›schlafender‹) Form entfaltet. *In formaler* Hinsicht tendierte sie oft dazu, sich auf die Techniken und methodischen Verfahren der historischen Forschung zu beschränken und die entscheidenden Sinnkriterien der historischen Interpretation als außerwissenschaftliche Vorgaben von sich abzuweisen, sie aber nichtsdestoweniger in der Geschichtsschreibung wirksam werden zu lassen, da ohne solche Kriterien Geschichte gar nicht geschrieben werden kann. Eine Geschichtswissenschaft, die ihre Vernunftmöglichkeiten auf die Forschungstechnologie beschränkt, wird wehrlos und willfährig gegenüber ideologischer autoritärer Sinnsetzung von außen, – wobei dieses ›außen‹ fast immer ein ›oben‹ ist. Zum Forschungstechnokraten professionalisiert, kann der Historiker problemlos die Rolle des Ghostwriters der Politik spielen und sich im Schatten der Macht sonnen.

Im Modernisierungsprozeß des historischen Denkens, dem die Geschichtswissenschaft ihre spezifischen Vernunftansprüche verdankt, gibt es aber auch eine andere Ausprägung (formaler) Vernunftansprüche: Sie können als omnipotente oder herrschsüchtige Rationalität auftreten in der Gestalt eines vollentwickelten Systems historischer Deutungen mit Wissenschaftlichkeitsanspruch. Das klassische historische Beispiel dafür ist der historische Materialismus. Die Wissenschaft wird zum Organ der historischen Sinnstiftung. Der Wissenschaftsanspruch verfestigt sich dann freilich zum Dogmatismus einer als Ideologie auftretenden Weltanschauung.

Inhaltlich besteht die restringierte Vernunft im Modernisierungsprozeß darin, daß sie unter Humanisierungsansprüchen Gegenteiliges bewirkt, also in eine blinde Dialektik von Humanisierung und Barbarei führen kann. So steht die historische Erfahrung, die sich mit dem Symbol der Guillotine verbindet, für das Vernunftprinzip der Gleichheit. Eine historische Erinnerung, die diese Dialektik nicht durchschaut, ist ihr hilflos verfallen. Sie propagiert ein Vernunftprinzip moderner Lebensgestaltung, indem sie der Erfahrung die Stimme versagt, daß im Namen dieses Prinzips schlechthin Unvernünftiges: Unterdrückung, Zwang, Terror, organisiertes Töten geschehen ist. Die Beispiele für solche ›blinde‹ Vernunft im historischen Prozeß sind Legion. Sie sind immer dann besonders prekär, wenn im Namen der Freiheit, die als Abschaffung von Herrschaft verstanden wird, schrankenlos Herrschaft ausgeübt wird.[355]

In *funktionaler* Hinsicht muß die modernisierende Vernunft des historischen Denkens dann als restringiert gelten, wenn sie zu Konsenszwängen führt, wenn sie in den Bildungsprozessen der historischen Identität Selbstverständigungen an Feinderklärungen bindet. Dann schafft sie kulturelle Aggressionspotentiale, die die Bestätigung des Selbstseins an die Negation des Andersseins der anderen bindet. ›Negation‹ wird dabei als Handlungsprinzip formuliert, also als praktische Beschädigung oder gar Vernichtung der Identität der Anderen. Beispiele für solche durch historisches Denken ausgeübten Zwänge der Konsensbildung stellen diejenigen Formen nationaler Identität dar, die die nationale Selbstbehauptung zwangshaft an die Negation von Anderssein in der Form von Erbfeindschaft und dergleichen bindet.

Wie ist nun drittens gegenüber diesen in der historischen Entwicklung des modernen historischen Denkens immer wieder auftretenden Restriktionen eine Vernunft zu konzipieren, die solche Restriktionen überwindet (›aufwacht‹) und sich neue Potentiale der historischen Deutung erschließt?

In *formaler* Hinsicht könnte ein solches Potential dadurch erschlossen werden, daß die Geschichtswissenschaft ihre Möglichkeiten der rationalen Argumentation zugleich bescheiden und kritisch ins Spiel der historischen Sinnbildung einbringt. Bescheiden, insofern im Medium rationalen Argumentierens selber Sinn nicht gestiftet werden kann, ohne daß es damit schon auf eine Rolle im Prozeß der historischen Sinnbildung verzichten müßte. Im Gegenteil: Das rationale Argumentieren muß und kann als kritische Instanz für historische Sinnbildung zur Geltung gebracht werden, z. B. gegen mythisierende und irrationale Formen der historischen Sinnbildung. Dazu freilich müssen die Rationalitätsstandards des modernen Geschichtsdenkens in der sprachlichen Tiefendimension der historischen Sinnbildung verankert und zur Geltung gebracht werden, dort also, wo die entscheidenden Gesichtspunkte, unter denen in der Erinnerungsarbeit des Geschichtsbewußtseins aus Geschäften Geschichte wird, wirken. Gegen die post-moderne Geschichtstheorie, die in dieser Tiefendimension lediglich rhetorische und poetisch-imaginative Vorgänge der Sinnbildung sieht, ist die Modernität historischen Denkens und der mit ihr verbundene Vernunftansprach der Geschichtswissenschaft in den erzählenden Basisoperationen des Geschichtsbewußtseins auszumachen, zu explizieren und zu begründen. Historische Theorien lassen sich z. B. als narrative Konstrukte explizieren, und damit gewinnen sie einen hohen Stellenwert in den mentalen Prozeduren des historischen Erzählens als Ausprägungen einer inneren Rationalität des Erzählens selber.[356]

Eine solche Theoretisierung bedeutet nicht, daß die Geschichte als Wissenschaft Sinnstiftungskompetenz hätte, obwohl ihre formalen Vernunftprinzipien des rationalen Argumentierens nicht folgenlos für die

Verwendung fundamentaler Sinnkriterien zur Deutung von Zeitverläufen bleiben. Bescheiden gegenüber unvernünftigen Ansprüchen auf Sinnstiftungskompetenz kann sich das historische Denken sensibel öffnen für außer- und vorwissenschaftliche Sinnpotentiale. Die Geschichtswissenschaft kann ihre methodische Vernunft der Argumentation einsetzen, um die Erinnerung an historisch folgenreiche Vorgänge der Sinnkonstitution in der Vergangenheit wachzuhalten. In einem solchen Fall kann sie den erinnerten Sinn neu zur Geltung bringen (wenn er der im Argumentieren selber wirksamen Vernunftidee entspricht). Tut sie dies, dann bringt sie den erinnerten Sinn neu zur Geltung, und es kann keine Rede davon sein, daß sinnverbürgende Traditionen durch die methodische Rationalität des wissenschaftlichen Denkens ausgedünnt würden. Traditionen können im Medium rationaler Argumentation mit deren Vernunft zusätzlich sogar aufgeladen werden. Die der Geschichte als Wissenschaft im Modernisierungsprozeß des historischen Denkens zugewachsenen und bewußt in die narrative Tiefendimension der historischen Sinnbildung eingewurzelten Rationalitätsstandards sind eine notwendige Bedingung dafür, daß die historische Erinnerung mit der Wahrheit nicht ihre Überzeugungskraft verliert.

In *inhaltlicher* Hinsicht entgeht das historische Denken der Unvernunft eines blinden Umschlages von Vernunftansprüchen des menschlichen Handelns in vernunftwidrige Resultate, wenn es diese Dialektik selber an der historischen Erfahrung aufweist. Damit sind die Vernunftstandards der Beseitigung von Not und Elend und des Gewinns von Autonomie und Diskursivität nicht preisgegeben, sondern in einem entschiedeneren Bezug auf die historische Erfahrung zur Geltung gebracht. Sie können als Kriterien kritischer historischer Urteilsbildung wirken, indem sie an der Vergangenheit Unabgegoltenes und Verfehltes sichtbar machen und damit über die historische Erinnerung Zukunftsperspektiven einer humanisierenden Lebenspraxis eröffnen. Die Geschichte der Menschen- und Bürgerrechte z.B. enthält ein beachtliches Potential unabgegoltener und nach wie vor konsensfähiger Humanisierungsversprechen im Modernisierungsprozeß.[357]

In *pragmatischer* Hinsicht schließlich lassen sich die Restriktionen, die Konsenszwänge in der historischen Orientierung der Lebenspraxis und in der Ausbildung historischer Identität darstellen, dadurch überwinden, daß die praktische Wirkung historischen Wissens an das Kommunikationsprinzip wechselseitiger Anerkennung unterschiedlicher historischer Standpunkte und Perspektiven gebunden wird. Wenn die Anerkennung des Andersseins der Anderen und das Verstehen von Eigensinn in der Vielheit zeitlich differenter Kulturen zum Maßstab für die Konsensbildung der Geschichtskultur einer Gesellschaft gemacht würde, dann ließe sich mit guten Gründen von einem Fortschritt an historischer Vernunft sprechen. Mit diesem Fortschritt könnte der Gegensatz Modernität und

Post-Moderne zugunsten einer Bewegung im historischen Denken überwunden werden, und alle im Streit um die Modernität des historischen Denkens involvierten Parteien könnten hierin übereinstimmen.

Anmerkungen

Einleitung

1 Johann Gustav Droysen: *Vorlesung über das Zeitalter der Freiheitskriege,* Bd. 1. 2. A. Gotha 1886, S. 4.
2 Leopold von Ranke: »Idee der Universalhistorie«, in: ders.: *Vorlesungseinleitungen* (aus Werk und Nachlaß, Bd. 4). München 1975, S. 72.
3 Vgl. Rüdiger Bubner: *Geschichtsprozesse und Handlungsformen. Untersuchungen zur praktischen Philosophie.* Frankfurt 1984, S. 169. Ich möchte nicht behaupten, daß die philosophische Vernunftfrage den Wissenschaften überantwortet werden soll, wie Bubner meint, sondern nur, daß sie nicht ohne die Wissenschaften beantwortet werden kann.

I. Geschichte als Aufklärung?

4 Zit. bei M. Krüger: »Reformation und Revolution«, in: W. Lchff, B. Lohse (ed.): *Christentum und Gesellschaft.* Göttingen 1969, S. 162.
5 Vgl. dazu U. A. J. Becher: »August Ludwig Schlözer«, in: H.-U. Wehler (ed.): *Deutsche Historiker,* Bd. 7, Göttingen 1980.
6 Friedrich Meinecke: »Die Entstehung des Historismus« („*Werke*, Bd. 3). München 1959, S. 1. Vgl. meine Kritik an Meineckes Historismus-Interpretation: »Friedrich Meineckes ›Entstehung des Historismus‹. Eine kritische Betrachtung«, in: Michael Erbe (ed.): *Friedrich Meinecke heute.* Berlin 1980.
7 Ebd. S.4.
8 Die Breite der Diskussion (ohne speziellen Bezug zur Historie) dokumentiert der Sammelband von Martin Greiffenhagen (ed.): *Emanzipation.* Hamburg *1973.*
9 Wolfgang J. Mommsen: *Die Geschichtswissenschaft jenseits des Historismus. Düsseldorf 1971.*
10 So vor allem durch Hermann Lübbe: *Geschichtsbegriff und Geschichtsinteresse: Analytik und Pragmatik der Historie.* Basel 1977. Vgl. dazu meine Kritik: »Zur Kritik des Neohistorismus«, in: Zeitschrift für philosophische Forschung 33 (1979), S. 243-263.
11 Nach wie vor wird über den Stellenwert der Aufklärung im historischen Selbst-verständnis der Geschichtswissenschaft gestritten. Vgl. dazu etwa Thomas Nipperdey: »Geschichte als Aufklärung«, in: M. Zöller (ed.): *Aufklärung heute. Bedingungen unserer Freiheit.* Zürich 1980. S. 50-62, und die Replik von Jürgen Kocka: »Legende, Aufklärung und Objektivität in der Geschichtswissenschaft. Zu einer Streitschrift von Thomas Nipperdey«, in: *Geschichte und Gesellschaft* 6 (1980), S.449-455.
12 Wolfgang Jacobmeyer (ed.): *Die deutsch-polnischen Schulbuchempfeh-*

lungen in der öffentlichen Diskussion der Bundesrepublik Deutschland. Braunschweig 1979. Zur politischen Verwendung historischer Argumente siehe die grundlegende Untersuchung von Katherina Oehler: *Geschichte in der politischen Rhetorik. Historische Argumentationsmuster im Parlament der Bundesrepublik Deutschland* (Beiträge zur Geschichtskultur, Bd. 2), Hagen 1989; ein bemerkenswertes Beispiel aus einer Wahlkampfpolemik analysiert Hans Mommsen: »Sozialismus und Nationalismus – Anmerkungen zu einer verfehlten Debatte«, in: *Geschichtsdidaktik* 5 (1980), S. 1-7.

13 Ein ausgezeichnetes Beispiel dafür ist der in Anmerkung 11 genannte Sammelband *Aufklärung heute,* eine Ansammlung von Polemiken gegen die Kritische Theorie, die freilich in der (unvermeidlichen?) Gestalt eines Pappkameraden aufgebaut wird, gegen den sich trefflich streiten läßt. Bemerkenswert an dieser Frontstellung ist weniger ihre politische Ausrichtung – die ist mindestens seit der konservativen Kritik an der Französischen Revolution geläufig –, als vielmehr die Tatsache, daß der Konservatismus inzwischen die Züge seiner alten Widersacherin, der Aufklärung, annehmen muß, um sich behaupten zu können. Das zeigt auch Hermann Lübbe: *Fortschritt als Orientierungsproblem. Aufklärung in der Gegenwart.* Freiburg 1975.

14 Siehe dazu unten S. 218 ff.

15 Vgl. hierzu die knappe, aber gehaltvolle Darstellung von Klaus Bergmann: »Emanzipation«, in: ders. u. a. (ed.). *Handbuch der Geschichtsdidaktik,* Bd. 1, Düsseldorf 1979, S. 187-189. Zur Begriffsgeschichte vgl. Karl Martin Grass, Reinhart Koselleck: »Emanzipation«, in: Otto Brunner, Werner Conze, Reinhart Koselleck (ed.): *Geschichtliche Grundbegriffe. Historisches Lexikon zur politisch-sozialen Sprache in Deutschland,* Bd. 2. Stuttgart 1975, S. 153-197; Ulrich Herrmann: »Emanzipation. Materialien zur Geschichte eines politisch-sozialen und politisch-pädgogischen Begriffs der Neuzeit, vornehmlich im 19. Jahrhundert«, in: *Archiv für Begriffsgeschichte* 17 (1974), S. 85-143.

16 *J. Habermas: Erkenntnis und Interesse. Frankfurt 1968 (mit einem neuen Nachwort Frankfurt 1973);* ders., *Zur Logik der Sozialwissenschaften. Materialien.* Frankfurt 1970; ders., *Zur Rekonstruktion des Historischen Materialismus.* Frankfurt 1976.

17 Vgl. Ursula A. J. Becher u. Jörn Rüsen: »Geschichtsbewußtsein«, in: M. Greiffenhagen u. a. (ed.): *Handwörterbuch zur Politischen Kultur der Bundesrepublik Deutschland.* Opladen 1981, S. 180-183; Karl-Ernst Jeismann: *Geschichte als Horizont der Gegenwart. Über den Zusammenhang von Vergangenheitsdeutung, Gegenwartsverständnis und Zukunftsperspektive.* Paderborn 1985, bes. S. 43 ff.; Gerhard Schneider (ed.): »Geschichtsbewußtsein und historisch- politisches Lernen«. *Jahrbuch für Geschichtsdidaktik Bd. 1,* Pfaffenweiler 1988.

18 Man kann allerdings das Emanzipationskonzept so radikalisieren, daß dieser Zusammenhang aufgesprengt und ein an Emanzipation orientiertes Denken unhistorisch wird. Emanzipation wird dann als eine

zukünftige, dem gegenwärtigen Handeln normativ angesonnene Negation von Herrschaft verstanden, die mit geschichtlicher Erfahrung nur (oder zumindest ganz überwiegend nur) noch negativ vermittelbar ist. Dann wird streng zwischen aller bisherigen Geschichte als derjenigen der Herrschaft und der zukünftigen als derjenigen der Freiheit unterschieden, und der Zusammenhang zwischen beiden auf eine Sollensbestimmung des Handelns reduziert, den Schritt vom einen zum anderen zu tun. Ich klammere diese Radikalisierung aus meinen Überlegungen aus – nicht deshalb, weil sie in der Wirkungsgeschichte des Emanzipationskonzepts keine Rolle gespielt hätte (dies ist sehr wohl der Fall gewesen), sondern weil sie die von mir angesprochene Problematik des Verhältnisses von Herrschaft und Emanzipation *im Rahmen des historischen Denkens* überschreitet, weswegen sie übrigens auch dort, wo es um Leitideen des historischen Denkens (unter Wahrung seiner genuinen Logik) geht, nicht besonders wirksam geworden ist.

19 J. Burckhardt: *Historische Fragmente.* Stuttgart 1957. S. 1. Zum Begriff der Geschichte vgl. die ausgezeichnete Überblicksdarstellung von E. Weyrauch: »Geschichte«, in: *Handbuch der Geschichtsdidaktik,* Bd. 1, S. 77-82.

20 Vgl. dazu G.C. Behrmann u.a.: *Geschichte und Politik. Didaktische Grundlegungen eines kooperativen Unterrichts.* Paderborn 1978 (dazu kritisch: Jörn Rüsen: »Geschichtsdidaktik zwischen Unterrichtspraxis u. Theoriebildung«, in: *Geschichtsdidaktik* 5, 1980, S. 205-211). Zum Thema ferner: Rolf Schörken (ed.): *Zur Zusammenarbeit von Geschichts- und Politikunterricht.* Stuttgart 1978.

21 Programmatisch wird dies bei Dieter Groh: *Kritische Geschichtswissenschaft in emanzipatorischer Absicht. Überlegungen zur Geschichtswissenschaft als Sozialwissenschaft.* Stuttgart 1973.

22 Vgl. dazu Hermann Lübbe: »Freiheit und Terror«, in: Willi Oelmüller (ed.): *Normenbegründung – Normendurchsetzung.* Paderborn 1978, S. 126-139; ferner die Beiträge in dem Sammelband *Aufklärung heute* (Anm. 11).

23 Dies ist die Kernthese der Kritik von Behrmann an der dem Emanzipationskonzept verpflichteten Didaktik der politischen Bildung (Anm. 20).

24 Dies hat Nipperdey so formuliert: »Der Aufstand gegen die Institutionen im Namen der Freiheit hat die Chancen der Freiheit nicht vergrößert, sondern zumeist mehr Unfreiheit produziert, das ist ein Ergebnis auch historischer Erfahrung.« (*Geschichte als Aufklärung,* S. 52). Damit kehrt er freilich die historische Perspektive von Emanzipation nur abstrakt um: Nähme man diese Behauptung in ihrer Allgemeinheit ernst, dann müßten alle diejenigen Veränderungen von Institutionen, die auf Freiheitsimpulsen beruhen, die sich gegen diese Institutionen richten, als Zunahme von Unfreiheit interpretiert werden. Hinsichtlich der Revolutionsgeschichte der Neuzeit käme wohl eine Verfallsgeschichte heraus. Wie kann mit einer solchen Geschichte noch die Aufklärung verteidigt werden (wie Nipperdey es gegen ihre emanzipatorischen Fortsetzer für

sich beansprucht), wo doch die Aufklärung wohl unbestreitbar gegen die Institutionen aufgestanden ist, die den von ihr (und auch von Nipperdey) propagierten freien Verstandesgebrauch verhinderten?

25 So z. B. der Vorwurf von H. Lübbe: »Flucht in die Zukunft«, in: ders., *Hochschulreform und Gegenaufklärung. Analysen, Postulate, Polemik zur aktuellen Hochschul- u. Wissenschaftspolitik*. Freiburg 1972.

26 B. Brecht: *Die heilige Johanna der Schlachthöfe, in: Gesammelte Werke*, Bd. 2, Frankfurt 1967. S. 780.

27 Zum Terrorismusvorwurf vgl. Lübbe: »Freiheit und Terror« (Anm. 22); ders.: »Aufklärung und Gegenaufklärung«, in: Zöller (ed.): *Aufklärung heute* (Anm. 11), S. 20f. u. passim. Auch Thomas Nipperdey sieht in dem von ihm bekämpften, an Emanzipation orientierten kritischen historischen Denken eine »tendenziell totalitär-terroristische Pointe«. Siehe: »Geschichte als Aufklärung« (Anm. 11), S. 55.

28 Zum folgenden vgl. Nipperdey: »Geschichte als Aufklärung« (Anm. 11), passim. Erich E. Geißler hat diese Frontstellung mit dem Titel »Aufklärung oder Emanzipation« zum Ausdruck gebracht, in: Zöller (ed.): *Aufklärung heute.*

29 Lübbe nannte dies geistvoll »Verblüffungsfestigkeit« (*Unsere stille Kulturrevolution*. Zürich 1976, S. 34).

30 Dies ist eine durchgängige Argumentation in dem schon mehrfach als Beispiel genannten Sammelband *Aufklärung heute.*

31 Dies mag mit dem vielzitierten Diktum von Hans-Ulrich Wehler belegt werden, »Die emanzipatorische Aufgabe« der Geschichtswissenschaft bestehe darin, »ideologiekritisch den Nebel mitgeschleppter Legenden zu durchstoßen und stereotype Mißverständnisse aufzulösen, die Folgen von getroffenen oder die sozialen Kosten von unterlassenen Entscheidungen scharf herauszuarbeiten und somit für unsere Lebenspraxis die Chancen rationaler Orientierung zu vermehren, sie in einen Horizont sorgfältig überprüfter historischer Erfahrungen einzubetten. In diesem Sinn wird sich das Wort von der ›historia magistra vitae‹ erneut bewähren können« (*Das deutsche Kaiserreich 1871-1918*. Göttingen 1973, S. 12).

32 Vgl. hierzu unten S. 80ff.

33 Dies zeigt schlaglichtartig die Tatsache, daß die beiden Spitzenkandidaten der Bundestagswahl 1980, Helmut Schmidt und Franz Joseph Strauß, die sich beide für Repräsentanten ganz unterschiedlicher Traditionen in der deutschen politischen Kultur hielten (und sich dies auch gegenseitig – natürlich mit entgegengesetzter Wertung – zubilligten), die Frage »Haben Philosophen eine Bedeutung für ihr Denken, für ihr Handeln? Welche Philosophien sind das?« übereinstimmend mit Kant beantwortet haben (*Der Spiegel* 24, Nr. 40 vom 29. 9. 1980, S. 25). – Die Bandbreite der Positionen, die sich auf Kant berufen, dokumentiert die Sammlung von Jubiläums-Artikeln von Joachim Kopper und Rudolf Malter: *Immanuel Kant zu Ehren*. Frankfurt 1974. Hier finden sich z. B. Popper und Horkheimer vereint.

34 I. Kant: »Beantwortung der Frage: Was ist Aufklärung?« A 481 (*Werke* in 10 Bänden, ed.: W. Weischedel, Bd. 9, S. 53).

35 Vgl. K. Rastetter: »Aufklärerisches Denken in der Geschichtsphilosophie Kants. Versuch einer Bestimmung des Verhältnisses von Theorie und Praxis«, in: *Saeculum* 24 (1973), S. 266-312; Manfred Riedel: »Geschichte als Aufklärung. Kants Geschichtsphilosophie und die Grundlagenkrise der Historiographie«, in: *Neue Rundschau* 84 (1973), S. 289-308; F. Kaulbach: »Welchen Nutzen gibt Kant der Geschichtsphilosophie?«, in: *Kantstudien* (1975), S. 65-84. – Zum zeitgeschichtlichen und wissenschaftshistorischen Zusammenhang: P. Burg: *Kant und die Französische Revolution*. Berlin 1974; Hans-Jürgen Pandel: »Pragmatisches Erzählen bei Kant. Zur Rehabilitierung einer historisch mißverstandenen Kategorie«, in: Horst Walter Blanke, Jörn Rüsen (ed.): *Von der Aufklärung zum Historismus. Zum Strukturwandel des historischen Denkens*. Paderborn 1984, S. 133-151.

36 Vgl. dazu Jürgen Habermas: *Strukturwandel der Öffentlichkeit. Untersuchungen zu einer Kategorie der bürgerlichen Gesellschaft*. Darmstadt 1979 – ein Buch, das nicht wenig zur Erneuerung des Emanzipationskonzepts der Aufklärung beigetragen hat.

37 Dies geschieht dann auch in der politischen Terminologie des späten 18. und vor allem des frühen 19. Jahrhunderts. Klassischer Ausdruck dafür ist der Artikel von K.H. Scheidler: »Emanzipation«, in: J.S. Ersch u. J.G. Gruber: *Allgemeine Enzyklopädie der Wissenschaften und Künste. 1. Sektion*. 34. Teil. Leipzig 1840 (auch in: Greiffenhagen) (ed.): *Emanzipation* (Anm. 8), S. 48-74).

38 I. Kant: »Idee zu einer allgemeinen Geschichte in weltbürgerlicher Absicht«, A 404 (*Werke*, ed. W. Weischedel, Bd. 9, S.45).

39 Ebd. A 396f. (*Werke*, S. 40f.).

40 Dies betont besonders Nipperdey (Anm. 11).

41 Das bedeutendste Beispiel ist das Kapitel über »Die absolute Freiheit und der Schrecken« in Hegels *Phänomenologie des Geistes* von 1807. – Daß schon vor der Erfahrung der Französischen Revolution der Sturm und Drang die Aufklärung durch den Verweis auf einen »Umschlag von Aufklärung in Dogma und Herrschaft, von Befreiung in Unterdrükkung« kritisiert hat, – darauf hat Andreas Huyssen in seiner geistvollen Interpretation dieser Bewegung hingewiesen: Drama des Sturm und Drang. Kommentar zu einer Epoche. München 1980, S. 49.

42 *Denkwürdigkeiten aus dem Leben Leopold von Gerlachs*, Bd. 1. Berlin 1891, S. 392.

43 Dafür plädiert, allerdings mit der wichtigen Einschränkung eines »wissenschaftsmoralischen Grundkonsens, daß die freie Diskussion zum Finden der Wahrheit notwendig ist«, nachdrücklich Nipperdey: »Geschichte als Aufklärung« (Anm. 11), S. 57.

44 Ein nicht unwichtiger Indikator für diese Depotenzierung der Aufklärung ist Nipperdeys Behauptung, daß der »Begriff von Gleichheit« »sehr abstrakt und irreal« sei (ebd.).

45 Max Weber: »Die drei Typen der legitimen Herrschaft«, in: ders.: *Gesammelte Aufsätze zur Wissenschaftslehre.* Tübingen ³1968, S. 475.

46 Es ist dann eine weitere Frage, ob und wie die Unterstellung der Zustimmungsfähigkeit von Herrschaft praktisch erfolgt. Mögliche Mündigkeit muß das Prinzip wirklichen politischen Handelns sein, und zwar nicht so, daß sich die Handelnden selber am Schopf der Emanzipation aus dem Sumpf ihrer ungleichen Handlungschancen ziehen, sondern so, daß die Ungleichen in ihrer von besonderen Interessen geprägten Interaktion sich immer schon anerkannt haben, indem sie sich gegenseitig eine gleiche und allgemeine Vernunftqualität als Menschen zubilligen, die ihre Kommunikation allererst möglich macht. Eine solche Zubilligung, die nicht als Ergebnis, sondern als Voraussetzung von Handeln gedacht wird, ist das Fundament eines jeden Emanzipationskonzepts, das der blinden Dialektik des Umschlages von Freiheitsstreben in Herrschaftsausübung entgehen will. Das heißt mit anderen Worten: Politisches Handeln kann als Umgang mit Machtchancen nur dann sinnvoll bestimmt und als sinnvoll bestimmtes auch nur sinnvoll ausgeübt werden, wenn die Handelnden auf meta-politische Bestimmungsgründe ihres Handelns rekurrieren. Vgl. dazu die scharfsinnige Hobbes-Interpretation und Schmitt-Kritik von Klaus-M. Kodalle: *Thomas Hobbes – Logik der Herrschaft und Vernunft des Friedens.* München 1972; ders.: *Politik als Macht und Mythos. Carl Schmitts »Politische Theologie«.* Stuttgart 1973.

47 Max Weber: »Politik als Beruf«, in: ders.: *Gesammelte politische Schriften.* Tübingen ³1971, S. 560.

48 Zum Problemkomplex Aufklärung und Tradition vgl. Willi Oelmüller: »Aufklärung als Prozeß von Traditionskritik und Traditionsbewahrung«. Einleitung zur Neuausgabe von: ders.: *Die unbefriedigte Aufklärung.* Frankfurt 1979. Oelmüller versteht Aufklärung als »Prozeß von Traditionskritik und Traditionsbewahrung [...], der den jeweils geschichtlich erreichten Stand öffentlich anerkannter und teilweise bereits institutionalisierter sittlicher und politischer Errungenschaften verteidigt und durchsetzt.« (Ebd., S. 111 f.). In dieser Definition ist das traditionsüberbietende Moment der Aufklärung, auf das Kant mit seinem Chiliasmus verweist, verlorengegangen. Geht es der Aufklärung nicht auch darum, auf bisher unerschlossene Freiheitschancen als öffentlich anerkennungsfähige aufmerksam zu machen? Ist »geschichtlicher Stand« nicht immer mehr als Status quo?

49 Vgl. hierzu unten S. 80 ff.

50 Verwiesen sei als Beispiel auf D. Hume: *A Treatise of Human Nature, Buch 1: Of the Understanding,* ed. D. G. C. Macnabb. London 1962, S. 313 (Dt. *David Hume: Traktat über die menschliche Natur, 1. Teil: Über den Verstand,* ed. T. Lipps, Hamburg ³1904, S. 341) und auf Voltaires Fragment »Geschichte eines guten Braminen« von 1760 (in: *Romans et Contes,* ed. H. Bénac, Paris 1967, S. 114–116). – Zum Thema vgl. W. Lepenies: *Melancholie und Gesellschaft.* Frankfurt 1972.

51 Ich zitiere eine Formulierung von Kodalle (s. Anm. 46).
52 Kant: »Idee zu einer allgemeinen Geschichte in weltbürgerlicher Absicht«, A 393 *(Werke, Bd. 9,* S. 38).
53 Ebd. A 403 (S. 45).
54 Zur Funktionsbestimmung des Utopischen vgl. Paul Tillich: »Die politische Bedeutung der Utopie im Leben der Völker«, in: ders.: »Der Widerstreit von Raum und Zeit. Schriften zur Geschichtsphilosophie«, *(Ges. Werke, Bd. 6).* Stuttgart 1963, S. 157-210.
55 Dazu Jörn Rüsen: »Möglichkeit und Wirklichkeit in der Geschichte«, in: *Geschichtsdidaktik* 7 (1982), S. 291-304.
56 Kant: »Idee zu einer allgemeinen Geschichte in weltbürgerlicher Absicht«, A 406 *(Werke, Bd.* 9, S.46).

II. Grundlagenreflexion und Paradigmenwechsel

57 *Ernst Cassirer: Zur Logik der Kulturwissenschaften. Fünf Studien. Darmstadt 1961, S. 17.*
58 *Thomas S. Kuhn: The Structure of Scientific Revolutions. Chicago* ²1970.
59 Dies habe ich ausführlicher dargelegt in: *Historische Vernunft. Grundzüge einer Historik I: Die Grundlagen der Geschichtswissenschaft.* Göttingen 1983, S. 21 ff.
60 Dazu ausführlicher Jörn Rüsen: »Von der Aufklärung zum Historismus. Idealtypische Perspektiven eines Strukturwandels«, in: Horst Walter Blanke, Jörn Rüsen (ed.): *Von der Aufklärung zum Historismus. Zum Strukturwandel des historischen Denkens (Historisch-Politische Diskurse, Bd. 1).* Paderborn 1984, S. 15-58. Zur wissenschaftsspezifischen Ausformung von Grundprinzipien des historischen Denkens vgl. P. Dreitzel: »Die Entwicklung der Historie zur Wissenschaft«, in: *Zeitschrift für historische Forschung 8* (1981), S. 257-284.
61 I. Kant: Beantwortung der Frage: Was ist Aufklärung? A 481.
62 Dazu: Winfried Schulze, Jörn Rüsen: »Historische Methode«, in: Joachim Ritter/Karlfried Gründer (ed.): *Historisches Wörterbuch der Philosophie,* Bd. 5. Basel 1980, col. 1345-1355; Jörn Rüsen: *Rekonstruktion der Vergangenheit. Grundzüge einer Historik II: Die Prinzipien der historischen Forschung.* Göttingen 1986.
63 Jürgen Kocka, Thomas Nipperdey (ed.): *Theorie und Erzählung in der Geschichte (Theorie der Geschichte, Beiträge zur Historik, Bd. 3).* München 1979.
64 Johann Gustav Droysen: »Historik«, *Historisch-kritische Ausgabe,* ed. Peter Leyh. Bd. 1. Stuttgart 1971, S. 69 ff.
65 Hier haben besonders die Arbeiten von Hayden White Beachtung gefunden, vor allem: *Metahistory. The Historical Imagination in Nineteenth-Century Europe.* Baltimore, London 1973. Die westdeutsche Diskussion repräsentiert der Sammelband: Reinhart Koselleck, Heinrich Lutz, Jörn

Rüsen (ed.): *Formen der Geschichtsschreibung (Theorie der Geschichte. Beiträge zur Historik, Bd. 4)*. München 1982. Zum folgenden vergleiche meinen knappen Überblick (mit weiterer Literatur): Theory of History in the Development of West German Historical Studies, in: *German Studies Review* 7 (1984), S. 11-25.

66 Vgl. dazu: Bernd Faulenbach (ed.): *Geschichtswissenschaft in Deutschland. Traditionelle Positionen und gegenwärtige Aufgaben*. München 1974; Georg G. Iggers: *Neue Geschichtswissenschaft. Vom Historismus zur Historischen Sozialwissenschaft*. München 1978; Hans-Ulrich Wehler: »Geschichtswissenschaft heute«, in: Jürgen Habermas (ed.): *Stichworte zur ›Geistigen Situation der Zeit‹*. Bd. 2. Frankfurt 1979, S. 709-753; Ernst Schulin: »Zur Restauration und langsamen Weiterentwicklung der deutschen Geschichtswissenschaft nach 1945«, in: ders.: *Traditionskritik und Rekonstruktionsversuch. Studien zur Entwicklung von Geschichtswissenschaft und historischem Denken*. Göttingen 1979; Günther Heydemann: *Geschichtswissenschaft im geteilten Deutschland. Entwicklungsgeschichte, Organisationsstruktur, Funktionen, Theorie- und Methodenprobleme in der Bundesrepublik Deutschland und der DDR*. Frankfurt 1980; Wolfgang J. Mommsen: »Gegenwärtige Tendenzen in der Geschichtsschreibung der Bundesrepublik«, in: *Geschichte und Gesellschaft* 7 (1981), S. 149-188; Winfried Schulze: *Deutsche Geschichtswissenschaft nach 1945*. München 1989.

67 Zur Wissenschaftskonzeption des Historismus vgl. Thomas Nipperdey: »Historismus und Historismuskritik heute«, in: E. Jäckel, E. Weymar (ed.): *Die Funktion der Geschichte in unserer Zeit*. Stuttgart 1975, S. 82-95; Karl-Georg Faber: »Ausprägungen des Historismus«, in: *Historische Zeitschrift* 228 (1979), S. 1-22; O. G. Oexle: »Die Geschichtswissenschaft im Zeichen des Historismus. Bemerkungen zum Standort der Geschichtsforschung«, in: *Historische Zeitschrift 238* (1984), S. 17-55; Jörn Rüsen: »Theorien im Historismus«, in: ders., Hans Süssmuth (ed.): *Theorien in der Geschichtswissenschaft*. Düsseldorf 1980, S. 13-33; Horst Walter Blanke, Jörn Rüsen (ed.): *Von der Aufklärung zum Historismus. Zum Strukturwandel des historischen Denkens*. Paderborn 1984, S. 15-57.

68 *Dazu Karl Ferdinand Werner: Das NS-Geschichtsbild und die deutsche Geschichtswissenschaft. Stuttgart 1967.*

69 Dazu Wolfgang Hardtwig: *Geschichtsschreibung zwischen Alteuropa und moderner Welt. Jacob Burckhardt in seiner Zeit*. Göttingen 1974; Jörn Rüsen: »Die Uhr, der die Stunde schlägt. Geschichte als Kulturprozeß bei Jacob Burckhardt«, in: Karl-Georg Faber, Christian Meier (ed.): *Historische Prozesse*. München 1978, S. 186-217; Egon Flaig: *Angeschaute Geschichte. Zu Jacob Burckhardts »Griechische Kulturgeschichte«*. Rheinfelden 1987.

70 Dazu die umfassende Analyse von Horst Walter Blanke: *Historiographiegeschichte als Historik*. Diss. Bochum 1986 [Stuttgart-Bad Cannstatt 1991].

71 Friedrich Meinecke: »Die Entstehung des Historismus« (ed. C. Hinrichs. *Werke, Bd. 3*). München 1959. Zu diesem Buch vgl. meine kritische Erörterung: »Friedrich Meineckes »Entstehung des Historismus‹. Eine kritische Betrachtung«, in: Michael Erbe (ed.): *Friedrich Meinecke heute*. Berlin 1981, S. 76-100 [erweitert in: Rüsen, Jörn: Konfigurationen des Historismus. Studien zur deutschen Wissenschaftskultur. Frankfurt am Main 1993, S. 331-356].

72 Repräsentativ dafür ist Theodor Schieder: »Der Typus in der Geschichtswissenschaft«, zuerst in: *Studium Generale 5* (1952), wieder abgedruckt in: ders.: *Staat und Gesellschaft im Wandel unserer Zeit. Studien zur Geschichte des 19. und 20. Jahrhunderts*. München 1958, S. 172-178.

73 Repräsentativ für diese Diskussion sind folgende Arbeiten: Ernst Troeltsch: »Der Historismus und seine Probleme« *(Gesammelte Schriften 3)*. Tübingen 1922; Karl Heussi: *Die Krisis des Historismus*. Tübingen 1932; Meinecke: *Die Entstehung des Historismus* (Anm. 71).

74 Fritz Fischer: *Griff nach der Weltmacht. Die Kriegspolitik des kaiserlichen Deutschland 1914-18*. (zuerst) Düsseldorf 1961. Zur Diskussion über dieses Buch vgl. Immanuel Geiss: »Die Fischer-Kontroverse. Ein kritischer Beitrag zum Verhältnis zwischen Historiographie und Politik in der Bundesrepublik«, in: ders.: *Studien über Geschichte und Geschichtswissenschaft*. Frankfurt 1972, S. 108-198; ferner Volker Berghahn: »Die Fischer-Kontroverse – 15 Jahre danach«, in: *Geschichte und Gesellschaft 6* (1980), S. 403-419.

75 Vgl. Jürgen Habermas: *Protestbewegung und Hochschulreform*. Frankfurt 1969.

76 Georg G. Iggers: *The German Conception of History. The National Tradition of Historical Thought from Herder to the Present*. Middletown, Connecticut 1968; deutsche Übersetzung: *Deutsche Geschichtswissenschaft. Eine Kritik der traditionellen Geschichtsauffassung von Herder bis zur Gegenwart*. München ²1972.

77 Wolfgang J. Mommsen: *Die Geschichtswissenschaft jenseits des Historismus*. Düsseldorf 1971.

78 Beispielhaft verweise ich auf Jürgen Kocka: *Sozialgeschichte. Begriff – Entwicklung – Probleme*. Göttingen 1977, erw. Aufl. ²1986.

79 Als Ergebnis dieser Arbeit sind folgende Sammelbände in der Reihe »Theorie der Geschichte. Beiträge zur Historik« erschienen: Bd. 1: Reinhart Koselleck, Wolfgang J. Mommsen, Jörn Rüsen (ed.): *Objektivität und Parteilichkeit in der Geschichtswissenschaft*. München 1972; Bd. 2: Karl-Georg Faber, Christian Meier (ed.): *Historische Prozesse*. München 1978; Bd. 3: Jürgen Kocka, Thomas Nipperdey (ed.): *Theorie und Erzählung in der Geschichte*. München 1979; Bd. 4: Reinhart Koselleck, Heinrich Lutz, Jörn Rüsen (ed.): *Form der Geschichtsschreibung*. München 1982; Christian Meier, Jörn Rüsen (ed.): *Historische Methode*. München 1988.

80 Vgl. dazu den Sammelband *Objektivität und Parteilichkeit in der*

Geschichtswissenschaft (Anm. 79); Karl-Georg Faber: *Theorie der Geschichtswissenschaft.* München [5]1982; Jörn Rüsen (ed.): *Historische Objektivität. Aufsätze zur Geschichtstheorie.* Göttingen 1975; Hertha Nagl-Docekal: *Die Objektivität der Geschichtswissenschaft. Systematische Untersuchungen zum wissenschaftlichen Status der Historie.* München 1982; Jörn Rüsen: »Erkenntnisinteresse und historische Objektivität«, in: H. Wendt, N. Loacker (ed.): *Der Mensch. Bd. 5. Soziales und geschichtliches Verhalten des Menschen.* Zürich 1983, S. 458-477.

81 Ernst Kosthorst (ed.): *Geschichtswissenschaft. Didaktik – Forschung – Theorie.* Göttingen 1977; Klaus Bergmann, Annette Kuhn, Jörn Rüsen, Gerd Schneider *(ed.): Handbuch der Geschichtsdidaktik,* (zuerst 1979) Düsseldorf [3]1983; Hans Süssmuth (ed.): *Geschichtsdidaktische Positionen.* Paderborn 1980; Göran Behre, Lars-Arne Norborg (ed.): *Geschichtsdidaktik, Geschichtswissenschaft, Gesellschaft.* Stockholm 1985; Jörn Rüsen: »The Didactics of History in West Germany: Towards a New Self-Awareness of Historical Studies«, in: *History and Theory* 26 (1987), S. 275-286.

82 Vgl. dazu den Sammelband *Theorie und Erzählung in der Geschichte* (Anm. 79); Jürgen Kocka: »Theorien in der Sozial- und Gesellschaftsgeschichte. Vorschläge zur historischen Schichtungsanalyse«, in: *Geschichte und Gesellschaft 1* (1975), S. 9-42; Josef Meran: *Theorien in der Geschichtswissenschaft. Die Diskussion über die Wissenschaftlichkeit der Geschichte.* Göttingen 1985.

83 Siehe dazu oben S. 30ff.

84 Hans-Ulrich Wehler: *Das deutsche Kaiserreich 1871-1918.* Göttingen 1973, S. 12.

85 *Geschichte und Gesellschaft. Zeitschrift für Historische Sozialwissenschaft 1* (1975), S. 5.

86 Kocka: *Theorien in der Sozial- und Gesellschaftsgeschichte* (Anm. 82), S. 9.

87 Vgl. Jörn Rüsen: »Historische Methode«, in: Christian Meier, Jörn Rüsen (ed.): *Historische Methode (Beiträge zur Historik, Bd. 5).* München 1988, S. 62-80.

88 Leopold von Ranke: »Englische Geschichte vornehmlich im 17. Jahrhundert« *(Sämtliche Werke, Bd. 13).* Leipzig 1877, S. 103.

89 Vgl. dazu die Beobachtungen von Winfried Schulze: »Formen der Präsentation von Geschichte«, in: Bernd Mütter, Siegfried Quandt (ed.): *Historie – Didaktik – Kommunikation. Wissenschaftsgeschichte und aktuelle Herausforderungen.* Marburg 1988, S. 97-108.

90 Überblicksliteratur siehe Anm. 81. Besonders entschieden und wirkungsvoll wurde die kritische Funktion des historischen Wissens in der politischen Bildung betont von Annette Kuhn: *Einführung in die Didaktik der Geschichte.* München [2]1977. Zur Kritik an dieser Position vgl. Karl-Ernst Jeismann: »Geschichtsdidaktik und Forschungskommunikation«, in: Behre/Norborg (ed.): *Geschichtsdidaktik, Geschichtswissenschaft, Gesellschaft* (Anm. 81), besonders S. 46-51.

91 Einen kenntnisreichen Überblick gibt R. Fletcher: »Recent Developments in West-German Historiography: The Bielefeld School and Its Critics«, in: *German Studies Review* 7 (1984), S. 451-480.

92 Siehe dazu Jörn Rüsen: »Fortschritt. Geschichtsdidaktische Überlegungen zur Fragwürdigkeit einer historischen Kategorie«, in: *Geschichte lernen. Geschichtsunterricht heute,* H. 1, Dezember 1987, S. 8-12.

93 Siehe unten S. 232 ff.; ferner Jörn Rüsen: »New Directions in Historical Studies«, in: Marian Drozdowski (ed.): *Miedzy Historia a Teoria. Refleksje nad Problematyka Dziejow i Wiedzy Historycznej.* Warschau 1988, S. 340–355.

94 Vgl. dazu Lutz Niethammer: »Anmerkung zur Alltagsgeschichte«, in: *Geschichtsdidaktik 3* (1980), S. 231-242; Klaus Bergmann, Rolf Schörken: *Geschichte im Alltag – Alltag in der Geschichte.* Düsseldorf 1982; Hannes Heer, Volker Ullrich (ed.): *Geschichte entdecken, Erfahrungen und Projekte der neuen Geschichtsbewegung.* Reinbek 1985; G. Paul, B. Schloßig (ed.): *Die andere Geschichte. Geschichte von unten, Spurensicherung, ökologische Geschichte, Geschichtswerkstätten.* Köln 1986. Zur Kritik an der Alltagsgeschichte vgl. Jürgen Kocka: »Sozialgeschichte zwischen Struktur und Erfahrung. Die Herausforderung der Alltagsgeschichte«, in: ders.: *Geschichte und Aufklärung. Aufsätze.* Göttingen 1989; Hans-Ulrich Wehler: »Alltagsgeschichte: Königsweg zu neuen Ufern oder Irrgarten der Illusionen?«, in: ders.: *Aus der Geschichte lernen? Essays.* München 1988, S. 130-151.

95 So z. B. bei Lutz Niethammer u. a. (ed.): *»Die Menschen machen ihre Geschichte nicht aus freien Stücken, aber sie machen sie selbst.« Einladung zu einer Geschichte des Volkes in Nordrhein-Westfalen.* Berlin 1984.

96 Dazu programmatisch Hans Medick: »›Missionare im Ruderboot‹? Ethnologische Erkenntnisweisen als Herausforderung an die Sozialgeschichte«, in: *Geschichte und Gesellschaft 10* (1984), S. 295-319.

97 Lawrence Stone: »The Revival of Narrative: Reflections on a New Old History«, in: *Past and Present 85* (1979), S. 3-24; Jürgen Kocka: »Zurück zur Erzählung? Plädoyer für historische Argumentation«, in: *Geschichte und Gesellschaft 10* (1984), S. 395-408, auch in: ders.: *Geschichte und Aufklärung* (Anm. 94); Siegfried Quandt, Hans Süssmuth (ed.): *Historisches Erzählen. Formen und Funktionen.* Göttingen 1982.

98 Dazu Jörn Rüsen: *Rekonstruktion der Vergangenheit. Grundzüge einer Historik II: Die Prinzipien der historischen Forschung*, Göttingen 1986.

99 Dazu ausführlicher unten S. 106 ff.

III. Geschichte und Norm

100 D. Hume: *Enquiries Concerning the Human Understanding and Concerning the Principles of Morals,* hrsg. von L. A. Selby-Bigge, Oxford ²1962, S. 9.

101 Vgl. dazu: J. Rüsen (ed.): *Historische Objektivität, Aufsätze zur Geschichtstheorie.* Göttingen 1975; R. Koselleck, W. J. Mommsen, J. Rüsen (ed.): *Objektivität und Parteilichkeit in der Geschichtswissenschaft* (Beiträge zur Historik, Bd. 1). München 1977; Thomas Nipperdey: »Kann Geschichte objektiv sein?«, in: *Geschichte in Wissenschaft und Unterricht 30* (1979), S. 329-342.

102 Der Vorgang, wie ein solcher interpretierender Zusammenhang erstellt wird, und die Begründung dafür, daß in ihm Normen eine wichtige Rolle spielen, finden sich unten S. 157ff. Vgl. auch Jörn Rüsen: *Historische Vernunft. Grundzüge einer Historik I: Die Grundlagen der Geschichtswissenschaft.* Göttingen 1983, S. 58ff.

103 Max Weber: »Die ›Objektivität‹ sozialwissenschaftlicher und sozialpolitischer Erkenntnis«, in: ders., *Gesammelte Aufsätze zur Wissenschaftslehre.* Tübingen ³1968, S. 146-214.

104 Vgl. hierzu: J. Rüsen, *Für eine erneuerte Historik. Studien zur Theorie der Geschichtswissenschaft.* Stuttgart 1967, S. 139ff.; ders., »Werturteilsstreit und Erkenntnisfortschritt. Skizzen zur Typologie des Objektivitätsproblems in der Geschichtswissenschaft«, in: ders. (ed.), *Historische Objektivität* (Anm. 101), S. 68-101, bes. S. 85 ff.

105 Vgl. I. S. Kon: *Die Geschichtsphilosophie des 20. Jahrhunderts. Kritischer Abriß,* Bd. 2: *Philosophie und Geschichtsschreibung. Geschichtsphilosophische Fragen der heutigen bürgerlichen Historiographie.* Berlin 1964, bes. Kap. 2; Brendler: »Zum Prinzip der Parteilichkeit in der marxistisch-leninistischen Geschichtswissenschaft«, in: *Zeitschrift für Geschichtswissenschaft 20* (1972), S. 277-301; ders.: »Zur Rolle der Parteilichkeit im Erkenntnisprozeß des Historikers«, in: E. Engelberg (ed.): *Probleme der Geschichtsmethodologie.* Berlin (DDR) 1972, S. 103-119; H. J. Sandkühler: *Praxis und Geschichtsbewußtsein. Studie zur materialistischen Dialektik, Erkenntnistheorie und Hermeneutik.* Frankfurt 1973, bes. S. 375 ff.

106 Vgl. dazu: Uta C. Schmidt: »Wohin mit ›unserer gemeinsamen Betroffenheit im Blick auf die Geschichte? Eine kritische Auseinandersetzung mit methodischen Postulaten der feministischen Wissenschaftsperspektive.« Und Jörn Rüsen: »›Schöne Parteilichkeit. Feminismus und Objektivität in der Geschichtswissenschaft«, beide in: Ursula A. J. Becher, Jörn Rüsen (ed.): *Weiblichkeit in geschichtlicher Perspektive. Fallstudien und Reflexionen zu Grundproblemen der historischen Frauenforschung.* Frankfurt 1988, S. 502-516, 517-542.

107 Dazu ausführlicher unten S. 153 ff.

108 Vgl. hierzu: Hermann Lübbe: *Geschichtsbegriff und Geschichtsinte-*

resse. Analytik und Pragmatik der Historie. Basel-Stuttgart 1977. Kritisch dazu: J. Rüsen: »Zur Kritik des Neohistorismus«, in: *Zeitschrift für philosophische Forschung* (1979), S. 243-263; ferner: Emil Angehrn: *Geschichte und Identität.* Berlin 1985.

109 Eine ausführliche Darlegung der Typologie findet sich unten S. 153 ff.

110 Jacob Burckhardt: *Weltgeschichte Betrachtungen. Historisch-kritische Gesamtausgabe,* ed. Rudolf Stadelmann. Pfullingen 1949, S. 31.

111 J. Habermas: »Wahrheitstheorien«, in: H. Fahrenbach (ed.): *Wirklichkeit und Reflexion. Walter Schulz zum 60. Geburtstag.* Pfullingen 1973, S. 211-265, S. 219. Vgl. auch: L.B. Puntel: »Wahrheit«, in: H. Krings, H. M. Baumgartner, C. Wild (ed.): *Handbuch philosophischer Grundbegriffe.* München 1974, S. 1649-1668, bes. S. 1654 f.

112 *Das Hildebrandslied,* ed. von C.W.M. Grein, Kassel [2]1880, S. 1. – So beginnen auch die Geschichten von Buddha, die im Majjhimanikaya gesammelt sind, formelhaft alle mit der empiristischen Formel: »so habe ich gehört« *(Buddhas Reden. Majjhimanikaya. Die Sammlung der mittleren Texte des buddhistischen Pali-Kanons,* übers. v. Kurt Schmidt. 1961, passim.

113 Bhagavad Gita 1, 1, nach: R. Otto: *Der Sang des Hehr-Erhabenen. Die Bhagavad Gita.* Stuttgart 1935.

114 »The Crow Indian story-teller began with the cry of ›ikye!‹ (attention)« (J.R. Rayfield: »What is a story?«, in: *American Anthropologist* 74 (1972), S. 1085-1106, zit. S. 1087).

115 K.A. Kortum: *Die Jobsiade. Ein komisches Heldengedicht,* ed. von F. Bobertag (Deutsche National-Literatur, Bd. 140). Berlin-Stuttgart o.J., S. 12.

116 Hesiod: *Sämtliche Werke,* deutsch von Thassilo von Scheffer. Bremen [2]1965, S. 4.

117 Leopold von Ranke: »Geschichten der romanischen und germanischen Völker von 1494 bis 1514« *(Sämtliche Werke, Bd. 33).* Leipzig 1885, S. VIII.

118 Johann Gustav Droysen: *Historik. Vorlesungen über Enzyklopädie und Methodologie der Geschichte,* ed. von R. Hübner, Darmstadt [8]1977, S. 32.

119 Sichtbar, wenn auch sehr äußerlich, ist das an den Fußnoten in Texten, die dokumentieren, daß sie wissenschaftlich sind, und an der Anstrengung, die aufgewendet wird, um Anfängern die Kunst beizubringen, Fußnoten zu machen.

120 Zum Begriff der Begründungsobjektivität vgl.: Lübbe: *Geschichtsbegriff und Geschichtsinteresse* (Anm. 108), S. 173 ff.

121 Zum Begriff der Konsensobjektivität vgl. ebd.: S. 177 ff.

122 Eine solche Perspektivenerweiterung illustriert Rankes Urteil über Guicciardini: »Guicciardinis Stellung in der Welt beruht darin, daß er florentinischer Optimat und päpstlicher Staatsmann war. Das Eine oder das Andere zu sein, würde seine Gesichtspunkte beschränkt haben. Daß er beides zugleich ist, emanzipiert ihn wieder und gibt ihm

einen allgemeinen Standpunkt und der Historia d'Italia ihr charakteristisches Gepräge.« (*Zur Kritik neuerer Geschichtsschreiber.* Leipzig [2]1874, S. 56).

123 Carl L. Becker: *Everyman his own historian. Essays on History and Politics.* New York 1935.

124 Zur Narrativität historischer Aussagen vgl. Arthur C. Danto: *Analytische Philosophie der Geschichte.* Frankfurt 1974; Hans Michael Baumgartner: »Narrative Struktur und Objektivität. Wahrheitskriterien im historischen Wissen«, in: Jörn Rüsen (ed.): *Historische Objektivität,* (Anm. 101), S. 48-67; ders.: »Thesen zur Grundlegung einer Transzendentalen Historik«, in: ders. u. Jörn Rüsen (ed.), *Seminar: Geschichte und Theorie. Umrisse einer Historik.* Frankfurt 1976, S. 274–302; Hermann Lübbe: *Geschichtsbegriff und Geschichtsinteresse.* (Anm. 108), passim; Paul Ricœr: *Temps et récit.* 3 Bde. Paris 1983, 1984, 1985; Kurt Röttgers: »Geschichtserzählung als kommunikativer Text«, in: *Historisches Erzählen. Formen und Funktionen.* Göttingen 1982, S. 29-48.

125 Siehe dazu unten S. 80 ff.

126 Zur Theoretisierung vgl. Jürgen Kocka, Thomas Nipperdey (ed.): *Theorie und Erzählung in der Geschichte. (Theorie der Geschichte, Beiträge zur Historik, Bd. 3)* München 1979; Josef Meran: *Theorien in der Geschichtswissenschaft. Die Diskussion über die Wissenschaftlichkeit der Geschichte.* Göttingen 1985.

127 Walter Benjamin: »Der Erzähler. Betrachtungen zum Werk Nikolai Lesskows«, in: ders.: *Gesammelte Schriften. Bd. II, 2,* ed. R. Tiedemann u. H. Schweppenhäuser, Frankfurt 1977.

128 Vgl. dazu: Lübbe: *Geschichtsbegriff und Geschichtsinteresse* (Anm. 108), passim.

129 Dazu im einzelnen unten S. 119 ff.

130 Dazu Jörn Rüsen: »Menschen- und Bürgerrechte als historische Orientierung«, in: *Geschichte lernen, Geschichtsunterricht heute,* Jg. 1, H. 6, November 1988, S. 10-15 (in erweiterter Fassung in: Klaus Fröhlich/Jöm Rüsen (ed.): *Revolutionen und Menschenrechte. Historische Interpretationen, didaktische Konzepte, Unterrichtsmaterialien.* Pfaffenhofen 1990.

131 Vgl. dazu: Reinhart Koselleck: »Wozu noch Historie?« in: Baumgartner, Rüsen (ed.), *Seminar: Geschichte und Theorie* (Anm. 124), S. 17-35.

132 Vgl. Arthur C. Danto: *Analytische Philosophie der Geschichte.* Frankfurt 1974. Ferner die in Anm. 124 genannte Literatur.

133 Zur Spezifik einer ›historischen‹ im Unterschied zu einer ›nomologischen‹ Erklärung vgl. Jörn Rüsen: *Rekonstruktion der Vergangenheit. Grundzüge einer Historik II: Die Prinzipien der historischen Forschung.* Göttingen 1986, S. 22-46.

134 Max Weber: »Wissenschaft als Beruf«, in: ders.: *Gesammelte Aufsätze zur Wissenschaftslehre* (Anm. 103), S. 593 f.

135 Karl-Otto Apel: »Einführung«, in: W. Oelmüller (ed.), *Transzendentalphilosophische Normenbegründungen.* Paderborn 1978, S. 165.

136 Rainer Piepmeier hat zu Recht darauf hingewiesen, daß ein solcher Sinnzusammenhang für alle möglichen Geschichten nicht einseitig auf die Utopie eines gelingenden Diskurses ausgerichtet werden darf, sondern erst dann als historisch fruchtbar angesehen werden kann, wenn diese Utopie systematisch auf die Erfahrung des Mißlingens und des Scheiterns eines solchen Diskurses bezogen wird. (Diskussionsbemerkung in: Willi Oelmüller (ed.): *Normen und Geschichte (Materialien zur Normendiskussion, Bd. 3).* Paderborn 1979, S.251).

IV. Wie kann man Geschichte vernünftig schreiben?

137 Georg Wilhelm Friedrich Hegel: *Die Vernunft in der Geschichte,* ed. J. Hoffmeister. Hamburg [5]1955, S. 11.

138 Robert Musil hat dieses Problem so formuliert: »Ein Mann, der die Wahrheit will, wird Gelehrter; ein Mann, der seine Subjektivität spielen lassen will, wird vielleicht Schriftsteller; was aber soll ein Mann tun, der etwas will, was dazwischen liegt?« *(Der Mann ohne Eigenschaften.* Hamburg 1952, S. 254).

139 Vgl. den Überblick bei Josef Meran: *Theorien in der Geschichtswissenschaft. Die Diskussion über die Wissenschaftlichkeit der Geschichte.* Göttingen 1985.

140 Vgl. hierzu: Isaiah Berlin: »Geschichte als Wissenschaft«. In: Hans Michael Baumgartner, Jörn Rüsen (ed.): *Seminar: Geschichte und Theorie. Umrisse einer Historik.* Frankfurt 1976.

141 Vor allem: Arthur C. Danto: *Analytische Philosophie der Geschichte.* Frankfurt 1974; Hans Michael Baumgartner: *Kontinuität und Geschichte. Zur Kritik und Metakritik der historischen Vernunft.* Frankfurt 1972; ders.: »Thesen zur Grundlegung einer transzendentalen Historik«. In: ders., Rüsen (ed.): *Seminar: Geschichte und Theorie* (Anm. 124); Hermann Lübbe: *Geschichtsbegriff und Geschichtsinteresse. Analytik und Pragmatik der Historie.* Basel, Stuttgart 1977.

142 Vgl. z. B. Ernst Engelberg (ed.): *Probleme der marxistischen Geschichtswissenschaft. Beiträge zu ihrer Theorie und Methode.* Köln 1972; ders. u. Wolfgang Küttler (ed.): *Probleme der geschichtswissenschaftlichen Erkenntnis.* Köln 1977; Wolfgang Küttler (ed.): *Gesellschaftstheorie und geschichtswissenschaftliche Erklärung.* Berlin (DDR) 1985.

143 Darüber Jörn Rüsen: »Werturteilsstreit und Erkenntnisfortschritt. Skizzen zur Typologie des Objektivitätsproblems in der Geschichtswissenschaft«. In: Jörn Rüsen (ed.): *Historische Objektivität. Aufsätze zur Geschichtstheorie.* Göttingen 1975.

144 Dies besonders bei Wolfgang J. Mommsen: »Der perspektivische Charakter historischer Aussagen und das Problem von Parteilichkeit und Objektivität historischer Erkenntnis.« In: Reinhart Koselleck, Wolf-

gang J. Mommsen u. Jörn Rüsen (ed.): *Objektivität und Parteilichkeit in der Geschichtswissenschaft (Theorie der Geschichte, Beiträge zur Historik, Bd. 1).* München 1977. Zum Normengebrauch in der Geschichtswissenschaft vgl. oben S. 80 ff.

145 Etwa bei Detlef Junker: »Über die Legitimität von Werturteilen in den Sozialwissenschaften und der Geschichtswissenschaft«, in: *Historische Zeitschrift* 211 (1970), S. 1-33. Diese These scheint mir eine Art Leitmotiv zu sein für Karl-Georg Faber: *Theorie der Geschichtswissenschaft.* München 1978.

146 Vgl. dazu Arthur C. Danto: *Analytische Philosophie der Geschichte.* Frankfurt 1974; H. White: Metahistory. *The Historical Imagination in Nineteenth Century Europe.* Baltimore 1973; Paul Ricœur: *Temps et récit.* 3 Bde. Paris 1983, 1984, 1985; ferner unten S. 152 ff.

147 Hermann Lübbe: »Was heißt ›Das kann man nur historisch erklären‹? Zur Analyse der Struktur historischer Prozesse.« In: ders.: Fortschritt als Orientierungsproblem. Aufklärung in der Gegenwart. Freiburg i. Br. 1975. Vgl. auch ders.: *Geschichtsbegriff und Geschichtsinteresse.* Basel 1977, S. 35 ff.

148 Johann Gustav Droysen: *Historik. Histor.-krit. Ausgabe,* ed. Peter Leyh. Bd. 1. Stuttgart 1977, S. 314, 369, 409, 441.

149 Hans Michael Baumgartner: »Narrative Struktur und Objektivität. Wahrheitskriterien im historischen Wissen.« In: Rüsen (ed.:) *Historische Objektivität* (Anm. 143).

150 Schon bei Max Weber: *Gesammelte Aufsätze zur Wissenschaftstheorie.* Tübingen [3]1968, S. 179 f.

151 Vgl. meine Diskussionsbemerkung in: Jürgen Kocka (ed.): *Theorien in der Praxis des Historikers. Forschungsbeispiele und ihre Diskussion (Geschichte und Gesellschaft, Sonderheft 3).* Göttingen 1977, S. 170 f.

152 Siehe dazu unten S. 132 ff.

153 Hermann Lübbe: »Geschichtsphilosophie und politische Praxis.« In: Reinhart Koselleck u. Wolf Dieter Stempel (ed.): *Geschichte. Ereignis und Erzählung (Poetik und Hermeneutik, 5).* München 1973.

154 Die Narrativitätsthese dient also dazu, eine prinzipielle emanzipatorische Funktion des historischen Denkens in Kraft zu halten (wenn man die Befähigung zur historischen Erfahrung und zur Korrektur von Handlungsentwürfen und Zwecksetzungen an diesen Erfahrungen Emanzipation nennen will). Eine Konzeption von Emanzipation als Gesetzmäßigkeit geschichtlicher Entwicklung wäre das Gegenteil dessen, wofür sie in Anspruch genommen wird.

155 Jürgen Habermas: »Geschichte und Evolution.« In: ders.: *Zur Rekonstruktion des Historischen Materialismus.* Frankfurt 1976, S. 204.

156 So z. B. in der Polemik von Thomas Nipperdey gegen Wehler: »Wehlers *Kaiserreich.* Eine kritische Auseinandersetzung«. *(Geschichte und Gesellschaft 1* (1975), S. 546.

157 Unter Heuristik wird dabei der Inbegriff derjenigen methodischen Operationen der historischen Forschung verstanden, durch die zur

Beantwortung einer historischen Frage die dafür relevanten Quellen systematisch gesammelt, klassifiziert und hinsichtlich ihres Informationsgehaltes abgeschätzt werden.

158 Friedrich H. Tenbruck: »Die Soziologie vor der Geschichte.« In: P.C. Ludz (ed.): *Soziologie und Sozialgeschichte. Aspekte und Probleme (Kölner Zeitschrift für Soziologie und Sozialpsychologie, Sonderheft 16)*. Opladen 1972.

159 Habermas: »Geschichte und Evolution« (Anm. 155), S. 208 ff.

160 *Vgl. dazu: Hayden White:* Metahistory. The historical Imagination in Nineteenth Century Europe. *Baltimore, London 1973.*

161 Es ist ein anderes Problem, daß Historiker immer mehr erzählen, als sie mit Hilfe von Theorien erklären. Dazu vgl. Jörn Rüsen: *Ästhetik und Geschichte. Geschichtstheoretische Untersuchungen zum Begründungszusammenhang von Kunst, Gesellschaft und Wissenschaft.* Stuttgart 1976, S. 115 ff.

162 Dazu Baumgartner: *Kontinuität und Geschichte* (Anm. 141).

163 Andrew Skinner: »Natural history in the age of Adam Smith«. In: *Political studies 15* (1967), S. 32-48; Hans Medick: *Naturzustand und Naturgeschichte der bürgerlichen Gesellschaft. Die Ursprünge der bürgerlichen Sozialtheorie als Geschichtsphilosophie und Sozialwissenschaft bei Samuel Pufendorff John Locke und Adam Smith*. Göttingen 1973, S. 134 ff.

164 Jörn Rüsen: *Begriffene Geschichte. Genesis und Begründung der Geschichtstheorie J. G. Droysens*. Paderborn 1969; ders.: »Johann Gustav Droysen.« In: Hans-Ulrich Wehler (ed.): *Deutsche Historiker. Bd. 2*. Göttingen 1971, S.7-23; ders: »Theorien im Historismus«, in: ders., Hans Süssmuth (ed.): *Theorien in der Geschichtswissenschaft*. Düsseldorf 1980, S. 13-33.

165 Leopold von Ranke: »Über die Epochen der neueren Geschichte«. *Historisch-kritische Ausgabe (Aus Werk und Nachlaß, Bd. 2)*, ed. Th. Schieder u. H. Berding. München 1971, S. *So.*

166 Jörn Rüsen: »Die Uhr, der die Stunde schlägt. Geschichte als Kulturprozeß bei Jakob Burkhardt.« In: Karl-Georg Faber u. Christian Meier (ed.): *Historische Prozesse (Theorie der Geschichte Bd. 2)*. München 1978.

167 Das folgende wird ausführlicher dargelegt bei Jörn Rüsen: *Historische Vernunft. Grundzüge einer Historik I: Die Grundlagen der Geschichtswissenschaft*. Göttingen 1983.

168 Vgl. dazu Jörn Rüsen: »Geschichte und Öffentlichkeit.« In: *Geschichtsdidaktik 3* (1978), S. 96-111.

169 Habermas: »Geschichte und Evolution« (Anm. 145), S. 249.

170 Ebd., S.246.

171 Siehe oben, S. 110 ff.

172 Zum Begriff der Alterität vgl. Hans Robert Jauss: *Alterität und Modernität der mittelalterlichen Literatur. Gesammelte Aufsätze 1956-1976*. München 1977, S. 14-26.

173 Siehe oben, S. 115.

174 Habermas: »Evolution und Geschichte« (Anm. 145), S. 250.

175 Ebd., S.246.

176 Daß ein solcher Totalitätsbezug nicht wissenschaftswidrig im Sinne einer Überschreitung von Wissenschaft in Metaphysik ist, sondern vielmehr konstitutiv für den Wahrheitsanspruch einer Wissenschaft, die sich mit konkreten geschichtlichen Zusammenhängen beschäftigt, darauf hat Ernst Tugendhat hingewiesen: »Zum Verhältnis von Wissenschaft und Wahrheit«, in: E. Böckenförde u. a. (ed.): *Collegium Philosophicum. Studien Joachim Ritter zum 60. Geburtstag.* Basel 1965, S. 389-402.

177 Zur Bedeutung einer Theorie aller möglichen Geschichte für die Geschichtswissenschaft vgl. Reinhart Koselleck: »Standortbindung und Zeitlichkeit. Ein Beitrag zur historiographischen Erschließung der geschichtlichen Welt.« In: ders. u. a. (ed.:) *Objektivität und Parteilichkeit* (Anm. 144), S.45 f.

178 Zu den Beispielen ist zu bemerken, daß sie den jeweiligen Theorietypus meist nicht rein darstellen, sondern auch andere Theorieelemente enthalten; wohl aber können sie als repräsentativ für die jeweils gemeinte Art von Theorie gelten.

179 Die Deutsche Ideologie, *MEW 3*, S. 28.

180 Wenn Reinhart Koselleck danach fragt, »was geschichtliche Zeit sei«, dann zielt diese Frage auf eine Theorie solcher Art ab. »Die Frage nötigt uns, das Gebiet der historischen Theorie zu betreten, und zwar mehr als dies in der Geschichtswissenschaft ohnehin erforderlich ist. Denn die Quellen der Vergangenheit geben uns zwar über die Taten und Gedanken, über Pläne und Ereignisse, nicht aber über geschichtliche Zeit Auskunft. Es bedarf also theoretischer Vorklärung, um eine Frage zu beantworten, die sich zwar innerhalb der Historie immer und überall stellen läßt, für die uns aber die Zeugnisse der Überlieferung weitgehend im Stich lassen.« (*Vergangene Zukunft. Zur Semantik geschichtlicher Zeiten.* Frankfurt 1979, S. 9.)

181 Niklas Luhmann: »Weltzeit und Systemgeschichte«. In: Baumgartner/Rüsen (ed.:) *Seminar: Geschichte und Theorie* (Anm. 140).

182 Vgl. Anm. 163.

183 Peter Bollhagen: *Einführung in den historischen Materialismus.* Berlin (DDR) 1962, S. 14.

184 Vgl. dazu Wolfgang Mommsen: *Max Weber. Gesellschaft, Politik und Geschichte.* Frankfurt 1974, S. 97 ff.

185 Jürgen Kocka: »Theorien in der Sozial- und Gesellschaftsgeschichte. Vorschläge zur historischen Schichtenanalyse.« *Geschichte und Gesellschaft 1* (1975), S. 9-42, Zit. S. 9.

186 Jürgen Kocka: *Sozialgeschichte. Begriff – Entwicklung – Probleme.* Göttingen 1977, S. 100 ff.

187 Ebd., S.100.

188 Hans Freyer: *Theorie des gegenwärtigen Zeitalters.* Stuttgart 1955.

189 Jürgen Habermas: *Legitimitätsprobleme im Spätkapitalismus*. Frankfurt a. M. 1973.

190 Dazu Jörn Rüsen: *Für eine erneuerte Historik. Studien zur Theorie der Geschichtswissenschaft*. Stuttgart 1976, S. 76ff.

191 Max Weber: *Gesammelte Aufsätze zur Wissenschaftslehre* (Anm. 150), S. 549, 558. Dazu Jörn Rüsen: *Rekonstruktion der Vergangenheit. Grundzüge einer Historik II. Die Prinzipien der historischen Forschung*. Göttingen 1986, S. 24 ff.

192 Droysen: *Historik* (Anm. 148), S. 405, 446; vgl. auch S. 229 ff.

193 Weber: *Gesammelte Aufsätze* (Anm. 150), S. 204.

194 Zur Rolle des Plots in der Erzählung vgl. Robert Scholes, Robert Kellog: *The Nature of Narrative*. London 1966, S. 12; ferner Hayden Whites Ausführung über die Konstitution von Geschichte durch ›Emplotment‹: Hayden White: *Metahistory. The Historical Imagination in Nineteenth Century Europe*. Baltimore 1973, S. 7-11.

195 Ein gutes Beispiel für das hier Gemeinte aus der Historiographie zur römischen Geschichte gibt Christian Meier mit seiner kritischen Analyse des Werkes von Matthias Gelzer (»Matthias Gelzers Beitrag zur Erkenntnis der Struktur von Gesellschaft und Politik der späten römischen Republik.« In: Jochen Bleicken, Christian Meier, Hermann Strasburger: *Matthias Gelzer und die römische Geschichte*. Kallmünz 1977). Meier hebt an Gelzers Werk die Bildlichkeit, die »ungemeine Vertrautheit mit den Quellen und zugleich mit der in ihnen bezeugten Welt« und die Beschreibung gesellschaftlicher Verhältnisse aus der Sicht der in ihnen handelnden Personen hervor. Er sieht dann eine Grenze und Verengung der historischen Betrachtungsweise, die »die Distanz und Fremdheit gar nicht spüren und gewinnen« lasse, »aus der erst eine umfassende Untersuchung politisch-gesellschaftlicher Struktur hätte als nötig erscheinen und möglich werden können.« Diese Verengung könne nur durch die »Abstraktion« und »Konstruktion« eines »Fragerahmens« aufgehoben werden, der den »Aufbau eines größeren Zusammenhangs« ermögliche, »dessen Elemente zwar überall aus den Quellen zu gewinnen waren, der aber seinerseits notwendig ein ganzes Stück weit über das in den Quellen Bezeugte hätte hinausgehen müssen« (S. 52). Meier bringt zwar den von ihm aus Gründen der historischen Sehschärfe geforderten »theoretischen Bezugsrahmen« (S. 153) nicht eigens mit der Organisation einer historiographischen Erzählung in Zusammenhang, er charakterisiert aber doch genau die Theoriegeleitetheit von Historiographie, die mit dem Terminus »narratives Konstrukt« gemeint ist.

196 Max Weber: *Gesammelte Aufsätze zur Religionssoziologie*. Bd. 1. Tübingen 1922, S.4.

197 Ebd., S. 3.

198 Max Weber: *Gesammelte Aufsätze zur Soziologie und Sozialpolitik*. Tübingen 1924, S. 414.

199 Max Weber: *Wirtschaft und Gesellschaft. Grundriß der verstehenden Soziologie*. Ed. v. J. Winckelmann, Köln, Berlin 1964, S. 3 ff.

200 Zum Verhältnis von Interessen und Idee vgl. *Gesammelte Aufsätze zur Religionssoziologie,* Bd. 1 (Anm. 196), S. 252.

201 Mommsen: *Max Weber* (Anm. 184), S. 129.

202 Dies hat Roland Barthes so formuliert: »Die historische Erzählung stirbt, weil das Zeichen der Historie nunmehr weniger das Reale als das Intelligible ist.« (»Die Historie und ihr Diskurs«, in: *Alternative 11* (1968), S. 171-180, zit. S. 180.) Zur Kritik an Barthes Beschreibung wissenschaftlicher Historiographie siebe Jörn Rüsen: »Von der Aufklärung zum Historismus. Idealtypische Perspektiven eines Strukturwandels«, in: Horst Walter Blanke, Jörn Rüsen (ed.): *Von der Aufklärung zum Historismus. Zum Strukturwandel des historischen Denkens.* Paderborn 1984, S. 15–57, bes. Anm. 3, S. 51 f.

203 Zum Zusammenhang von Vernunft und Begründung vgl. Ulrich Anacker: »Vernunft«. In: H. Krings, H.M. Baumgartner u. Ch. Wild (ed.): *Handbuch Philosophischer Grundbegriffe*. Bd. 6, München 1974.

204 Der Ausdruck findet sich bei Karlheinz Stierle: »Die Struktur narrativer Texte«, in: Helmut Brackert, Eberhard Lämmert (ed.): *Funk-Kolleg Literatur. Bd. 1*. Frankfurt 1977, S. 210-233, zit. S. 218.

205 Zur Begründungsfähigkeit und -bedürftigkeit von Geschichten vgl. oben S. 90 ff.

V. Geschichtsschreibung als Theorieproblem der Geschichtswissenschaft

206 J.H. Hexter: »The Rhetoric of History« In: *International Encyclopedia of the Social Sciences*. Bd. 6, o.O. 1968, S. 390.

207 Zitiert von Karl-Heinz Janßen: »Journalismus und Historie – ein Unverhältnis«, in: Peter Borowsky, Barbara Vogel, Heide Wunder (ed.): *Gesellschaft und Geschichte. Bd. 1: Geschichte in Presse, Funk und Fernsehen. Berichte aus der Praxis*. Opladen 1976, S. 54.

208 Vgl. hierzu Klaus Heitmann: »Das Verhältnis von Dichtung und Geschichtsschreibung in älterer Theorie«, in: *Archiv für Kulturgeschichte* (1970), S. 244-279; Eckard Kessler: »Geschichte: Menschliche Praxis oder kritische Wissenschaft?«, in: ders.: *Theoretiker humanistischer Geschichtsschreibung*. München 1971.

209 Vgl. Jörn Rüsen, Winfried Schulze: »Methode, historische«. In: Joachim Ritter, Karlfried Gründer (ed.): *Historisches Wörterbuch der Philosophie*. Bd. 5. Basel 1980.

210 Johann Gustav Droysen: *Historik. Historisch-kritische Ausgabe,* ed. Peter Leyh. Bd. 1. Stuttgart-Bad Cannstadt 1977, S. 241.

211 Dazu Jörn Rüsen: *Ästhetik und Geschichte. Geschichtstheoretische Untersuchungen zum Begründungszusammenhang von Kunst, Gesellschaft und Wissenschaft*. Stuttgart 1976, S. 63 ff.

212 W. v. Humboldt: »Über die Aufgabe des Geschichtsschreibers (1821)«, in: ders.: *Werke in fünf Bänden*, ed. A. Flitner u. K. Giel, Bd. 1: Schriften zur Anthropologie und Geschichte. Darmstadt 1960, S. 585-606.

213 Ebd., S. 588.

214 Ebd., S. 586.

215 Vgl. dazu Jörn Rüsen: »Theorien im Historismus«, in: ders., Hans Süssmuth (ed.): *Theorien in der Geschichtswissenschaft.* Düsseldorf 1980, S. 13-33; ders.: *Ästhetik und Geschichte* (Anm. 211), S. 96ff.

216 Georg Gottfried Gervinus: »Historik«, in: ders.: *Schriften zur Literatur.* Berlin 1962, S.92.

217 Ebd., S. 88.

218 Dazu ausführlicher: Jörn Rüsen: »Der Historiker als ›Parteimann des Schicksals‹. Georg Gottfried Gervinus und das Konzept der objektiven Parteilichkeit im deutschen Historismus«, in: R. Koselleck, W. J. Mommsen, J. Rüsen (ed.): *Objektivität und Parteilichkeit in der Geschichtswissenschaft (Theorie der Geschichte, Beiträge zur Historik, Bd. 1).* München 1977.

219 Droysen: *Historik* (Anm. 210), S. 217.

220 Gervinus: *Historik* (Anm.216), S. 92.

221 Theodor Mommsen: »Rede bei Antritt des Rektorats 15. Oktober 1874«, in: ders.: *Reden und Aufsätze.* Berlin 1905, S. 11.

222 George Macaulay Trevelyan: »Clio ist eine Muse«, in: F. Stern (ed.): *Geschichte und Geschichtsschreibung. Möglichkeiten, Aufgaben, Methoden. Texte von Voltaire bis zur Gegenwart.* München 1966, gegen John Bagnell Bury: »Geschichte als Wissenschaft«, ebd.

223 Ernst Bernheim: *Lehrbuch der historischen Methode.* Leipzig 1889, S. 88.

224 Ebd., S.512.

225 Theodor Schieder: *Geschichte als Wissenschaft. Eine Einführung.* München, Wien 1965, S. 114.

226 Ebd.

227 Christian Meier: »Narrativität, Geschichte und die Sorgen des Historikers.« In: R. Koselleck, W.-D. Stempel (ed.): *Geschichte – Ereignis und Erzählung (Poetik und Hermeneutik, Bd. 5).* München 1973, S. 571.

228 So schon bei Robert Petsch: *Wesen und Formen der Erzählkunst.* Halle [2]1942. Auch in den neueren Untersuchungen des Erzählens findet die Geschichtsschreibung – nicht zuletzt wegen der Fachgrenze zwischen Geschichtswissenschaft und Literaturwissenschaft – keine besondere Berücksichtigung, etwa bei Eberhard Lämmert: *Bauformen des Erzählens.* 1955, Stuttgart [6]1975; Volker Neuhaus: *Typen multiperspektivischen Erzählens.* Köln, Wien 1971; Franz K. Stanzel: *Theorie des Erzählens.* Göttingen 1979. Das gleiche gilt auch für die Sammelbände von Wolfgang Haubrichs (ed.): *Erzählforschung, 3 Bde.*, Göttingen 1976-1978. Bei Robert Scholes' und Robert Kelloggs umfassender, zugleich systematisch und historisch verfahrender Untersuchung *The nature of narrativ* Oxford 1966, kommt die Historie immerhin am Rande

vor, aber nicht so, daß die Erzählformen der Geschichtsschreibung als besonderes Thema behandelt würden. Stärkere Berücksichtigung findet die Historiographie in Eberhard Lämmert (ed.): *Erzählforschung. Ein Symposion.* Stuttgart 1982. – Sachlich aufschlußreich für eine Theorie der Geschichtsschreibung können erzähltheoretisch angelegte Untersuchungen des historischen Romans sein, auch dann, wenn sie nicht eigens die strukturellen Unterschiede zwischen Historiographie und historischem Roman behandeln. Beispielhaft sei hingewiesen auf Hans Vilmar Geppert: *Der ›andere‹ historische Roman. Theorie und Strukturen einer diskontinuierlichen Gattung (Studien zur deutschen Literatur, Bd. 42).* Tübingen 1976; vgl. auch die einschlägigen Arbeiten von Paul Michael Lützeler: *Zeitgeschichte in Geschichten der Zeit. Deutschsprachige Romane im 20. Jahrhundert.* Bonn 1986; ders.: *Geschichte in der Literatur. Studien zu Werken von Lessing bis Hebbel.* München 1987.

229 Lance E. Davies: »The new economic history. A critique«, in: R.L. Andreano (ed.): *The new economic history. Recent papers on methodology.* New York 1970, S. 65.

230 Darüber Georg G. Iggers: *Neue Geschichtswissenschaft. Vom Historismus zur Historischen Sozialwissenschaft.* München 1978. Vgl. auch die einschlägigen zusammenfassenden Darstellungen in dem in Anm. 215 genannten Sammelband Theorien in der Geschichtswissenschaft, Thilo Sarrazin: *Theorien in der quantifizierenden Geschichtsforschung*; Manfred Wüstemeyer: *Was lehrt die Strukturgeschichte?* Hans Süssmuth: *Historische Sozialwissenschaft und Historische Anthropologie.*

231 Manfred Riedel: *Verstehen oder Erklären? Zur Theorie und Geschichte der hermeneutischen Wissenschaften.* Stuttgart 1978.

232 Vgl. dazu den Überblick von Hans Christian Hennig: »Erklären – Verstehen – Erzählen«. In: *Theorien in der Geschichtswissenschaft* (Anm. 215); ferner den Sammelband mit zentralen Texten von Bernhard Giesen und Michael Schmid (ed.): *Theorie, Handeln und Geschichte.* Hamburg 1975, und die systematische Untersuchung von Oswald Schwemmer: *Theorie der rationalen Erklärung. Zu den methodischen Grundlagen der Kulturwissenschaften.* München 1976.

233 Zusammenfassend dazu (mit Angabe der wichtigsten Literatur): Hans Michael Baumgartner: »Narrativität«, in: K. Bergmann, A. Kuhn, J. Rüsen, G. Schneider (ed.): *Handbuch der Geschichtsdidaktik. Bd. 1.* Düsseldorf 1979. Die deutsche Diskussion der Narrativitätstheorie wird aufgenommen, kritisch gesichtet und mit neuen Argumenten weitergeführt von Werner Schiffer: *Theorien der Geschichtsschreibung und ihre erzähltheoretische Relevanz. Danto, Habermas, Baumgartner, Droysen.* Stuttgart 1980; vgl. auch Kurt Röttgers: »Geschichtserzählung als kommunikativer Text«, in: Siegfried Quandt, Hans Süssmuth (ed.): *Historisches Erzählen. Formen und Funktionen.* Göttingen 1982, S. 29-48.

234 Vgl. dazu Jürgen Kocka: *Sozialgeschichte. Begriff – Entwicklung –*

Probleme. Göttingen 1977, [2]1986; Hans-Ulrich Wehler: *Historische Sozialwissenschaft und Geschichtsschreibung. Studien zu Aufgabe und Traditionen deutscher Geschichtswissenschaft*. Göttingen 1980; Jörn Rüsen, Hans Süssmuth: »Einleitung«, in: *Theorien in der Geschichtswissenschaft* (Anm. 215).

235 Programmatisch: Hans Michael Baumgartner: »Thesen zur Grundlegung einer transzendentalen Historik«, in: Hans Michael Baumgartner, Jörn Rüsen (ed.): *Seminar: Geschichte und Theorie. Umrisse einer Historik*. Frankfurt 1976; ders.: »Die Erzählstruktur des historischen Wissens und ihr Verhältnis zu den Formen seiner Vermittlung. Ein Diskussionsvorschlag«, in: Quandt, Süssmuth (ed.): *Historisches Erzählen* (Anm. 233).

236 So z.B. Jürgen Kocka: »Zurück zur Erzählung? Plädoyer für historische Argumentation«, in: *Geschichte und Gesellschaft 10* (1984), S. 395-408, auch in: ders.: *Geschichte und Aufklärung. Aufsätze*. Göttingen 1989, S. 5–20.

237 Am entschiedensten Hermann Lübbe: *Geschichtsbegriff und Geschichtsinteresse. Analytik und Pragmatik der Historie*. Basel 1977; dazu Jörn Rüsen: »Zur Kritik des Neohistorismus«. In: *Zeitschrift für philosophische Forschung 33* (1979), S. 243-263.

238 Zur Diskussion vgl. Jürgen Kocka, Thomas Nipperdey (ed.): *Theorie und Erzählung in der Geschichte (Theorie der Geschichte, Beiträge zur Historik. Bd. 3)*. München 1979; Lawrence Stone: »The Revival of Narrative. Reflections on a New Old History«, in: *Past and Present 85* (1979), S. 3-24; ferner das dem Erzählproblem gewidmete Heft 2, des Jg. 34 (1986) der *Zeitschrift für Geschichtswissenschaft*.

239 Zur systematischen Begründung dieser Behauptung siehe oben S. 106ff.

240 Vgl. dazu Jörn Rüsen: *Rekonstruktion der Vergangenheit. Grundzüge einer Historik II: Die Prinzipien der historischen Forschung*. Göttingen 1986, S. 22-46.

241 Max Weber: *Gesammelte Aufsätze zur Wissenschaftslehre*. Tübingen 1968, S. 100.

242 Dazu weiteres in Jörn Rüsen: *Lebendige Geschichte. Grundzüge einer Historik III: Formen und Funktionen des historischen Wissens*. Göttingen 1989.

243 Hayden White: *Metahistory. The historical Imagination in Nineteenth-Century Europe*. Baltimore, London 1973; vgl. auch: F.R. Ankersmit: *Narrative Logic. A Semantic Analysis of the Historian's Language*. Den Haag 1983.

244 Georg G. Iggers: »Style in history? History as art and as science.« In: *Review in European history* 2 (1976), S. 172.

245 White, *Metahistory* (Anm. 242), S. IX.

VI. Die vier Typen des historischen Erzählens

246 Augustinus: *Confessiones XI*, 27, 36; in der Übersetzung von Joseph Bernhart: ›In dir mein Geist, messe die Zeiten. Nein, lärme mir nicht dagegen an! Es ist so; lärme mir nicht dagegen mit dem Schwall deiner sinnlichen Eindrücke! In dir, sage ich, messe ich die Zeiten.‹ Charles M. Schulz: *Charlie Brown und seine Freunde (Peanuts)*. Nr. 699, 1979.

247 Vgl. dazu oben S. 132 ff.

248 Dazu zusammenfassend Hans Michael Baumgartner: »Narrativität«, in: Klaus Bergmann, Annette Kuhn, Jörn Rüsen, Gerd Schneider (ed.): *Handbuch der Geschichtsdidaktik*. Düsseldorf [3]1985, S. 146-149; ferner: Werner Schiffer: *Theorien der Geschichtsschreibung und ihre erzähltheoretische Relevanz. Danto, Habermas, Baumgartner, Droysen*. Stuttgart 1980.

249 Arthur C. Danto: *Analytische Philosophie der Geschichte*. Frankfurt 1974.

250 Hayden White: *Metahistory. The Historical Imagination in Nineteenth-Century Europe*. Baltimore, London 1973.

251 Ebd., S. 428.

252 Ebd., S. X.

253 Hans-Ulrich Gumbrecht: *Funktionen parlamentarischer Rhetorik in der Französischen Revolution. Vorstudien zur Entwicklung einer historischen Textpragmatik*. München 1978 (vor allem die Einleitung); ders.: »Faszinationstyp Hagiographie. Ein historisches Experiment zur Gattungstheorie«, in: C. Cormeau (ed.): *Deutsche Literatur im Mittelalter. Kontakte und Perspektiven*. Stuttgart 1979; ders.: »Über den Ort der Narration in narrativen Texten«, in: Eberhard Lämmert (ed.): *Erzählforschung. Ein Symposion*. Stuttgart 1982, S. 202-217; Wilhelm Voßkamp: »Gattungen als literarisch-soziale Institutionen. Zu Problemen sozial- und funktionsgeschichtlich orientierter Gattungstheorie und -historie«, in: W. Hinck (ed.): *Textsortenlehre – Gattungsgeschichte*. Heidelberg 1977; ders.: »Gattungen und Epochen in der Literaturgeschichte«, in: H. Brackert u. E. Lämmert (ed.): *Funk-Kolleg Literatur 2*. Frankfurt 1978.

254 Hans-Ulrich Gumbrecht: »›Das in vergangenen Zeiten Gewesene so gut zu erzählen, als ob es in der eigenen Welt wäre‹. Versuch zur Anthropologie der Geschichtsschreibung«, in: Reinhart Koselleck, Heinrich Lutz, Jörn Rüsen (ed.): *Formen der Geschichtsschreibung (Theorie der Geschichte. Beiträge zur Historik, Bd. 4)*. München 1982, S. 480-513.

255 Man kann auch von »Sprachhandlungsschemata« sprechen.

256 Die Literatur zur Erzähltheorie ist unübersehbar; vgl. die Sammelbände mit ausführlicher Bibliographie: W. Haubrichs (ed.): *Erzählforschung*. 3 Bde. Göttingen 1976-78; Lämmert (ed.): *Erzählforschung* (Anm. 253).

257 Max Weber: »Einleitung in die Wîrtschaftsethik der Weltreligionen«, in: ders.: *Gesammelte Aufsätze zur Religionssoziologie.* Bd. 1, Tübingen [2]1922, S. 252.

258 Walter Benjamin: »Der Erzähler. Betrachtungen zum Werk Nikolai Lesskows.« In: Ders. *Gesammelte Schriften*, Bd. II, 2. ed. v. R. Tiedemann u. H. Schweppenhäuser, Frankfurt 1977, S. 450.

259 Volker Klotz: »Erzählen als Enttöten. Vorläufige Notizen zu zyklischem, instrumentalem und praktischem Erzählen«, in: Eberhard Lämmert (ed.): *Erzählforschung.* (Anm. 253), S. 319-334. – Hans Ulrich Gumbrecht hat mit der bescheideneren Formulierung, Historiographie realisiere die Intention, ›die Grenzen der Lebenswelt zu überschreiten‹, das Gleiche gemeint. (Anm. 254), S. 507.

260 KING HENRY: O God! that one might read the book of fate,
And see the revolution of the times
Make mountains level, and the continent,
Weary of solid firmness, melt itself
Into the sea! and, other times, to see
The beachy girdle of the ocean
Too wide for Neptune's hips; how chances mock,
And changes fill the cup of the ocean
With divers liquors! O, if this were seen,
The happiest youth, viewing his progress through,
What peril! past, what crosses to ensure,
Would shut the book, and sit him down and die...
WARWICK: There is a history in all men's lives,
Figuring the nature of the times deceased;
The which observed, a man may prophesy,
With a near aim, of the main chance of things
As yet not come to life, which in their seeds
And weak beginnings lie intreasured.
Such things become the hatch and brood of time...
KING HENRY: Are these things then necessities?
Then let us meet them like necessities...
(King Henry IV., Zweiter Teil, III. Akt, I. Szene, Vers 45-56; Übersetzung von Schlegel und Tieck).

261 Zum Erfahrungsbezug als konstitutivem Geltungskriterium für Geschichtschreibung vgl. oben S. 88.

262 Vgl. hierzu Roland Barthes: »Le discours de l'histoire.« In: *Information sur les sciences sociales 26 (1967)* 4 (deutsch in: *alternative 11*, 1968, 62/63); Louis O. Mink: »History and Fiction as Modes of Comprehension«, in: R. Cohen (ed.): *New Directions in Literary History.* London 1974; Reinhart Koselleck: *Vergangene Zukunft. Zur Semantik geschichtlicher Zeiten.* Frankfurt 1979, S. 278-283. Der literaturhistorische und -theoretische Zusammenhang wird erörtert von Karl Maurer: »Für einen neuen Fiktionsbegriff. Betrachtungen zu den historischen Voraussetzungen der Verwendung lebenswelt-

licher Bauformen in modernen Erzähltexten«, in: Lämmert (ed.): *Erzählforschung* (Anm. 253). Hans-Robert Jauß hat das Problem, wie sich die Geschichtsschreibung als besondere Weise des Erzählens von derjenigen der Dichtung abgrenzen lasse, folgendermaßen gelöst: »Dichtung und Geschichtsschreibung unterscheiden sich ... durch die verschiedene Weise, in der sie Mittel der Fiktion in Gebrauch nehmen, und durch die verschiedene Erwartung, die sie bei ihren Lesern erwekken können. Der Leser von Scotts Quentin Durward kann die Fiktion einer vergangenen Welt als Fiktion genießen, ohne die Frage nach dem faktisch Wahren und dem Erfundenen zu stellen; der Leser hingegen, der von Ranke erfahren will, wie die Französische Geschichte im 16. und 17. Jahrhundert eigentlich gewesen, kann erwarten, daß hier die res fictae dazu dienen, die res factae zur Anschauung zu bringen. (»Der Gebrauch der Fiktion in Formen der Anschauung und Darstellung der Geschichte«, in: Koselleck, Lutz, Rüsen (ed.): *Formen der Geschichtsschreibung* (Anm. 254), S. 418 ff.).

263 Siehe H.-U. Gumbrecht: »›Das in vergangenen Zeiten Gewesene so gut erzählen, als ob es in der eigenen Welt wäre.‹« In: Koselleck, Lutz, Rüsen (ed.): *Formen der Geschichtsschreibung* (Anm. 254) München 1982, S. 480-513.

264 Ebd. S. 481.

265 Grundlegend dazu: Hans Michael Baumgartner: *Kontinuität und Geschichte. Zur Kritik und Metakritik der historischen Vernunft.* Frankfurt 1972; ders. zusammenfassend: »Kontinuität«, in: *Handbuch der Geschichtsdidaktik* (Anm. 248) mit Angaben zur wichtigsten Literatur.

266 Hartwig Floto: *Über Historische Kritik. Akademische Antrittsrede, gehalten am zweiten Mai in der Aula zu Basel.* Basel 1856, S. 9.

267 Nipperdeys Vorschlag, zur Vermeidung einseitiger Perspektiven statt von einer einzigen Kontinuität lieber von einer Pluralität heterogener Kontinuitäten auszugehen, verstellt das Problem der Einheit der Geschichte: Über die Pluralität verschiedener Kontinuitäten muß sich eine, sie zur Einheit einer Geschichte vereinigende (Meta-)Kontinuität erstrecken, sonst handelte es sich nicht mehr um einen konsistenten historischen Aussagezusammenhang (Thomas Nipperdey: »1933 und die Kontinuität der Deutschen Geschichte«. In: *Historische Zeitschrift* 227, 1978, S. 86-111). – Es ist freilich eine offene Frage, wie diese konsistenzverbürgende (Meta-)Kontinuität über der Pluralität heterogener Kontinuitäten historiographisch realisiert werden kann und soll. Es ist durchaus denkbar, daß sie gar nicht als Interpretationsvorgabe des Geschichtsschreibers an seine Rezipienten erscheint, die sie nachvollziehen müssen, wenn sie seine Darstellung verstehen wollen. Dies kann freilich nicht heißen, daß der Geschichtsschreiber seinerseits auf eine konsistente Sinnbildung verzichten kann und seinen Lesern nur eine Fülle beliebig wählbarer heterogener Sinnangebote zu liefern hätte, gleichsam einen Steinbruch historischen Wissens, aus dem sich jeder sein eigenes Gehäuse identitätsbildender Kontinuitätsvorstellun-

gen zusammenbauen kann. Dies wäre eine faule Geschichte, die das Unvermögen einer konsistenten historischen Sinnbildung – also die Anstrengung des historischen Begriffs – mit dem Deckmäntelchen eines ideologiefreien Pluralismus verbrämte. (Pluralismus wäre demgegenüber zu definieren als das Ansinnen einer Interpretation an ihre Adressaten, in die Argumentationskette produktiv mit einzusteigen, an deren – vorläufigem – Ende sie steht.) Die Überantwortung der Sinnbildung durch Kontinuitätsvorstellungen an den ›impliziten Leser‹ müßte also auf eine nicht-beliebige Weise erfolgen, so also, daß sich in ihr die imaginative und argumentative Kraft des Autors mit derjenigen des Lesers verbände: Die geschriebene Geschichte würde dann im Akt des Lesens eben dort, wo sie durch eine identitätsbildende Kontinuitätsvorstellung ihren historischen Charakter gewinnt, an Orientierungskraft und Wahrheit gewinnen.

268 Vgl. oben Anm. 259.

269 In den Worten eines über das Studium und den Nutzen der Geschichte räson- nierenden englischen Staatsmannes im frühen 18. Jahrhundert lautet das so: »The love of history seems inseparable from self-love.« Lord Bolingbroke: Letters on the study and use of history. In: *The Works of Lord Bolingbroke,* Bd. 2. London 1844 (Reprint London 1967, S. 176).

270 Ich vernachlässige hier den Aspekt, daß es nicht nur um die Identität der durch eine historische Erzählung angesprochenen Handlungssubjekte (Individuen, Gruppen, Gesellschaften usw.) geht, sondern daß sich in den gleichen Geschichten diese Subjekte auch über die Identität derjenigen klar werden, mit denen sie in Interaktionszusammenhänge verstrickt sind; meist sind es die gleichen Geschichten, die die eigene Identität sichern und diejenige der anderen zum Ausdruck bringen, weil sich Identität immer auch durch Abgrenzung vom anderen in einem gemeinsamen Lebenszusammenhang bildet. Zum Identitätsproblem vgl.: Odo Marquard u. Karlheinz Stierle (ed.): *Identität. (Poetik und Hermeneutik,* Bd. 8.) München 1979; Emil Angehrn: *Geschichte und Identität.* Berlin 1985; ferner den Überblick von Klaus Bergmann: »Identität«, in: *Handbuch der Geschichtsdidaktik* (Anm. 248).

271 Auf dieses Problem hat mich Gert Melville aufmerksam gemacht.

272 Vgl. z. B. Andrea van Dülmen: *Deutsche Geschichte in Daten. Bd. 1: Von den Anfängen bis 1770,* München 1979.

273 George Hesekiel: *Das Buch vom Grafen Bismarck.* Bielefeld, Leipzig 1869.

274 Da es die leitende Intention des traditionalen Erzählens drastisch illustriert, sei davon noch folgendes zitiert:

Wappen
Hebet der Väter leuchtende Schilde,
Lasset die Banner im Morgenwind wehn,
Denn bei der Vorzeit mahnendem Bilde
Muß uns die Hoffnung der Zukunft erstehn.

275 Vgl. dazu die inzwischen klassisch gewordene Darlegung dieser Form des historischen Denkens (die ja immer auch eine besondere Form des historischen Erzählens ist) durch Reinhart Koselleck: »Historia Magistra Vitae. Über die Auflösung des Topos im Horizont neuzeitlich bewegter Geschichte«, in: ders.: *Vergangene Zukunft. Zur Semantik geschichtlicher Zeiten.* Frankfurt 1979, S. 38-66.

276 Primera Crónica General de Espana (que mandó componer Alfonso el Sabio y se continuaba bajo Sancho IV en 1289), ed. R. Menéndez Pidal. Madrid 1955, Prolog.

277 *Letters on the Study and Use of History by the Right Honourable Henry M. John Lord Viscount Bolingbroke.* Vol. I, II. London 1752. Vol. I, S. 15.

278 Niccolo Machiavelli: *Discorsi,* erstes Buch, Vorwort. So konkret auch im ›Vorbericht des Verfassers‹ seiner Geschichte von Florenz (deutsch v. A. v. Reumont. Wien 1934, S. 11 f.): »Wenn irgendeine Lehre den Bürgern, welche Republiken lenken, Vorteil bringt, ist es die Erläuterung des Ursprungs von Haß und Uneinigkeit in den Städten, auf daß sie klug geworden durch anderer Unglück, einträchtig bleiben mögen. Wirkt jedes Beispiel anderer Staaten, so ist zweifach nützlich das Beispiel der eigenen Heimat.«

279 Dies gilt für alle Biographien, die ihre Helden oder Heldinnen als Vorbilder erscheinen lassen wollen. Aus der Fülle solcher Biographien sei als Beispiel eine ältere Darstellung des Lebens von Johann Valentin Andrea herausgegriffen, weil sie die für eine exemplarisch angelegte Biographie maßgebliche Absicht der Gegenwartsorientierung eindringlich formuliert. Der Verfasser, Prediger an der königlichen Kadettenanstalt in Berlin, legt ›Zweck und Absicht‹ seiner Schrift einleitend dar, und betont, er habe bei der Ausarbeitung seines Buches ›immer auf den praktischen Nutzen‹ gesehen ›und immer die wunderbar bewegte Zeit vor Augen gehabt, in welcher wir leben. Einer solchen Zeit, dachte ich, tut es not, an einem großen geschichtlichen Bilde zu zeigen, auf welchen Punkt sie vornehmlich die neu erwachten treibenden und drängenden Kräfte zu richten hat. ... Nicht leicht möchte sich die Fülle, die Tiefe, die Festigkeit und ganze Herrlichkeit eines wahrhaft christlichen und protestantischen Gemüts, wenn wir die Herren der Reformation ausnehmen, irgendwo anschaulicher darstellen, als in dem Leben des Joh. Val. Andreä erschienen ist. Und dieser Charakter des Christlichen ist es eben, was den Mann nicht bloß für sein Jahrhundert, sondern auch für das unsrige, ja für alle Zeit ehrwürdig und wohltätig macht.‹ (Wilhelm Hoßbach: *Johann Valentin Andreä und sein Zeitalter.* Berlin 1819, S. VI, VIII-IX.)

280 Koselleck: »Historia magistra vitae«, (Anm. 275), S. 38.

281 Leopold v. Ranke: »Über die Trennung und die Einheit von Deutschland«, in: *Historisch-Politische Zeitschrift, Bd. 1.* Hamburg 1832.

282 »Un esprit juste, en lisant l'histoire, n'est presque occupé qu'à la refuter.« Voltaire: »Essai sur les mœurs et l'esprit des nations«, Kap.

51, in: *Œuvres complètes de Voltaire,* ed. Moland, Paris 1877 ff., Bd. 11, S. 427; deutsch: Wolfgang Farr: »Voltaire und die Frage nach der Geschichte«, in: *Zeitschrift für Religions- und Geistesgeschichte* 32 (1980), S. 105.

283 Voltaire: »Remarques à l'essai sur les mœurs et l'esprit des nations I«, in: *Œuvres complètes, Bd. 24:* »Cette femme philosophes était rebutée de deux choses dans la plupart de nos compilations historiques: les détails ennuyeux et les mensonges révoltants; elle ne pouvait surmonter le dégoût que lui inspiraient les premiers temps de nos monarchies modernes: avant et après Charlemagne tout lui paraissait petit et sauvage. Elle avait voulu lire l'histoire de France, d'Allemagne, d'Espagne, d'Italie, et s'en était dégoûtée; elle n'avait trouvé qu'un chaos, un entassement de faits inutiles, la plupart faux et mal digérés: ce sont [...] des actions barbares sous de noms barbares [...]; nulle connaissance de mœurs, ni du gouvernement, ni des lois, ni des opinions [...] ›(S. 543 f.) »Je n'ai pu encore achever aucune grande histoire de nos nations modernes; je n'y vois guère que de la confusion, une foule de petits événements sans liaison et sans suite, mille batailles qui n'ont décidé de rien et dans lesquelles je n'apprenais pas seulement de quelles armes on se servait pour se détruire. J'ai renoncé à une étude aussi sèche qu'immense, qui accable l'esprit sans l'éclairer. « (S. 41) »L'objet était l'histoire de l'esprit humain, et non pas le détail des faits presque toujours défigurés, il ne s'agissait pas de rechercher, par exemple, de quelle famille était le seigneur de Puiset ou le seigneur de Monthléry, qui firent la guerre â des rois de France; mais de voir par quels degrés on est parvenu de la rusticité barbare de ces temps à la politesse du nôtre.« (ebd., S. 547)

284 Franz Mehring: »Die Lessing-Legende. Zur Geschichte und Kritik des preußischen Despotismus und der klassischen Literatur.« *(Gesammelte Schriften, 9)* Berlin (DDR) 1963.

285 Vgl. dazu Marielouise Janssen-Jurreit: *Sexismus. Über die Abtreibung der Frauenfrage.* München 1976, S. 28 ff.: »Die Geschichtslosigkeit der Frau wird durch die Geschichtsschreibung hergestellt.« Die einschlägige Literatur ist schon fast unübersehbar geworden, allerdings überwiegend auf der Ebene der Reklamation von Defiziten, weniger auf derjenigen, wo die Grundsätze historischen Denkens und die Prinzipien der Geschichtswissenschaft erörtert werden. Zu letzterem vgl. die einschlägigen Beiträge zu den Sammelbänden von Karin Hausen (ed.): *Frauen suchen ihre Geschichte. Historische Studien zum 19. und 20. Jahrhundert.* München 1983; Ursula A. J. Becher, Jörn Rüsen (ed.): *Weiblichkeit in geschichtlicher Perspektive. Fallstudien und Reflexionen zu Grundproblemen der historischen Frauenforschung.* Frankfurt 1988; Alain Corbin, Ariette Farge, Michelle Perrot u. a.: *Geschlecht und Geschichte. Ist eine weibliche Geschichtsschreibung möglich?* Frankfurt 1989.

286 Dazu ausführlicher oben S. 30 ff.

287 Adam Ferguson: *Versuch über die Geschichte der bürgerlichen Gesellschaft.* Frankfurt 1986, S. 104 *(An essay on the history of civil society [1767].* Ed. D. Forbes. Edinburgh 1966, S. 7: ›his emblem is a passing stream, not a stagnating pool‹).

288 Condorcet: *Entwurf einer historischen Darstellung der Fortschritte des menschlichen Geistes,* ed. W. Alff. Frankfurt 1976, S. 31. ›Il doit présenter l'ordre des changements, exposer l'influence qu'exerce chaque instant qui lui succède, et montrer ainsi, dans les modifications qu'a reçues l'espèce humaine, en se renouvelant sans cesse au milieu de l'immensité des siècles, la marche qu'elle a suivie, les pas qu'elle a faits vers la vérité ou le bonheur. Des observations, sur ce que l'homme a été, sur ce qu'il est aujourd'hui conduiront ensuite aux moyens d'assurer et d'accélerer le nouveau progrès que sa nature lui permet d'espérer encore.‹ »Esquisse d'un tableau historique des progrès de l'esprit humain.« In: *Œuvres,* ed. A. Condorcet O'Connor und M. F. Arago, Bd. 6. Paris 1847-49, Nachdruck Stuttgart 1968, S. 13.

289 Leopold von Ranke: »Über die Epochen der neueren Geschichte.« *Hist.-krit. Ausg.,* ed. Th. Schieder und H. Berding *(Aus Werk und Nachlaß, 2).* München 1971, S. 59f.

290 Ebd., S. 80.

291 Leopold von Ranke: »Geschichte Serbiens bis 1842.« *(Sämtliche Werke, Bd. 43/44).* Leipzig 1879, S. 13.

292 Vgl. Jörn Rüsen: »Theorien im Historismus«, in: Jörn Rüsen, Hans Süssmuth (ed.): *Theorien in der Geschichtswissenschaft«.* Düsseldorf 1980. Zur Geschichtsschreibung des Historismus am Beispiel Rankes und Droysens hat Dietrich Harth eine aufschlußreiche Analyse geliefert; er zeigt, daß und wie die Geschichtsauffassung des Historismus, die ja zumeist als theoretisches Konstrukt diskutiert wird, sich in historiographischen Texten realisiert: »Biographie als Weltgeschichte. Die theoretische und ästhetische Konstruktion der historischen Handlung in Droysens ›Alexander‹ und Rankes ›Wallenstein‹«, in: *Deutsche Vierteljahresschrift für Literaturwissenschaft und Geistesgeschichte* 54 (1980), S. 58-104.

293 Johann Gustav Droysen: *Vorlesungen über das Zeitalter der Freiheitskriege 1. Teil,* Gotah [2]1886, S. 5. Zu Droysens Geschichtsvorstellung vgl. Jörn Rüsen: *Begriffene Geschichte. Genesis und Begründung der Geschichtstheorie J. G. Droysens.* Paderborn 1969; weiterführend Irene Kohlstrunk: *Logik und Historie in Droysens Geschichtstheorie. Eine Analyse von Genese und Konstitutionsprinzipien seiner ›Historik‹. (Frankfurter Historische Abhandlungen,)* Wiesbaden 1980; Werner Schiffer: *Theorien der Geschichtsschreibung,* hat Droysens ›Vorlesungen‹ mit den Mitteln einer expliziten Theorie der Historiographie, die an Danto anknüpft, die weiterführenden Argumente von Habermas und Baumgartner aufgreift und schließlich auch auf Droysens Historik zurückgreift, systematisch analysiert und damit den wichtigen Schritt

von einer Theorie des historischen Erzählers zur Untersuchung eines historiographischen Textes getan.

294 Jacob Burckhardt: »Historische Fragmente«. Stuttgart 1957, S. 1 f. *(Gesamtausgabe, Bd. 7,* S. 225 f.). Zu Burckhardts Geschichtsauffassung vgl. Wolfgang Hardtwig: *Geschichtsschreibung zwischen Alteuropa und moderner Welt. Jacob Burckhardt in seiner Zeit.* Göttingen 1974; dazu Jörn Rüsen: »Unzeitgemäßer Gegenwartsbezug im Geschichtsdenken Jacob Burckhardts«, in: *Philosophisches Jahrbuch* 84 (1977); ferner ders.: »Die Uhr, der die Stunde schlägt. Geschichte als Kulturprozeß bei Jacob Burckhardt«, in: Karl-Georg Faber, Christian Meier (ed.): *Historische Prozesse (Theorie der Geschichte, Bd. 2),* München 1978.

295 Wilhelm von Humboldt: »Über die Aufgabe des Geschichtsschreibers«, in: *Werke,* ed. von A. Flitner und K. Giel, Bd. 1. Darmstadt 1960, S. 605.

296 Karl Marx/Friedrich Engels: »Feuerbach. Nach den Handschriften neu veröffentlicht«, in: *Deutsche Zeitschrift für Philosophie* 14 (1966), S. 1199-1254.

297 Ebd., S. 1211.

298 Vgl. Helmut Fleischer: *Marxismus und Geschichte.* Frankfurt 1969. – Eine narrativitätstheoretische Untersuchung des Marxschen Geschichtsbegriffs steht m. W. immer noch aus, obwohl sich von ihr her sicher neue Einsichten in bisher kontrovers behandelte Probleme (z. B. das der Gesetzmäßigkeit) gewinnen ließen.

299 Vgl. dazu: Hans-Ulrich Gumbrecht: »Erzählen in der Literatur – Erzählen im Alltag«, in: K. Ehlich (ed.): *Erzählen im Alltag.* Frankfurt 1980.

300 Siehe oben S. 163 f.

301 Beispiel einer solchen typologisch geschichteten Zeit ist die von Daniel gedeutete Vision des Nebukadnezar: Daniel 2,31-45. – Zur ›typologischen‹ Geschichtsdeutung der Spätantike und des Mittelalters vgl. Erich Auerbach: *Typologische Motive in der mittelalterlichen Literatur (Schriften und Vorträge des Petrarca-Instituts Köln, 2),* 1953; Leonhard Goppelt: *Typos. Die typologische Deutung des Alten Testaments im Neuen (Beiträge zur Förderung Christlicher Theologie, 2,* Nr. 43). Gütersloh 1939. Zusammenfassend Wilhelm Kölmel: »Typik und Atypik. Zum Geschichtsbild der kirchlichen Publizistik (11.-14. Jahrhundert)« in: *Speculum historiale. Festschrift Johannes Spörl,* ed. C. Bauer u. a. Freiburg 1965, bes. S. 279; ferner Gert Melville: »Zur geschichtstheoretischen Begründung eines fehlenden Niedergangsbewußtsems im Mittelalter«, in: R. Koselleck u. P. Widmer (ed.): *Niedergang. Studien zu einem geschichtlichen Thema (Sprache und Geschichte, Bd. 2).* Stuttgart 1980, bes. S. 123-126. Eine umfassende Darstellung des Denkhorizontes dieser ›Typologie‹ gibt: Henri de Lubac: *Exégèse médiévale. Les quatre sens de l'Ecruture.* 4 Bde., o. O. 1959-1964.

302 Cet éloquent écrivain, en disant un mot des Arabes, qui fondèrent un si puissant empire et une religion si florissante, n'en parle que comme d'une déluge des barbares. Il paraît avoir écrit uniquement pour insinuer que tout a été fait dans le monde pour la nation juive [...] Il eut été à souhaiter qu'il n'eut pas oublié entièrement les anciens peuples de l'orient, comme les Indiens et les Chinois, qui ont été si considérables avant que les autres nation fussent formées. Nourris de productions de leur terres, vêtus de leurs étoffes, amusés par les jeux qu'ils ont inventés, instruit même par leurs anciennes fables morales, pourquoi négligerions-nous de connaître l'esprit de ces nations, chez qui les commerçants de notre Europe voyagé dès qu'ils ont pu trouver un chemin jusqu'à elles? (*Œuvres complètes,* Bd. 11, S. 158; deutsch v. K. F. Wachsmuth: *Voltaire über den Geist und die Sitten der Nationen. 1. Teil,* Leipzig 1867, S. 183 f.)

303 Leopold von Ranke: »Deutsche Geschichte im Zeitalter der Reformation« *(Sämtliche Werke, 1)*. Leipzig 1867.

304 Karl Marx/Friedrich Engels: »Manifest der Kommunistischen Partei« *(MEW, 4)*. S. 462.

305 Karl Marx: *Grundrisse der Kritik der politischen Ökonomie.* Berlin (DDR) 1953, S. 25 f. (Hervorhebung von mir).

306 Der Hochverratsprozeß gegen Gervinus. *Ed. v. W. Boehlich, Frankfurt 1967.*

307 *Georg Gottfried Gervinus:* Einleitung in die Geschichte des neunzehnten Jahrhunderts. *Leipzig 1853, S. 12, 13.*

308 Allerdings droht Gervinus' genetische Zeitverlaufskonzeption selbst wieder umzuschlagen oder zurückgenommen zu werden in eine exemplarische: Die Kreisvorstellung läßt die genetisch als Entwicklung dargestellten zeitlichen Veränderungen letztlich nur noch als Fall einer allgemeinen Regel erscheinen. Diese Regel ist aber keine Handlungsregel, aus der im Hinblick auf zeitliche Veränderungen stets gleiche, lebensbemeisternde Anweisungen ans Handeln geschöpft werden können, sondern eine Regel der Veränderungen selber, die über die Köpfe der Handelnden hinweg gilt. Ihre Orientierungsfunktion besteht darin, daß sie Handlungschancen als Veränderungsmöglichkeiten absteckt, indem sie in den Veränderungen der Gegenwart eine Richtung erkennbar macht. In dieser Orientierungsfunktion wird die von Gervinus theoretisch formulierte überzeitliche Geltung der Gesetze des historischen Wandels eingeklammert, so daß in ›letzter Instanz‹ (eben derjenigen der Orientierungsfunktion) seine Geschichtsschreibung doch dem Sinnbildungsprinzip des genetischen Erzählens folgt. – Zu den Problemen (und den Inkonsistenzen) des Gervinusschen Geschichtsbegriffs vgl. Jörn Rüsen: »Der Historiker als ›Parteimann des Schicksals‹. Georg Gottfried Gervinus und das Konzept der objektiven Parteilichkeit im deutschen Historismus«, in: Reinhart Koselleck, Wolfgang J. Mommsen, Jörn Rüsen (ed.): *Objektivität und Parteilichkeit in der Geschichtswissenschaft (Theorie der Geschichte. Beiträge*

zur Historik, Bd. 1). München 1977; ders.: »Gervinus' Kritik an der Reichsgründung. Eine Fallstudie zur Logik des historischen Urteils«, in: H. Berding u. a. (ed.): *Vom Staat des Anden Régime zum modernen Parteienstaat. Festschrift für Theodor Schieder zu seinem 70. Geburtstag*. München 1978.

309 Leopold von Ranke: »Geschichten der romanischen und germanischen Völker von 1494 bis 1514« *(Sämtliche Werke, 33/34)*. Leipzig 1874, S. VII.

310 Ders.: »Zur Kritik neuerer Geschichtsschreiber« *(Sämtliche Werke, 33/34)*. Leipzig 1874. – Zum Kontext dieser Schriften vgl. Ernst Schulin: »Rankes Erstlingswerk oder Der Beginn der kritischen Geschichtsschreibung über die Neuzeit«, in: ders.: *Traditionskritik und Rekonstruktionsversuch. Studien zur Entwicklung von Geschichtswissenschaft und kritischem Denken*. Göttingen 1977.

311 Ranke: »Zur Kritik neuerer Geschichtsschreiber« (Anm. 310), S. III.

312 Ranke: »Geschichten der romanischen und germanischen Völker« (Anm. 309), S. 263 f.

313 Ebd., S. 19. Für ein in den umgreifenden Sinnbildungsprozeß des genetischen Erzählens integriertes Moment des Exemplarischen mag auch folgende Passage aus der Deutschen Geschichte im Zeitalter der Reformation stehen: »Worin liegt das natürliche Bedürfnis der Menschen, einen Fürsten zu haben, als darin, daß die Mannigfaltigkeit ihrer Bestrebungen sich in einem individuellen Bewußtsein vereinige und ausgleiche, ein Wille zugleich der allgemeine sei, das vielstimmige Begehren in einer Brust zu dem Entschlüsse reife, der den Widerspruch ausschließt? Darin besteht auch das Geheimnis der Macht: sie wird erst dann zum Gebrauch ihrer gesamten Hilfsquellen gelangen, wenn alle Kräfte dem Gebote freiwillig Folge leisten‹ (2. Buch, 4. Kapitel, 3. Abs.; *Sämtliche Werke, 1*, Leipzig 1867, S. 311; *Historisch-kritische Ausgabe, Bd. 1*, München 1925, S. 339).

314 Siehe oben S. 195 f.

315 Siehe oben S. 191 f.

316 Siehe oben S. 196 f.

317 Siehe oben S. 191.

318 Dazu Rüsen: »Der Historiker als ›Parteimann‹« (Anm. 308), S. 83 f.

319 Siehe oben S. 192.

320 Siehe oben Anm. 274 f., S. 263.

321 Das läßt sich am Fragwürdigwerden der Fortschrittskategorie aufweisen. Dazu Jörn Rüsen: »Fortschritt. Geschichtsdidaktische Überlegungen zur Fragwürdigkeit einer historischen Kategorie«, in: *Geschichte lernen. Geschichtsunterricht heute, H. 1*, Dezember 1987, S. 8-12.

322 Siehe oben S. 171 ff.

323 Eine Untersuchung, die analog zu Kosellecks wegweisender Analyse der »Auflösung des Topos im Horizont neuzeitlich bewegter Geschichte« (Vergangene Zukunft, Anm. 275) seine Entstehung im Horizont einer ganz anders bewegten Geschichte verfolgt, liegt m. W. nicht vor.

Die obigen Überlegungen haben daher einen überwiegend heuristischen Status.

324 Dazu vor allem Reinhart Koselleck, Abschnitte V u. VI des Artikels »Geschichte«, in: O. Brunner, W. Conze und R. Koselleck (ed.): *Geschichtliche Grundbegriffe. Historisches Lexikon zur politisch-sozialen Sprache in Deutschland. Bd. 2*, Stuttgart 1975. – Günther Pflug hat das Dominantwerden des genetischen Sinnbildungsprinzips als Veränderung der »historischen Methode« beschrieben, dabei allerdings die noch im 18. Jahrhundert übliche Auffassung von »historischer Methode« als Regelsystem der historischen Darstellung nicht in den Vordergrund gestellt. Seine Befunde, vor allem aber seine überzeugende entwicklungslogische Rekonstruktion der Schritte, die zur genetischen Sinnbildung führen, lassen sich aber zwanglos erzähltheoretisch und -typologisch deuten (»Die Entwicklung der historischen Methode im 18. Jahrhundert.« In: *Deutsche Vierteljahresschrift für Literaturwissenschaft und Geistesgeschichte 28*, 1954). Einen vergleichbaren Transformationsprozeß vom exemplarischen zum genetischen Sinnbildungsprinzip in der chinesischen Historiographiegeschichte hat Chang-Tse Hu analysiert: *Deutsche Ideologie und politische Kultur Chinas. Eine Studie zum Sonderwegsgedanken der chinesischen Bildungsseite 1920-1940*. Bochum 1983, S. 145 ff.

325 Dazu Peter Hanns Reill: *The German Enlightement and the Rise of Historicism*. Berkeley 1975; Horst Walter Blanke, Jörn Rüsen (ed.): *Von der Aufklärung zum Historismus. Zum Strukturwandel des historischen Denkens*. Paderborn 1984; Hans-Jürgen Pandel: *Historik und Didaktik. Das Problem der Distribution historiographisch erzeugten Wissens in der deutschen Geschichtswissenschaft von der Spätaufklärung zum Frühhistorismus (1765-1830)*. Diss. Osnabrück 1983 [Stuttgart-Bad Cannstatt 1990].

326 Johann Gustav Droysen: »Historik«. *Historisch-kritische Ausgabe*, ed. Peter Leyh, Bd. 1. Stuttgart 1977, S. 236.

327 Siehe dazu die Formulierung Schlözers: »Fabeln und Romane Voltaires zeigen, wie sie (die Welt) hätte sein können [...]‹, aber eben nicht wie sie ist. (August Ludwig Schlözer: *Vorstellungen seiner Universalhistorie*. Göttingen, Gotha 1772, S. 3 f.). Zu Schlözer vgl. Ursula A. J. Becher: »August Ludwig Schlözer«, in: H.-U. Wehler (ed.): *Deutsche Historiker. Bd. 7*. Göttingen 1980.

328 August Ludwig Schlözer: *Vorrede zu: Abbé Mably, Von der Art, die Geschichte zu schreiben, oder über historische Kunst*. Straßburg 1784, S. 2 f. (ich habe das Wort des Textes ›einherkeicht‹ zu »einherkeucht‹ korrigiert; denkbar wäre auch: ›einherkriecht‹).

329 Jürgen Kocka: *Sozialgeschichte. Begriff – Entwicklung – Probleme*. Göttingen 1977, S. 51 ff.

330 Max Weber: »Die Objektivität» sozialwissenschaftlicher und sozialpolitischer Erkenntnis.« In: Ders.: *Gesammelte Aufsätze zur Wissenschaftslehre*. Tübingen ^{3}1968, S. 194.

331 Zum folgenden vgl. oben S. 80ff.
332 Siehe oben S. 154f.
333 Vgl. hierzu Jörn Rüsen: »Werturteilsstreit und Erkenntnisfortschritt. Skizzen zur Typologie des Objektivitätsproblems in der Geschichtswissenschaft«, in ders. (ed.): *Historische Objektivität. Aufsätze zur Geschichtstheorie.* Göttingen 1975.
334 Weber: »Die ›Objektivität‹ sozialwissenschaftlicher und sozialpolitischer Erkenntnis« (Anm. 330), S. 180f.
335 Ebd., S. 175.
336 Ebd., S. 180.
337 Vgl. dazu Hans Michael Baumgartner: »Thesen zur Grundlegung einer Transzendentalen Historik«, in: H.M. Baumgartner u. J. Rüsen (ed.): *Seminar. Geschichte und Theorie. Umrisse einer Historik.* Frankfurt 1976, S. 274-302.

VII. Historische Aufklärung im Angesicht der Post-Moderne

338 Vgl. Wolfgang Welsch: »Vielheit ohne Einheit? Zum gegenwärtigen Spektrum der philosophischen Diskussion um die »Post-moderne«. Französische, italienische, amerikanische, deutsche Aspekte«, in: *Philosophisches Jahrbuch* 94 (1987), S. 111-142.
339 Dazu Jörn Rüsen: »Fortschritt. Geschichtsdidaktische Überlegungen zur Fragwürdigkeit einer historischen Kategorie«, in: *Geschichte lernen, H. 1,* Dez. 1987, S. 8-12.
340 Dietmar Kamper: *Nach der Moderne – Umrisse einer Ästhetik der Posthistoire,* Ms. S. 13; vgl. ders., »Aufklärung – was sonst? Eine dreifache Polemik gegen ihre Verteidiger«, in: ders., Willem van Reijen (ed.): *Die unvollendete Vernunft: Moderne versus Postmoderne.* Frankfurt 1987, S. 37-46.
341 Dazu beispielhaft Hans Ulrich Gumbrecht: »Posthistoire Now«, in: ders., Ursula Link-Heer (ed.): *Epochenschwellen und Epochenstrukturen im Diskurs der Literatur- und Sprachhistorie.* Frankfurt 1985, S. 34-50.
342 Zur Wüste als Lebensform der Post-Histoire vgl. H. Böhringen »Die Ruine in der post-histoire«, in: Idee: *Begriffsfelder. Von der Philosophie zur Kunst.* Berlin 1985, S. 23-37, bes. S. 33-36.
343 Vgl. dazu beispielhaft Helmut Berding: *Rationalismus und Mythos. Geschichtsauffassung und politische Theorie bei Georges Sorel.* München 1969.
344 So z.B. Fritz Stern: *Kulturpessimismus als politische Gefahr. Eine Analyse nationaler Ideologie in Deutschland.* Bern 1963.
345 Ernst Troeltsch: *Der Historismus und seine Probleme.* Tübingen 1922, S. 24.
346 Aus der inzwischen schon gewaltig angeschwollenen Literatur verweise ich nur auf den ausgezeichneten Überblick von Winfried Speitkamp:

»Die Historikerkontroverse und der Holocaust«, in: *Geschichtsdidaktik 12* (1987), S. 217-228; vgl. ferner Hans-Ulrich Wehler: *Entsorgung der deutschen Vergangenheit? Ein polemischer Essay zum »Historikerstreit«*. München 1988.

347 Vgl. Hans Erich Bödeker u. a. (ed.): *Aufklärung und Geschichte. Studien zur deutschen Geschichtswissenschaft im 18. Jahrhundert*. Göttingen 1986.

348 Vgl. Hans-Jürgen Pandel: *Historik und Didaktik. Das Problem der Distribution historiographisch erzeugten Wissens in der deutschen Geschichtswissenschaft von der Spätaufklärung zum Frühhistorismus (1765-1830)*. Diss. Osnabrück 1983 [Stuttgart-Bad Cannstatt 1990]; Horst Walter Blanke, Jörn Rüsen (ed.): *Von der Aufklärung zum Historismus. Zum Strukturwandel des historischen Denkens*. Paderborn 1984.

349 Dazu Georg G. Iggers: *Neue Geschichtswissenschaft. Vom Historismus zur historischen Sozialwissenschaft. Ein internationaler Vergleich*. München 1978.

350 Vgl. Folke Nordströn: *Goya, Saturn and Melancholy*. Studies in the Art of Goya. Uppsala 1962, S. 116 ff.

351 M. Stürmer: *Dissonanzen des Fortschritts. Essays über Geschichte und Politik in Deutschland*. München 1986, S. 209.

352 Emanuel Le Roy Ladurie: *Montaillou. Ein Dorf vor dem Inquisitor 1294–1324. Frankfurt 1980*.

353 Carlo Ginzburg: *Der Käse und die Würmer. Die Welt eines Müllers um 1600*. Frankfurt 1979.

354 Dazu programmatisch: Hans Medick: »Missionare im Ruderboot«? Ethnologische Erkenntnisweisen als Herausforderung an die Sozialgeschichte«, in: *Geschichte und Gesellschaft 10* (1984), S. 295-319.

355 Siehe oben S. 30 ff.

356 Dazu Jörn Rüsen: *Rekonstruktion der Vergangenheit. Grundzüge einer Historik II: Die Prinzipien der historischen Forschung*. Göttingen 1986.

357 Dazu Klaus Fröhlich, Jörn Rüsen (ed.): *Revolutionen und Menschenrechte. Historische Interpretationen, didaktische Konzepte, Unterrichtsmaterialien*. Pfaffenweiler 1990.